Paramahansa Yogananda

Autobiografía de un yogui

Prólogo de Adrián Muñoz García

PAIDÓS ORIENTALIA

Obra editada en colaboración con Editorial Planeta - Perú

Título original: *Autobiography of a Yogi*

Autobiografía de un Yogui
© 2023, Paramahansa Yogananda
© 2023, Ilustraciones de Giselle Adrianzé
Traducción a cargo de Editorial Planeta Perú

Diseño de portada e interiores: Departamento de Diseño de Editorial Planeta Perú
Corrección de estilo: Elizabeht Bautista Toledano
Imagen de portada: Detalle de Medio en Bután templo religioso

© 2023, Editorial Planeta Perú S. A - Lima, Perú

Derechos reservados

© 2025, Ediciones Culturales Paidós, S.A. de C.V.
Bajo el sello editorial PAIDÓS M.R.
Avenida Presidente Masarik núm. 111,
Piso 2, Polanco V Sección, Miguel Hidalgo
C.P. 11560, Ciudad de México
www.planetadelibros.com.mx
www.paidos.com.mx

Primera edición impresa en Perú: junio de 2023
ISBN: 978-612-4404-45-0

Primera edición impresa en México: septiembre de 2023
Primera reimpresión en México: abril de 2025
ISBN: 978-607-569-569-3

No se permite la reproducción total o parcial de este libro ni su incorporación a un sistema informático, ni su transmisión en cualquier forma o por cualquier medio, sea este electrónico, mecánico, por fotocopia, por grabación u otros métodos, sin el permiso previo y por escrito de los titulares del *copyright*.

Queda expresamente prohibida la utilización o reproducción de este libro o de cualquiera de sus partes con el propósito de entrenar o alimentar sistemas o tecnologías de Inteligencia Artificial (IA).

La infracción de los derechos mencionados puede ser constitutiva de delito contra la propiedad intelectual (Arts. 229 y siguientes de la Ley Federal del Derecho de Autor y Arts. 424 y siguientes del Código Penal Federal).

Si necesita fotocopiar o escanear algún fragmento de esta obra diríjase al CeMPro (Centro Mexicano de Protección y Fomento de los Derechos de Autor, http://www.cempro.org.mx).

Impreso en los talleres de Lyon AG, S.A. de C.V.
Hierro No. 5, Col. Esfuerzo Nacional, C.P. 55320, Ecatepec de Morelos, Estado de México.
Impreso en México – *Printed in Mexico*

Dedicado a la memoria de Lutero Burbank.
Un santo americano.

Paramahansa Yogananda

Índice

Prefacio ix
Prólogo xi

Capítulo 1: Mis padres y la primera infancia 23
Capítulo 2: La muerte de mi madre. El amuleto místico 37
Capítulo 3: El santo con dos cuerpos 45
Capítulo 4: Interrumpida fuga hacia los Himalayas 53
Capítulo 5: Un Santo de los Perfumes muestra sus maravillas ... 69
Capítulo 6: El Swami de los Tigres 78
Capítulo 7: El santo que levita 90
Capítulo 8: El gran científico de la India: J. C. Bose 97
Capítulo 9: El devoto bienaventurado y su romance cósmico 107
Capítulo 10: Encuentro a mi maestro, Sri Yukteswar 116
Capítulo 11: Dos muchachos sin dinero en Brindaban 129
Capítulo 12: Años en la ermita de mi maestro 140
Capítulo 13: El Santo que no Duerme 174
Capítulo 14: Una experiencia de la conciencia cósmica 183
Capítulo 15: El robo de la coliflor 193
Capítulo 16: Venciendo a las estrellas 206
Capítulo 17: Sasi y los tres zafiros 217
Capítulo 18: Un mahometano que hace maravillas 226
Capítulo 19: Mi maestro, en Calcuta, aparece en Sarampore 234
Capítulo 20: No visitamos Cachemira 239

Capítulo 21: Visitamos Cachemira 246
Capítulo 22: El corazón de una imagen de piedra 258
Capítulo 23: Recibo mi grado universitario 266
Capítulo 24: Me ordeno monje de la Orden de los Swamis 275
Capítulo 25: Mi hermano Ananta y mi hermana Nalini 284
Capítulo 26: La ciencia del *Kriyā yoga* 292
Capítulo 27: La fundación de una escuela de yoga en Ranchi ... 303
Capítulo 28: Kashi renace y es vuelto a encontrar 313
Capítulo 29: Rabindranath Tagore y yo comparamos sistemas de enseñanzas 319
Capítulo 30: La ley de los milagros 326
Capítulo 31: Una entrevista con la santa madre 340
Capítulo 32: Rama es resucitado 353
Capítulo 33: Babaji, el yogui-Cristo de la India moderna 364
Capítulo 34: Materialización de un palacio en los Himalayas 374
Capítulo 35: La vida crística de Lahiri Mahasaya 389
Capítulo 36: El interés de Babaji por Occidente 402
Capítulo 37: Voy a América 414
Capítulo 38: Lutero Burbank, un santo entre las rosas 425
Capítulo 39: Teresa Neumann, la católica con estigmas 433
Capítulo 40: Mi regreso a la India 444
Capítulo 41: «Pastoral» en la India meridional 455
Capítulo 42: Últimos días con mi gurú 470
Capítulo 43: La resurrección de Sri Yukteswar 487
Capítulo 44: Con Mahatma Gandhi en Wardha 509
Capítulo 45: La madre bengalí y su inefable gozo 529
Capítulo 46: La mujer yogui que nunca come 536
Capítulo 47: Regreso a Occidente 550
Capítulo 48: En Encinitas, California 556
Capítulo 49: Los años 1940-1951 562

Prefacio

Por W. Y. Evans-Wentz, M. A., D. Litt., D. Sc.

Jesus College, Oxford; autor de
El libro tibetano de los muertos,
El gran yogui tibetano Milarepa,
Yoga tibetano y doctrinas secretas, etc.

El valor de la autobiografía de Yogananda se ve realzado por el hecho de que es uno de los pocos libros que han sido escritos en inglés sobre los sabios de la India, no por periodistas o extranjeros, sino por alguien de su misma raza y preparación; es decir, un libro sobre yoguis escrito por un yogui. Como relatado por un testigo presencial de las extraordinarias vidas y poderes de los santos hindúes modernos, el libro tiene importancia tanto temporal como atemporal.

Que el lector sea quien rinda reconocimiento y gratitud a su autor, a quien he tenido el placer de tratar tanto en la India como en Estados Unidos. El excepcional documento de su vida es uno de los más reveladores de las profundidades de la mente y corazón hindúes y de la riqueza espiritual de la India, que jamás se ha publicado en Occidente.

He tenido el privilegio de conocer a uno de los sabios cuya vida se relata aquí, Sri Yukteswar Giri. En el frontispicio de mi libro *Tibetan Yoga and Secret Doctrines* (*Yoga tibetano y doctrinas secretas*)[1] aparece un retrato de este venerable santo. Conocí a Sri Yukteswar en Puri, Orissa, en la Bahía de Bengala. Era el director de un tranquilo *ashram*

---

1   Oxford University Press, 1935.

cerca de la playa y se ocupaba fundamentalmente de la preparación espiritual de un grupo de jóvenes discípulos. Mostró un vivo interés en el bienestar de la gente de Estados Unidos y de toda América y también de Inglaterra, y me preguntó sobre lejanas actividades, particularmente sobre las que realizaba en California su principal discípulo, Paramhansa Yogananda, a quien amaba tiernamente y había enviado en 1920 como su emisario en Occidente.

Sri Yukteswar era de semblante y voz delicados, de presencia agradable y merecedor de la veneración que sus seguidores le concedían espontáneamente. Toda persona que le conocía, dentro o fuera de su comunidad, le tenía en la mayor estima. Recuerdo vívidamente su alta, fuerte y ascética figura, vestida con el atuendo de color azafrán de quien ha renunciado a las búsquedas mundanas, de pie a la entrada de su ermita para recibirme. Su pelo era largo y algo ondulado y usaba barba. Su cuerpo era musculoso y firme, pero esbelto y bien formado, y su paso enérgico. Había elegido para su morada en la tierra la sagrada ciudad de Puri, a donde acuden diariamente multitud de piadosos hindúes, representantes de todas las provincias indias, en peregrinación al famoso templo de Jagannath, «Señor del Mundo». Fue en Puri, en 1936, donde Sri Yukteswar cerró sus ojos mortales al panorama del estado transitorio del ser y falleció sabiendo que su encarnación había sido llevada a una conclusión triunfal.

Me alegro, verdaderamente, de aportar este testimonio de la elevada naturaleza y santidad de Sri Yukteswar. Satisfecho de mantenerse alejado de la multitud, se entregó con tranquilidad y sin reservas a esa vida ideal que Paramhansa Yogananda, su discípulo, ha descrito para la eternidad.

W. Y. Evans-Wentz

Prólogo

En 1893, Narendranath Datta, mejor conocido como Swami Vivekananda, fue invitado a participar en el Primer Parlamento de las Religiones del Mundo, que habría de tener lugar en la ciudad de Chicago, en los Estados Unidos. Si bien su propósito inicial al viajar fuera de India era reunir apoyo moral y económico para la causa independista de India, su impacto en el ámbito religioso fue muy hondo. Con fuerte influencia de la corriente de neovedanta que estaba en boga en la época, Vivekananda representó al hinduismo ante el mundo occidental e instaló al yoga en el escenario de las religiones del mundo. De acuerdo con algunos especialistas, este fue el nacimiento del «yoga moderno», el inicio de un nuevo y largo capítulo en la historia del yoga. Sin duda, se trató de un episodio paradigmático y trascendental. Abrió las puertas a numerosos personajes e inauguró un constante flujo de enseñanzas que habrían de sucederse desde entonces y hasta nuestros días.

Quiso el destino que a inicios de ese mismo año naciera, en la ciudad de Gorakhpur, Mukunda Lal Ghosh, quien un tiempo después se convertiría en quien ahora todos reconocemos como Paramahansa Yogananda. Pareciera como si la sincronización temporal hubiera presagiado ya otro encuentro de mundos, otro episodio indeleble del yoga a nivel mundial y el surgimiento de otro influyente *adalid* espiritual.

Así como Vivekananda atribuía su camino espiritual a la influencia de las enseñanzas de su maestro, el místico bengalí Ramakrishna,

Yogananda veneraba al santón hindú Sri Yukteswar Giri. Este santo, a su vez, había sido discípulo de Lahiri Mahasaya, un yogui y gurú asentado en la ciudad sagrada de Varanasi, a la que arropan las aguas del mítico río Ganges. A Lahiri Mahasaya se le atribuye haber consolidado la corriente moderna de *Kriyā yoga*, columna vertebral de las enseñanzas de Yogananda. La leyenda cuenta que Lahiri había recibido las instrucciones secretas de *Kriyā yoga* de parte de Mahavatar Babaji, un misterioso y legendario santo que aparentemente se le materializó a Lahiri en un viaje de peregrinación que este realizó a los míticos Himalayas. A través de Lahiri, Babaji encargó a Yukteswar propagar la enseñanza del *Kriyā yoga*, y esa misión fue continuada por su discípulo Mukunda Lal, quien llevaría este yoga fuera de tierras indias. Mukunda adoptó el mote[2] de «Yogananda» (literalmente, la 'Dicha del yoga') en 1914, al entrar a una orden monástica, como él mismo lo narra en su crónica. Más tarde, en 1935, su gurú le otorgó el sobrenombre honorífico de «Paramahansa», que se puede traducir como 'Alma suprema' (*hansa*, 'ganso' en sánscrito, es a veces una metáfora del alma pura).

A modo de espejo de la participación de Vivekananda en el parlamento de Chicago, Yogananda fue también invitado a participar en un evento similar. En este caso se trató del Congreso de Liberales Religiosos, a celebrarse en la ciudad de Boston en 1920. Yogananda asistiría como representante de la India. De su participación derivó el material que luego se convertiría en el libro *La ciencia de la religión*, publicado más tarde ese mismo año. De igual modo, la mayoría de los libros de Vivekananda también surgieron de sus conferencias, particularmente las que dictó en los Estados Unidos. Así también, hay varias imágenes que muestran a Paramahansa Yogananda hablando ante auditorios repletos. La obra publicada de Vivekananda es sumamente vasta. Yogananda seguiría un camino similar, aunque con menos libros de su autoría. Como sea, fue una obra suya la que, sin lugar a duda, se

---

[2] Seudónimo.

convertiría en un *bestseller* inmediato y a más largo plazo, a saber: la *Autobiografía de un yogui*. Más adelante diré unas palabras sobre ella.

* * *

Hay otra diferencia entre estos dos monjes indios. Las enseñanzas de Vivekananda eran más de corte filosófico. Su *Raja yoga*, de hecho, se oponía categóricamente al *Hatha yoga*, una corriente yóguica más de corte corporal. Sin duda, el yoga de Vivekananda era más bien filosófico e introspectivo, si acaso con algo de meditación, pero no involucraba ningún trabajo desde y con el cuerpo. Las enseñanzas de Yogananda, por otro lado, ofrecieron cosas distintas que suponían practicar y no solo filosofar. Quizá por ello, pese a haber llegado a Norteamérica después que el monje bengalí, es a Yogananda a quien comúnmente se le conoce como el primer gurú moderno.

Aquí vale la pena reflexionar en dos vocablos de peso: *yoga* y eso de *moderno*.

Yoga es un concepto complejo tanto por semántica como por contexto. En la actualidad, la relación entre yoga y *asanas* (posturas corporales) es casi automática. Esas son las expresiones más célebres y publicitadas en los medios. Así lo ha sido durante las últimas cuatro o cinco décadas, sobre todo. Pero no siempre ha sido el caso. Yogas hay, y ha habido muchos. No solo en el mundo moderno, sino también en la India, tanto hoy como antaño. Ahora bien, el sistema de Yogananda no corresponde con el modelo de *asanas* que impera en la actualidad, pero eso no lo hace menos yoga. De hecho, todo el sistema de Yogananda se denomina Yogoda, y como parte esencial de su metodología se encuentra un conjunto de técnicas llamadas *Kriyā yoga*. Aunque no sean cien por ciento compatibles con el *Hatha yoga* o los estilos posturales desarrollados por Krishnamacharya, Pattabhi Jois o B. K. S. Iyengar algún tiempo después, estas técnicas forman parte de un sistema yóguico en toda ley.

En el capítulo XXVI de la *Autobiografía*, Yogananda brinda algunas palabras acerca de *Kriyā yoga*, pero advierte que «ciertas antiguas restricciones» le impiden ofrecer una explicación detallada. En todo caso, esta forma de yoga constituye un método psicofísico que faculta la carbonización y la reoxigenación de la sangre. En teoría, grandes figuras como el poeta místico Kabir, el profeta Elías y hasta el mismísimo Jesús fueron expertos en la ciencia de *Kriyā yoga*, según Yogananda. Como han señalado algunos especialistas, aunque la palabra *Kriyā* se menciona en los *Yogasutra* de Patañjali (siglos II-IV de nuestra era), es poco probable que se trate del mismo método. A diferencia del sistema de Patañjali, este *Kriyā yoga* opera sobre el cuerpo a través de los chakras, de manera similar a como la electricidad anima y carga una batería. Si bien el sistema de Yogananda no recurría a posturas denominadas *asanas* (como en todos los estilos posturales modernos), sí que requería de ciertos ejercicios físicos destinados a energizar el cuerpo para producir un bienestar holístico y, así, facultar el crecimiento interno y espiritual.

Consideremos ahora el segundo vocablo. Si bien, por un lado, el papel de las personas que se convierten en gurús o guías espirituales en el mundo moderno sigue ciertos patrones existentes en las épocas clásicas, por el otro lado, hay rasgos característicos de nuestra época que no tenían lugar en el pasado. El primero es que los gurús modernos tienen un alcance mucho mayor que el que podría haber tenido un maestro espiritual hace —digamos— quinientos años, sin electricidad ni medios de comunicación rápidos, y sin el prodigioso poder de la imprenta. El segundo es que, a diferencia del pasado, ahora los gurús recurren de manera muy marcada a la lengua inglesa, lo que duplica aún más ese alcance referido. Este es ciertamente el caso de Yogananda, como lo fue antes el de Vivekananda y lo sería tiempo después el de Srila Prabhupada, Sai Baba, Rajneesh o Muktananda y Gurumayi. Todos fueron indios y todos adoptaron el inglés como mecanismo de difusión predilecto para sus enseñanzas. Casi sin excepciones, las obras de estos maestros se tradujeron del inglés a otras lenguas modernas, como el español.

Una evidencia del impacto que tuvo Yogananda y del lugar que ocupa en el mundo moderno de la cultura pop a nivel mundial es su inclusión en uno de los productos culturales ineludibles del siglo XX: la portada del disco *Sgt. Pepper's Lonely Hearts Club Band*, de los inmortales The Beatles, de 1967, el año del «verano del amor» y el pleno auge de la cultura *hippie*. Esta icónica portada muestra a variados personajes y artistas que, de alguna u otra forma, tuvieron influencia en el cuarteto de Liverpool. Allí encontramos, por ejemplo, a Bob Dylan, Marilyn Monroe, Edgar Allan Poe, Albert Einstein, Fred Astaire o Marlene Dietrich. Pero también es posible encontrar a Sri Yukteswar, Mahavatar Babaji, Lahiri Mahasaya y el mismo Yogananda, es decir, ¡el linaje entero de *Kriyā yoga*!

* * *

Pero aún hay otra diferencia entre los dos swamis de la India, Vivekananda y Yogananda. El bengalí nunca visitó otro país en el continente americano, mientras que Yogananda sí cruzó la frontera sur de Estados Unidos y estuvo en territorio hispanoamericano, al menos en México. De hecho, de acuerdo con la página oficial de la Hermandad de la Auto-Realización, o Self-Realization Fellowship (la fundación para la enseñanza del Yogoda), hay representaciones de esta organización en alrededor de quince territorios latinoamericanos, incluyendo la isla de Cuba y el territorio de Puerto Rico. Aunque la visita de Yogananda haya sido corta y limitada a un solo país, parece que su influencia dejó una huella más palpable. Esto se debe, sin duda, mucho al impacto que su autobiografía causó alrededor del mundo. En español ha estado circulando desde hace ya muchas décadas y cuenta con un número muy importante de lectores, número que parece no agotarse, sino mantenerse e incrementarse.

Yogananda partió en barco de Nueva York el 23 de mayo de 1929 y llegó a la capital mexicana poco menos de un mes después, el 15 de julio. Allí, con la intervención de la Embajada británica, el swami fue recibido por el presidente de México en turno. Su visita produjo varias notas en periódicos mexicanos y en la publicación de la propia fundación para el Yogoda. En la edición del 10 de junio de 1929,

El Universal —uno de los periódicos de mayor circulación en territorio mexicano— incluyó una nota titulada «Un yoghi [sic] que viene de la India llegó a la capital». Dice la nota que este gurú «recorre la América predicando la elevación» y promoviendo un «método armónico para el desarrollo de las facultades del cuerpo, la inteligencia y el espíritu». El yogui posiblemente impartió algunas conferencias privadas. Pero también paseó mucho; de hecho, algunas ediciones viejas de la *Autobiografía* incluían fotografías de Yogananda montando a caballo, sentado en un bote en los canales de Xochimilco o mostrando un manojo de mangos en alguna finca.

La pluma de Yogananda da muestras de la honda impresión que le produjo la cultura y el paisaje de México. En su autobiografía, al referirse a una visita que había realizado a Cachemira mucho antes de su traslado al Occidente, escribe:

> Para un concurso de belleza, yo ofrecería para el primer premio, asimismo, los grandiosos paisajes de Xochimilco en México, en donde las montañas, el cielo y los álamos se reflejan en innumerables canales en que se reúnen miríadas de peces juguetones; o los lagos enjoyados de Cachemira, guardados como mujeres hermosas por las austeridades del colosal vigilante de los Himalayas. Estos dos lugares permanecen frescos en mi memoria como los lugares más hermosos de la Tierra.

En *East-West*, la revista que creó Yogananda para promocionar su Yogoda, también publicó un poema para alabar la belleza del lago de Chapala, en Jalisco, México. Los paisajes en general conmovían profundamente al yogui de largos cabellos y a menudo motivaban sentimientos de recogimiento. Seguramente habría escrito líneas similares si hubiese tenido la fortuna de visitar Machu Pichu, las cataratas del Iguazú, el Amazonas o las islas Galápagos, por mencionar unos pocos ejemplos de otros destinos mágicos en América Latina.

En la misma autobiografía, el swami narra un encuentro con un muchacho, también antes de comenzar su misión fuera de India. Tras charlar un poco, el yogui revela que le han encomendado la misión de ir al continente americano para difundir las enseñanzas de *Kriyā yoga*:

> Sí, salgo para descubrir América, como Colón. Él pensó que había descubierto la India; ¡seguramente existe un eslabón kármico entre estas dos tierras!

Ya fuese en retrospectiva o como anunciación, Yogananda relata su viaje de manera simbólica y auspiciosa. Presiente una afinidad sensorial y espiritual entre ambas tierras, en oposición a una Europa que se concibe anquilosada. Su biografía da cuenta de este éxodo como una especie de expansión de un viaje de peregrinación, pero es también un viaje circular: llegar a América es como retornar a India, pero en un acto de renovación; es como dar reinicio a la circunvalación del globo terráqueo. Existe una feliz coincidencia; un benéfico encuentro de mundos.

* * *

La *Autobiografía de un yogui* fue publicada por primera vez en 1946, en editoriales comerciales. En 1953 —un año después del fallecimiento de Yogananda—, la Self-Realization Fellowship adquirió los derechos de publicación. Antes de esta fecha, la obra contó con varias ediciones, en las cuales también experimentó diversas alteraciones, modificaciones y adiciones. Por ejemplo, prácticamente todas las ediciones incluyen fotografías, pero casi nunca son las mismas ni en el mismo orden. Varios pasajes han atravesado igualmente cambios en su sintaxis y léxico; alguna frase sobra o falta en una u otra edición, en fin.

La *Autobiografía* consta de cuarenta y nueve capítulos que se suceden de manera más o menos cronológica, pero está repleta de regresos y avances temporales, lo que le otorga cierto aire literario. El estilo es natural y ágil. Como he sugerido antes, las descripciones de paisajes son numerosas y vívidas. Fiel a su cometido de unir Occidente y Oriente, además de relatar episodios con varios santones indios, Yogananda hace constantes referencias a la Biblia y a la ciencia europea. Sin duda, esto facilitó la recepción de la obra en el público occidental, más influido por las culturas judeocristianas.

Vale la pena reparar también —aun si brevemente— en algunos de los paratextos de la autobiografía de Yogananda. En primer lugar, destaca que la obra está dedicada a Luther Burbank, un horticultor y botánico norteamericano que fue devoto practicante de *Kriyā yoga*. Tuvo varios logros en agricultura que se tradujeron en nuevas variantes de plantas y tubérculos. En 1924, escribió un encomio del sistema Yogoda. El swami de largos cabellos le retribuyó dedicándole su autobiografía y llamando a Burbank un «santo americano», a pesar de que el botánico no desempeñó ningún papel religioso, si bien sí realizaba frecuentes donaciones a escuelas de su localidad. La evolución que el horticultor lograba con semillas y plantas acaso semejaba, a ojos del yogui, el despertar del potencial humano que el sistema de Yogoda podía efectuar en las personas. Burbank falleció unos veinte años antes de la publicación de *Autobiografía de un yogui,* así que no pudo leer sus páginas.

El prefacio del libro cuenta, asimismo, con una autoría interesante. La firma Walter Y. Evans-Wentz, un antropólogo y folclorista norteamericano célebre en su época. Atraído por las enseñanzas de la Sociedad Teosófica, Evans-Wentz se embarcó en una larga búsqueda de figuras sapienciales en el llamado Oriente. Eso lo acercó, sobre todo, al budismo tibetano, al mismo tiempo que cultivó el estudio de diversas mitologías del planeta. Realizó viajes extensivos por el mundo, incluyendo India, Tíbet, Egipto y México. Este estudioso valora la autobiografía porque constituye «un libro sobre los yoguis escrito por un yogui». Como antropólogo, destaca la voz en primera persona. Desde luego, tenía una tendencia que ahora podría acusarse de parcial, pues confirió credibilidad absoluta a los episodios milagrosos que se narran en la obra. Abogó también por la santidad de Sri Yukteswar, el gurú de Yogananda y a quien el norteamericano conoció en Orissa, India. Así, el libro formó parte también de la propia búsqueda de Evans-Wentz.

La edición en español está acompañada también de una nota de parte del traductor: José María Cuarón. Está fechada en 1951, así que es posible que el yogui estuviese pendiente de esta traducción. De hecho, la nota sugiere que el traductor recibió la asesoría del gurú. Cuarón apunta que el suyo no es propiamente «un oficio de traductores». Quizá ello explique algunas de las erratas y calcos del inglés que figuran a menudo.

Por último, el traductor se refiere a Yogananda como el producto y un propagador del «amor evangélico». Expresa que, a diferencia de tanto libro escrito acerca del yoga y los yoguis que terminan por empolvarse en los estantes de las bibliotecas, esta composición es única y no cederá al paso del tiempo: «No pasará (...) lo mismo con esta obra, que nos llega húmeda todavía del divino rocío de un alma empapada en la aurora inmortal prometida al hombre».

El título que llevó originalmente la traducción fue *Autobiografía de un yogi contemporáneo*. En la presente edición se ha corregido la forma «yogi» por la más correcta forma hispana «yogui», y se ha prescindido del añadido «contemporáneo», dejando el título más fiel al original.

En lugar de las acostumbradas fotografías, esta nueva edición de la obra de Yogananda cuenta con unas delicadas ilustraciones que no solo decoran el libro como objeto, sino que ilustran algunas de las ideas que toca el autor indio. Sin duda, los finos trazos de Giselle Adrianzén complementan muy bien el ritmo narrativo de Yogananda. Por un lado, alguna ilustración evoca el casamiento de Oriente y Occidente, parte de la misión que asumió el swami indio; por el otro, varias otras ilustraciones juegan con motivos que bien rememoran, bien explotan la sinuosidad, la tersura y la gentileza de la flor de loto, motivo emblemático del simbolismo índico. En otros casos, encontramos ecos de posibles mandalas y *yantras*, esas geometrías místicas que invitan a sumergirse en la profundidad de la conciencia. Y hay también una que recuerda un fascinante grabado de William Blake —unos de los poetas modernos más visionarios—, en donde apunta a la interacción de diversas facetas de la psique humana. El trabajo visual hace de esta nueva versión un libro muy diferente de otras ediciones existentes.

Para inicios del siglo XXI, la *Autobiografía de un yogui* había vendido ya más de cuatro millones de copias. Es sabido que Steve Jobs (el célebre informático y empresario de la *manzana* computacional) lo tenía casi como un libro de cabecera. Mucho antes que él, el mismísimo «Rey del *rock and roll*», Elvis Presley, fue seguidor de las enseñanzas de Yogananda y solía frecuentar el Self-Realization Fellowship Lake Shrine, en California. Para muchas personas, su primer encuentro con el mundo del yoga fue a través de la pluma de Yogananda: una narración en primera persona que invita a sumergirse en un mundo de espiritualidad que busca sintonizarse con el raudo ritmo de la vida moderna. Todo ello ha motivado la empresa de volver a editar y publicar esta emblemática autobiografía yóguica. El libro que tiene usted en sus manos —reeditado e ilustrado especialmente para esta edición, hay que subrayar— vuelve a traer al público el texto renovado de Yogananda, esperando apelar a la sensibilidad de los lectores contemporáneos.

* * *

Tras una larga temporada residiendo en tierras californianas, Paramahansa Yogananda expiró a causa de un paro cardiaco el 7 de marzo de 1952. Horas antes había dado una conferencia durante un banquete. Por tratarse de un yogui, se dice que experimentó su entrada en *mahasamadhi* —el profundo estado de trance meditativo—, más que un fallecimiento en el sentido vulgar y mundano. Algunos testigos oculares dicen que el cuerpo del yogui permaneció incorrupto durante las semanas en que se expuso al público para que rindiera sus respetos. Vieron en esto un indicio de la santidad del querido yogui. Sus restos yacen en un cementerio privado en el estado de California.

Adrián Muñoz
Ciudad de México, 15 de marzo de 2023

Autobiografía de un yogui

Capítulo 1
Mis padres y la primera infancia

Los rasgos característicos de la cultura india han sido por largo tiempo la búsqueda de las verdades últimas y la relación concomitante entre discípulo y gurú. Mi propio sendero me condujo a un sabio, parecido a Cristo, cuya hermosa vida fue cincelada para todos los tiempos. Era uno de los grandes maestros que representan en la época actual la única riqueza que queda en la India; alzándose en cada generación, ellos son los que han defendido su tierra contra el hado que extinguiera a Babilonia y Egipto.

Cuentan, entre mis recuerdos más tempranos, los rasgos anacrónicos de mi anterior encarnación. Claros recuerdos vienen a mi mente de una remota vida pasada, los de un yogui en medio de las nieves de los Himalayas. Estas ráfagas del pasado, por medio de algún eslabón inmensurable, me han facilitado también destellos del futuro. Las humillaciones indefensas de mi infancia no se han desvanecido de mi mente. Tenía el resentimiento consciente de no estar capacitado para caminar o expresarme libremente. Oleadas de oraciones se despertaron dentro de mí, conforme me daba cuenta de mi impotencia física. Mi fuerte vida emocional asumió una forma silenciosa como palabras de muchas lenguas. Entre la confusión interna de los idiomas, mi oído se acostumbró gradualmente al medio ambiente que me rodeaba de sílabas en bengalí, de mis parientes.

¡La cambiante perspectiva de una mente infantil, vista por los adultos como confinada solo a los juguetes y los dedos de los pies!

Ciertos fermentos psicológicos y mi cuerpo inadaptado me condujeron a obstinadas crisis de llanto. Yo recuerdo el asombro general de la familia en estas crisis de desesperación. Pero también los recuerdos felices se aglomeran en mi mente: las caricias de mi madre, mis pequeños balbuceos y mis primeros intentos para aprender a andar. Estos tempranos triunfos, que generalmente se olvidan pronto, son, sin embargo, la base natural de la propia confianza en uno mismo.

El gran alcance de mis primeros recuerdos no es nada insólito. De muchos yoguis se sabe que han retenido la conciencia de sí mismos sin interrupción alguna, y durante toda la dramática transición de vida a muerte, de una a otra vida. Si el hombre fuera solamente un cuerpo, su pérdida sería decididamente el periodo final de su identidad. Pero, si durante milenios los profetas han dicho la verdad, el hombre es esencialmente de naturaleza incorpórea. El persistente corazón del egoísmo humano está solo temporalmente aliado a la percepción sensoria. Aun cuando no es muy frecuente, no es raro tener recuerdos claros y vívidos de la infancia. Durante mis viajes a través de diferentes países, he escuchado el testimonio de los recuerdos tempranos de labios de personas absolutamente veraces, tanto hombres como mujeres.

Yo nací en la última década del siglo XIX, y pasé mis primeros ocho años en Gorakhpur. Este fue el origen de mi nacimiento en las Provincias Unidas del noroeste de la India. Fuimos ocho hermanos, cuatro hombres y cuatro mujeres. Yo, Mukunda Lal Ghosh, fui el segundo hijo y el cuarto de los hermanos. Mi padre y mi madre eran bengalíes, de la casta *kshatriya*; ambos fueron bendecidos por una naturaleza santificada. Su amor mutuo, apacible y digno, nunca se expresó de una manera frívola. Una armonía paternal, perfecta, era el centro de calma entre el tumulto revoltoso de ocho pequeñuelos.

Mi padre, Bhagabati Charan Ghosh, era amable y grave, aunque a veces duro. Nosotros lo amábamos tiernamente; sin embargo, guardábamos hacia él cierta distancia que rayaba en la reverencia. Siendo un espíritu lógico y matemático, se guiaba siempre por su intelecto. Pero mi madre era una verdadera reina de corazones y nos educó por entero a través del amor. Después de su muerte, mi padre manifestó más su bondad interna, y yo observaba entonces que su mirada se metamorfoseaba con frecuencia en la de mi madre.

En la presencia de mi madre, probamos nuestro contacto agridulce con las Escrituras. Las hazañas del *Mahābhārata* y el *Rāmāyaṇa* eran ventajosamente exhumadas para aplicarlas a las exigencias disciplinarias. Instrucción y castigo iban mano a mano. Un rasgo de respeto hacia mi padre era empleado por mi madre, quien cuidadosamente nos vestía, por las tardes, para recibirlo cuando regresaba de su oficina. Su puesto en el ferrocarril de Bengala-Nagpur, una de las compañías más grandes de la India, era equivalente al de vicepresidente en las compañías de los Estados Unidos de América. Su puesto requería cambios y viajes, y nuestra familia vivió en varias ciudades durante mi juventud.

Mi madre siempre tenía la mano abierta para los necesitados. Mi padre era también bondadoso y bien dispuesto para los necesitados, pero su respeto a la ley y el orden se extendía hasta el presupuesto familiar. Mi madre, en una quincena, por alimentar a los pobres, gastó más de lo que sumaban los ingresos mensuales de mi padre.

«Todo lo que te pido, por favor, es que controles tus caridades a una suma razonable», le dijo en esa ocasión mi padre. Aun la más leve observación de su esposo era para mi madre una cosa muy seria. Resentida, pidió un coche de sitio, sin dar siquiera malicia a los chicos de que se trataba de algún disgusto.

«Adiós, me voy a la casa de mi madre». Este era el ultimátum antiguo.

Rompimos en llanto y en un mar de lamentaciones. Nuestro tío materno llegó oportunamente, le susurró a mi padre algún consejo guardado, de seguro de algún sabio de antaño. Después de que mi padre hizo algunas aclaraciones conciliatorias, mi madre despidió gustosamente el coche, y así terminó la única diferencia que supe hubiera existido entre mis padres. Recuerdo, en cambio, una característica discusión:

—Por favor, dame diez rupias para una mujer desamparada que acaba de llegar a casa. —La sonrisa de mi madre tenía su propia persuasión.

—¿Por qué diez rupias? Una es bastante. —Justificando su opinión, mi padre agregó—: Cuando mi padre y abuelos murieron repentinamente, supe por primera vez lo que era la pobreza. Mi único desayuno, antes de caminar millas para ir a la escuela, era un plátano pequeño. Más tarde, en la universidad, llegué a estar tan necesitado que recurrí a un rico magistrado para una ayuda de una rupia mensual. Él se rehusó diciendo que aun una rupia era importante. ¡Con cuánta amargura recuerdo la negativa de una rupia!

El corazón de mi madre tuvo una lógica instantánea:

—¿Entonces tú quieres que esta mujer recuerde con pena tu negativa de diez rupias, que ella necesita urgentemente?

—Has ganado. —Y, con el gesto inmemorial del esposo vencido, abrió su cartera—. Aquí está un billete de diez rupias. Dáselo con mis mejores deseos.

Mi padre tendía a decir «no» a cualquier cuestión nueva que se le presentaba. Su actitud hacia la mujer extraña, quien tan fácilmente había ganado la simpatía de mi madre, era un ejemplo de precaución habitual; la aversión para aceptar de inmediato —característica de la mentalidad francesa en Occidente— tiene por objeto, en realidad, hacer honor al principio de «debida consideración». Siempre vi a mi padre justo y bien equilibrado en sus juicios. Si yo podía reforzar debidamente mis numerosas peticiones con uno o dos argumentos, él ponía invariablemente lo codiciado a mi alcance, se tratara de unas vacaciones o de una nueva motocicleta.

Mi padre era estricto en las disciplinas para con sus hijos durante sus primeros años, pero su actitud hacia él mismo era verdaderamente espartana. Por ejemplo, no frecuentaba el teatro, pero buscaba su esparcimiento en las prácticas espirituales que la lectura del *Bhagavad-gītā* le proporcionaba. Repudiaba todo lujo; se adhería a un par de zapatos viejos hasta que estos estaban completamente inservibles. Sus hijos compraban automóviles, cuando estos se hicieron populares, pero mi padre estaba contento y satisfecho con el uso del tranvía para ir y venir de la oficina. Por naturaleza, era enemigo de acumular dinero por el solo hecho del poder que este proporciona. En cierta ocasión, después de fundar el Banco Urbano de Calcuta, se rehusó beneficiarse a sí mismo, conservando en su poder algunas de las acciones. Él quería únicamente cumplir, durante su tiempo libre, con un deber cívico.

Algunos años después de que mi padre se retirara pensionado del servicio, un auditor inglés llegó a examinar los libros de la compañía del ferrocarril Bengala-Nagpur. El investigador, sorprendido, descubrió que mi padre nunca había hecho uso de las bonificaciones que le correspondían.

«Ha hecho él solo el trabajo de tres hombres», informó el auditor a la compañía. Esta le debía 125 000 rupias (equivalente a 41 250 dólares) por compensaciones atrasadas que no había cobrado. Los jefes del ferrocarril le entregaron un cheque por esta cantidad. Mi padre le dio tan poca importancia que ni siquiera lo mencionó a la familia. Mucho tiempo después, mi hermano menor, Bishnu, al notar un crecido depósito en uno de los informes del banco, hizo preguntas a mi padre.

«¿Por qué alegrarse por una ganancia material? —le contestó él—. Aquel que persigue la meta de una actitud de equilibrio mental completo ni se regocija con la ganancia ni se entristece con la pérdida. Él sabe que el hombre viene al mundo sin dinero y se marcha de él también sin dinero».

Poco después de su matrimonio, mis padres se hicieron discípulos de Lahiri Mahasaya, de Benarés. Esta conexión fortaleció, naturalmente, el temperamento ascético de mi padre. Mi madre hizo una observación notable a mi hermana mayor, Roma: «Tu padre y yo vivimos juntos como hombre y mujer una sola vez al año, únicamente con el objeto de procrear».

Mi padre conoció a Lahiri Mahasaya a través de Abinash Babu, un empleado de la oficina en Gorakhpur del F. C. Bengala-Nagpur. Abinash alimentó después mis jóvenes oídos con hermosas versiones de muchos santos hindúes. Él siempre terminaba, invariablemente, con un tributo a la gloria suprema de su propio gurú. «¿Has oído alguna vez de las extraordinarias circunstancias bajo las cuales tu padre se hizo discípulo de Lahiri Mahasaya?». Era una apacible tarde de verano, cuando Abinash y yo nos reunimos en mi casa, y él hizo esta interesante pregunta. Yo moví la cabeza en sentido negativo con una sonrisa de anticipada satisfacción.

Hace años, antes de que tú nacieras, le pedí a mi jefe, tu padre, que me permitiera una licencia de una semana para ausentarme de mi trabajo y visitar a mi gurú en Benarés. Tu padre ridiculizó mi plan.

—¿Te vas a convertir en un religioso fanático? —me preguntó—. Mejor concentra tu atención en el trabajo, si quieres adelantar.

Ese día, caminando tristemente rumbo a mi casa por una vereda del bosque, me encontré con tu padre, que venía en un palanquín; se bajó de él, y despidiendo a los sirvientes que lo traían, empezó a caminar a mi lado. Tratando de consolarme, me indicó las ventajas de trabajar para obtener un éxito material en el mundo. Pero yo lo oía distraídamente. Mi corazón repetía: «¡Lahiri Mahasaya, yo no puedo vivir sin verte!».

El sendero nos condujo a la parte más tranquila de la pradera, en donde los rayos del sol del atardecer aún cubrían las altas espigas de la hierba. Nos paramos en medio del campo, para contemplarlo, cuando, a unas cuantas yardas de nosotros, la forma de mi gran gurú apareció repentinamente.

«¡Bhagabati, eres demasiado duro con tu empleado!». La voz resonaba en nuestros asombrados oídos. Mi gurú desapareció tan misteriosamente como había venido. De rodillas, yo exclamaba: «¡Lahiri Mahasaya! ¡Lahiri Mahasaya!». Tu padre quedó inmóvil de estupefacción durante algunos minutos.

—Abinash, no solo te doy permiso para ausentarte, sino que yo también me lo concedo para salir mañana mismo para Benarés —dijo—. ¡Debo conocer a este gran Lahiri Mahasaya, quien puede materializarse a voluntad para interceder por ti! Llevaré conmigo a mi esposa y le pediré a este maestro que nos inicie en el sendero espiritual. ¿Nos guiarás tú hacia él?

—Por supuesto que sí.

El gozo me rebosaba al ver la respuesta milagrosa que mi oración había tenido, y el muy favorable cauce que este asunto había tenido.

La noche siguiente, tu padre y yo tomamos el tren para Benarés. Al otro día, subimos a un carro tirado por un caballo, y luego caminamos por callejuelas estrechas para llegar a la casa apartada de mi gurú. Entrando en su pequeña sala, le hicimos reverencia; estaba ensimismado en su postura meditativa habitual, la del loto. Luego, sus penetrantes ojos se fijaron parpadeando en tu padre.

—Bhagabati, eres demasiado duro con tu empleado.

Sus palabras fueron las mismas que él mismo había pronunciado dos días antes en la pradera de Gorakhpur. Y, luego, agregó:

—Mucho me alegro de que le hayas permitido a Abinash que viniera a verme y que tú y tu esposa lo hayan acompañado.

Para satisfacción de tus padres, los inició desde luego en la práctica de *Kriyā yoga*.

Tu padre y yo, como hermanos-discípulos, hemos sido íntimos amigos desde el memorable día de la aparición. Más tarde, Lahiri Mahasaya tuvo un vivo y definido interés en tu propio nacimiento. Tu vida seguramente estará ligada con la de él; las bendiciones del maestro nunca fallan.

Lahiri Mahasaya abandonó este mundo poco después de que yo entré en él. Su retrato en un marco ornado siempre ha permanecido en el altar de la familia en las varias ciudades que mi padre tenía que visitar por necesidades del servicio.

Muchas veces, las mañanas y las noches nos sorprendía a mi madre y a mí meditando ante una improvisada capilla, ofreciéndole flores impregnadas de pasta de sándalo; juntando incienso y mirra a nuestras devociones, honrábamos la Divinidad que había encontrado completa expresión en Lahiri Mahasaya. Su fotografía ha tenido una sorprendente influencia sobre mi vida. Conforme fui creciendo, el pensamiento del maestro creció conmigo. Durante la meditación, veía frecuentemente la imagen fotográfica salir del pequeño marco y tomar una forma viviente, sentado ante mí. Cuando trataba de tocar los pies de su luminoso cuerpo, se volvía a transformar en la fotografía que el marco encerraba.

Conforme la niñez se fue convirtiendo en juventud, yo veía a Lahiri Mahasaya transformarse en mi mente, de una imagen pequeña enmarcada en un cuadro a una presencia iluminada llena de luz. Con frecuencia le rezaba en momentos de prueba o confusión, encontrando siempre dentro de mí su consoladora guía. Al principio, me entristeció mucho el que no estuviera todavía vivo en cuerpo físico. Conforme empecé a descubrir su secreta omnipresencia, ya no volví a lamentarme. Él ha escrito a menudo a aquellos de sus discípulos que estaban demasiado ansiosos de verlo. «¿Por qué vienen a ver mis huesos, cuando yo estoy siempre en el radio de su *kutastha* ('vida espiritual')?».

A la edad de ocho años fui bendecido con una curación maravillosa a través de la fotografía de Lahiri Mahasaya. Esta experiencia intensificó grandemente mi amor. Mientras mi familia estaba en Ichapur, en Bengala, fui atacado de cólera asiático. Me habían desahuciado los doctores, quienes no podían hacer ya nada por mí. Al lado de mi cama, mi madre me aconsejaba frenéticamente que yo me fijara en el retrato de Lahiri Mahasaya, colgado en la pared, a mi cabecera.

«Reveréncialo mentalmente», me decía. Mi madre sabía que yo estaba demasiado débil para levantar mis manos en señal de saludo. «Si realmente muestras tu devoción y te arrodillas internamente, tu vida será salvada».

Dirigí mi vista a su fotografía y, en seguida, contemplé cómo una luz resplandeciente envolvía mi cuerpo y toda la habitación. Mi náusea y todos los demás síntomas incontrolables desaparecieron. Ya estaba bien. De manera inmediata, me sentí lo suficientemente fuerte para inclinarme y tocar los pies de mi madre en aprecio y reconocimiento por su inconmensurable fe en su gurú. Mi madre oprimía repetidamente su cabeza contra el retrato de su gurú. «¡Oh, maestro omnipresente, yo te agradezco que tu luz haya curado a mi hijo!».

Entonces, me di cuenta de que también ella había presenciado el luminoso reflejo con cuyo auxilio instantáneamente me había recobrado de una enfermedad que, por lo general, traía fatales consecuencias. Uno de mis más preciados tesoros es esa misma fotografía, que le fue dada a mi padre personalmente por Lahiri Mahasaya, y que lleva consigo una fuerte y santa vibración. La fotografía tiene un maravilloso origen; me lo contó un discípulo compañero de mi padre llamado Kali Kumar Roy.

Parece ser que el maestro tenía una gran aversión a ser retratado. No obstante sus protestas, una fotografía de grupo de él y algunos de sus devotos, incluyendo a Kali Kumar Roy, fue tomada.

El fotógrafo, sorprendido, descubrió que la placa en la cual aparecían las imágenes de todos y cada uno de los del grupo solo presentaba un espacio en blanco en el lugar en que debía figurar la imagen del maestro Lahiri Mahasaya. Este fenómeno fue ampliamente comentado y discutido.

Cierto estudiante, que a la vez era un experto fotógrafo, Ganga Dhar Babu, alardeó diciendo que la fugitiva imagen del maestro no se le escaparía a él. Al día siguiente, cuando el gurú estaba sentado en la postura del loto, sobre un taburete de madera con un biombo tras él, llegó Ganga Dhar Babu con todo su equipo y tomó todas las precauciones que el caso requería para tener un buen éxito. Tomó doce exposiciones distintas. En cada una encontró la impresión del taburete de madera y del biombo, pero, una vez más, la fugitiva imagen del maestro había desaparecido.

Ganga Dhar Babu, con lágrimas en los ojos y su orgullo despedazado, buscó a su gurú. Pasaron muchas horas antes de que Lahiri Mahasaya rompiera su silencio con un punzante comentario: «Yo soy espíritu. ¿Puede tu cámara reflejar al Invisible Omnipotente?».

«Ya veo que no puedo, santo señor, pero yo deseo ardientemente un retrato del templo físico donde, a mi corto entender, ese espíritu parece morar en su totalidad». «Bueno, entonces ven mañana por la mañana y posaré especialmente para ti».

Una vez más, el fotógrafo enfocó su cámara. En esta ocasión, la figura sagrada no se cubrió con su misteriosa imperceptibilidad y su figura aparecía claramente en la placa. El maestro nunca volvió a posar para ningún fotógrafo, según sé, y no he visto ninguna otra fotografía de él.

Los claros rasgos fisonómicos de Lahiri Mahasaya, de una casta universal, podrían difícilmente decir a qué raza pertenecen. El goce intenso de su comunión con Dios es ligeramente denunciado por una sonrisa algo enigmática. Sus ojos medio abiertos para denotar una dirección nominal del mundo exterior están también semicerrados. Completamente abstraído a las pobres añagazas terrenas, estaba siempre completamente despierto a los problemas espirituales de quienes a él se aproximaban buscando el amparo de su generosidad.

Poco después de mi curación, a través de la potencialidad de la fotografía del gurú, tuve una visión de influencia espiritual. Sentado en mi cama, una mañana, tuve un profundo sueño.

¿Qué hay tras la oscuridad de los ojos? Este escudriñador pensamiento se aferró poderosamente a mi mente. Un intenso resplandor de luz se manifestó en seguida en mi vista interna. Veía figuras Divinas de santos sentados en posturas meditativas en las cuevas de las montañas, formadas como en pequeñas fotografías, proyectadas en una gran pantalla de radiaciones dentro de mi frente.

—¿Quiénes son ustedes? —pregunté en voz alta.

—Somos los yoguis de los Himalayas.

La respuesta celestial es difícil de describir. Mi corazón estaba henchido de gozo.

—¡Oh, yo ambiciono ir a los Himalayas y ser uno de ustedes!

La visión desapareció, pero sus rayos plateados se difundieron en círculos, ensanchándose hasta el infinito.

—¿Qué es este maravilloso relucir?

—Yo soy Iswara.

—¡Yo soy Luz! —La voz era como un murmullo en las nubes.

—¡Yo quiero ser uno contigo!

De este lento desvanecimiento de Divino éxtasis he salvado un legado permanente de inspiración para buscar a Dios.

«¡Él es eterno, y siempre es gozo eterno y nuevo!». Este recuerdo persistió mucho después de ese día de éxtasis.

Otro recuerdo notable de mi infancia permanece de tal modo vívido en mí que aún llevo su cicatriz: mi hermana Uma y yo estábamos una mañana temprano sentados bajo un árbol de *neem*, en nuestra casa en Gorakhpur. Ella me ayudaba en mi primer libro en bengalí, en los momentos en que yo separaba mi vista de los pericos que comían la fruta madura de un árbol de margosa. Uma se quejaba de un divieso que tenía en una pierna; para curarse, trajo un tarro de ungüento. Yo me puse un poco de él en mi antebrazo.

—¿Por qué usas medicinas en un brazo sano?

—Bueno, hermanita, siento que voy a tener mañana un divieso. Estoy probando tu pomada en el lugar en donde el divieso aparecerá.

—Oh, tú, embustero.

—Hermana, no me llames embustero hasta que veas lo que pasará mañana —le dije, indignado.

Uma no estaba impresionada, y por tres veces repitió el improperio. Una resolución sonó en mi voz cuando yo daba mi contestación lentamente.

—Por el poder de la voluntad en mí, digo que mañana tendré exactamente en este lugar, en mi antebrazo, un divieso bastante grande, y tu divieso se hinchará el doble de lo que ahora es.

La mañana me sorprendió con un enorme divieso en el lugar que había señalado, y el tamaño del de mi hermana Uma había aumentado al doble. Con un chillido de susto, mi hermana corrió a ver a mi madre y le dijo:

—Mukunda se ha convertido en un nigromante.

Muy seriamente, mi madre me reconvino diciéndome que nunca usara el poder de las palabras para hacer mal. Siempre me he recordado de esta reconvención, y he seguido fielmente su consejo. Un cirujano se encargó de curarme el divieso. Una cicatriz notable muestra el lugar en donde el médico hizo la incisión. En mi brazo derecho existe un constante recuerdo del poder claro y limpio de la palabra del hombre.

Aquellas sencillas y aparentemente inofensivas frases dichas a Uma, pronunciadas con profunda concentración, poseían suficiente fuerza oculta para explotar como bombas y producir claros y perjudiciales efectos. Más tarde comprendí que el poder explosivo del lenguaje podía ser inteligentemente dirigido para liberar nuestra vida de dificultades, y así obrar sin cicatrices o regaños.

Nuestra familia se mudó a Lahore, en el Punjab. Allí adquirí un retrato de la Madre Divina, en forma de la diosa Kali. Este santificó un pequeño altar, arreglado en el balcón de nuestro hogar. Me vino la inequívoca convicción de que se realizarían todas las oraciones que pronunciara en ese lugar sagrado. Estaba allí con Uma un día, observaba dos cometas de papel que volaban encima de las azoteas de los edificios de enfrente, separados por la estrecha calle.

—¿Por qué tan quieto? —me preguntó Uma, empujándome juguetonamente.

—Estoy pensando qué hermoso sería que la Divina Madre me diera lo que le pida.

—¿Crees que ella te daría esas dos cometas? —dijo ella, burlonamente.

—¿Por qué no? —repliqué. Y comencé a orar silenciosamente por su posesión.

En la India se realizan competencias con cometas cuyas cuerdas están recubiertas de goma y vidrio molido. Cada competidor trata de cortar el cordel de su oponente. Una cometa suelta proporciona gran diversión al querer atraparla. Y dado que tanto Uma como yo estábamos en el balcón, era casi imposible que una cometa suelta pudiera venir a nuestras manos; sus cordeles se enredarían probablemente en los tejados vecinos.

A través de la angosta callejuela, los competidores iniciaron el combate. Uno de los cordeles fue cortado, e inmediatamente la cometa flotó en mi dirección. Por un rato estuvo prácticamente sin moverse, pero, debido a un cambio violento de la brisa, fue suficiente para que el cordel se enredara en unos cactus que había en la azotea de la casa de enfrente, dejando a mi alcance una perfecta caza, que yo pude recoger, dándole el premio a Uma.

—¡Oh, es simplemente un accidente extraordinario, pero no una contestación a tus oraciones! Si la otra cometa viene hacia ti, entonces sí creeré. —Los ojos negros de mi hermana mostraban mucho más asombro que sus palabras.

Yo continué mis oraciones con intensidad creciente. Una verdadera lucha entablaba el otro competidor, y el resultado no se hizo esperar con la brusca desprendida de su cometa. Balanceándose ligeramente en el aire, venía hacia mí.

Mi hábil ayudante, la planta de cactus, otra vez atrapó el cordel con la extensión suficiente para que yo pudiera recogerlo. Entonces, feliz, presenté mi segundo trofeo a Uma.

—¡Ciertamente, la Madre Divina te escucha! ¡Esto es demasiado misterioso para mí! —Y mi hermana echó a correr como pájaro asustado.

Capítulo 2
La muerte de mi madre. El amuleto místico

El deseo más grande de mi madre era el de casar a mi hermano mayor. «Cuando yo contemple la cara de la esposa de Ananta, diré que he encontrado el Paraíso en la Tierra».

Con frecuencia oía a mi madre pronunciar estas palabras con el sincero y arraigado sentimiento indio sobre la continuidad de la familia.

Yo tenía once años cuando se verificaron los esponsales de Ananta. Mi madre era feliz en Calcuta, supervisando los preparativos de la boda. Únicamente mi padre y yo habíamos permanecido en nuestra casa en Bareilly, en la parte norte de la India, a donde mi padre había sido trasladado después de haber permanecido dos años en Lahore.

Con anterioridad había yo presenciado el esplendor de los ritos nupciales de mis dos hermanas mayores, Roma y Uma, pero por tratarse de Ananta, el primogénito, los preparativos eran realmente meticulosos. Mi madre, en Calcuta, estaba recibiendo a los numerosos familiares que a diario llegaban de distintas partes. Ella los hospedaba en una amplia y cómoda casa que recién habíamos comprado, situada en el número 50 de la calle de Amherst. Todo estaba ya listo: golosinas del banquete, el engalanado trono en el cual mi hermano sería conducido a la casa de la novia, las hileras de luces multicolores, los enormes elefantes y camellos de cartón, así como las orquestas inglesas, escocesas e indias, los comediantes y los sacerdotes para la celebración de los antiguos ritos.

Mi padre y yo, con espíritu de fiesta, habíamos acordado ir a reunirnos con la familia en tiempo oportuno para la ceremonia nupcial. No obstante, poco antes del día solemne, tuve una siniestra visión, fue a medianoche, en Bareilly: dormía contiguo a la cama de mi padre, en el pórtico de nuestro *bungalow*, cuando desperté al agitarse el pabellón que cubría mi cama. Las endebles cortinas se abrieron y vi la forma amada de mi madre.

«Despierta a tu padre». Su voz era solo un susurro. «Tomen el primer tren que pasa hoy, a las cuatro de la mañana, y vengan rápidamente a Calcuta, si desean verme».

La forma de la aparición se esfumó.

—¡Padre! ¡Padre! ¡Mi madre se está muriendo! —dije. El terror en mi tono de voz lo despertó inmediatamente. Sollozando, le comuniqué las nuevas.

—No hagas caso de tus alucinaciones. —Mi padre, como de costumbre, dio su negativa a una nueva situación—. Tu madre está con excelente salud. Si recibimos algunas malas noticias, partiremos mañana.

—Tú nunca te perdonarás el no haber partido luego. —La pena me hizo agregar amargamente—: Ni yo te lo perdonaré.

La mañana llegó melancólica, y con ella el aviso con claras y funestas frases: «Madre gravemente enferma. Boda pospuesta, vengan luego».

Mi padre y yo salimos tristes y consternados. Uno de mis tíos vino a encontrarnos a una estación en donde teníamos que cambiar trenes. Un tren que retumbaba como trueno venía en nuestra dirección con telescópica rapidez. En mi confusión interna, una súbita determinación se aferró de mí, la de arrojarme bajo sus ruedas. Sintiéndome desposeído de mi madre, no podía ya soportar un mundo absolutamente vacío para mí. Yo amaba a mi madre como el más querido amigo en la Tierra. Sus hermosos y consoladores ojos negros habían sido siempre mi seguro refugio en todas las insignificantes tragedias de mi niñez.

—¿Vive aún? —Me paré para hacer esta última pregunta.

—¡Por supuesto que vive! —Él había comprendido en seguida la desesperación de mi rostro y de todo mi ser. Pero yo no le creí.

Cuando llegamos a nuestra casa en Calcuta, fue únicamente para confrontar el choque aterrador de la muerte. Sufrí un colapso y quedé como sin vida. Pasaron muchos años antes de que mi corazón se tranquilizara. Repiqueteando constantemente a las meras puertas del Cielo, mi llanto, por fin, consiguió obtener la atención de mi Madre Divina. Sus palabras trajeron, por fin, el bálsamo que curó mis abiertas heridas: «¡Soy yo la que he velado por ti vida tras vida, en la ternura de muchas madres! Ve en mi mirada los hermosos ojos que andas buscando».

Mi padre y yo regresamos a Bareilly poco después de los ritos crematorios de la amada. Todas las mañanas, temprano, hacía un paseo sentimental, conmemorativo, a un árbol frondoso (*sheoli*), que sombreaba el prado verde y oro que teníamos frente a nuestro *bungalow*. En raptos poéticos se me antojaba que las flores blancas del árbol se derramaran como para ofrendar voluntariamente una oración ante el altar del prado. Con frecuencia, entre mis lágrimas mezcladas con gotas de rocío, observaba otra extraña luz mundana que emergía del amanecer. Intensa ansiedad me asediaba continuamente, y me sentía por Dios fuertemente atraído hacia los Himalayas.

Uno de mis primos, recién venido de un viaje de las montañas sagradas, me visitaba en Bareilly. Ávidamente, escuchaba sus relatos acerca de los yoguis y swamis.

«Vamos huyendo a los Himalayas». Esta sugestión, hecha un día a Dwarka Prasad, el joven hijo de nuestro casero en Bareilly, no le hizo mucha gracia y le reveló mi plan a mi hermano mayor, quien había venido a visitar a mi padre. Pero en lugar de sonreír con tolerancia por la ocurrencia poco práctica de un muchacho, mi hermano Ananta me ridiculizó acremente.

—¿Dónde está tu túnica anaranjada? Tú no podrás ser un swami sin ella.

Pero inexplicablemente sus palabras me produjeron una gran alegría, pues me presentaron un cuadro en el que yo me veía peregrinando a través de la India, como un monje. Quizá despertaron memorias de una vida pasada. De cualquier manera, empecé a ver con naturalidad que yo podría usar la túnica anaranjada de la orden monástica tan antiguamente fundada.

Conversando una mañana con Dwarka, sentí tal amor por Dios que parecía descender como una avalancha sobre mí. Mi amigo apenas escuchaba el torrente de mi elocuencia; pero yo, en cambio, estaba encantado de escucharme a mí mismo.

Esa tarde escapé hacia Naini Tal, al piélago de los Himalayas. Pero Ananta, resuelto a atraparme, me obligó a regresar, con gran tristeza de mi parte, a Bareilly. La única excursión que se me permitía hacer era mi paseo al amanecer al frondoso árbol. Mi corazón lloraba por las madres idas, humanas o Divinas.

La falta de mi madre en el seno del hogar fue irreparable. Mi padre no volvió a casarse, permaneció viudo durante el lapso que sobrevivió mi madre, que fue casi de cuarenta años. Asumiendo el difícil papel de padre-madre de una pequeña familia, se volvió notablemente más cariñoso, más accesible. Con calma y visión resolvía él todos los problemas de la familia. Después de sus horas de oficina se retiraba como un ermitaño a la celda de su cuarto, en una dulce serenidad, a la práctica de *Kriyā yoga*. Mucho después de la muerte de mi madre traté de contratar los servicios de una enfermera inglesa, para que atendiera los detalles de la casa, para hacer así la vida a mi padre más cómoda y llevadera. Pero mi padre movió la cabeza negativamente.

«Los servicios para mí han terminado con la partida de tu madre». Sus ojos profundos tenían una intensa devoción a lo que toda su vida había amado. «Yo no aceptaré servicios de ninguna otra mujer».

Catorce meses después de la partida de mi madre, supe que ella me había dejado, antes de partir, un mensaje. Ananta estuvo presente al lado de su lecho de muerte y había escrito sus últimas palabras para mí. Aun cuando ella había recomendado que se me comunicara esto al año de su muerte, mi hermano lo había demorado, y estando él próximo a abandonar Bareilly para ir a Calcuta a casarse con la muchacha que mi madre le había escogido, una noche me mandó llamar a su lado.

—Mukunda, he permanecido reacio a comunicarte un extraño mensaje. —La voz de Ananta tenía un sello de resignación—. Mi temor era el que sirviera de aguijón a tus deseos de abandonar el hogar. Pero, de cualquier manera, estás revestido de un fervor Divino. Cuando últimamente interrumpí tu huida a los Himalayas, llegué a esta resolución: no debo posponer por más tiempo el cumplimiento de mi solemne promesa.

Y mi hermano, entregándome una cajita, me dio el mensaje de mi madre, que decía:

Deja que estas palabras sean mi bendición postrera, mi amado hijo Mukunda:

Ha llegado la hora en que debo relatarte algunos hechos fenoménicos que siguieron a tu nacimiento. Desde un principio supe lo definido de tu sendero. Cuando tú eras aún un niño de brazos, te llevé a la casa de mi gurú, en Benarés. Casi oculto detrás de una multitud de discípulos, apenas podía ver a Lahiri Mahasaya, que estaba sentado en profunda meditación.

Mientras yo te arrullaba, oraba para que el gran gurú se fijara en nosotros y nos diera su bendición. Conforme mi súplica devocional y silenciosa crecía en intensidad, entreabrió sus ojos y me hizo señas para que me acercara. Los que le rodeaban se apartaron respetuosamente para darme paso. Yo le reverencié tocando sus santos pies. Mi maestro te sentó en sus piernas, colocando su mano sobre tu frente a guisa de bautismo espiritual. Y dijo:

—Madrecita, tu hijo será un yogui. Como un motor espiritual, él conducirá muchas almas al Reino de Dios.

Mi corazón se ensanchó de gozo al ver mi plegaria secreta concedida por medio del omnisciente gurú. Poco antes de tu nacimiento, él me había dicho que tú seguirías su sendero.

Después, hijo mío, tu visión de la Gran Luz fue conocida por mí y tu hermana Roma, ya que te contemplábamos desde la habitación contigua, cuando tú estabas sin movimiento en tu cama. Tu pequeña cara fue iluminada, tu voz resonó con firme resolución cuando hablaste de ir a los Himalayas en busca de lo Divino.

Por estos medios, mi querido hijo, supe que tu sendero está más allá de las ambiciones mundanas.

El acontecimiento más extraordinario de mi vida me trajo aún mayor confirmación, acontecimiento que ahora, en mi lecho de muerte, me obliga a darte este mensaje: fue una entrevista con un sabio en Punjab, mientras nuestra familia vivía en Lahore. Una mañana, precipitadamente, entró a mi habitación el mozo:

—Señora, un extraño *sadhu* está aquí e insiste en ver a la madre de Mukunda.

Estas sencillas palabras tocaron una cuerda sensible dentro de mí. Salí en seguida a saludar al visitante. Inclinándome en reverencia a sus pies, presentí que ante mí estaba un hombre de Dios.

—Madre —dijo—, los grandes maestros desean que tú sepas que tu estancia en la Tierra no será larga. Tu próxima enfermedad será la última.

Hubo un silencio durante el cual no sentí ningún temor, sino solo una inmensa vibración de paz. Finalmente, me volvió a hablar:

—Usted deberá ser la guardiana de cierto amuleto de plata. Yo no se lo daré ahora, hoy; pero, a fin de demostrar a usted la veracidad de mis palabras, el talismán se materializará en sus manos, mañana, cuando esté usted meditando. A la hora de su muerte, usted deberá dar instrucciones a su hijo mayor, Ananta, para que conserve el amuleto por un año, y después de este tiempo se lo entregue a su segundo hijo. Mukunda comprenderá el significado del talismán de los Grandes. Él deberá recibirlo cuando ya sea el tiempo y esté listo para renunciar a todas las cosas terrenas y empezar su búsqueda vital por Dios. Cuando él haya retenido el amuleto por algunos años, y ya este haya servido a su objeto, desaparecerá, aun cuando esté guardado en el más secreto lugar, y regresará a su lugar de procedencia.

Brindé algunas ofrendas al santo y lo reverencié inclinándome con toda devoción. Sin aceptar mis ofrendas, partió dándome su bendición. A la noche siguiente, cuando, sentada con mis manos dobladas en la posición usual de meditación, un amuleto de plata se materializó entre las palmas de mis manos, tal como el *sadhu* lo había dicho. Se hizo manifiesto por su peso y lo liso y frío al tacto. Celosamente lo he guardado por más de dos años, y ahora lo dejo bajo la custodia de Ananta. No estés triste por mi partida, ya que yo seré introducida por mi gran gurú en los brazos del Infinito. Hasta luego, mi querido hijo, la Madre Cósmica te protegerá.

Una ráfaga de iluminación se apoderó de mí con la posesión del amuleto. Muchos recuerdos adormecidos se avivaron. El talismán, redondo, auténticamente antiguo, estaba cubierto con caracteres sánscritos. Comprendía que procedía de maestros de vidas pasadas, quienes invisiblemente guiaban mis pasos. Había una significación más, pero uno no puede revelar completamente todo lo interno de un amuleto.

De cómo el talismán se evaporó finalmente, en medio de unas circunstancias bien desgraciadas de mi vida, y cómo su pérdida era el heraldo de la obtención de un gurú, no puede decirse en este capítulo.

Pero este muchacho, frustrado en sus intentos de llegar a los Himalayas, diariamente viajó lejos en las alas de su amuleto.

Capítulo 3
El santo con dos cuerpos

—Padre, si prometo regresar a casa sin coerción de ninguna especie, ¿puedo echar una ojeada a Benarés?

Mi afición predilecta de viajar rara vez era objetada por mi padre. Aun siendo muy niño, me permitió visitar muchas ciudades y lugares de peregrinaje. Por lo general, uno o más amigos me acompañaban, viajando siempre cómodamente, en carros de primera clase, con pases que mi padre me proveía. Su posición como alto jefe de ferrocarril era por demás satisfactoria para los miembros nómadas de la familia.

Mi padre me prometió estudiar mi proposición. Al día siguiente, me llamó y me entregó un boleto de ida y vuelta de Bareilly a Benarés, unas cuantas rupias en billetes y dos cartas.

—Tengo un negocio que proponer a un amigo de Benarés, Kedar Nath Babu. Desgraciadamente, he perdido su dirección, pero creo que tú podrás entregarle esta carta por conducto de nuestro amigo el Swami Pranavananda. Este swami es mi hermano-discípulo, y ha alcanzado un gran desenvolvimiento espiritual. Tú recibirás grandes beneficios con su compañía. Esta segunda carta es tu presentación a él. —Y, guiñando los ojos, mi padre añadió—: Y, de ahora en adelante, no más escapatorias del hogar.

Marché luego, con el entusiasmo de los doce años (aunque el tiempo no ha disminuido mi gusto por ver tierras extrañas y caras nuevas).

Al llegar a Benarés, inmediatamente me dirigí a la residencia del swami. La puerta de la calle estaba abierta, y penetré por un largo pasillo a una antesala en el segundo piso. Un hombre recio, cubierto solo con un taparrabo, estaba sentado en la postura del loto, sobre una plataforma ligeramente elevada del piso. Su cabeza y su cara eran tersas, sin arrugas y perfectamente afeitadas, y una dulce sonrisa de beatitud suavizaba sus labios. Para ahuyentar mi pensamiento de que había sido un intruso, me saludó como si fuéramos los mejores amigos.

—*Baba Anand* ('bendición para ti, querido').

Su bienvenida fue dicha de todo corazón y con voz infantil. Me arrodillé y toqué sus pies.

—¿Es usted el Swami Pranavananda?

Movió la cabeza afirmativamente y dijo:

—¿Y usted es el hijo de Bhagabati?

Sus palabras habían sido pronunciadas antes de que yo hubiera tenido tiempo de entregarle la carta de presentación, que entonces me pareció superflua.

—Por supuesto que yo encontraré para usted a Kedar Nath Babu.

Una vez más me sorprendió el santo con su clarividencia. Apenas si vio la carta y, en seguida, hizo algunos recuerdos laudatorios de mi padre.

—¿Sabe usted? Estoy disfrutando de dos pensiones. Una, por recomendación de su padre, para quien con anterioridad trabajé en el ferrocarril, y la otra por recomendación de mi Padre Celestial, para quien he terminado conscientemente mis deberes terrenales en esta vida.

Esta observación no era muy clara para mí.

—¿Qué clase de pensión dice usted que recibió del Padre Celestial? ¿Pues qué, acaso él le arroja dinero en el regazo?

Se echó a reír.

—Quiero decir una pensión de paz insondable; recompensa por muchos años de profunda meditación. Ahora no tengo ninguna preocupación por el dinero. Mis escasas necesidades materiales están cubiertas con amplitud. Más adelante, comprenderá usted el significado de una segunda pensión.

Nuestra conversación terminó súbitamente. El santo entró en una grávida inmovilidad. Un aire de esfinge le envolvió. Al principio, sus ojos brillaron como si observara alguna cosa de interés, y luego entró en un estado de honda inercia. Yo me sentí confundido con esta pausa silenciosa, pues todavía no me había dicho cómo podría encontrar al amigo de mi padre. Un tanto inquieto, vi a mi alrededor la habitación desierta, con la excepción nuestra. Mi vista vagabunda se posó en sus sandalias de madera, que yacían bajo la plataforma de su asiento.

—No se preocupe, señorito. La persona a quien quiere ver estará con usted dentro de una media hora.

El yogui estaba leyendo mi pensamiento, cosa no muy difícil en aquel instante.

Una vez más volvió a ensimismarse en aquel silencio inescrutable. Mi reloj me indicó que habían pasado treinta minutos. El swami se levantó, diciendo:

—Creo que Kedar Nath Babu está llegando a la puerta.

Oí que alguien subía por las escaleras. Un torbellino incomprensible se alzó en mí de repente, y mis pensamientos volaron en confusión. «¿Cómo puede ser posible que el amigo de mi padre haya sido llamado aquí sin la intervención de mensajero alguno?».

El swami no había hablado más que conmigo desde el momento de mi llegada.

Salí rápidamente de la habitación y bajé las escaleras. A medio camino encontré a un hombre delgado, de piel blanca y de mediana estatura, que parecía llevar mucha prisa.

—¿Es usted Kedar Nath Babu? —le pregunté con voz emocionada.

—Sí. ¿Y usted no es hijo de Bhagabati, que ha estado esperando para verme? —Me sonrió en forma familiar y cariñosa.

—Señor, ¿cómo ha llegado usted aquí? —dije, sintiendo desazón y desconcierto ante su inexplicable presencia.

—¡Hoy ha sido todo tan misterioso! Hace menos de una hora que había terminado de bañarme en el Ganges —agregó—, cuando el Swami Pranavananda se me acercó. No tengo la menor idea de cómo supo él que yo estaba allí a esa hora. «El hijo de Bhagabati te está esperando en mi departamento. ¿Quieres venir conmigo?», dijo. Accedí con gusto. Y, aunque íbamos el uno al lado del otro, el swami, con sus sandalias de madera, me sacó pronto la delantera, pese a que yo traía estos zapatos de calle. «¿Cuánto tiempo tomarás para llegar a mi casa?», me preguntó Pranavananda, parándose súbitamente. «Como media hora», le contesté. «Tengo algo más que hacer ahora», terminó, y diciendo esto me dirigió una mirada enigmática. «Debo dejarte; te esperaré en mi casa, donde el hijo de Bhagabati y yo te aguardaremos». Antes de que yo pudiera replicar algo, se adelantó de nuevo velozmente entre la multitud, aunque yo caminaba tan aprisa como podía.

Esta explicación solo sirvió para aumentar mi desconcierto. Le pregunté cuánto tiempo hacía que conocía al swami.

—El año pasado nos encontramos varias veces, pero no recientemente. Me dio mucho gusto volver a verlo hoy en el *ghat*.

No podía dar crédito a mis oídos. «¿Estaré acaso volviéndome loco?».

—¿Le vio usted en alguna visión, o le vio realmente, tocó su mano y oyó el ruido de sus pasos? —inquirí.

—No sé a dónde quiere usted ir a parar —me respondió, algo enfadado—. No le estoy mintiendo. ¿No puede usted comprender que solo merced al swami pude saber que usted me esperaba aquí?

—Bueno, pues le aseguro que ese hombre, Pranavananda, no se ha despegado un solo instante de mi vista desde que llegué, hace como una hora.

Y luego le relaté todo lo que había sucedido. Sus ojos se abrieron desmesuradamente.

—¿Estamos viviendo en esta vida material o estamos soñando? ¡Yo nunca esperé presenciar un milagro de estos en mi vida! ¡Siempre creí que este swami era un hombre común y corriente; y ahora veo que puede materializar un cuerpo extra, y más aún, operar a través de él!

Entramos juntos a la habitación ocupada por el santo.

—Vea usted: esas son las mismas sandalias que él traía puestas cuando me vio en el baño. —Y Kedar Nath Babu murmuró luego—: Y vestía únicamente un taparrabo, tal como ahora lo veo.

Cuando el visitante se inclinó ante él, el santo se volvió a mí con una sonrisa enigmática.

—¿Por qué están ustedes estupefactos de todo esto? La unidad sutil del mundo fenomenal no está oculta a los verdaderos yoguis. Yo veo instantáneamente y converso con mis discípulos en la lejana Calcuta. Ellos igualmente pueden trascender a voluntad todos los obstáculos de la materia densa.

Probablemente, para avivar el ardor espiritual en mi joven pecho, el swami condescendió a hablarme de sus poderes radiostrales y de televisión. Pero, en lugar de entusiasmo, solo sentí un convicto y deprimente temor. Pese a que yo estaba destinado a emprender la Divina jornada con auxilio de un particular gurú —Sri Yukteswar, a quien aún no conocía—, no sentí inclinación de aceptar a Pranavananda como maestro mío. Lo miré lleno de duda, maravillándome de si era él realmente o su contraparte la que tenía delante.

El maestro quiso desterrar mi inquietud lanzándome una mirada de aliento espiritual y algunas inspiradoras palabras sobre su gurú.

—Lahiri Mahasaya era el más grande yogui que he conocido. Era la Divinidad misma en la forma de la carne —dijo.

«Si un discípulo —reflexioné— puede materializar una forma carnal extra a voluntad, ¿qué milagros no podrán ser atribuidos a su maestro?».

—Voy a decirte cuán inapreciable es la ayuda de un gurú —siguió Pranavananda—: yo practiqué la meditación con otro discípulo durante ocho horas cada noche. Teníamos que trabajar en la oficina del ferrocarril durante el día. Hallando difícil sobrellevar mis obligaciones clericales, yo deseaba consagrar todo el tiempo a Dios. Durante ocho años perseveré meditando la mitad de la noche. Tuve maravillosos resultados, tremendas percepciones espirituales iluminaron mi mente. Pero un ligero velo permanecía siempre entre el Infinito y yo. Aun haciendo esfuerzos sobrehumanos, me encontré al final con que la irrevocable unión me era denegada. Cierta tarde rendí una visita a Lahiri Mahasaya y le rogué su Divina intercesión. Y continué importunándole durante toda la noche: «Angélico gurú, mi angustia espiritual es tan grande que ya no podría soportar la vida si no encuentro al Gran Amado frente a frente. ¿Qué puedo hacer yo?». «Debes meditar más profundamente». «¡Estoy implorándote a ti, oh, Dios, mi maestro! Yo te contemplo materializado en un cuerpo físico; bendíceme para que pueda percibirte en tu infinita forma».

Lahiri Mahasaya extendió su mano con gesto benigno: «Ahora puedes irte y meditar: he intercedido por ti ante Brahma».

»Inconmensurablemente exaltado regresé a mi hogar. Esa noche, en meditación, el ardiente ideal de mi vida quedó realizado. Ahora, continuamente, sin cesar, gozo de la pensión espiritual; nunca, desde entonces, ha permanecido oculto a mis ojos el Bendito Creador tras la pantalla de la ilusión.

El rostro de Pranavananda estaba radiante de luz Divina. La paz de otro mundo entró en mi corazón y todo temor había desaparecido. El santo me hizo una confidencia adicional.

—Algunos meses más tarde —agregó— regresé a ver a Lahiri Mahasaya y traté de darle las gracias por haberme concedido aquella infinita gracia y, luego, le mencioné otro asunto: «Maestro Divino, ya no puedo trabajar más en la oficina. Por favor, relévame de esa obligación. Brahma me tiene continuamente intoxicado». «Pídele a tu empresa una pensión». «¿Y qué razón le daré, siendo empleado de tan poco tiempo?». «Dile lo que sientas».

»Al día siguiente hice mi solicitud. El doctor me preguntó las razones de tan prematura petición. «Durante mi trabajo —le respondí— experimento una sensación arrolladora que sube por mi espina dorsal; penetra todo mi cuerpo y me incapacita para el cumplimiento de mis deberes...». Sin otras preguntas, el doctor me recomendó altamente para una pensión, que pronto recibí. Yo sé que la voluntad Divina de Lahiri Mahasaya operó a través del médico y los jefes del ferrocarril, incluso de tu padre. Ellos obedecieron automáticamente la dirección espiritual del gran gurú y me liberaron para toda la vida de la esclavitud, para permanecer en ininterrumpida comunión con el Bien Amado.

Después de esta extraordinaria revelación, el Swami Pranavananda se ensimismó en uno de sus largos y profundos silencios. Como yo me despidiera, tocándole reverentemente sus pies, me dio sus bendiciones diciéndome:

—Tu vida pertenece al sendero de la renunciación y el yoga. Yo te veré otra vez junto a tu padre, más tarde.

Los años trajeron la realización de sus dos predicciones.

Kedar Nath Babu caminaba a mi lado, en la oscuridad creciente. Le hice entrega de la carta de mi padre, que mi compañero leyó bajo la lámpara de una calle.

—Tu padre me sugiere que tome un empleo en la oficina del ferrocarril de Calcuta. ¡Qué hermoso sería contemplar en el futuro por lo menos una de las pensiones que el Swami Pranavananda gozó! Pero es imposible. Yo no puedo abandonar Benarés. ¡Ay! ¡Dos cuerpos no son todavía para mí!

Capítulo 4
Interrumpida fuga hacia los Himalayas

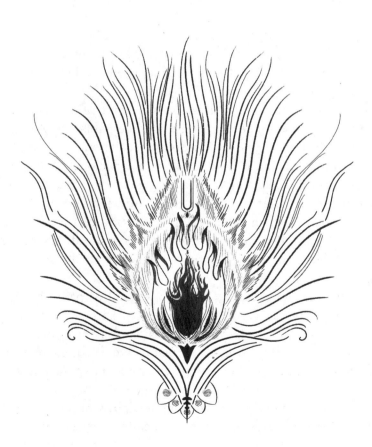

«Abandona el salón de clases con cualquier pretexto y alquila un coche de caballos, y llévalo al callejón en donde los de mi casa no puedan verte».

Estas fueron mis recomendaciones a Amar Mitter, compañero mío de clases de la escuela preparatoria, que había decidido acompañarme a los Himalayas. Ya habíamos resuelto que al siguiente día sería nuestra fuga. Era necesario tomar precauciones, pues mi hermano Ananta ejercía una estrecha vigilancia sobre mí. Este se había propuesto frustrar mis planes para huir, pues sospechaba que predominaban en mi mente. El amuleto, como una levadura espiritual, trabajaba silenciosamente en mí. En medio de las nieves de los Himalayas esperaba yo encontrar al maestro cuyo rostro con frecuencia se me aparecía en visiones.

Mi familia radicaba en Calcuta, a donde mi padre había sido trasferido. Siguiendo la costumbre patriarcal india, Ananta había llevado a su novia a vivir con nosotros en nuestra casa número 4 del Camino de Gurpar. Allí, en un pequeño desván, me dedicaba a mis prácticas de meditación y preparaba mi mente para la búsqueda Divina.

La memorable mañana llegó con lluvia poco auspiciosa. Apenas oí el rodar del carruaje de Amar en la calle, tomé rápidamente un cobertor, un par de sandalias, la fotografía de Lahiri Mahasaya, un ejemplar del *Bhagavad-gītā*, un rosario y dos taparrabos. Hice con todo ello un bulto y lo arrojé desde la ventana del tercer piso. Luego, corrí precipitadamente, tropezando con mi tío, que a la puerta compraba pescado.

—¿Por qué tanta excitación? —dijo, mirándome con ojos de sospecha.

Sonreí con aire inocente y salí al callejón. Recogiendo mi bulto, me uní con Amar con todo el aspecto de un conspirador. Marchamos en seguida a Chandni Chowk, un centro comercial. Por meses habíamos estado ahorrando el dinero de nuestra merienda para comprar ropa inglesa. Sabiendo de antemano que mi listo hermano con facilidad podría jugar la parte del detective, creíamos engañarlo con un disfraz europeo.

En nuestro camino a la estación nos detuvimos para recoger a mi primo Jotin Ghosh, a quien yo llamaba Jatinda. Este era un nuevo converso que suspiraba por un maestro en los Himalayas. Se puso el traje que le habíamos conseguido; y bien disfrazados, según creíamos, una intensa exaltación llenaba nuestros corazones. «Lo único que nos hace falta ahora son unos zapatos de lona», pensé. Conduje a mis compañeros a una tienda en donde se vendían zapatos de suela de hule. «Los artículos de cuero que se obtienen por medio del sacrificio de animales no deben ser usados en este sagrado viaje». Luego, nos detuvimos en una calle para quitar la cubierta de piel de mi *Bhagavad-gītā*, así como las correas que tenía mi *salacot* de manufactura inglesa.

En la estación compramos boletos para Burdwan, de donde pensábamos transbordar para Hardwar, lugar situado en la falda de los Himalayas. Tan pronto como el tren se puso en marcha, di rienda suelta a algunas de mis gloriosas anticipaciones.

—¡Imagínense! —dije, lleno de entusiasmo—. Seremos iniciados por los maestros y experimentaremos el trance de la conciencia cósmica. Nuestros cuerpos serán cargados con tal magnetismo que las bestias salvajes de los Himalayas quedarán domadas a nuestra sola proximidad. Los tigres no serán más que gatos domésticos en espera de nuestras caricias.

Este comentario, que delineaba todo un prospecto fascinador, tanto metafórica como literalmente, produjo una sonrisa de entusiasmo en Amar. Pero Jatinda desvió su mirada y la dirigió a través de la ventana hacia el pasaje que huía.

—Dividiremos el dinero en tres partes. —Jatinda rompió el largo silencio con esta sugestión—. Cada uno de nosotros debe comprar su boleto en Burdwan. De esta manera, nadie en la estación sospechará que vamos huyendo juntos.

Sin sospechar nada, estuve conforme. Al oscurecer, nuestro tren llegó a Burdwan. Jatinda entró a la oficina de boletos y, mientras tanto, Amar y yo nos sentamos en la plataforma. Esperamos quince minutos, y luego, infructuosamente, inquirimos por su paradero en todas las direcciones; le llamamos a gritos con la urgencia del terror, pero él se había esfumado entre los oscuros y desconocidos alrededores de la pequeña estación.

Quedé completamente desconcertado, al golpe de tan extraordinaria sorpresa. ¿Por qué permitiría Dios semejante incidente? La romántica y cuidadosa escapatoria tras él había fallado lamentablemente.

—Amar, debemos regresar a casa. —Yo lloraba como un niño—. La desoladora huida de Jatinda es de mal agüero. Este viaje está destinado al fracaso.

—¿Es este tu amor al Señor? ¿No puedes soportar la pequeña prueba de la traición de un compañero?

Merced a la sugestión de Amar, de que era una prueba Divina, mi corazón se serenó. Luego, nos agasajamos con las famosas confituras de Burdwan, el *sitabhog* (alimento de las diosas) y el *motichur* (pepitas de perla dulce). Pocas horas después tomamos el tren para Hadwar, vía Bareilly. Cambiando de trenes en Moghul Serai, discutimos una cosa de suma importancia, mientras esperábamos en el andén de la estación.

—Amar, pronto seremos interrogados por los jefes del ferrocarril. No quiero menospreciar la ingenuidad de mi hermano. Pase lo que pase, no diré una mentira.

—Todo lo que te pido, Mukunda, es que calles, no te rías ni hagas gestos mientras yo hable.

En ese preciso instante, un jefe europeo de estación se acercó a nosotros, mostrándonos un telegrama cuyo contenido inmediatamente comprendí.

—¿Van ustedes huyendo del hogar, inconformes?

—¡No! —Sentí gusto de que las palabras que él había escogido para preguntarnos me permitieran contestar enfáticamente. No era la amargura, sino una «Divina melancolía» la responsable de nuestro poco convencional comportamiento.

El oficial se dirigió entonces a Amar. El ágil diálogo que sostuvieron difícilmente me permitiría conservar la aconsejada gravedad del caso.

—¿Dónde está el tercer muchacho? —con tono autoritario en la voz, el jefe de estación preguntó—. Vamos, hablen, digan luego la verdad.

—Señor, noto que usted usa anteojos. ¡Qué! ¿No puede usted ver que no somos más que dos? —Amar sonrió socarronamente—. Yo no soy un mago, ni puedo conjurarle un tercer compañero.

El oficial, visiblemente desconcertado por la impertinencia de Amar, buscó luego otro punto vulnerable.

—¿Cómo se llama usted?

—Me llaman Tomás. Soy hijo de madre inglesa y de un padre indio convertido al cristianismo.

—¿Cuál es el nombre de su amigo?

—Yo me llamo Thompson.

Ya para entonces mi gozo interno había llegado a la cúspide, y sin ceremonias me dirigí a tomar el tren, que pitaba para partir. Amar seguía hablando con el oficial, quien había sido lo suficientemente ingenuo y atento para instalarnos en un compartimiento europeo. Evidentemente estaba apenado de que dos muchachos medio ingleses viajaran en el departamento reservado para nativos. Después de esta habilidosa celada, me eché hacia atrás en el asiento y me reí sin control. El semblante de mi amigo tenía una marcada expresión de satisfacción por haber burlado a un veterano oficial europeo.

En el andén de la estación me había dado maña para leer el telegrama de mi hermano, el cual decía: «Tres muchachos bengalíes, vestidos a la inglesa, van huyendo de sus hogares rumbo a Hardwar, vía Moghul Serai. Sírvase detenerlos mientras llego. Amplia recompensa por su servicio».

—Amar, te dije que no dejaras ningún itinerario marcado en tu casa. —Mi aspecto era de grave reproche—. Mi hermano debe haber encontrado alguno allí.

Mi amigo reconoció su falta como un cordero. Nos paramos brevemente en Bareilly, en donde Dwarka Prasad nos esperaba con un telegrama de Ananta. El viejo amigo, valientemente, trató de detenernos. Pero yo le convencí de que nuestro viaje no había sido tomado a la ligera. Como en otra ocasión, mi amigo Dwarka Prasad rehusó la invitación para acompañarnos a los Himalayas.

Mientras nuestro tren paraba en la estación esa noche, y yo dormitaba, Amar fue despertado por otro interrogante oficial del ferrocarril. Este también fue víctima de las argucias de Amar, y creyó en el encanto híbrido de Tomás y Thompson. Al amanecer, el tren nos condujo triunfalmente a Hardwar. Las hermosísimas y majestuosas montañas aparecían en la distancia, como invitando al viajero. Corriendo, pasamos a través de la estación para mezclarnos libremente con el gentío de la ciudad. Nuestro primer acto fue mudarnos de ropa, cambiando las europeas por las nativas, puesto que Ananta, de alguna manera había sabido de nuestro disfraz europeo. Sin embargo, cierta premonición de captura obsesionaba mi mente.

Considerando conveniente abandonar cuanto antes Hardwar, compramos boletos para proseguir nuestro viaje hacia el norte, hasta Rishikesh, una tierra santificada largamente por los pies de los maestros. Yo había abordado el tren, mientras Amar seguía en la plataforma. Este fue abruptamente parado por el «¡Alto!» de un policía. Nuestro inoportuno guardián nos condujo al *bungalow* de la estación y se hizo cargo del dinero que llevábamos. Cortésmente nos explicó que era su obligación detenernos allí hasta que mi hermano mayor llegase.

Conociendo que el destino de ambos *truhanes* era los Himalayas, el oficial nos relató una extraña historia:

¡Ya veo que ustedes andan locos por los santos! Pero nunca tropezaran con un hombre de Dios como el que yo vi hace poco. Mi hermano oficial y yo lo encontramos por primera vez hace cinco días. Estábamos patrullando el Ganges en cuidadosa vigilancia de cierto asesino. Nuestras instrucciones eran de capturarlo vivo o muerto. Se sabía que andaba disfrazado de *sadhu* para robar con mayor facilidad a los peregrinos. A corta distancia de nosotros sorprendimos a un hombre cuyas señales coincidían con la descripción del criminal. No hizo caso cuando le ordenamos detenerse y entonces corrimos tras él, y acercándonos por la espalda, con el hacha le di con tremenda fuerza. El brazo del hombre quedó arrancado casi completamente. Sin proferir un grito ni mirar siquiera la tremenda herida, el desconocido continuó, ante nuestro asombro, su rápido paso. Cuando saltamos delante de él para interceptarle el paso, con calma nos dijo: «Yo no soy el asesino que ustedes andan buscando». Yo estaba profundamente mortificado al ver que había herido a un hombre de presencia Divina, a un sabio. Postrándome a sus pies, imploré su perdón y le ofrecí la tela de mi turbante para restañar y cubrir la enorme herida, de la que manaba abundante sangre. «Hijo mío, eso no es más que un error muy explicable de tu parte». El santo me miraba amablemente. «Sigue tu camino y no te reconvengas ni apenes por lo que has hecho. La Madre Divina cuida de mí». Agarró el brazo colgante y lo colocó en su sitio y, ¡oh, milagro!, el brazo quedó adherido e inexplicablemente la sangre dejó de fluir. «Ven a verme bajo aquel árbol dentro de tres días y me encontrarás completamente curado. Así no tendrás más remordimientos».

Ayer, mi compañero y yo fuimos ansiosamente al sitio que él nos había designado. El *sadhu* estaba allí y permitió que le examináramos el brazo.

¡Este no mostraba ninguna señal o cicatriz de herida! «Voy por la vía de Rishikesh a los solitarios Himalayas». Nos bendijo y partió rápidamente. Hoy siento que mi vida se ha elevado espiritualmente merced a su santidad.

El policía terminó su narración con una exclamación piadosa: aquella experiencia le había conmovido más allá de sus capacidades. Con significativo gesto de importancia, me dio, para que lo leyera, el recorte de un diario en donde se narraba el milagro. Con el pomposo estilo de los periódicos sensacionales (¡que no faltan tampoco en la India!), la versión del reportero aparecía bastante exagerada, pues indicaba que el *sadhu* había sido poco menos que decapitado.

Amar y yo sentimos mucho no haber conocido a ese gran yogui que perdonara a sus perseguidores de tan cristiana manera. La India, materialmente pobre en las dos últimas centurias, tiene, sin embargo, un tesoro inagotable de riqueza Divina. Espirituales «rascacielos» pueden ocasionalmente ser hallados de paso, aun por gentes mundanas como nuestro policía.

Dimos las gracias al oficial por sacudirnos del tedio con su maravillosa historia. Probablemente, pensaba que era mucho más afortunado que nosotros, puesto que él había encontrado sin esfuerzo alguno a un hombre de iluminación Divina, mientras que nosotros, en nuestra vehemente búsqueda, habíamos terminado, no a los pies del maestro, sino en una baja estación de policía.

Tan cerca de los Himalayas y, sin embargo, tan lejos, en nuestra cautividad, le dije a Amar que me sentía doblemente impelido a buscar la libertad. «Escapémonos tan pronto como la oportunidad se nos presente. Podemos ir a pie a la santa Rishikesh». Le sonreí, animándolo.

Pero mi compañero se volvió pesimista tan pronto como se vio sin el apoyo del dinero que nos había sido quitado.

«Si emprendemos una caminata a través de la peligrosa jungla, terminaremos nuestros días no en una ciudad de santos, sino en el estómago de los tigres».

Ananta y el hermano de Amar llegaron a los tres días. Amar saludó a su hermano con cariño y aire de rendimiento. Yo estaba irreconciliable. Mi hermano Ananta no obtuvo de mí más que rudos reproches.

—Ya me imagino cómo te sientes —me dijo suavemente—. Todo lo que te pido es que me acompañes a Benarés para que conozcas a cierto santo, y luego a Calcuta a visitar por unos días a tu afligido padre. Después puedes recomenzar tu búsqueda aquí por un maestro.

En este punto de la conversación intervino Amar para protestar que él no tenía intención de regresar a Hardwar conmigo. Estaba gozando del calor familiar. Pero yo estaba seguro de que nunca abandonaría mi empeño por obtener un gurú.

Nuestra comitiva tomó el tren para Benarés. Allí tuve una singular e instantánea respuesta a mis oraciones.

Un ágil plan había sido preparado por Ananta. Antes de verme en Hardwar, se había detenido en Benarés para pedir los servicios de cierta autoridad en materia de Escrituras, para que me entrevistara luego. Tanto el *pandita* como su hijo habían prometido disuadirme de seguir el sendero del *sannyasin*.

Ananta me llevó a su casa. El hijo, un joven de exageradas maneras, me saludó en el patio. Luego me enganchó en un largo y tedioso discurso filosófico. Pretendiendo tener un conocimiento clarividente de mi futuro, desacreditaba mi idea de convertirme en monje:

—Encontrarás continuamente sinsabores y nunca llegarás a conocer a Dios, si insistes en desertar y abandonar tus responsabilidades habituales. Tú no puedes poner a un lado tu pasado karma sin las experiencias de este mundo.

Las palabras inmortales de Krishna vinieron a mis labios para darle contestación: «Aun aquel de peor karma que incesantemente medite en mí, rápidamente, pierde los efectos de sus malas acciones pasadas. Volviéndose un alto espíritu pronto alcanza la paz eterna. Arjuna, sabe esto por cierto: el devoto que pone su fe en mí jamás perece».

Pero los pronósticos enérgicos del joven habían sacudido ligeramente mi confianza. Con todo el fervor de mi corazón, oré silenciosamente a Dios: «¡Por favor, resuelve esta duda, y contéstame aquí mismo, ahora, si tú deseas que yo lleve la vida de un "renunciado" o la de un hombre mundano!»

Advertí, entonces, que un *sadhu* de noble semblante se hallaba justamente en la parte exterior de la casa del *pandita*. Indudablemente, estaba enterado de la conversación entre el sedicente visionario y yo, porque el extraño personaje me llamó a su lado. Yo sentí el poder inmenso que brotaba de sus tranquilos ojos.

—Hijo, no le hagas caso a ese ignorante. En respuesta a tu plegaria, el Señor me encarga decirte que tu único sendero en esta vida es el de renunciado.

Con tanto asombro como con gratitud, sonreí feliz por el decisivo mensaje.

—¡Apártate de ese hombre!

El «*ignoramus*» estaba llamándome desde el patio. Mi santo guía levantó su mano bendiciéndome y se marchó lentamente.

—Ese *sadhu* está tan chiflado como tú. —Era el canoso *pandita* el que me hacía la encantadora observación. Él y su hijo me miraban con aire lúgubre—. He oído que él también ha dejado su hogar por una vaga búsqueda de Dios.

Volví la espalda. A Ananta le dije que yo no entraría en más discusiones con semejantes huéspedes. Mi hermano consintió en la inmediata partida, y pronto tomamos el tren para Calcuta.

—Señor detective, ¿cómo descubrió usted que yo había escapado con dos compañeros? —aventuré con viva curiosidad a Ananta durante nuestro viaje de regreso. Él sonrió maliciosamente.

—En tu escuela supe que Amar había dejado el salón de clases y que no había regresado. A la mañana siguiente fui a su casa y descubrí un itinerario de ferrocarril marcado. El padre de Amar salía en esos momentos en coche y conversaba con el cochero: «¡Mi hijo no irá por la mañana en el coche a la escuela, pues ha desaparecido!», plañía. «He oído por otro compañero que su hijo y otros dos muchachos, vestidos con ropas europeas, habían abordado el tren en la estación de Howrah», respondía el hombre. «Y regalaron sus zapatos de cuero a su conductor». Así logré tener tres indicios: el itinerario, el trío de muchachos y las ropas inglesas.

Yo escuchaba el relato de Ananta entre alegre y humillado. ¡Nuestra generosidad para el cochero había sido mal comprendida!

—Por supuesto, me di prisa en enviar telegramas a los jefes de estación de los lugares que Amar había subrayado en el itinerario. Había señalado Bareilly, y entonces le envié un telegrama a tu amigo Dwarka. Después de inquirir en nuestra vecindad de Calcuta, supe que nuestro primo Jatinda había estado ausente de su casa una noche y había regresado al día siguiente, vestido a la inglesa. Lo busqué y le invité a cenar. Él aceptó, completamente despistado por mis amistosas maneras. En el camino le conduje, sin que él lo sospechara, a la estación de policía. Luego, fue cercado por varios policías, que de antemano había escogido por su aspecto agresivo y feroz, y, bajo su terrible mirada, Jatinda consintió en hacer un relato de su misteriosa conducta. «Partí para los Himalayas con el espíritu boyante de alegría», decía Jatinda. «La inspiración me llenaba a la sola idea de encontrar a los maestros. Pero tan pronto como Mukunda dijo: "Durante nuestro éxtasis en las cuevas de los Himalayas, los tigres quedarán fascinados y rondarán cerca como gatos domésticos", mi ánimo se heló y gruesas gotas de sudor corrieron por mi frente. "¿Entonces, qué?", pensé. Si la fiera naturaleza de los tigres no cambia por medio del poder de nuestro trance espiritual, ¿nos tratarán a nosotros con la bondad de los gatos caseros? Mentalmente, me veía ya como huésped obligado del estómago de algún tigre y metido en él, no de cuerpo entero, sino en pedacitos».

Mi descontento contra Jatinda se desvaneció en risa. Ese pequeño momento de hilaridad valió por todas las angustias que él me había causado. Debo confesar que sentí una cierta satisfacción al saber que Jatinda no había escapado tampoco al encuentro de la policía.

—¡Ananta, eres un sabueso de nacimiento! —Mi mirada de divertimiento no carecía de cierta exasperación—. ¡Yo le diré a Jatinda que estoy satisfecho de que su modo de proceder no se haya debido a una traición como parecía, sino únicamente al simple instinto de conservación!

Ya en el hogar, en Calcuta, enternecedoramente, mi padre me suplicó que contuviera los andariegos pies, por lo menos hasta que hubiera terminado mis estudios en la escuela secundaria. Durante mi ausencia, él había madurado un atractivo plan, por medio del cual un santo *pandita*, el Swami Kebalananda, iría regularmente a mi casa.

Confiadamente me lo anunció, diciendo: «Este sabio será tu tutor de sánscrito». Mi padre creía que podría calmar mis anhelos religiosos recibiendo instrucción de un filósofo erudito. Pero las cartas pronto se voltearon: mi nuevo instructor, lejos de ofrecerme arideces intelectuales, atizó las ascuas de mi admiración por Dios. Desconocido para mi padre, el Swami Kebalananda era un exaltado y ferviente discípulo de Lahiri Mahasaya. El incomparable gurú tenía miles de discípulos, conducidos a él por su irresistible magnetismo Divino. Más tarde supe que Lahiri Mahasaya había caracterizado muchas veces a Kebalananda como un *rishi* o sabio iluminado.

Abundantes rizos adornaban la hermosa cabeza de mi instructor. Sus oscuros ojos insondables tenían la transparencia de los de un niño. Todos los movimientos de su ligero cuerpo eran de un deliberado reposo. Siempre amable y gentil, estaba constantemente establecido en la conciencia del Infinito. Nuestras horas más felices fueron pasadas juntos en la profunda meditación del *Kriyā*.

Kebalananda era una notable autoridad en los antiguos *shastras* (libros sagrados); su erudición le había hecho ganar el título de «Shastri Mahasaya», y por el cual era generalmente conocido y saludado. Pero mi educación en sánscrito era casi nula. Siempre busqué toda oportunidad para hacer caso omiso de la prosaica gramática y, en cambio, hablar de yoga y de Lahiri Mahasaya. Mi tutor me complació cierto día contándome algo de su propia vida con su maestro. Decía:

> Raramente afortunado, pude permanecer cerca de Lahiri Mahasaya por diez años. Su casa en Benarés era la meta nocturna de mi peregrinaje. El gurú se hallaba siempre presente en su pequeña salita de su primer piso. Conforme se sentaba en su postura de loto, sobre un asiento de madera sin respaldo, todos sus discípulos lo rodeaban en semicírculo. Sus ojos centelleaban

y bailaban de alegría Divina. Los tenía habitualmente entrecerrados, atisbando a través del telescopio interno hacia la esfera de eterna felicidad. Rara vez hablaba extensamente. De vez en cuando su mirada se fijaba en algún estudiante necesitado de ayuda; luego, como efluvios de luz, a torrentes salían sus palabras curativas.

Una indescriptible serenidad florecía dentro de mí a su simple mirada. Estaba saturado con su fragancia, como si él fuera un loto del Infinito. El estar con él, aun sin hablar una sola palabra, por días era una experiencia que transformaba todo mi ser. Si alguna barrera se interponía en mi senda de concentración, buscaba meditar a los pies del maestro. Entonces, los más sutiles estados mentales llegaban fácilmente a mi dominio. Tales percepciones se me escaparon siempre en presencia de instructores menores. El maestro era un templo viviente de Dios, cuyas puertas Divinas estaban siempre abiertas a todos los discípulos a través de la devoción.

Lahiri Mahasaya no era un intérprete libresco de las Escrituras. Sin esfuerzo alguno solía hundirse en la «biblioteca Divina». La espuma de las palabras y el rocío del pensamiento manaban de la fuente de su omnisciencia. Poseía la maravillosa clave que abría la profunda ciencia filosófica empapada durante edades en los Vedas.

Si se le pedía que explicara los diferentes planos de conciencia que se mencionan en los textos antiguos, él, sonriendo, accedía. «Alcanzaré esos estados y, en seguida, te diré lo que perciba». Era, entonces, diametralmente opuesto a ciertos instructores que aprenden las Escrituras de memoria y, luego, ofrecen no realizadas abstracciones.

«Sírvete exponernos las sangradas estancias según sus significados se te presenten». El taciturno gurú con frecuencia daba esta instrucción a algún discípulo próximo a él. «Yo guiaré tus pensamientos para que hagas una interpretación correcta». De esta manera, muchas de las percepciones de Lahiri Mahasaya fueron registradas y anotadas con voluminosos comentarios de diversos estudios.

El maestro no aconsejaba jamás una creencia esclava. «Las palabras no son más que cáscaras», decía. «Ganad la convicción de la presencia Divina a través de vuestro propio y feliz contacto en la meditación».

No importaba cuál fuera el problema del discípulo, el gurú aconsejaba la práctica de *Kriyā yoga* para su solución:

> La llave de yoga no perderá su eficiencia cuando yo no esté más en este cuerpo para guiaros. Esta técnica no puede ser encuadernada, manoseada y olvidada, al modo de las inspiraciones teóricas. Continuad sin cesar en vuestro sendero de liberación por medio de *Kriyā*, cuyo poder estriba en su práctica.
>
> Yo mismo considero el sistema más eficaz para alcanzar la salvación a través del esfuerzo personal, y que jamás haya sido evolucionado para el hombre en su búsqueda del Infinito.

Kebalananda terminó así con su testimonio: «Por medio de su uso, el Dios omnipotente, oculto en todos los hombres, se hizo encarnación visible y viviente en el cuerpo de Lahiri Mahasaya y en algunos de sus discípulos».

Un milagro de tipo crístico por Lahiri Mahasaya tuvo lugar en presencia de Kebalananda. Mi santo tutor me contó el suceso un día, alejados sus ojos de los textos de sánscrito que estaban ante nosotros:

> Un discípulo ciego, llamado Ramu, me causó mucha lástima. ¿Por qué no tenía luz en los ojos, cuando tan fielmente servía a nuestro maestro, en quien la Divinidad resplandecía plenamente? Una mañana traté de hablarle a Ramu, pero él se sentaba por largas y pacientes horas a abanicar al gurú, con un abanico hecho de palma *sunkha*; cuando por fin el devoto salió de la habitación, yo le seguí.
>
> —Ramu, ¿cuánto tiempo hace que estás ciego?
>
> —¡Soy ciego de nacimiento, señor! Nunca mis ojos han sido bendecidos con un vislumbre de sol.

—Nuestro omnipotente gurú puede ayudarte; ¡hazle, por favor, esa súplica!

Al día siguiente, Ramu se acercó tímidamente a Lahiri Mahasaya. El discípulo se sentía avergonzado de pedir que una riqueza física fuera agregada a su superabundancia espiritual.

—Maestro, el Iluminador del Cosmos está en ti. Yo te ruego que conduzcas su luz a mis ojos, de manera que perciba siquiera su tenue resplandor.

—Ramu, alguien te ha inducido a que me pongas en una difícil situación. Yo no tengo poder curativo.

—Señor, el Infinito, dentro de ti, puede ciertamente curar.

—Eso es diferente, desde luego, Ramu. El límite no existe para Dios. Aquel que enciende las estrellas y las células del cuerpo con misteriosa refulgencia de vida puede, ciertamente, dar el brillo de la visión a tus ojos.

El maestro tocó la frente de Ramu en el sitio del entrecejo.

—Conserva tu mente enfocada en ese punto, y canta frecuentemente el nombre del profeta Rama durante siete días. El esplendor del sol tendrá una especial aurora para ti.

¡Ah!, y en una semana se realizó. Por primera vez en su vida, Ramu pudo contemplar la hermosa naturaleza. El Omnisciente Uno había inducido a su discípulo a repetir el nombre de Rama, adorado por él sobre todos los santos. La fe de Ramu era el suelo devocional ya arado, en el cual la poderosa semilla del gurú había germinado con la curación permanente.

Kebalananda guardó silencio por un momento para rendir un nuevo homenaje a su gurú:

> Era evidente que en todos los milagros que Lahiri Mahasaya operaba nunca permitía que el principio del ego estuviera presente, considerándose como una fuerza causativa. Por su perfecto e irresistible renunciamiento al egoísmo, el maestro

capacitaba al Poder Primario de salud para que fluyera libremente a través de él.

Los numerosos cuerpos que fueron espectacularmente curados por Lahiri Mahasaya más tarde tuvieron que alimentar las llamas de la cremación. Pero el silencioso despertar espiritual que él operó, los discípulos crísticos que él formó, forman su cohorte de imperecederos milagros.

Yo nunca llegué a ser un erudito en sánscrito. Kebalananda me enseñó la sintaxis más Divina.

Capítulo 5

Un Santo de los Perfumes muestra sus maravillas

«Cada cosa tiene su estación y cada propósito su tiempo bajo el cielo».

Yo no tenía esta sabiduría de Salomón para consolarme; buscaba inquisitivamente a mi alrededor, en cualquier excursión que hacía fuera de casa, la cara del gurú al cual estaba destinado. Pero mi sendero no se cruzó con el suyo, sino hasta después de que terminé los estudios de la Escuela Superior.

Dos años habían transcurrido desde mi última huida con Amar hacia los Himalayas hasta el gran día en que Sri Yukteswar llegara a mi vida. En este lapso conocí a varios sabios, como el Santo de los Perfumes, el Tigre Swami, Nagendra Nath Bhaduri, el maestro Mahasaya y el famoso científico bengalí Jagadis Chandra Bose.

Mi encuentro con el Santo de los Perfumes tuvo dos preámbulos: uno armonioso y otro humorístico.

«Dios es simple. Todo lo demás es complejo. No busques valores absolutos en el mundo relativo de la naturaleza». Estas filosóficas frases llegaron a mi oído cuando estaba yo en silencio, en el templo, ante la imagen de Kali. Al volverme me hallé con un hombre alto cuya vestidura, o más bien su ausencia, lo revelaba como un vagabundo *sadhu*.

—¡Usted con seguridad ha penetrado en mi descarriado pensamiento!
—Sonreí con simpatía—. La confusión entre la bondad y el aspecto terrible

de la naturaleza, simbolizado por Kali, ha embrollado cabezas más sabias que la mía.

—Pocos serán los que puedan resolver sus misterios. El reto del bien y del mal es el enigma que la vida coloca, como la esfinge, delante de cada inteligencia. Por no intentar ninguna solución tanto en los días de Tebas como en la actualidad, paga la mayoría de los hombres el error con su vida. Aquí y allá, surge una figura erguida y solitaria que jamás derrota; de la dualidad de Maya este arranca la unidad de la verdad.

—Habla usted con convicción, señor —dije yo.

—Durante mucho tiempo he ejercitado una introspección regular y la penosa exquisitez que nos acerca a la sabiduría. El escrutinio del yo y la implacable observación de nuestros propios pensamientos es una experiencia de estirpe que pulveriza al más fuerte ego. El verdadero análisis del yo opera matemáticamente para producir videntes. El sendero de la expresión del yo, los conocimientos individuales vienen a parar en el altivo egoísmo que se cree seguro de sus privadas interpretaciones de Dios y del Universo. La verdad se retira humildemente, sin duda alguna, ante tal arrogante originalidad.

Yo estaba encantado con la discusión.

—El hombre no puede entender la eterna verdad hasta que él mismo se ha libertado de sus pretensiones. La mente humana, abandonada al lodo de las centurias, es fecundada con la repulsiva vida de incontables ilusiones mundanas. Las bregas en los campos de batalla palidecen por su insignificancia cuando el hombre contiende por primera vez con sus internos enemigos; estos no son adversarios dominables por los recursos y las arrogancias de la fuerza; omnipresentes, incansables, persiguiendo al hombre hasta en el sueño, sutilmente equipados con miasmáticas armas, estos soldados de la ignorante concupiscencia buscan la manera de herirnos a todos. Insensato es el hombre que entierra sus ideales, rindiéndose al hado común. ¿Podrá entonces parecer otra cosa que un impotente, flojo e ignominioso ser?

—Respetable señor, ¿no tenéis simpatía por las descarriadas masas? —pregunté yo.

—Amar conjuntamente al invisible Dios, depositario de todas las virtudes y al hombre visible que aparentemente no posee ninguna, es algo contradictorio. Pero la ingenuidad es igual a la perplejidad. La indagación interna pronto exhibe la unidad de todas las mentes humanas —el parentesco del estrecho egoísmo—, porque, en un sentido al menos, la fraternidad de los hombres está revelada; y una estupefacta humildad sigue a este nivelador descubrimiento, que madura en compasión para el prójimo, ciego de las potencias curativas del alma que esperan exploración.

—Los santos de todas las edades, señor, han sentido como vos la tristeza del mundo.

—Solo el hombre superficial ha perdido la capacidad de responder a las penas de otras vidas, a medida que se sumerge en la estrechez de sus propios sufrimientos. —El austero rostro del *sadhu* se suavizó notablemente—. Quien practica con escalpelo la autodisección conocerá por expansión la piedad universal, y este consuelo se le da contra las sordas demandas de su ego. Es así como florece el amor de Dios en semejante suelo. La criatura finalmente se vuelve a su Creador, si no por otra razón, cuando menos para pedir con angustia: «¿Por qué, Señor, por qué?». Bajo los innobles latigazos de la pena, el hombre es conducido finalmente a la Presencia Infinita, cuya belleza sola puede atraerle.

El sabio y yo estábamos presentes en el templo Kalighat, de Calcuta, cuyas magnificencias había ido a ver. Pero con gesto cortante, mi ocasional compañero hizo a un lado la dignidad del ornato.

—Ladrillos y morteros no cantan para nosotros su acorde; solo el corazón se abre al canto humano del ser.

Vagábamos por la invitadora resolana de la entrada y por donde multitud de devotos iban y venían.

—Usted es joven. —El sabio me examinaba pensativamente—. La India también es joven. Los antiguos *rishis* dejaron los inmarcesibles modelos de la vida espiritual; sus añejos aforismos bastan para hoy y para el país. Sus preceptos disciplinarios siempre aplicables y muy conscientes de los engaños del materialismo moldean aún a la India de hoy. Por milenios —muchos más de los que computan los perplejos eruditos—, el escéptico tiempo ha revalidado el mérito de los Vedas. ¡Tómalos por herencia tuya!

Cuando ya me inclinaba reverentemente para despedirme del elocuente *sadhu*, tuvo una percepción clarividente.

—Hoy, después de que te vayas, te espera una inusitada experiencia.

Dejé el recinto del templo y vagué sin propósito, sin objeto; al volver de una esquina, me encontré con un antiguo conocido, uno de aquellos hombres pesados cuyas inacabables charlas ignoran el tiempo y abrazan la eternidad.

—Te dejaré ir luego —me dijo—, si me cuentas todo lo que te ha sucedido en los seis años de nuestra separación.

—¡Qué paradoja! —le contesté—. Debo irme en seguida.

Pero me detuvo con la mano, forzándome a proporcionarle bocadillos de información. Estaba como lobo hambriento, según pensaba yo con divertimiento, y mientras más le platicaba, más se exacerbaba su hambre de husmear noticias. Internamente pedí a la diosa Kali que me enviase un medio de escapar.

Mi compañero me dejó de súbito. Suspiré entonces con alivio y doblé el paso, por temor de volver a caer en su fiebre locuaz. Oyendo pasos rápidos detrás de mí, precipité la marcha, cuidándome de no volver la vista; pero de un salto mi joven amigo me alcanzó, tomándome jovialmente por el hombro.

—Se me olvidaba hablarte de Gandha Baba (el Santo de los Perfumes), que está haciendo juglerías en aquella casa. —Y me señaló una casa cercana—. Mírale, es muy interesante; tendrás una experiencia poco común. Adiós. —Y se alejó de una vez.

La similitud con la predicción del *sadhu* en el templo de Kalighat fulguró en mi mente. Muy intrigado, entré a la casa y me introduje en una espaciosa sala. Una multitud de gente estaba sentada, a la manera oriental, aquí y allí, sobre una gruesa alfombra color naranja. Un cuchicheo admirativo llegó entonces a mis oídos: «He aquí a Gandha Baba sobre su piel de leopardo. Él puede dar un perfume natural a cualquier flor, aun sin esencia, o revivir un ramo marchito, o hacer que la piel de una persona exude una deliciosa fragancia».

Miré directamente al santo, y su rápida mirada se fijó en mí. Era rollizo y barbado, de piel negra, de grandes y refulgentes ojos.

—Hijo, me alegro de verte. Dime qué deseas. ¿Quieres algún perfume?

—¿Para qué? —Su pregunta me pareció algo infantil.

—Para experimentar el medio milagroso de gozar de los perfumes.

—¿Enjaezando a Dios para hacer perfumes? —le respondí.

—¡Qué importa! Dios hace perfumes de todos modos —dijo el santo.

—Sí, pero él modela los frágiles pomos de pétalos de uso gratuito y los esparce. ¿Puedes tú materializar flores?

—Yo materializo perfumes, amiguito —respondió el santo.

—Entonces las fábricas de perfumes no harán negocio.

—Les dejaré entonces que sigan su mercado. Mi objeto es demostrar el poder de Dios.

—Señor, ¿es necesario probar a Dios? ¿No está él haciendo milagros en todas las cosas y en todo lugar? —insistí yo.

—Sí, pero nosotros también debemos manifestar algo de su infinita variedad creadora.

—¿Cuánto tiempo tardó en dominar su arte? —pregunté.

—Doce años.

—¡Para manufacturar esencias por medios astrales! Me parece, mi honorable santo, que usted ha gastado doce años en producir fragancias que puede usted obtener por unas cuantas rupias en el expendio de un florista.

—Los perfumes se desvanecen con las flores.

—Los perfumes se desvanecen con la muerte —insistí—. ¿Por qué debo desear aquello que satisface solo al cuerpo?

—Señor filósofo, usted satisface mi gusto. Ahora extienda hacia adelante su mano derecha —dijo con gesto de bendición.

Yo estaba a algunos pies de distancia de Gandha Baba, y ninguna persona se hallaba suficientemente cerca de mí para tocar mi cuerpo. Extendí mi mano, que el yogui ni siquiera tocó.

—¿Qué perfume desea?

—Rosa.

—Así sea —dijo el santo.

Con gran sorpresa mía, la encantadora fragancia de rosa brotaba intensa de la palma de mi mano. Sonriente, tomé una gran flor sin esencia que estaba cerca de mí en un recipiente.

—¿Puede esta flor sin olor ser impregnada de jazmín?

—Así sea.

La fragancia del jazmín brotó instantáneamente de los pétalos. Agradecí su maravilloso trabajo y me senté cerca de uno de sus discípulos, quien me informó que Gandha Baba, cuyo nombre propio era Vishudhananda, había aprendido sorprendentes secretos yoguísticos de un maestro en el Tíbet. Me aseguró que el yogui tibetano había alcanzado una edad de más de mil años.

—Su discípulo, Gandha Baba, no siempre hace esta exposición de perfumes por simple forma verbal, como usted acaba de comprobar —dijo el estudiante, que hablaba con marcado orgullo de su maestro—. Sus procedimientos difieren con gran amplitud, de acuerdo con la diversidad de temperamentos.

¡Es maravilloso! Muchos miembros de la intelectualidad de Calcuta son discípulos suyos.

Pero yo resolví no agregarme al número de sus discípulos. Un gurú tan literalmente maravilloso no era de mi agrado. Dando las gracias a Gandha Baba, me marché. Mientras vagaba regresé a casa, reflexionando sobre los tres variados acontecimientos del día.

Mi hermana Uma me encontró al entrar a la puerta de la calle de nuestra casa en Gupar Road, y me dijo:

—Estás tomando mucho estilo con esos perfumes.

Sin contestarle, la invité a oler mi mano.

—¡Qué atractiva fragancia de rosa! Pero es extraordinariamente fuerte.

Pensando yo que era fuertemente extraordinaria, coloqué silenciosamente delante de su nariz la flor astralmente perfumada.

—¡Oh!, me encanta el jazmín. —Y tomó la flor. Una jubilosa burla pasaba por su cara a medida que olía el jazmín de una clase de flor que no tiene esencia. Sus reacciones hicieron desaparecer mis sospechas de que Gandha me hubiera sugestionado y hacer que solo yo pudiese sentir la fragancia.

Más tarde supe por mi amigo Alakananda que el Santo de los Perfumes tenía un poder que yo desearía que poseyeran los millones de hambrientos de Asia y actualmente también de Europa:

Estuve presente con un centenar de huéspedes en la casa de Gandha Baba, en Burdwan. Era una ocasión de gala; y como el yogui tenía fama de poder extraer objetos del sutil aire, riéndome, le dije que materializara alguna fruta fuera de la estación, como las naranjas tangerinas. Inmediatamente las *luchis* que había en todos los platos de hojas de plátano se inflaron, y cada uno de los sobres de pan mostró una tangerina pelada. Con cierto temor probé la mía, pero la encontré deliciosa.

Años más tarde, mediante la realización interna, entendí cómo Gandha Baba conseguía esta materialización. Pero, ¡ah!, el método está más allá del alcance de las hambrientas hordas del mundo.

Los diferentes estímulos sensoriales a los que el hombre reacciona —táctil, visual, gustativo, auditivo y olfativo— son producidos por vibraciones variadas de electrones y protones. Las vibraciones, a su vez, son reguladas por los vitatrones, fuerzas sutiles de vida más finas que la energía atómica, inteligentemente cargadas con las cinco distintivas ideas-substancias de tipo sensorio.

Gandha Baba, poniéndose a tono con las fuerzas cósmicas mediante ciertas prácticas yoguis, era capaz de guiar los vitatrones de manera que coordinasen su estructura vibratoria y objetivaran el resultado que deseaba. Sus perfumes, frutas y otros milagros eran vibraciones actualizadas en términos de percepción mundana, y no una sensación interna hipnóticamente producida.

La práctica de milagros tales como los que presentaba el Santo de los Perfumes son espectaculares, pero inútiles desde el punto de vista espiritual. Su propósito es apenas algo más que un pequeño entretenimiento y, en realidad, son digresiones de la verdadera investigación de Dios.

El hipnotismo ha sido utilizado por algunos médicos en la práctica de algunas operaciones de cirugía menor, como una especie de cloroformo psíquico para personas que podrían ser intoxicadas por este anestésico. Pero el estado hipnótico es nocivo para quienes se someten a él, pues a su efecto psicológico sucede la degeneración de las células cerebrales. El hipnotismo es la transposición de un estado de conciencia a otro. Su fenómeno temporal no tiene nada que ver con los milagros de realización Divina efectuados por los hombres de Divina realización. Despiertos en Dios, los verdaderos santos efectúan cambios en este sueño del mundo por medio de una voluntad armoniosamente concordante con la del Soñador de la Creación Cósmica.

El ostentoso despliegue de poderes poco usuales no es recomendado por los maestros. El místico persa Abu Said se rio alguna vez de cierto *fakir* que estaba orgulloso de sus milagrosos poderes sobre el agua, el aire y el espacio: «Una rana se siente también en casa dentro del agua —dijo Abu Said, con gentil ironía—. El cuervo y el buitre fácilmente vuelan en el aire; el diablo está simultáneamente presente en el este y en el oeste. Un hombre verdadero es aquel que vive con rectitud entre sus prójimos, que compra y vende, y, sin embargo, no olvida ni por un momento a Dios».

En otra ocasión, el gran persa instructor dio así su punto de vista respecto a la vida religiosa: «Es dejar a un lado lo que tenéis en la cabeza (deseos egoístas y ambiciones); dar libremente lo que tenéis en vuestra mano y nunca vacilar ante los golpes de la adversidad».

Ni el sabio imparcial del templo de Kalighat ni el yogui tibetano habían satisfecho mis anhelos por un verdadero gurú. Mi corazón no necesitaba un tutor para sus certidumbres, y lanzaba su «¡bravo!» más resonante, porque a menudo me llamaba desde el silencio. Cuando finalmente lo encontré, mi maestro me enseñó solo por la sublimidad del ejemplo la magnitud del hombre verdadero.

Capítulo 6
El Swami de los Tigres

«He descubierto la dirección del Tigre Swami; vamos a visitarlo mañana». Esta magnífica sugestión venía de Chandi, uno de mis amigos en la Escuela Superior. Yo estaba ansioso por encontrar al santo, que en su vida premonástica había cazado y luchado con tigres con sus propias manos. Y sentía un ardiente y juvenil entusiasmo por tan notables hechos.

El amanecer del día siguiente era frío y ventoso, pero Chandi y yo salimos con alegría. Después de mucho buscar inútilmente en Bhowanipur, fuera de Calcuta, llegamos a la casa deseada. De la puerta colgaban dos argollas de hierro, que hice sonar con fuerza; a pesar del gran ruido que se produjo, un sirviente se aproximó con paso lento. Su irónica sonrisa mostraba a los visitantes que, a pesar del ruido producido, era este impotente para perturbar la tranquilidad de la casa del santo.

Sintiendo la callada reprimenda, mi compañero y yo agradecimos que se nos condujera a la sala, mas nuestra larga espera allí nos produjo un desagradable recelo. En la India, para los investigadores de la verdad, la ley no escrita es la paciencia. Un maestro puede intencionalmente poner a prueba nuestra vehemencia para encontrarle. Esta psicológica astucia es empleada libremente en el Oeste por los médicos y los dentistas.

Finalmente llamados por el sirviente, Chandi y yo entramos al dormitorio, en donde el famoso Swami Sohong estaba sentado sobre su cama. Al ver su tremendo cuerpo, nos impresionamos profundamente y, con ojos desorbitados, nos quedamos mudos. Nunca habíamos visto un cuerpo semejante, con unos bíceps que parecían pelotas de fútbol. Sobre su cuello inmenso, la fiereza del swami aparecía tranquila; su cara estaba adornada con abundantes bucles, barba y bigote. Una mirada como de paloma y de tigre a la vez brillaba en sus ojos negros; estaba desnudo, salvo una piel de tigre alrededor de su musculoso vientre.

Cuando volvimos de nuestro asombro, mi amigo y yo saludamos al monje, expresándole nuestra admiración por sus extraordinarias proezas en la arena felina, y, a continuación, le preguntamos:

—¿Podría usted hacernos el favor de decirnos cómo es posible domar a la bestia más feroz de la jungla, el tigre real de Bengala, simplemente con la fuerza de los puños?

—Hijos míos, para mí no es nada dominar tigres, y podría hacerlo ahora si fuese necesario. —Y rio alegremente como un niño—. Ustedes ven a los tigres como tigres, pero yo los tomo como gatitos.

—*Swamiji*, yo me creo capaz de impresionar a mi subconsciencia con el pensamiento de que los tigres son gatitos, pero ¿qué puedo hacer para que ellos lo crean?

—¡Por supuesto que también es necesaria la fuerza! —contestó—. ¡No podemos esperar la victoria de un niño que se imagina que un tigre es un gato! Mis poderosos puños son las armas necesarias.

Nos pidió que le siguiéramos al patio, donde golpeó la esquina de la pared. Un ladrillo saltó al suelo, y el cielo apareció por el hueco del caído diente del muro.

Me quedé aturdido de sorpresa y maravillado. Pensé que quien era capaz de arrancar un ladrillo de un muro sólido mediante un solo golpe de su puño seguramente sería capaz de dislocar los dientes de un tigre.

—Muchos hombres —nos dijo— tienen la fuerza física que yo poseo, pero no tienen la fría confianza que se necesita. Aquellos que físicamente son fornidos, pero no mentalmente, pueden desmayar a la simple presencia de la bestia feroz que salta libremente en la selva. El tigre, en sus hábitos y ferocidad naturales, es muy diferente del adormecido tigre del circo.

»Muchos hombres de fuerza hercúlea se han visto aterrorizados y en abyecta incapacidad ante el ataque de un tigre de Bengala. Así, el tigre ha convertido mentalmente al hombre en un pasivo gatito. Es posible para un hombre poseedor de un cuerpo robusto y de una inmensa capacidad de determinación voltear las cartas de la baraja con el tigre y forzarlo a que se convenza de que es un gatito indefenso. ¡Cuántas veces lo he hecho!

Yo estaba perfectamente convencido de que aquel titán que estaba delante de mí era capaz de efectuar la metamorfosis de un tigre en un gatito. Parecía estar en vena de enseñar, así es que Chandi y yo lo escuchábamos respetuosamente.

—La mente es la que manda a los músculos; la fuerza de un martillazo depende de la energía que se le aplique; así, el poder expresado por el instrumento corporal de un hombre depende de su voluntad agresiva y de su valor. El cuerpo está literalmente construido y sostenido por la mente, pero, bajo la presión de los instintos de vidas pasadas, la fuerza o la debilidad se infiltran gradualmente en la conciencia humana. Aquellos se expresan como hábitos que, a su vez, se osifican en cuerpos deseables o indeseables. La fragilidad externa tiene un origen mental; en un círculo vicioso, el hábito envuelve al cuerpo desconcertando a la mente. Si el amo se deja mandar por el sirviente, este se hace autócrata; en forma semejante, la mente es esclavizada cuando se somete a los dictados del cuerpo.

Ante nuestras súplicas, el impresionante swami consintió en platicarnos algo de su propia vida.

—Mi primera ambición —empezó diciendo— era luchar con tigres. Mi voluntad era poderosa, pero mi cuerpo era débil.

Una exclamación de sorpresa salió de mi boca. Parecía increíble que este hombre ahora «con hombros de Atlas», buenos para un oso, hubiera sido alguna vez débil.

—Fue mi indomable persistencia en pensamientos de salud y de fuerza —continuó— la que me hizo vencer mi incapacidad. Tengo el derecho de ensalzar la presión del vigor mental como la causa directa para dominar a los tigres de Bengala.

—¿Cree usted, reverendo swami —pregunté—, que yo podría alguna vez luchar con tigres?

Esta fue la primera y última vez que tan peregrina ambición visitó mi mente.

—Sí —contestó sonriendo—, pero hay muchas clases de tigres; algunos vagan por las selvas de los deseos humanos. No se adquiere ningún beneficio golpeando a las bestias inconscientes. Es mejor ser victorioso en las proezas internas.

—¿Podría usted narrarnos, señor, cómo se transformó de domador de tigres salvajes en domador de salvajes pasiones?

El Swami de los Tigres calló. Los tiempos pasados aparecieron en su mirada, recordando visiones de los años idos. Distinguí una ligera lucha mental para decidir si contestaba o no a mi pregunta. Finalmente, sonrió de conformidad y dijo:

—Cuando mi fama alcanzaba el cenit, me intoxiqué de orgullo, decidiendo no solo luchar contra los tigres, sino practicar algunas suertes con ellos; mi ambición era forzar a las bestias salvajes a comportarse como fieras domésticas. Así, empecé mis exhibiciones públicas con magníficos resultados.

El swami luego nos contó:

Una tarde entró a mi cuarto mi padre con aire meditativo diciéndome:

—Hijo, te traigo palabras de advertencia: me gustaría impedir los males que te pueden venir como productos de la rueda de causas y efectos.

—¿Es usted fatalista, padre? ¿Podrá la superstición permitir que se amortigüen las poderosas aguas de mis actividades?

—Yo no soy fatalista, hijo; pero creo en la justa ley de la retribución, como es enseñada en las Sagradas Escrituras. Hay resentimiento contra ti en la familia de la selva, y alguna vez pueden obrar a costa tuya.

—¡Padre, usted me sorprende! ¡Usted sabe que los tigres son hermosos, pero que no tienen misericordia! Porque, inmediatamente después de una gran comida, quizá después de haber devorado alguna criatura indefensa, se enardecen en fiebre sensual ante la mirada de una nueva presa. Puede ser una alegre gacela, saltando sobre la hierba; y, apenas la ven, la capturan mordiéndole la garganta, y la malévola bestia prueba ligeramente la sangre que borbota de la herida y la deja moribunda para continuar su camino.

»¡Los tigres son las más despreciables criaturas de la selva! ¡Quién sabe si mis golpes puedan inyectar un poco de juicio y consideración en sus duras cabezas! Soy rector de una escuela forestal a fin de enseñarles urbanidad. Por favor, padre, véame como domador de tigres y nunca como matador de ellos.

»¿Cómo pueden mis buenas acciones traerme mal? Yo le ruego que no me imponga una orden que cambie mi medio de vida».

Chandi y yo escuchábamos atentamente, comprendiendo el pasado dilema; en la India, un hijo no desobedece fácilmente los deseos paternos.

Con estoico silencio, mi padre escuchó mis explicaciones, y después de escucharlas, me dijo gravemente:

—Hijo, me obligas a que te relate una terrible predicción que viene de labios de un santo. Ayer se me acercó cuando estaba en el pórtico meditando, y me dijo: «Querido amigo, te traigo un mensaje para tu belicoso hijo: dile que termine con sus salvajes actividades, pues, de otra manera, el siguiente encuentro que tenga con un tigre le producirá terribles heridas, seguidos de seis meses de penosa y grave enfermedad. Entonces abandonará sus antiguas prácticas y se hará monje».

Esta advertencia no me impresionó, y consideré que mi padre había sido una víctima crédula de lo que le decía un fanático alucinado.

El Swami de los Tigres hizo esta confesión con un gesto de impaciencia, como si fuera una tontería. Un áspero silencio siguió; parecía que el swami se había olvidado de nuestra presencia. Cuando recogió el hilo de su narración, lo hizo súbitamente, con baja voz:

No mucho después de la advertencia de mi padre, visité la capital de Cooch Behar. El pintoresco territorio era nuevo para mí, y yo esperaba en este cambio descansar plenamente como era usual; dondequiera yo iba, una multitud curiosa me siguió por las calles y podía pescar trozos de comentarios susurrados: «Este es el hombre que lucha con tigres salvajes», «Tiene piernas, ¿o son troncos de árboles?», «¡Miren su cara! ¡Debe ser una encarnación del Rey de los Tigres!». ¿Ustedes saben cómo actúan los pilluelos? En la misma forma que las ediciones finales de los periódicos. ¡Con cuánta rapidez circulan, de casa en casa, los boletines orales de las señoras! En pocas horas, debido a mi presencia, toda la población se hallaba en estado de conmoción.

Yo estaba descansando quietamente esa tarde, cuando oí el galopar de unos caballos. Pararon frente al lugar donde me hallaba y presentáronse unos hombres altos con turbantes de policías.

Fui tomado de sorpresa. Todo es posible para las gentes de ley, pensé, y me pregunté si vendrían a reprenderme por algo de lo que hasta entonces no tenía conocimiento. Pero el oficial se inclinó con gran cortesía y me dijo:

—Honorable señor, nos envían a daros la bienvenida en nombre de nuestro príncipe de Cooch Behar. Él se complace en invitaros a que paséis mañana por la mañana a su palacio.

Yo reflexionaba sobre la proposición. Por alguna oculta razón, temía esa interrupción en mi viaje. Mas la súplica atenta del policía me conmovió y acepté ir.

Al día siguiente me sorprendí extraordinariamente ante la exquisita cortesía con que fui escoltado desde mi alojamiento hasta un magnífico coche tirado por cuatro corceles; un sirviente sostenía una sombrilla para protegerme de los quemantes rayos del sol. Gocé de un agradabilísimo paseo por toda la ciudad y los bosques vecinos. El descendiente real en persona me esperaba a la puerta de su palacio para darme la bienvenida. Me brindó su propio asiento bordado de oro y, sonriente, se sentó a mi lado en una silla común.

«Todas estas galanterías me van a costar, seguramente, algo caras», pensé, no obstante mi asombro. Después de unas cuantas palabras, el príncipe me dijo:

—Mi ciudad está llena con los rumores de que luchas con los tigres salvajes sin más armas que tus manos, ¿es eso posible?

—Es la verdad, señor —contesté.

—Apenas si puedo creerlo; eres un bengalí de Calcuta, nutrido con el arroz blanco de la ciudad. Por favor, sé franco, ¿no has luchado solo con tigres narcotizados o desnutridos?

Su voz, con un ligero acento provincial, era fuerte y sarcástica. No repliqué nada a su insultante provocación.

—Te desafío a que luches con mi tigre Raja-Begum, recientemente capturado. Si puedes resistir con éxito, amarrándole luego con cadenas y abandonas la jaula en estado consciente, serás dueño de este gran «Rey de Bengala», de varios centenares de rupias y de muchos otros regalos que te serán entregados. Si rehúsas combatir con él, yo haré pregonar tu nombre por todos mis Estados como el de un impostor.

Sus insolentes palabras me estremecieron como una lluvia de balas. Acepté con coraje. Durante su excitación, habiéndose el príncipe levantado a medias de su silla, se dejó caer en ella con risa sádica. Me acordé de los emperadores romanos que se deleitaban llevando a los cristianos como bestiarios de la arena.

—El encuentro será dentro de una semana —continuó el príncipe—. Pero lamento no poder concederte permiso para que veas al tigre con anterioridad.

Ignoro si el príncipe temía que yo pudiese hipnotizar a la bestia, o darle opio secretamente.

Abandoné el palacio notando con alegre sorna que el parasol real y el coche con panoplia habían desaparecido.

Durante la semana siguiente, preparé metódicamente mi mente y mi cuerpo para la prueba que me esperaba. Por las informaciones de mi sirviente, supe muchos de los fantásticos cuentos que se divulgaban. La terrorífica predicción que a mi padre hiciera el santo se había extendido hasta el extranjero, abultándose a medida que se extendía. Muchos de los aldeanos humildes creían que un espíritu maligno, maldito por los dioses, había encarnado en el tigre, que tomaba diversas formas demoniacas en la noche, pero continuaba siendo un animal simple durante el día. Este tigre endemoniado, se suponía, era el que se me había enviado para humillarme.

Otra versión imaginativa era la de que las oraciones de los animales habían llegado al cielo de los tigres, y este había respondido en la forma de Raja-Begum; él era el instrumento que había de castigar al bípedo audaz que tanto había insultado a todas las especies de tigres. Un hombre indefenso de desnuda piel, sin colmillos, ¡atreverse a desafiar a un terrible tigre armado de garras! La concentrada ponzoña de los tigres humillados —declaraban los aldeanos— se ha acumulado en cantidad suficiente para que se opere la ley oculta y caiga el orgulloso domador de tigres.

Mi sirviente me informó, además, que el príncipe estaba en su elemento como juez de la lucha entre el hombre y la bestia. Él había supervisado la erección de un enorme pabellón a prueba de peligro, diseñado para contener a millares de espectadores. En el centro se hallaba Raja-Begum, en enorme jaula de hierro, circundada por otra, para mayor seguridad. La bestia cautiva rugía sin cesar, sedienta de sangre. Se le había alimentado escasamente, para despertar su feroz apetito. Quizá el príncipe se imaginaba que yo fuera su gran bocado en recompensa por la espera.

Multitud de personas de la ciudad y sus alrededores adquirieron precipitadamente sus boletos, en respuesta al tamborileo que anunciaba la excepcional contienda. El día de la lucha se vio a centenares de personas que regresaban por no haber tenido espacio donde acomodarse. Muchos abrieron boquetes en las carpas para introducirse, y la multitud se apiñaba abigarrada debajo de las tribunas.

A medida que el relato del swami llegaba a su clímax, mi excitación crecía; Chandi también permanecía mudo de asombro.

En medio de un penetrante rugido de Raja-Begum y del ensordecedor ruido de la multitud aterrorizada, yo aparecí tranquilamente. Escasamente cubierto en las caderas, no llevaba ninguna otra ropa sobre la piel. Abrí la puerta de la jaula de seguridad y confiadamente la cerré detrás de mí. El tigre olió la sangre, saltando con estruendoso ruido contra las bardas de su jaula y me recibió con un terrible ruido de garras. La muchedumbre se intimidó con azorada piedad; yo parecía un inofensivo cordero delante de la bestia feroz.

En un instante estuve dentro de la jaula; pero, mientras cerraba la puerta, Raja-Begum se abalanzó sobre mí, hiriendo horriblemente mi mano derecha de un zarpazo. La sangre humana, el mejor regalo de que puede gozar un tigre, manaba abundantemente de mi mano. Parecía que la profecía del santo se iba a cumplir.

Me rehíce inmediatamente del choque que me produjo la primera lesión que había recibido en mi vida. Ocultando de la vista del tigre mis dedos lacerados, puse mi mano bajo el taparrabo y con el brazo izquierdo lancé un golpe demoledor. La bestia retrocedió, vacilando aturdida alrededor de la jaula, pero luego saltó convulsivamente hacia mí. El castigo de mi famoso puñetazo le quedó sonando en la cabeza.

Sin embargo, Raja-Begum había olido la sangre y se comportó como un dipsómano al primer trago de vino, después de estar privado por largo tiempo de él. Aturdida por sus mismos ensordecedores rugidos, los asaltos de la bestia crecieron en furia; mi defensa era inadecuada, porque solo disponía de mi brazo izquierdo y me hacía vulnerable a sus garras y colmillos. Pero yo le respondí con una admirable retribución. Mutuamente ensangrentados, luchamos hasta la muerte. La jaula era un pandemonio salpicado de sangre por todas partes; resoplidos de dolor y aliento letal salían de la garganta de la fiera.

—¡Tírenle! ¡Maten al tigre! —exclamaba el público. Pero en tal precipitación y rapidez nos movíamos hombre y fiera, que la bala de un guardia hubiera sido inútil. Yo acudí a toda mi fuerza de voluntad, pujé sobre la fiera y le di el conclusivo golpe final. El tigre se desmayó y quedó quieto.

—Como un gatito —dije yo.

El swami se rio en aprecio a mi interrupción, y continuó con su historia:

Raja-Begum fue vencido al fin. Su orgullo real fue por último humillado: con mis manos laceradas, audazmente abrí sus quijadas y, en un dramático momento, puse mi cabeza dentro de sus fauces, como en una trampa de muerte; luego busqué a mi rededor una cadena, y hallando una que había en el piso, la até del cuello del tigre a las barras de la jaula. Triunfalmente, caminé hacia la puerta.

Pero aquel diablo encarnado, Raja-Begum, tenía un vigor digno de su supuesto origen demoniaco. Con un increíble empuje, se zafó de la cadena y saltó sobre mi espalda. Con los hombros entre sus mandíbulas, me volví violentamente y, en un instante, lo tuve debajo de mí. Bajo mis golpes inmisericordes, hice caer al traicionero animal en estado de semiinconsciencia. En esta ocasión lo aseguré con más cuidado y lentamente abandoné la jaula.

Me encontré de nuevo ante un rugido tumultuoso, pero esta vez de deleite. La multitud, loca de alegría, me aclamaba y su alarido era como si saliera de una sola gigantesca garganta. Desastrosamente aporreado, yo había cumplido con las tres condiciones de la lucha: aturdir al poderoso tigre, atarlo con una cadena y dejarlo sin necesidad de ayuda. Además, había lesionado tan drásticamente a la agresiva fiera, que la bestia parecía contenta de renunciar al oportuno premio de mi cabeza entre sus fauces.

Después de que mis heridas estuvieron curadas, fui laureado y coronado; centenares de piezas de oro cayeron a mis pies. La ciudad entera tuvo fiesta y regocijo. Infinidad de comentarios se oían por todos lados respecto a mi victoria sobre el más grande y salvaje tigre que jamás habían visto. Me dieron a Raja-Begum, como me lo habían prometido, pero no sentí ningún regocijo; un cambio espiritual llenaba mi corazón. Parecía que mi éxito final en la jaula había cerrado la puerta de mis ambiciones mundanas.

Luego pasé por un periodo doloroso; por espacio de seis meses estuve entre la vida y la muerte, debido al terrible envenenamiento de la sangre. Tan pronto como estuve bien para abandonar Cooch Behar, regresé a mi pueblo natal.

—Ahora sé que mi maestro es el santo que hizo la sabia predicción —confesé humildemente a mi padre—. ¡Oh, si solo pudiese encontrarlo!

Mi anhelo era sincero, y un día el santo llegó sin anunciarse.

—Ya has domado suficientes tigres —me dijo con calma y seguridad—, ven conmigo, yo te enseñaré a domeñar las bestias de la ignorancia que vagan por las selvas de la mente humana. Ya estás avezado a la audiencia; deja que esta sea una galaxia de ángeles, entretenida en tus emocionantes trabajos de yoga.

Fui iniciado en el sendero espiritual por mi santo gurú. El abrió las puertas de mi alma, oxidadas y reacias por el desuso. Tomados de la mano, pronto marchamos a los Himalayas para mi entrenamiento.

Chandi y yo nos inclinamos a los pies del swami, sumamente agradecidos por la vívida descripción de su ciclónica vida. Yo me sentí grandemente recompensado de la larga espera probatoria a la que nos sometió en la antesala.

Capítulo 7
El santo que levita

—He visto a un yogui permanecer en el aire, a varios pies sobre el nivel del suelo, anoche, en la reunión de un grupo —dijo, muy impresionado, mi amigo Upendra Mohun Chowdhury.

Le consagré una sonrisa de entusiasmo.

—Quizás pueda adivinar su nombre. ¿Sería Bhaduri Mahasaya, de la Calzada Alta?

Upendra hizo un movimiento de cabeza, algo decepcionado de no ser un portador de nuevas.

Mi curiosidad acerca de los santos era muy conocida entre mis amigos; a ellos les encantaba ponerme al corriente de alguna noticia fresca.

—El yogui vive tan cerca de mi casa que a menudo lo visito. —Mis palabras revelaron un profundo interés en la cara de Upendra y yo hice una confidencia más—: Lo he visto hacer cosas notables. Ha dominado como un experto diversos *pranayamas* del antiguo óctuple yoga señalado por Patañjali. Cierta vez, Bhaduri Mahasaya ejecutó ante mí el *bhastrika pranayama* con una fuerza tan asombrosa que parecía que una verdadera tormenta se había levantado en el cuarto. Luego, extinguió la tormentosa respiración y permaneció sin movimiento en un elevado estado de superconsciencia. El aura de paz después de la tormenta era tan vívida que jamás podría olvidarla.

—Oí decir que el santo nunca abandona su hogar. —El tono de Upendra era algo incrédulo.

—Realmente, es verdad; él ha vivido puertas adentro durante los últimos veinte años. Rompe su encierro un poco durante nuestros festivales sagrados, cuando sale hasta la acera de enfrente. Los pordioseros se reúnen allí, porque el santo Bhaduri es conocido por su tierno corazón.

—¿Y cómo es que permanece en el aire, desafiando la ley de la gravitación?

—El cuerpo de un yogui pierde su densidad después de ejercitar ciertos *pranayamas*. Luego, puede levitarse o saltar y brincar como una rana. Aun los santos que no practican yoga formalmente han sido vistos levitarse durante un estado de intensa devoción a Dios.

—Me gustaría conocer más de este sabio. ¿Asiste usted a sus reuniones nocturnas? —Los ojos de Upendra brillaban de curiosidad.

—Sí, voy a menudo, y me divierto en grande con la agudeza de su sabiduría. Ocasionalmente, mi prolongada risa altera la solemnidad de sus reuniones. El santo no se disgusta, pero sus discípulos me comen con sus ojos.

Al salir de la escuela para mi casa esa tarde, pasé por el claustro de Bhaduri Mahasaya y decidí hacerle una visita. El yogui era inaccesible para el público en general. Un discípulo solitario, que ocupaba el piso bajo, vigilaba el retiro de su maestro. El estudiante era como un auténtico ordenanza, por lo que me preguntó si yo tenía una cita formal. Su gurú apareció en el preciso momento para evitarme una sumaria expulsión.

—Deja que Mukunda pase cuando quiera. —El sabio guiñó los ojos—. Mi regla de aislamiento no es para mi propia comodidad, sino para la de los otros. A la gente mundana no le gusta el candor que dispersa sus ilusiones. Los santos no son solamente raros, sino también desconcertantes. Aun en las Escrituras se les halla a menudo embarazosos.

Seguí a Bhaduri Mahasaya a su austero cuarto del piso superior, de donde muy rara vez sale. Los maestros ignoran a menudo el panorama del mundo cercano y permanecen fuera de focos mientras ocupan el centro de las edades. Los contemporáneos de un sabio no son únicamente los de un estrecho presente.

—Maharishi, usted es, entre los yoguis que conozco, el único que no sale de su casa.

—Dios siembra algunas veces a sus santos en inesperados suelos, para que no pretendamos reducirlo a una regla...

El sabio congeló su vibrante cuerpo en la posición de loto. A los setenta años, no mostraba signos de vejez o de vida sedentaria. Fuerte y derecho, era ideal en todo respecto. Su rostro era el de un *rishi*, según se describe a estos sabios en los libros antiguos. De cabeza noble y abundante barba, sentábase siempre recto, con sus quietos serenos ojos fijos siempre en la Omnipresencia. El santo y yo entramos en meditación. Después de una hora, su dulce voz me despertó.

—Usted entra a menudo en silencio, ¿pero ha desarrollado *anubhava*?

—Estaba recordándome que debí amar más a Dios que a la meditación—. No hay que confundir la técnica con la meta.

Me ofreció algunos mangos. Con aquel rasgo de ingenio y de buen humor, que yo encontré siempre tan agradable en su grave naturaleza, indicó:

—La mayoría de las personas gusta más del *Jala yoga* (la unión con la comida) que del *Dhyana yoga* (la unión con Dios).

Sus equívocos yoguísticos me afectaron hasta el desvarío.

—Qué risa tiene usted.

Un resplandor afectuoso vino a su mirada. Su rostro estaba siempre serio y, sin embargo, tocado por una sonrisa extática. Sus largos ojos de loto revelaban un oculto reír Divino.

—Esas cartas vienen de muy lejos, de América. —El sabio señaló varios sobres gruesos sobre la mesa—. Tengo correspondencia con algunas sociedades de allí, cuyos miembros están interesados en el yoga. ¡Están descubriendo a la India otra vez, con un mejor sentido de la orientación que el propio Colón! Estoy encantado de ayudarlos. El conocimiento del yoga es libre para todos aquellos que quieran recibirlo como la luz del día, sin adornos.

»Lo que los *rishis* percibieron como esencial para la salvación humana no debe ser aguado para Occidente. Semejantes en alma, aunque diferentes en experiencia externa, ni Oriente ni Occidente florecerán si alguna forma disciplinaria de yoga no se practica.

El santo mantuvo en mí sus tranquilos ojos, y yo no comprendí que su discurso era una velada guía profética. No es sino ahora, al escribir estas palabras, que comprendo el sentido pleno de las casuales insinuaciones, que a menudo me dio, de que algún día llevaría las enseñanzas de la India a América.

—*Maharishi*, yo desearía que usted escribiera un libro sobre el yoga, para beneficio del mundo.

—Estoy preparando discípulos. Ellos y sus estudiantes serán volúmenes vivientes y prueba contra la desintegración natural del tiempo y las torcidas interpretaciones de los críticos.

El ingenio de Bhaduri me produjo un nuevo acceso de risa. Permanecí solo con el yogui hasta que sus discípulos llegaron por la noche. Bhaduri Mahasaya comenzó uno de sus inimitables discursos. Como una pacífica inundación, barrió los despojos mentales de su auditorio, que parecía fluir hacia Dios. Sus extraordinarias parábolas eran dichas con gran fluidez en el idioma bengalí.

Esa noche, Bhaduri expuso varios puntos filosóficos relacionados con la vida de Mirabai, una princesa medieval *rajputana* que abandonó la vida de su corte para buscar la compañía de los *sadhus*. Un gran *sannyasin* se negó a recibirla porque era mujer; pero su respuesta lo llevó humildemente a sus pies: «Dígales al Maestro», dijo ella, «que no sabía que hubiera en el universo ningún varón, excepto Dios; ¿no somos todos hembras ante él?» (Una concepción espiritual del Señor como único Principio Creativo Positivo, cuya creación no es más que *maya* pasivo).

Mirabai compuso muchas canciones extáticas que aún son atesoradas en la India; aquí traduzco una de ellas:

> *Si por el baño diario Dios fuera realizado,*
> *yo querría ser una ballena en lo profundo;*
> *si comiendo raíces y frutas pudiera ser el conocido,*
> *gustosamente escogería la forma de una cabra;*

si el contar rosarios lo descubriese,
en gigantescas cuentas dijera mis plegarias;
si inclinándome ante imágenes lo sorprendiese,
humildemente adoraría un monte de pedernal;
si bebiendo leche el Señor pudiese ser ingerido,
muchos becerros y niños ya lo conocerían;
si abandonando a la esposa pudiera uno llamar a Dios...
¿no habría miles de eunucos?
Mirabai sabe que para encontrar
al Divino Uno lo único
indispensable es el Amor.

Varios estudiantes ponen rupias en las pantuflas de Bhaduri, que este deja a su lado mientras se sienta en postura yogui. Estos respetuosos donativos, que son una costumbre en la India, indican que el discípulo pone sus bienes materiales a los pies del gurú. Los amigos agradecidos no son más que el Señor disfrazado que cuida lo suyo.

«¡Maestro, usted es maravilloso!». Un estudiante, ya para salir, miró ardientemente al sabio patriarca. «Usted ha sabido renunciar a las riquezas y al bienestar para buscar a Dios y enseñarnos la sabiduría». Era bien sabido que Bhaduri Mahasaya había renunciado desde su niñez a una gran riqueza de familia, cuando con la mente unificada entró en el sendero del yoga.

«¡Usted está desfigurando el caso!». El rostro del santo reflejó una suave censura. «He abandonado unas mezquinas rupias y algunos despreciables placeres por un imperio cósmico de infinita bienaventuranza. ¿Cómo, entonces, pude negarme nada a mí mismo? ¡Conozco la alegría de compartir el tesoro! ¿Es ese un sacrificio? ¡Las cegatonas muchedumbres son, por cierto, las verdaderas renunciadoras! ¡Ellas renuncian una Divina posesión sin paralelo por un miserable puñado de juguetes terrenos!».

Yo me reí entre dientes al escuchar esta paradoja sobre la renunciación; ¡uno que pone la capa de Creso en cualquier santo mendigo, mientras que transforma a todos los orgullosos millonarios en mártires inconscientes!

«El orden Divino arregla nuestro futuro más sabiamente que cualquier compañía de seguros». Las últimas palabras del maestro fueron el credo realizado de su fe. «El mundo está lleno de creyentes ansiosos de una seguridad externa. Sus amargos pensamientos son como cicatrices en sus frentes. El Uno que nos dio aire y leche desde el primer aliento sabe cómo proveer día por día para sus devotos».

Continué mis peregrinaciones fuera de horas escolares a la casa del santo. Con silencioso fervor me ayudó a obtener *anubhava*. Un día se trasladó a la calle de Ram Mohan Roy, lejos de la vecindad de mi casa de Gurpar Road. Sus amorosos discípulos le habían construido una nueva ermita, conocida como Nagendra Math.

Aunque esto me lleva más allá de mi historia por muchos años, voy a mencionar aquí las palabras que por última vez me dirigió Bhaduri Mahasaya. Poco antes de que embarcara para Occidente, lo encontré. Humildemente, me arrodillé ante él para recibir su bendición de despedida: «Hijo, vete a América. Toma la dignidad de la antigua India como escudo. La victoria está escrita en tu frente; el noble distante pueblo te recibirá bien».

Capítulo 8
El gran científico de la India: J. C. Bose

«La invención de la comunicación inalámbrica fue descubierta por Jagadis Chandra Bose, antes que por Marconi». Oyendo esta provocativa aserción, me acerqué a un grupo de profesores que caminaban por la acera sumidos en una discusión científica. Si el motivo que me obligó a unirme a ellos fue orgullo de raza, lo lamento, pero no puedo negar mi vivo interés en asegurar que la India puede jugar un papel preponderante en asuntos de física y no únicamente en los de metafísica.

—¿Qué quiere decir con eso, señor? —pregunté.

El profesor me contestó seriamente:

—Bose fue el primero en inventar la audición mutua sin alambres, y un instrumento para indicar la refracción de las ondas eléctricas. Pero el científico hindú no explotó comercialmente sus inventos; pronto desvió su atención del mundo inorgánico al orgánico. Sus revolucionarios descubrimientos como fisiólogo botánico están sobrepasando sus adquisiciones fundamentales como físico.

Yo manifesté cortésmente mis agradecimientos a mi mentor, quien agregó:

—Ese gran científico es mi colega, profesor como yo en el Presidency College.

Al día siguiente visité al sabio, quien vivía cerca de mi casa en Gurpar Road. Yo lo admiraba desde hacía mucho tiempo, pero no había tenido el gusto de conocerlo personalmente. El grave y austero botánico me dio la bienvenida. Era un hombre robusto, hermoso en sus cincuenta años, de abundante cabellera, frente ancha y ojos abstraídos de soñador. La exactitud que daba a sus palabras revelaba en él el hábito de una larga vida consagrada a la ciencia.

—Acabo de regresar de una visita hecha a las sociedades científicas de Occidente. Sus miembros manifestaron gran interés en los delicados instrumentos de mi invención, que demuestra la indivisible unidad de toda vida. El crescógrafo de Bose aumenta la enormidad de diez millones de veces. El microscopio aumenta solo unas cuantas miles de veces y, sin embargo, dio un ímpetu vital a la ciencia biológica. Así que el crescógrafo descubre incalculables horizontes.

—Usted ha hecho mucho, señor, para apresurar el abrazo de Oriente y Occidente con las armas impersonales de la ciencia —le dije.

—Yo fui educado en Cambridge. ¡Qué admirable es el método occidental de someter toda teoría a una escrupulosa verificación experimental! Aquel procedimiento empírico ha ido mano a mano con el don de la introspección, que es mi herencia oriental. Reunidos ambos, me han capacitado para sondear los silenciosos reinos de la naturaleza, largo tiempo incomunicados. Los secretos revelados por mi crescógrafo son evidentes hasta para los más escépticos respecto a que las plantas tienen un sistema nervioso sensitivo y una variada vida emocional; amor, odio, alegría, temor, placer, dolor, excitabilidad, estupor e incontables respuestas correspondientes a los estímulos recibidos son tan universales en las plantas como en los animales.

—¡El simple latido de vida en toda la creación era visto como poéticamente imaginario antes de su descubrimiento, profesor! Un santo que yo conocí jamás arrancaba una flor. «¿Debo yo robar a un rosal la ostentación de su belleza? ¿Debo lastimar su dignidad con mi despojo rudo?». Aquellas palabras de simpatía están comprobadas literalmente por sus descubrimientos.

—El poeta está íntimamente unido a la verdad, en tanto que el hombre de ciencia se acerca desmayadamente. Venga algún día a mi laboratorio para que vea los inequívocos testimonios de mi crescógrafo.

Agradecido, acepté su invitación y me retiré. Más tarde supe que el profesor había dejado el Presidency College y estaba tratando de fundar un centro de investigación en Calcuta.

Cuando se abrió el Instituto Bose, yo asistí al servicio de dedicación. Centenares de entusiastas personas vagaban por la propiedad; yo estaba encantado con el simbolismo artístico y espiritual de la nueva casa de la ciencia. En la verja de la entrada admiré una reliquia centenaria de un distante santuario. Detrás de la fuente del loto, una escultura femenina con una antorcha simbolizaba el respeto que en la India se tiene por la mujer, como la inmortal portadora de luz. El jardín tenía un templo pequeño, consagrado al noúmeno, más allá del fenómeno. El pensamiento de la Divinidad incorpórea era sugerido por la ausencia de imágenes y altares. El discurso de Bose en este magnífico acontecimiento pudo haber salido de los labios de alguno de los antiguos *rishis*: «Dedico hoy este instituto no como un simple laboratorio, sino un templo». La reverente solemnidad de sus palabras se extendió a manera de invisible palio envolviendo a la multitud que llenaba el auditorio.

En la prosecución de mis investigaciones fui conducido inconscientemente a los límites de la física y de la fisiología. Con asombro encontré que las líneas limítrofes se desvanecían y los puntos de contacto emergían entre los reinos de lo que tiene vida y lo que no la tiene. Era sorprendente ver la multitud de fuerzas que obraban sobre la materia orgánica, percibida generalmente como algo inerte.

Una reacción universal parece colocar bajo una ley común a los metales, las plantas y los animales. Todos muestran esencialmente el mismo fenómeno de fatiga y depresión, con posibilidades de recuperación y de exaltación, así como la permanente irresponsabilidad asociada con la muerte. Lleno de asombro y temor ante esta estupenda generalización, fue con gran esperanza como yo anuncié mis resultados ante la Sociedad Real; resultados demostrados por medio de experimentos. Pero los fisiólogos que los presenciaron me recomendaron que confinara mis esfuerzos a las investigaciones físicas, en las que ya había tenido un gran éxito, antes bien que traspasar los límites de sus propios campos. Sin darme cuenta, me había introducido en los dominios de un sistema de casta poco conocido para mí, ofendiendo con ello su etiqueta.

Una inconsciente predisposición teológica que confunde la ignorancia con la fe se presentó también. Se ha olvidado a menudo que el que nos circunda a todos con su perenne misterio evolucionante y creador ha implantado en nosotros el deseo de preguntar y de comprender. Durante muchos años de incomprensión vine a saber que la vida de un devoto de la ciencia está inevitablemente llena de interminables luchas, tiene que moldear su vida como una ardiente ofrenda, considerando pérdida y ganancia, éxito y fracaso como una sola cosa.

Con el tiempo, las principales sociedades científicas del mundo aceptaron mis teorías y sus resultados y reconocieron la importancia de la contribución de la India a la ciencia. ¿Puede cualquier cosa pequeña o circunscrita satisfacer jamás la mente de la India? Por una continua tradición viva y un poder vital de rejuvenecimiento, esta tierra se ha reajustado a sí misma mediante innumerables transformaciones. Siempre ha habido hindúes que, deponiendo el premio y adsorbente del momento, han buscado la realización de los más elevados ideales de la vida, no mediante la pasiva renunciación, sino con la lucha activa. Los débiles que han rehusado el conflicto nada han adquirido; no han tenido que renunciar a nada. Solo el que ha sabido luchar y ganar puede enriquecer al mundo dotándolo de los frutos de sus victoriosas experiencias.

El trabajo ya realizado por el laboratorio Bose, en la respuesta de la materia y las inesperadas revelaciones en la vida de las plantas, ha abierto una amplia brecha en las extensas regiones de inquisición en física y en fisiología, en medicina, en agricultura y aun en los problemas de la psicología. Problemas hasta ahora insolubles se han traído nuevamente dentro de la esfera de la investigación experimental.

Pero los grandes éxitos no se pueden obtener sin una rígida exactitud. Por lo tanto, he expuesto delante de vosotros, hoy, en sus cajas, a la entrada del salón, esa larga batería de instrumentos y aparatos supersensitivos por mí diseñados. Ellos os hablarán del prolongado esfuerzo que existe tras las decepciones vistas en la realidad que queda detrás de lo no visto, del continuo, esforzado y persistente trabajo y de los recursos a los que se llega para sobreponerse a las limitaciones humanas. Todo creador científico sabe que el verdadero laboratorio es la mente, la cual detrás de las ilusiones descubre las leyes de la verdad.

Las conferencias que se dicten aquí no serán meras repeticiones de conocimientos ya sabidos. Ellas anunciarán nuevos descubrimientos demostrados por primera vez en esta sala. Mediante publicaciones regulares del trabajo del instituto, estas contribuciones indias alcanzarán al mundo entero. Ellas serán propiedad pública. Ninguna patente será pedida. El espíritu de nuestra cultura nacional pide que nos liberemos para siempre de la profanación de utilizar conocimientos solamente para los medios o ganancias personales.

Es mi deseo, además, que las facilidades de este instituto, hasta donde sea posible, estén al alcance de los trabajadores de todos los continentes. En este particular, estoy tratando de llevar adelante la tradición de mi país. Desde hace veinticinco centurias, la India dio la bienvenida a sus antiguas universidades de Nalanda y Taxila a investigadores de todas partes del mundo.

Aunque la ciencia no sea de Oriente ni de Occidente, sino más bien internacional en su universalidad, la India está especialmente capacitada para dar una gran contribución. La imaginación ardiente de la India, que puede traer un nuevo orden del conjunto de hechos aparentemente contradictorios, es reprimida por el hábito de la concentración. Pero esta restricción confiere el poder de sostener la mente en la investigación de la verdad con infinita «paciencia».

Las lágrimas fluían de mis ojos al concluir las palabras del hombre de ciencia. ¿Esta «paciencia» no es ciertamente el sinónimo de la India, que confunde al tiempo y a los historiadores juntamente?

Visité el centro de investigación en otra ocasión, poco tiempo después de su apertura. El gran botánico, atento a su promesa, me llevó a su silencioso laboratorio.

—Conectaré el crescógrafo a este helecho; su aumento es tremendo. Si el arrastrarse de un caracol fuese aumentado en esta misma proporción, la criatura parecería caminar con la velocidad de un expreso.

Mi mirada estaba fija con avidez en la pantalla que reflejaba la sombra del helecho aumentando de volumen. Pequeños movimientos de vida eran ahora claramente perceptibles; la planta iba creciendo muy lentamente delante de mis ojos fascinados. El científico tocó la punta del helecho con una pequeña barra de metal. El desarrollo de la pantomima culminó en un alto abrupto, reasumiendo su elocuente ritmo tan pronto como la barra fue retirada.

—Usted ve cómo cualquier interferencia externa es depresiva para el tejido sensitivo —me hizo notar Bose—. Observe, le daré ahora cloroformo y después un antídoto.

El efecto del cloroformo detuvo el crecimiento; el antídoto lo reavivó. Las formas evolutivas que aparecían en la pantalla me atraían más intensamente que la más emotiva escena de cine. Mi compañero (ahora haciendo el papel de villano) introdujo un afilado instrumento a través de una parte del helecho; se manifestó el dolor, indicado por las espasmódicas sacudidas. Cuando pasó una navaja de rasurar a través del helecho, la sombra se agitó violentamente, y después se aquietó definitivamente con la final manifestación de la muerte.

«Cloroformando de antemano un árbol enorme, logré obtener una triunfal trasplantación. Generalmente, tales monarcas de la selva mueren muy pronto después de su trasplantación». Jagadis reía satisfactoriamente al recordar la salvadora medida. «Las gráficas de mi delicado aparato han probado que los árboles tienen el proceso de un sistema de circulación; el movimiento de la savia corresponde a la presión de la sangre en los cuerpos de los animales. El ascenso de la savia no es explicable en el terreno mecánico ordinariamente anunciado como el de la atracción capilar. El fenómeno se ha resuelto por medio del crescógrafo como la actividad de las células vivas. Las ondas peristálticas nacen de un tubo cilíndrico que se extiende desde abajo del árbol y sirve como un corazón. Mientras más profundizamos en nuestros estudios, mejor percibimos lo notable que se hace la evidencia de un plan uniforme que liga cada forma en las manifestaciones de la naturaleza».

El gran científico señaló otro instrumento Bose:

—Le mostraré ahora nuevos experimentos en una pieza de hojalata. La fuerza viva en los metales responde adversa o benéficamente al estímulo. Las marcas con tinta registrarán las diferentes reacciones.

Profundamente interesado, observé la gráfica que registraba las ondas características de la estructura atómica. Cuando el profesor aplicó cloroformo al estaño, las vibraciones escritas se detuvieron. Volvieron a comenzar a medida que el metal lentamente adquiría su estado normal. Mi compañero colocó un veneno químico. Simultáneamente, con el temblor final de la lata, la aguja escribió dramáticamente en el gráfico la noticia de su muerte.

Los instrumentos de Bose iban demostrando que los metales, como el acero de las tijeras y las maquinarias, están sujetos a la fatiga y vuelven a adquirir su eficiencia con un periodo de descanso. El pulso de la vida en los metales es seriamente lesionado o del todo extinguido por medio de aplicaciones de corriente eléctricas de alta tensión.

Lancé una mirada alrededor del cuarto, mirando los numerosos inventos, testimonios elocuentes de incansable ingeniosidad.

—Señor, es lamentable que el desarrollo de la agricultura en masa no tenga una marcha más rápida por medio del empleo más amplio de sus maravillosos mecanismos. ¿No sería posible emplear estos estudios de experimentos rápidos de laboratorio para indicar la influencia de varios tipos de abonos o fertilizantes en el crecimiento de las plantas?

—Está usted en lo justo —me contestó—. Incontables usos tendrán los instrumentos Bose para las futuras generaciones. Los hombres de ciencia rara vez reciben la recompensa de sus contemporáneos; les basta poseer el gozo del servicio creador.

Me despedí con muestras de inmensa gratitud al incansable sabio. «¿Podrá la sorprendente fertilidad de este genio agotarse alguna vez?», pensé.

Ninguna disminución llegó con los años. Inventó después un intrincado instrumento: el cardiógrafo resonante. Después continuó Bose haciendo interesantísimas investigaciones en innumerables plantas de la India. Fue revelada una enorme e insospechada farmacopea de drogas útiles.

El cardiógrafo está construido con infalible precisión, por lo cual se precisa hasta un centésimo de segundo en la gráfica. Registros resonantes miden pulsaciones infinitesimales en la estructura de la planta, la animal o la humana. El gran botánico predijo que el empleo del cardiógrafo podría conducir a practicar la vivisección en las plantas, en lugar de aplicarse a los animales. «Comparando la acumulación de los efectos de una medicina dada simultáneamente a una planta y a un animal, se ha demostrado asombrosa igualdad en el resultado», anotó él. «Cada cosa en el hombre ha sido prefijada en la planta. La experimentación en los vegetales contribuirá a disminuir los sufrimientos del hombre».

Años más tarde, las investigaciones del explorador Bose fueron comprobadas por otros científicos. Los trabajos de 1938 en la Universidad de Columbia fueron publicados por el *New York Times* como sigue:

> Se ha comprobado durante los últimos años que, cuando los nervios transmiten mensajes entre el cerebro y otras partes del cuerpo, finísimos impulsos eléctricos son generados. Estos impulsos han sido medidos por el delicado galvanómetro y aumentados millones de veces por amplificadores modernos. Hasta ahora no se ha encontrado ningún método satisfactorio para estudiar el paso de los impulsos a lo largo de fibras nerviosas de los animales vivos o del hombre a causa de la gran velocidad con que dichos impulsos caminan.
>
> Los doctores K. S. Cole y H. J. Curtis han informado haber descubierto que las largas células únicas de la planta de agua dulce llamada *Nitella*, empleadas frecuentemente en las fuentes del pez dorado, son virtualmente idénticas a las de una sola fibra nerviosa. Más aún, han

encontrado que las fibras del *Nitella*, al ser excitadas, propagan ondas eléctricas de forma similar en todo sentido, a excepción de su velocidad, a las de las fibras nerviosas de los animales y el hombre. El impulso eléctrico-nervioso en la planta se halló muchísimo más lento que en los animales. Los investigadores de Columbia se apoderaron de este descubrimiento con el fin de tomar películas de cine lento, del paso de los impulsos eléctricos en los nervios.

La planta *Nitella* vendrá a ser, así, una especie de piedra de Roseta para descifrar los secretos profundamente guardados en la zona fronteriza de la mente y la materia.

El poeta Rabindranath Tagore fue un fiel amigo del idealista científico de la India. Para Bose fueron escritas por el dulce cantor bengalí las siguientes líneas:

> *¡Oh, Eremitas!, habla tú en las auténticas palabras*
> *de aquel antiguo himno llamado Sama. Levántate, despierta.*
> *Saca al hombre que se vanagloria con su erudición sástrica*
> *de la vana pedantería infructuosa. Llama a aquel sabio jactancioso*
> *para que venga,*
> *frente a la naturaleza, en esta amplia tierra,*
> *y envía esta llamada a las bandas profesorales;*
> *reunidos alrededor del fuego sagrado, deja que todos se aglomeren.*
> *Así, nuestra India,*
> *nuestra antigua tierra, vuelve sobre sí misma una vez más*
> *para regresar al firme*
> *trabajo, al deber y a la devoción y a su trance*
> *de fervorosa meditación;*
> *dejadle que una vez más se sienta tranquila,*
> *sin avaricia, sin rivalidad, pura;*
> *y una vez más en su elevado sitial y plataforma*
> *enseñará su ciencia a todos los demás pueblos.*

Capítulo 9
El devoto bienaventurado y su romance cósmico

—Favor de sentarse, señorito; estoy hablando con mi Madre Divina.

Silenciosamente y con cierto temor había entrado yo a la habitación. La angélica presencia del maestro Mahasaya casi me deslumbró. Con su blanca y sedosa barba y brillantes ojos parecía la encarnación de la pureza. Su levantada barbilla y sus manos entrelazadas me hicieron comprender que mi visita —la primera— lo había interrumpido en medio de sus devociones.

Sus sencillas palabras de saludo produjeron en mi ser un violento efecto que nunca había experimentado antes. La amarga separación por la muerte de mi madre me había hecho probar todas las angustias imaginables. Ahora, era para mí una agonía la separación de mi Madre Divina; una constante tortura indescriptible del espíritu. Sollozando, me dejé caer al suelo.

—Cálmese usted, señorito. —El santo me compadecía por las demostraciones de mi gran pena.

Abandonado en un mar de desolación, me así a sus pies como a la única tabla de salvación.

—¡Santo señor, su intercesión! Pregúntele a la Madre Divina si a sus ojos soy digno de ella.

Esta es una promesa que fácilmente se concede, y el maestro guardaba un silencio obligado.

Sin el menor asomo de duda, estaba yo convencido de que el maestro Mahasaya conversaba íntimamente con la Madre Universal. Constituía para mí una profunda humillación el darme cuenta de que mis ojos estuvieran ciegos hacia ella, aunque en aquel preciso instante era perceptible a la mirada infalible del santo. Atrevidamente me abracé a sus pies, sordo a sus suaves reconvenciones. E insistí una y otra vez por su graciosa intervención.

—Yo le pasaré a la Madre Amada tu demanda. —Lentamente, la capitulación del maestro se presentó con una sonrisa compadecida.

¿Qué poder había en esas palabras que mi ser se sintió liberado de su tormentoso exilio?

—Señor, recuerde su promesa. Pronto regresaré por su mensaje.

Un gozo anticipado sonó en mi voz, que solo unos instantes antes sollozaba de tristeza.

Al descender por la escalera, me sentía abrumado por los recuerdos.

Esta casa de la calle de Amherst, número 50, que ahora era la residencia del maestro Mahasaya, con anterioridad había sido el hogar de mi familia, en donde había ocurrido la muerte de mi madre. Aquí mi corazón humano se había hecho pedazos por la madre desaparecida, y ahora, en este día, mi espíritu sentía como si hubiera sido crucificado por la ausencia de la Madre Divina. Santas paredes, testigos silenciosos de mis más profundos sufrimientos y de mi curación final.

Al regresar a mi casa, en la calle de Gurpar Road, mi paso era ligero. Buscando el retiro de mi desván, permanecí allí en meditación hasta las diez. Pronto la oscuridad de la tibia noche india fue súbitamente iluminada con una maravillosa visión.

Rodeada con un halo de esplendor, la Madre Divina estaba ante mí. Su rostro, sonriéndome tiernamente, era la personificación de la belleza pura: «Yo siempre te he amado. Siempre te amaré».

La música celestial aún sonaba en el aire. Ella desapareció.

A la mañana siguiente, apenas se había elevado el sol cuando me anticipé a hacer mi segunda visita al maestro Mahasaya. A grandes zancadas subí las escaleras de la casa de punzantes recuerdos hasta llegar al cuarto piso, donde estaba su habitación. La perilla de la puerta cerrada estaba envuelta en un trapo, indicando, según creí yo, que el maestro no deseaba ser molestado. Conforme estaba parado en frente de la puerta en una forma indecisa, la puerta se abrió y el maestro me tendió bondadosamente su mano de bienvenida. Yo me arrodillé a sus santos pies, ocultando tras una máscara la solemnidad, las radiaciones de gozo Divino que por dentro ocultaba.

—Señor, he venido demasiado temprano, lo confieso, para enterarme de su mensaje. ¿La Divina Madre ha dicho algo acerca de mí?

—Señorito travieso.

No hizo ninguna otra observación. Aparentemente, mi pretendida gravedad no había tenido importancia.

—¿Por qué tan misterioso, por qué tan evasivo? ¿Es que los santos nunca hablan claramente? —Probablemente, yo había estado algo provocativo en mi actitud.

—¿Quieres tentarme? —Sus tranquilos ojos estaban llenos de entendimiento—. ¿Puedo yo agregar esta mañana una palabra más a las seguridades que recibiste anoche, a las diez, de la hermosa Madre Divina?

El maestro Mahasaya tenía completo gobierno sobre las desbordantes vertederas de mi alma; una vez más me arrojé a sus plantas. Pero, en esta ocasión, mis lágrimas fueron de bienaventuranza y no de dolor.

—¿Crees tú que tu devoción no había llegado a tocar la misericordia infinita?

»La maternidad de Dios que tú has adorado, en ambas formas, y tanto Divina como humana, no podía dejar de contestar a tu implorante llanto.

¿Quién era este sencillo santo que, a su leve súplica, el Espíritu Universal respondía con su dulce y apacible aquiescencia? Su papel en el mundo era humilde, como el de todos los grandes hombres que siempre he conocido. En esta casa de la calle de Amherst, el maestro Mahasaya conducía una escuela de segunda enseñanza para niños. Nunca salían de sus labios palabras de castigo; ningún reglamento o férula mantenía la disciplina de sus discípulos.

Altas matemáticas eran enseñadas en esta modesta aula, y una química de amor jamás usada en ningún libro de texto. Él derramó su sabiduría espiritual más por contacto y contagio que por preceptos y reglas. Posesionado de una pasión nada convencional por la Madre Divina, el santo no requería nada de las formas externas de respeto, tal como lo hace un niño. «Yo no soy tu gurú; él vendrá más tarde», me dijo. «Bajo su guía, tu experiencia de lo Divino en términos de amor y devoción será traducida en términos de insondable sabiduría».

Todos los días, ya muy avanzada la tarde, me dirigía a la calle de Amherst.

Ávidamente busqué la copa Divina del maestro Mahasaya, tan llena que sus gotas diariamente inundaban todo mi ser. Nunca antes había yo reverenciado con tal vehemencia; ahora, consideraba un privilegio el solo hollar el terreno santificado por el maestro Mahasaya.

—Señor, sírvase usted usar esta guirnalda de flores de Champak que he confeccionado especialmente para usted.

Llegué una tarde llevando conmigo mi cadena de flores. Pero él la alejó tímidamente, rehusando repetidamente este honor. Comprendiendo que yo me sentía lastimado, finalmente, y sonriendo, consintió:

—Ya que los dos somos devotos de la Madre, tú puedes colocar esta guirnalda en este cuerpo-templo, como una ofrenda a ella, que mora dentro de él.

Su vasta e inmensa naturaleza carecía de espacio para alojar la más insignificante consideración egoísta.

—Vamos mañana al templo de Dakshineswar, por siempre bendecido por mi gurú.

El maestro Mahasaya había sido discípulo del maestro crístico Sri Ramakrishna Paramahansa. El viaje de cuatro millas fue hecho a la mañana siguiente, por el río Ganges, en un bote. Penetramos en el templo de Kali, de nueve cúpulas, en donde figuras de la Madre Divina y Shiva descansaban en una bruñida flor de loto de plata. Con sus millares de pétalos meticulosamente cincelados. El maestro

Mahasaya resplandecía, lleno de encanto. Estaba sumergido con su inextinguible romance con la amada. A medida que él cantaba su nombre, mi arrobado corazón parecía desgarrarse en mil pedazos.

Más tarde, paseamos por los sagrados recintos, y nos paramos bajo una arboleda de tamarindos. El maña característico que exudaba este árbol era simbólicamente el aliento celestial que el maestro Mahasaya me estaba suministrando. Sus invocaciones Divinas continuaban. Yo me senté rígidamente y sin movimiento sobre la hierba, en medio de la alfombra color rosa de las flores de tamarindo. Temporalmente ausente del cuerpo, yo me elevaba a una región celestial.

Este fue el primero de muchos viajes a Dakshineswar con el preceptor sagrado. De él aprendí la dulzura de Dios en su aspecto de Madre, o Divina Misericordia. El santo, como un niño, no encontraba la misma inclinación al aspecto de Padre o Justicia Divina. Su austero, exacto y matemático juicio era extraño a su suave y apacible naturaleza.

«Él puede servir como el prototipo de los ángeles celestiales sobre la Tierra», pensaba yo, regocijado, observándolo cierto día en sus oraciones. Sin el más leve asomo de crítica o censura, medía el mundo con sus ojos, ya de largo tiempo familiarizados con la Prístina Pureza. Su cuerpo, mente, palabra y acciones eran sin esfuerzo alguno armonizados con la sencillez de su alma.

«Mi maestro me lo dijo». Eximiéndose de toda aserción personal, el santo terminaba cualquier consulta que se le hacía con este invariable tributo. Era tan profunda su identidad con su maestro Ramakrishna que él ya no consideraba sus propios pensamientos como suyos, sino de su maestro.

Tomados de la mano, el santo y yo caminamos una noche por la acera de su escuela; mi gozo fue empañado por la llegada inesperada de un conocido pretencioso, que nos abrumó con sus largas disertaciones.

—Ya veo que esta persona no te agrada —me susurró el maestro, lo que no fue oído por el egoísta enfrascado en la palabrería de su propio monólogo—. Ya se lo he dicho a la Madre Divina. Ella se da cuenta de nuestra situación, pero tan pronto como traspasemos aquella casa roja, ella le recordará a este individuo un asunto de más urgencia para él.

Mis ojos quedaron clavados en el lugar de nuestra salvación. Al llegar al zaguán rojo, el individuo, de una manera nada ceremoniosa y aun sin despedirse de nosotros, sin siquiera haber terminado su disertación, partió sin decirnos adiós. Y el malestar anterior fue recompensado con la paz.

Otro día, me encontraba yo caminando solo cerca de la estación del ferrocarril de Howrah. Me detuve por un instante ante un templo, criticando silenciosamente a un pequeño grupo de hombres que, con tambores y címbalos, recitaban rudamente un canto.

«¡En qué forma tan poco devota usan el nombre Divino del Señor en una repetición mecánica!», pensé yo. Mi mirada fue sorprendida por la rápida aparición del maestro Mahasaya.

—Señor, ¿cómo ha venido aquí?

El santo, haciendo caso omiso de mi pregunta, contestó a mi pensamiento:

—¿No es cierto, señorito, que el nombre del amado suena siempre dulce en todos los labios, ya se trate de gente ignorante o sabia?

Pasó su brazo a mi alrededor cariñosamente. Yo me sentí transportado como en una alfombra mágica a su presencia misericordiosa.

—¿Te gustaría ver el bioscopio? —Esta pregunta hecha por el maestro Mahasaya, cierta tarde, era un tanto desconcertante para mí. «Bioscopio» era la expresión usada en aquel entonces en la India para designar un salón de cinematógrafo. Yo accedí con gusto, ya que el estar con él, en cualquier circunstancia, era un placer para mí. Un rápido paseo nos condujo hasta los jardines fronteros a la Universidad de Calcuta. Mi acompañante me indicó una banca cercana a un *goldighi* o estanque.

—Sentémonos aquí por unos instantes. —Mi maestro siempre me pedía que meditara dondequiera que viera una extensión de agua—. Aquí, su placidez nos recuerda la inmensa calma de Dios. Así como todas las cosas pueden ser reflejadas en el agua, así todo el universo es reflejado en el lago de la Mente Cósmica, como con frecuencia decía mi *gurudeva*.

Pronto entramos a una de las salas de la universidad en que se estaba dando una conferencia, que resultó aburridísima, no obstante estar ilustrada con placas cinematográficas que carecían también de interés.

«¿Así que esta es la clase de cine que el maestro quiere que yo vea?», pensaba yo, impaciente; sin embargo, no me atreví a manifestar ningún aburrimiento. Pero, luego, él se inclinó ligeramente hacia mí y me dijo confidencialmente:

—Ya veo, señorito, que no te gusta este bioscopio. Ya se lo he mencionado a la Madre Divina. Ella está completamente de acuerdo con nosotros dos. Ella me dice que la luz eléctrica se apagará pronto y que no volverá a encenderse hasta que hayamos tenido oportunidad de abandonar la sala.

Conforme su susurro terminaba, el salón se sumió en la más profunda oscuridad. La estridente voz del profesor fue callada, asombrosamente, pero luego dijo:

—Parece que el sistema eléctrico de esta sala es defectuoso. —Para entonces, el maestro Mahasaya y yo habíamos traspuesto con tranquilidad el umbral de la sala. Echando una mirada hacia atrás, desde el corredor vi que la escena de nuestro martirio había vuelto a ser iluminada.

—Señorito, fuiste defraudado con este bioscopio, pero yo creo que te gustará otro diferente. —El santo y yo estábamos parados en la acera frente al edificio de la universidad. Suavemente me golpeó el pecho sobre el corazón.

Un transformador silencio se operó a mi alrededor. Así como en las películas habladas no se oye la voz cuando el aparato de sonido no funciona, así la Mano Divina, por medio de un extraño milagro, apaciguó el bullicio terrestre. Los peatones, así como los tranvías, autobuses, carretas, carros y toda clase de vehículos, desfilaban en un silencioso tránsito. Como si poseyera un ojo omnipresente, yo contemplaba las escenas que se operaban detrás de mí, así como a los lados, tan fácilmente como si las tuviera delante. Todo el espectáculo de actividad en aquella pequeña parte de Calcuta pasó ante mí sin el menor ruido audible. Así como el resplandor del fuego se ve encubierto por una leve capa de ceniza, una suave luminosidad penetraba toda la escena panorámica que veía.

Parecía que mi propio cuerpo no era más que una pura sombra de las muchas a mi alrededor, aun cuando estaba sin movimiento, mientras las otras se movían silenciosamente de un lado a otro. Algunos muchachos amigos míos se acercaban, pasaban, y aun cuando habían vuelto a verme directamente, lo hacían sin reconocerme.

Esta insólita pantomima me atrajo un inexplicable éxtasis. Bebí copiosamente de una fuente de bienaventuranza. Repentinamente, mi pecho recibió otro ligero golpe del maestro Mahasaya. El pandemónium del mundo reventó sobre mis oídos, que no querían oír. Yo me tambaleaba como si apenas acabara de despertar de la fantasía de un sueño. El vino trascendental había sido puesto más allá de mi alcance.

—Señorito, veo que encontraste de tu agrado el segundo bioscopio.

—El santo sonreía. Ya empezaba yo a abalanzarme a sus plantas en demostración de gratitud—. Tú no puedes hacer eso ahora; ya sabes que Dios también está en tu templo. ¡Yo no permitiré que la Madre Divina toque mis pies a través de tus manos!

Si nos hubieran observado al modesto maestro y a mí, conforme nos alejábamos de la parte concurrida y asfaltada del lugar, seguramente nos habrían tomado por borrachos. Yo sentí que la caída de las cortinas de la noche estaban también embriagadas de Dios. Repuesta la oscuridad de su desmayo nocturno, la mañana me sorprendió despojado de mi extático estado anterior, pero fijo en mi memoria el seráfico hijo de la Madre Divina, ¡el maestro Mahasaya!

Tratando de hacer justicia a su benignidad, me pregunto si el maestro Mahasaya y otros de entre los santos de profunda visión, cuyos senderos se han cruzado con el mío, sabían ya que años después, en una tierra de Occidente, yo estaría escribiendo acerca de sus vidas como devotos Divinos. Su conocimiento no me sorprendería, y espero que tampoco a los lectores que hasta aquí me han acompañado.

Capítulo 10

Encuentro a mi maestro, Sri Yukteswar

«La fe en Dios puede producir cualquier milagro, excepto uno: el de hacer pasar un examen sin haber estudiado...». Con disgusto cerré el libro que había tomado distraídamente en un momento de ocio.

«Esta excepción hecha por el escritor demuestra su absoluta carencia de fe», pensé, y me dije: «Pobre tipo, ¡qué respeto tiene por aquellos que se queman las pestañas...!».

La promesa hecha a mi padre era que yo terminaría mis estudios en la escuela secundaria. No puedo presumir de haber sido un estudiante demasiado aplicado. Los meses pasaban y a mí se me encontraba con mayor frecuencia en los *ghats* situados en los alrededores de Calcuta que en las aulas de la escuela. Los terrenos adyacentes a los lugares usados para la incineración de los cadáveres, horriblemente desolados por las noches, son considerados altamente atractivos para los yoguis; aquel que busca la esencia de la inmortalidad no puede sentirse sobrecogido por la presencia de unos cuantos cráneos descarnados. La insuficiencia humana se pone de manifiesto claramente ante el macabro espectáculo de un osario. Así que mis vigilias de medianoche eran de muy diferente naturaleza que las de mis compañeros escolares.

La semana en que tendría lugar el examen final de la escuela secundaria hindú se aproximaba rápidamente. Este periodo de interrogatorios, como fantasmas sepulcrales, infunde un bien conocido pavor a los estudiantes. Pese a esto, yo me sentía tranquilo. Desafiando los espectros, trataba de exhumar una ciencia que no se encuentra en las aulas, pero para lograrlo me hacía falta el arte superior del Swami Pranavananda, quien podía fácilmente aparecer en dos lugares al mismo tiempo. Mi problema educacional era un asunto que resolvería seguramente el Ingenio Infinito. Este era mi razonamiento, que para muchos parecerá, sin duda, ilógico. La intercesión Divina se evidencia en mil formas de ayuda a los devotos sinceros.

—¡Hola, Mukunda, difícilmente se te logra ver en estos días! —me dijo, acercándose, un condiscípulo una tarde en Gurpar Road.

—¡Hola, Nantu! Mi invisibilidad en la escuela me ha colocado actualmente en una bien difícil posición —contesté, explayando mi aflicción ante la mirada benévola de mi amigo.

Nantu, que era un brillante discípulo, rio cordialmente: mi predicamento no carecía de cierto aspecto cómico.

—Tú no estás preparado para los exámenes finales. Yo supongo que es el momento en que puedo ayudarte.

Estas sencillas palabras transmitieron a mis oídos la Divina promesa. Con toda celeridad acudí a la casa de mi amigo. En un cuadro sinóptico esbozó la solución de todos los problemas que podían presentarme los sinodales. «Estas son las principales preguntas que servirán como cebo a los estudiantes demasiado confiados. Recuerda las soluciones y responderás airosamente».

La noche había avanzado mucho cuando partí de la casa de Nantu. Estallando de mal asimilada erudición, rogaba devotamente por que aquella me durara hasta los próximos críticos días... Nantu me había preparado en varias materias; pero, bajo la presión del tiempo, habíamos olvidado el estudio del sánscrito. Fervientemente, recordé a Dios este olvido.

A la mañana siguiente, salí a dar un corto paseo, tratando de fijar en mi mente los nuevos conocimientos con el acompasado ritmo de mis pasos. Cuando caminaba por una vereda, a través de un lote aún no fincado y lleno de hierba, mis ojos se fijaron en unas hojas de papel que estaban en el suelo. Al recogerlas, vi, gozoso, que se trataba de unos versos impresos en sánscrito.

Busqué en seguida al *pandit* para que me ayudara en mi pobre y vacilante interpretación. La sonora voz del instructor llenó el aire con la eufórica belleza de la antigua y noble lengua. Pero el erudito *pandit* los desechó con escepticismo: «Estos versos sánscritos difícilmente podrán serte útiles en tu examen...». No obstante, mi familiaridad con ellos me ayudó grandemente a pasar el examen del día siguiente. Y, gracias a los consejos de Nantu, logré también el mínimo de calificaciones para salir aprobado en las demás asignaturas.

Mi padre estuvo contento de que yo hubiera cumplido mi palabra: terminar mis estudios secundarios. Mi gratitud se elevó fervorosamente al Señor, cuya guía percibí en mi visita a Nantu y en mi paseo a través del desolado lote lleno de desperdicios. Traviesamente, Dios me había ofrecido una doble expresión de su oportuna intervención para salvarme.

Hojeé, entonces, el libro abandonado que le había negado a Dios prioridad en las aulas de los exámenes, y no pude menos que sonreír a mi propio silencioso comentario. ¡Solo serviría para aumentar la confusión del autor, si yo le contara que la meditación en lo Divino, en medio de cadáveres, es un camino corto para la obtención de un diploma en la escuela secundaria...!

Con la nueva dignidad adquirida empecé abiertamente a hacer mis planes para abandonar el hogar, juntamente con mi compañero y amigo Jitendra Mazumdar. Yo había decidido adherirme a una ermita Mahamandal que estaba en Benarés, y recibir su disciplina espiritual. Una mañana, al pensar en la separación de mi familia, me llené de consternación. Desde la muerte de mi madre, mi afecto había crecido grandemente para mis dos hermanos menores, Ananta y Bishnu. Corrí a mi retiro, a mi pequeña buhardilla, donde habían tenido lugar tantas escenas de mi turbulenta *sadhana*. Después de dos horas de copioso llanto, me sentí completamente transformado como si hubiera usado un limpiador químico: todos mis apegos familiares y mundanos desaparecieron; mi resolución de buscar a Dios como el Amigo de Amigos se cimentó en mí con la firmeza del granito. Rápidamente, terminé mis preparativos para el viaje. Recité mi última plegaria. Mi padre estaba desolado, y, al presentarme ante él para recibir su bendición de despedida, me dijo:

—No nos olvides, ni a mí ni a tus afligidos hermanos y hermanas.

—Venerado padre, ¿cómo podré demostrarte mi amor? Pero más grande aún es mi amor por el Padre Celestial, que me ha hecho el regalo de darme un padre perfecto en la Tierra. Déjame marchar para que regrese algún día con un mayor entendimiento Divino...

Con franca reticencia paterna obtuve consentimiento para marcharme. Pronto me reuní con Jitendra, quien ya estaba en la ermita de Benarés. A mi llegada, el jefe, el joven Swami Dyananda, me dio la bienvenida cordialmente. Alto, delgado, de aspecto meditativo y concentrado, me impresionó favorablemente. La expresión de su faz abierta y despejada le daban una apariencia casi budística.

Mucho me alegré de que mi nuevo hogar contara también con una buhardilla, en donde me arreglé para pasar los amaneceres y las últimas horas de la tarde. Los miembros del *ashram*, conociendo poco acerca de las prácticas de meditación, creían que yo, como ellos, debería emplear mi tiempo en labores de organización y servicio. Ellos elogiaban el trabajo que por las tardes efectuaba en la oficina: «No trates de atrapar a Dios tan pronto». Esta hiriente pulla, lanzada por uno de los miembros de la congregación con referencia a mis salidas a mi buhardilla de meditación, me obligó a quejarme con Dyananda, siempre ocupado en su santuario con vista al Ganges: «*Swamiji*, no comprendo qué es lo que se quiere de mí; aquí estoy, tratando de alcanzar la percepción directa de Dios. Sin él no podré estar satisfecho con mi filiación o credo o ejecución de buenas obras».

El eclesiástico de túnica anaranjada me dio una palmadita afectuosa y luego, con un tono semiserio, amonestó a algunos de los discípulos que estaban a su alrededor: «No molesten a Mukunda. Él pronto aprenderá nuestras costumbres». Yo oculté mis dudas con discreción. Los estudiantes abandonaron la habitación no muy apesadumbrados por la reprimenda. Dyananda tuvo algunas palabras más para mí: «Mukunda, he visto que tu padre te manda regularmente dinero. Por favor, devuélveselo; tú no necesitas ningún dinero aquí. Y ahora, para tu mejor disciplina, te enseñaré una segunda regla, que se refiere al alimento: aun cuando sientas hambre, no lo digas...».

Si el hambre se manifestaba a través de mis ojos, no podría decirlo; pero que la sentía rudamente lo sabía a la perfección. La hora para la primera comida en el *ashram* se hacía invariablemente al mediodía. En mi casa, yo estaba acostumbrado a tomar un almuerzo copioso a las nueve de la mañana. Las tres horas de vacío en mi estómago se me hacían cada día interminables. Ya habían pasado los años cuando, hallándome en Calcuta, reprendía yo al cocinero por un simple retraso de diez minutos a las horas de las comidas. Ahora, aprendía a controlar mi apetito. Un día efectué un ayuno de veinticuatro horas, y, por ello, con doble deleite, esperaba ansiosamente la próxima comida de las doce.

«El tren en que viaja Dyanandaji viene retrasado y no iremos a comer hasta que él llegue». Jitendra fue quien trajo esta desconsoladora noticia. Como una demostración de bienvenida al swami, que había estado ausente por dos semanas, habían sido preparadas para él muchas exquisitas viandas. Un delicado y apetitoso aroma saturaba el ambiente. ¿Qué más podía yo ofrecerle que el orgulloso sacrificio de mi largo ayuno del atormentado día anterior?

«Señor, acelera el tren». Este ruego al Proveedor Celestial, pensé, seguramente que no está incluido en la prohibición con la que Dyananda me había silenciado. La atención Divina estaba en alguna otra parte seguramente, ya que el reloj continuaba marcando sus horas con lentitud. Empezaba a oscurecer cuando el jefe entró por la puerta. Mi saludo fue de un no disimulado regocijo.

—Dyananda se bañará y meditará antes que podamos servir la comida —dijo Jitendra, aproximándose como un ave de mal agüero. Yo casi me desmayaba. Mi joven estómago, nuevo en estas privaciones, protestaba con enérgicos dolores. Cuadros que yo había visto de las víctimas del hambre atravesaban mi mente como espectros.

«La próxima defunción causada por el hambre va a acaecer aquí y ahora mismo, en esta ermita», pensaba yo. ¡Esta amenaza fue conjurada a las nueve de la noche...! ¡Oh, glorioso emplazamiento con la ambrosía! En mi memoria, esta comida está vívida como una de las horas más perfectas de mi vida.

Pese a encontrarme absorto en la comida, observaba cómo Dyananda comía sin fijarse casi en los alimentos. Sin duda, él estaba más allá de mis toscos placeres.

—*Swamiji*, ¿no tenía usted hambre?

Gozosamente saciado, me encontraba solo con el jefe en su estudio.

—Oh, sí, he pasado los últimos cuatro días sin comer ni beber. Nunca como en los trenes, llenos de esas heterogéneas vibraciones de la gente mundana. Rápidamente observo las reglas «shástricas» para los monjes de mi orden. Además, ciertos problemas de organización de nuestra obra están en mi mente. Y hoy, en la noche, he descuidado mi cena. No hay prisa. Mañana recuperaré lo que hoy no he comido... —diciendo esto, reía alegremente.

Una oleada de vergüenza me sofocaba. Pero las torturas de mi ayuno no se me olvidaban, y me atreví a hacer otra pregunta:

—*Swamiji*, estoy confundido. Siguiendo sus instrucciones, supóngase usted que yo no pido alimento, y que nadie me lo da; ¿qué?, ¿debo morirme de hambre...?

—¡Muérete, entonces! —fue la cortante respuesta, y continuó—: Muere, Mukunda, si debes morir. Nunca admitas que tú vives por el poder de los alimentos y no por el poder de Dios. Él, que ha creado toda forma de alimentación; él, que nos ha proporcionado el apetito, seguramente verá que sus devotos obtengan el sustento. Nunca te imagines que la comida, el dinero o los hombres te sostienen. ¿Podrían ellos ayudarte si Dios retira su hálito de vida? Ellos son únicamente sus instrumentos indirectos. ¿Es, acaso, que por alguna habilidad tuya se digiere el alimento en el estómago? Utiliza la espada del discernimiento, Mukunda. ¡Corta las ligaduras de los agentes mediadores y percibe la Causa Única!

Yo sentí que estas convincentes palabras entraban profundamente en mi ser. Hace ya mucho tiempo que ha desaparecido en mí ese engaño o ilusión, y he aprendido que las necesidades imperativas del cuerpo son sobrepasadas por el poder del alma. Y siempre he comprobado la absoluta suficiencia del espíritu. ¡En cuántas ciudades extrañas, en mis constantes viajes de los últimos años, se me han presentado ocasiones para probarme el gran servicio de aquella lección aprendida en una humilde ermita de Benarés!

El único tesoro que me había acompañado desde Calcuta era el amuleto de plata que el *sadhu* había entregado a mi madre, y que ella me había legado. Guardado durante años, teníalo ahora cuidadosamente escondido en mi habitación de la ermita. Para renovar mi deleite al contacto del talismán, una mañana abrí la caja cerrada con llave donde lo guardaba. La envoltura sellada que lo protegía estaba intacta, pero, ¡oh, sorpresa!, el talismán había desaparecido.

Apesadumbrado, rompí el sobre sellado que lo cubría, con gran ansiedad por encontrarlo. Se había esfumado de acuerdo con las predicciones del *sadhu*, quien indicó que tan pronto como cumpliera su cometido se disolvería en el éter.

Mis relaciones con los estudiantes de Dyananda empeoraban día por día. Toda la congregación se sentía lastimada por mi continuo aislamiento. Mi rígida práctica de la meditación en el ideal por el cual había yo abandonado el hogar, así como toda ambición humana, me había acarreado agudas críticas de todas partes.

Acosado por una angustiosa desesperación espiritual, entré una madrugada a mi buhardilla de meditación, resuelto a orar hasta que obtuviera contestación a mis ruegos.

«Misericordiosa Madre del Universo, instrúyeme tú misma a través de revelaciones, o por intermedio de un gurú enviado por ti».

Las horas corrían sin que mi sollozante plegaria obtuviese respuesta. Repentinamente me sentí como corporalmente elevado hacia una esfera mental ilimitada.

«El maestro vendrá hoy...». Una Divina voz femenina pronunció esas palabras, que llegaron hacia mí de todas partes y de ninguna parte.

Esta hermosa y suprema experiencia fue rota por un grito que llegó hacia mí de un lugar bien localizado y definido. Un joven clérigo, apodado Habu, me llamaba desde la cocina: «Mukunda, ya basta de meditación; se te necesita para un mandado».

En otra ocasión, probablemente hubiera respondido de modo airado; pero, en ese momento, simplemente sequé las lágrimas de mi cara, hinchada por el llanto, y acaté el mandato con humildad. Nos dirigimos junto con Habu al mercado que estaba en la distante zona bengalí en Benarés. El sol nada gentil de la India no llegaba aún al cenit cuando ya nosotros habíamos efectuado nuestras compras en los diferentes bazares. Nos abríamos paso poco a poco, en medio del fárrago, lleno de colorido de mujeres, sirvientes guías, clérigos, viudas sencillamente ataviadas, *brahmanes* con aire de dignidad, sin faltar los intocables toros sagrados. Pasando por una modestísima callejuela, al voltear la cabeza, miré su estrecha longitud.

Un hombre de aspecto crístico, con la túnica ocre de los swamis, permanecía estático al final de la callejuela. Instantáneamente, y como si me fuera conocido de mucho tiempo atrás, mi ávida mirada se posó en él por un instante; luego, la duda me asaltó.

«Tú estás confundiendo a este monje errante con algún otro que conoces», pensé. «Soñador, sigue tu camino».

Diez minutos después sentí un fuerte entumecimiento en los pies, como si se me hubiesen vuelto de piedra y se hallaran imposibilitados para llevarme más adelante. Con dificultad me volví hacia atrás, y entonces mis pies retornaron a la normalidad. Me volví otra vez en dirección opuesta, y los sentí pesados como antes.

«El santo está atrayéndome magnéticamente». Con este pensamiento, amontoné los paquetes en los brazos de Habu. Él había estado observando con curiosidad lo incierto de mi caminar, y ahora rompía a reír a carcajadas. «¿Qué, te has vuelto loco?».

La avalancha de emociones que me poseían me impidieron contestarle. Rápidamente y silenciosamente, me marché. Volví, como si volara con el viento, sobre mis pasos y llegué hasta la estrecha callejuela. Una breve ojeada me mostró al estático santo mirando fijamente en mi dirección. Unos pasos más y ya estaba a sus pies.

—¡*Gurudeva*!

Su faz Divina no era otra que la de él, a quien había visto millares de veces en mis revelaciones. Esos ojos, elocuentemente serenos, y la majestuosa cabeza leonina, su barba terminada en punta y su rizada cabellera suelta, se me habían presentado frecuentemente en la oscuridad, en mis nocturnos arrobamientos, entrañando una promesa que yo no había entendido completamente.

—¡Por fin has venido a mí! —Mi gurú profería esta frase una y otra vez en lengua bengalí y con voz trémula de gozo—. ¡Cuántos años te he estado esperando!

Nos sumimos en un lapso de silenciosa comunión, en el que las palabras de un canto sin palabras fluían del corazón del maestro al del discípulo. Con la incontrastable seguridad que da la intuición, sentí que mi maestro conocía a Dios y que me conduciría a él. Las oscuridades de esta vida desaparecían en un suave amanecer de memorias prenatales. Tiempo dramático. Pasado, presente y futuro son sus escenas cíclicas. ¡Este año no sería el primer sol que me sorprendería postrado ante sus benditas plantas!

Con mi mano en la suya, el gurú me condujo «a su residencia temporal en la zona Rana Mahal, en la ciudad. Su cuerpo atlético caminaba con paso firme. Alto, erguido, de unos cincuenta y cinco años, era, en esa época, activo y vigoroso como un joven. Sus ojos oscuros eran grandes, profundos, insondables en su sabiduría. El cabello ligeramente rizado suavizaba los rasgos vigorosos de su rostro. La fuerza se mezclaba sutilmente con la gentileza.

Mientras caminábamos hacia el balcón de piedra de una casa con vista al Ganges, me dijo afectuosamente:

—Yo te daré mi ermita y todo cuanto poseo.

—Señor, yo he venido para obtener sabiduría y el contacto de Dios: esos son, de sus tesoros, los que yo ambiciono.

El breve crepúsculo de la India había dejado correr su media cortina antes de que mi maestro volviese a hablar. Sus ojos tenían una insondable ternura.

—Te doy mi incondicional amor.

¡Preciosas palabras! Más de un cuarto de siglo pasó antes de que yo volviera a obtener otro testimonio verbal de su amor. Sus labios eran extraños a la vehemencia; su corazón era un océano de elocuente y amoroso silencio.

—¿Me darás tú el mismo incondicional amor? —me preguntó con la dulce ingenuidad de un niño.

—¡Os amaré eternamente, *gurudeva*!

—Generalmente, el amor es egoísta, oscuramente enraizado en los deseos y en las satisfacciones. El amor Divino es incondicional, sin límites, inmutable. El flujo del corazón humano se esfuma para siempre al ser tocado por el amor puro y verdadero. —Y humildemente agregó—: Si alguna vez me miras caer del estado de realización Divina, prométeme que pondrás mi cabeza sobre tus rodillas y me ayudarás a volver al Amado Cósmico que ambos adoramos.

Luego se levantó y en la oscuridad creciente me guio a una habitación interior. Mientras comíamos mangos y almendras, él iba, en forma insostenible, entretejiendo en nuestra conversación un conocimiento íntimo de mi naturaleza. Yo estaba maravillado de la grandeza de su sabiduría, exquisitamente entrelazada con una humildad innata y sencilla.

—No te entristezcas tanto por la pérdida de tu amuleto; ya cumplió su propósito.

Como en un espejo Divino, mi gurú había captado la reflexión de toda mi vida.

—La realidad viviente de tu presencia, maestro mío, es un gozo supremo, más allá de todo símbolo.

—Ya es tiempo de que tengas un cambio, ya que estás tan descontento en tu monasterio.

No le había dicho una sola palabra sobre este tema ni había hecho ninguna referencia acerca de mi vida, lo que hubiera resultado absolutamente inútil. Por su natural y nada enfática manera, comprendí que él no quería que yo hiciera ninguna manifestación elogiosa o de asombro por su clarividencia.

—Debes regresar a Calcuta. ¿Por qué excluir a tu padre y familiares de tu amor a la humanidad?

Esta sugestión me desanimó. Mis familiares habían predicho mi regreso, aun cuando yo nunca respondía a las muchas súplicas que por carta me hacían. «Dejen que el pajarito vuele por los cielos metafísicos», había dicho mi hermano Ananta. «Sus alas se cansarán en la atmósfera densa; le veremos descender al hogar abatiéndolas, y descansar humildemente en el seno de la familia». Con este símil fresco en mi memoria, estaba decidido a no hacer ningún descenso en dirección a Calcuta.

—Señor, yo no pienso regresar a Calcuta. Estoy dispuesto a seguirle a todas partes. Por favor, deme su nombre y dirección.

—Swami Sri Yukteswar Giri. Mi ermita principal está en Serampore, en la calle de Rai Ghat. Estoy aquí solo por unos días visitando a mi madre.

Yo me maravillaba del intrincado juego de Dios para con sus devotos. Serampore está únicamente a unas doce millas de Calcuta; sin embargo, nunca había percibido nada acerca de mi maestro en aquella región. Para que se efectuara nuestro encuentro, tuvimos que viajar a la antigua Kasi (Benarés), la ciudad santificada por los recuerdos de Lahiri Mahasaya, y por la cual habían pasado también los pies de Buddha, Sankaracharya y otros yoguis parecidos a Cristo por sus obras, bendiciendo el suelo.

—Vendrás a mí dentro de cuatro semanas. —Por primera vez, la voz de Sri Yukteswar era severa.

—Ahora ya te he expresado mi afecto eterno y mostrado mi felicidad al encontrarte; es por eso que desatiendes mi petición. La próxima vez que nos encontremos, tendrás que revivir mi interés por ti. Yo no acepto fácilmente un discípulo. Debe haber un absoluto rendimiento de obediencia a mi estricto adiestramiento.

Yo permanecí obstinadamente en silencio. Mi maestro conoció mis dificultades fácilmente.

—¿Es que piensas que tus parientes se reirán de ti?

—Yo no regresaré

—Tú volverás dentro de treinta días.

—Nunca.

Humillándome reverentemente a sus pies, partí sin suavizar la tensión de nuestra pequeña controversia. Conforme iba caminando en la oscuridad de la medianoche, me maravillaba del por qué nuestro milagroso encuentro había terminado en una forma tan inarmónica. ¡La dualidad de Maya, que balancea cada gozo con una pena! Mi joven corazón no era todavía maleable para los dedos transformadores del maestro.

A la mañana siguiente, noté una mayor hostilidad en la actitud de todos los miembros de la ermita. Mis días eran invariablemente aguijoneados por la rudeza y cada día las cosas eran peores.

Tres semanas después, Dyananda salió del monasterio para atender una conferencia en Bombay, desatándose, entonces, la tormenta sobre mi desventurada cabeza.

«Mukunda es un parásito que acepta la hospitalidad de la ermita sin corresponder en forma alguna». Habiendo oído este comentario, sentí, por primera vez, haber desobedecido la súplica hecha por Dyananda de regresar a mi padre el dinero que me enviaba mensualmente. Con el corazón oprimido, busqué a mi único amigo, Jitendra.

—Me voy. Por favor, ofrece mis respetuosas excusas a Dyanandaji cuando él regrese.

—Yo también me iré. Mis esfuerzos para meditar aquí no tienen más éxito que los tuyos —me dijo Jitendra con decisión.

—Yo he encontrado un santo semejante a Cristo. Ven conmigo a visitarlo en Serampore.

¡Y así «el pájaro» preparó su descenso, peligrosamente, cerca de Calcuta!

Capítulo 11
Dos muchachos sin dinero en Brindaban

—¡Merecerías que mi padre te desheredara, Mukunda! ¡Qué tonto eres desperdiciando la vida! —Un sermón de mi hermano mayor atacaba mis oídos.

Jitendra y yo, recién descendidos del tren y aún cubiertos con el polvo del camino, llegábamos en esos momentos a la casa de Ananta, que recientemente había sido trasladado de Calcuta a la antigua ciudad de Agra. Mi hermano era auditor en el ferrocarril Belgal-Nagpur.

—Tú sabes muy bien, Ananta, que yo busco la herencia del Padre Celestial.

—¡Primero, dinero; Dios puede venir después! ¿Quién sabe? La vida puede ser muy larga.

—Dios primero; ¡el dinero es su esclavo! ¿Quién lo puede saber? La vida puede ser muy corta.

Mi réplica fue formulada bajo las exigencias del momento y no la apoyaba ningún presentimiento. Sin embargo, las hojas del libro del tiempo descubrieron la temprana finalidad de Ananta. Unos años después, entró a la tierra donde los billetes de banco no le dan ni el primero ni el último lugar.

—¡Sabiduría adquirida en la ermita, creo yo! Pero ya veo que has abandonado Benarés. —Los ojos de Ananta brillaron con singular satisfacción; él creía todavía que podría atrapar mis alas en el nido de la familia.

—¡Mi residencia en Benarés no ha sido infructuosa! ¡Encontré allí lo que mi corazón andaba buscando! Y puedes tener la seguridad de que no era tu *pandita* ni su hijo.

Ananta y yo nos reímos en recuerdo de aquello; él tenía que admitir que el «clarividente» de Benarés, que había él escogido, era demasiado pequeño para su oficio.

—¿Cuáles son tus planes, mi vagabundo hermano?

—Jitendra me convenció para que viniéramos a Agra. Veremos las bellezas del Taj Mahal —le expliqué—. Luego, iremos con mi nuevo gurú, a quien he encontrado recientemente y que tiene una ermita en Serampore.

Ananta nos había hospedado cómodamente en su casa. Varias veces durante la noche, noté que sus ojos se fijaban en mí en una forma muy particular. «Ya conozco esa mirada», pensé, «¡algo está tramando!». Esta idea vino a confirmarse a hora temprana, durante el desayuno.

—De modo que te sientes muy independiente y desprendido de la riqueza de mi padre —me dijo, reanudando la conversación del día anterior.

La mirada de Ananta era en apariencia inocente.

—Estoy seguro de mi dependencia de Dios únicamente.

—¡Las palabras son vanas! Hasta ahora, la vida te ha protegido. ¿Qué sería de ti si tuvieras que recurrir a la Mano Invisible por tu alimento y abrigo? Pronto estarías pidiendo limosna en las calles.

—¡Nunca! ¡Yo no sometería mi fe a los transeúntes en lugar de ponerla en manos de Dios! ¡Él puede concebir para sus devotos miles de medios de vivir en vez de hacerles pedir limosna!

—¡Pura retórica! ¿Qué...?, ¿tú limitas a Dios a un mundo especulativo? Veremos, pues, ¡ahora tendrás la oportunidad de agradar, o bien de confirmar mis puntos de vista! —Ananta hizo una pausa dramática, y luego me dijo, con seriedad y lentitud—: Me propongo enviarlos a ti y a tu amigo-discípulo Jitendra, hoy por la mañana, a la población cerca de Brindaban. Tú no debes llevar contigo ni una sola rupia; no debes pedir limosna, ni dinero para alimentos, no debes contar a nadie esto; no dejarás de hacer tus comidas ni quedar abandonado en Brindaban. Si tú regresas a mi *bungalow* antes de las doce de la noche, sin haber roto ninguna de las condiciones anteriores de prueba, yo seré la persona más sorprendida de Agra.

—Acepto el reto.

No había ninguna duda ni en mis palabras ni en mi corazón. Gratos recuerdos me iluminaron sobre la oportuna beneficencia Divina: mi curación de la mortífera peste del cólera por mi súplica hecha ante la fotografía de Lahiri Mahasaya; la jugarreta del regalo de las dos cometas en las azoteas de Lahore, con Uma; la oportuna llegada del amuleto en mis ratos de desconsuelo; el mensaje decisivo a través del desconocido *sadhu* en Benarés, fuera de la barda de la casa del *pandit*; la visión de la Madre Divina y sus palabras maravillosas de amor; su eficaz atención a través del maestro Mahasaya a mis pequeñas dificultades; su guía de última hora, que se materializó con la obtención de mi diploma en la escuela; y la última bendición en la obtención de un maestro viviente, que era el sueño más ambicionado de toda mi vida. Nunca podría yo considerar «mi filosofía» desventajosa para superar cualquier prueba, grosera y áspera, a que se la sometiera en este mundo material.

—¡Tu buena voluntad te da crédito! Yo os acompañaré ahora mismo hasta el tren. —Ananta volvió su cara hacia el boquiabierto Jitendra y dijo—: Tú debes ir también como testigo y, casi podría decir, como una víctima.

Media hora después, Jitendra y yo éramos dueños de sendos boletos de ida para nuestro improvisado viaje. Nos metimos en un rincón escondido de la estación, donde Ananta nos registró para cerciorarse de que no ocultábamos nada fuera de nuestro sencillo *dhotis*. Como la falta de fe invadió los serios reinos de las finanzas, mi amigo habló, protestando:

—Ananta, dame una o dos rupias como seguridad, así podré telegrafiarte en caso de que suceda algo.

—¡Jitendra! —grité yo, en son de reproche—. ¡No seguiré adelante con la prueba si tú llevas dinero como garantía!

—Hay algo de seguridad en oír sonar el dinero.

Jitendra no agregó más, ya que yo lo había visto con ojos de censura.

—Mukunda, no creas que no tengo corazón —dijo Ananta, con un tono de voz humilde. Tal vez le remordiera la conciencia por enviar a dos muchachos insolventes a una ciudad desconocida, probablemente a causa de su propio escepticismo religioso—. Si por casualidad pasas con éxito esta prueba en Brindaban, te pediré entonces que me inicies como discípulo tuyo.

Esta última promesa tenía algo de irregular, dadas las costumbres seguidas. En la India, el hermano mayor de la familia rara vez se inclina ante sus hermanos menores; en cambio, él recibe respeto y obediencia, después del padre. Pero ya no había tiempo para hacer ningún comentario, nuestro tren estaba ya a punto de partir.

Jitendra se obstinaba en un lúgubre silencio, según el tren iba consumiendo milla tras milla de terreno. Finalmente, se estiró y, recargándose a mi lado, me dio un doloroso pellizco en lugar no muy apropiado.

—¡No veo señal alguna de que Dios vaya a darnos nuestra próxima comida!

—¡Calla, émulo de Tomás el Incrédulo! ¡El Señor está con nosotros!

—¿Podrías tú también arreglar que él se diera prisa? Ya me siento morir de hambre solo con pensar en ello. ¡Dejé Benarés para visitar el mausoleo de Taj y no el mío propio!

—¡Anímate, Jitendra! ¿Acaso no vamos, asimismo, a tener el placer de ver las reliquias sagradas de Vrindavan? Ya siento un inmenso regocijo interno solo con pensar en que voy a pisar la tierra santa hollada por los pies del señor Krishna.

La puerta de nuestro compartimiento se abrió y entraron dos hombres que tomaron asiento. La siguiente estación sería la de nuestro destino.

—Jovencitos, ¿tienen ustedes amigos en Brindaban? —El nuevo viajero, que se había sentado frente a mí, comenzaba a interesarse en nosotros.

—Eso no le incumbe a usted —contesté con rudeza, desviando mi vista de él.

—Probablemente se han escapado de sus hogares bajo el encantamiento del Robador de Corazones.

—Yo también soy de temperamento religioso y consideraré, como una obligación, el que ustedes tengan alimentos y cobijo en este calor sofocante.

—No, señor; déjenos usted solos. Usted es muy amable, pero nos ha confundido con dos vagabundos que van huyendo del hogar.

No volvió a entablarse la conversación. El tren paró. Cuando Jitendra y yo descendíamos al andén, nuestros casuales compañeros, tomándonos del brazo, llamaron un carruaje tirado por caballos.

Nos apeamos ante una ermita majestuosa, colocada en medio de pinos y de jardines muy bien cuidados. Indudablemente, nuestros inesperados benefactores eran conocidos aquí, pues una sonriente joven nos condujo, sin la menor pregunta, a la sala. Pronto se reunió con nosotros una señora algo entrada en años, de digno continente.

—Gauri Ma, los príncipes no pudieron venir —dijo uno de nuestros acompañantes, dirigiéndose a la anfitriona de la ermita—. A última hora tuvieron que cambiar sus planes, le mandan sus más sentidas excusas. Pero, en cambio, le hemos traído a usted otros dos nuevos huéspedes. Tan pronto como subimos al tren, me sentí atraído hacia ellos, como devotos del señor Krishna.

—Hasta luego, mis jóvenes amigos. —Nuestras nuevas amistades se dirigieron a la puerta—. Si Dios quiere, nos veremos otra vez.

—Sean ustedes bienvenidos. —Gauri Ma sonrió en forma maternal a sus inesperados huéspedes—. ¡No podrían haber venido en mejor tiempo! Yo esperaba a dos reales patronos de esta ermita. ¡Sería una lástima que lo que he cocinado no encontrase quien lo apreciara!

Estas alentadoras palabras tuvieron un efecto desastroso en Jitendra, quien rompió a llorar; la dolorosa perspectiva que él había temido en Brindaban se estaba convirtiendo en un agasajo real; su rápido ajuste mental fue demasiado. Nuestra anfitriona lo miró con curiosidad, pero sin decir nada; probablemente estaba acostumbrada a los caprichos de los adolescentes.

La comida fue anunciada. Gauri Ma nos condujo a un comedor en el patio, perfumado de sabrosos olores, entrando a continuación en una cocina contigua.

Yo estaba en aquel instante premeditando y escogiendo el lugar más apropiado de la anatomía de Jitendra para darle un pellizco tan fuerte como el que había recibido de él en el tren.

—¡Tú, Tomás, siempre incrédulo! ¿Ves cómo el Señor trabaja... y de prisa también?

Nuestra anfitriona volvió a entrar con una *punkha* al comedor. Nos abanicaba continuamente al estilo oriental, mientras estábamos sentados sobre unas mantas muy adornadas. Discípulos del *ashram* caminaban de un lado a otro con algunos treinta platos. Aquello, más que comida, era un verdadero y suntuoso banquete. Desde que llegáramos a este planeta, ni Jitendra ni yo habíamos gozado de manjares tan exquisitos.

—¡Platillos dignos de príncipes ciertamente, distinguida madre! ¿Qué podrían tener sus patrones reales que pudiera ser más urgente de atender que este banquete? ¡No lo puedo imaginar! Usted nos ha proporcionado un recuerdo que perdurará toda nuestra vida.

Obligados al silencio como estábamos, a causa del requerimiento de Ananta, nada podíamos decir a nuestra admirada anfitriona, y, al darle nuestras más expresivas gracias, estas tenían un doble significado. Pero, cuando menos, pudimos manifestarle nuestra sinceridad. Salimos de allí con las bendiciones de Gauri Ma y con su especial súplica de que volviéramos a visitar la ermita.

Afuera, el sol era calcinante. Mi amigo y yo nos dirigimos a guarecernos bajo la sombra de un frondoso árbol *cadamba* que estaba a la entrada de la ermita. Una vez más fue asediado Jitendra por la duda, y volvieron sus palabras agudas y desagradables:

—¡En buena me has metido! ¡Nuestra comida fue únicamente una mera casualidad! ¿Cómo podremos conocer lo que hay en esta ciudad sin una sola moneda entre los dos? ¿Y cómo me vas a llevar otra vez con Ananta?

—Tú olvidas a Dios demasiado pronto. ¿No tienes, acaso, el estómago lleno?

Si bien mis palabras no eran acres, eran acusadoras. ¡Qué corta es la memoria para los favores Divinos! ¡No ha existido el hombre que no haya visto cumplidas algunas de sus peticiones!

—No estoy dispuesto a olvidar mi tontería al aventurarme con un alocado como tú.

—¡Tranquilízate, Jitendra! El mismo Señor que nos alimentó nos mostrará Brindaban y nos regresará a Agra.

Un joven delgado, de ligero y placentero ademán, se acercó rápidamente a nosotros y, parándose debajo del árbol donde estábamos, nos saludó inclinándose:

—Querido amigo, usted y su compañero deben ser extraños aquí. ¿Me permite usted que sea su anfitrión y los guíe por la ciudad?

Es difícil para un hindú palidecer, pero el rostro de Jitendra tenía en aquel momento una palidez cadavérica. Con toda corrección, rehusé el ofrecimiento del recién llegado.

—¿No querrán ustedes salir de mí? —La alarma de nuestro visitante hubiera sido cómica en otras circunstancias.

—¿Por qué no?

—Usted es mi gurú. —Sus ojos buscaron los míos con sinceridad y avidez—. Durante mi meditación, al mediodía —agregó—, el bendito señor Krishna se me apareció en visión y me mostró dos figuras amparadas por este árbol. ¡Uno de los rostros era el vuestro, mi maestro! ¡Con frecuencia lo he visto durante mi meditación! ¡Será una gran dicha para mí si aceptan mis humildes servicios!

—Yo también tengo mucho gusto en que me haya encontrado. Ni Dios ni los hombres nos han olvidado. —Aun cuando yo no me movía, sonreía a la cara implorante que tenía delante de mí, y en mi interior me arrodillé a los pies Divinos.

—Queridos amigos, ¿no quieren ustedes honrar mi casa con su visita?

—Es usted muy amable, pero eso no es posible por el momento. Ya somos huéspedes en la casa de mi hermano, en Agra.

—Cuando menos, déjenme el grato recuerdo de haberlos paseado por Brindaban.

Accedí con gusto; entonces, él nos dijo que su nombre era Pratap Chatterji, y llamó a un carruaje tirado por caballos. Visitamos el templo de Madana Mohana y otros relicarios de Krishna. La noche descendió mientras estábamos en nuestras devociones en el templo.

—Dispénseme mientras consigo *sandesh*. —Pratap entró a una tienda cerca de la estación del ferrocarril, mientras Jitendra y yo curioseábamos por la calle, ahora ya llena de gente con el fresco de la tarde. Nuestro amigo estuvo ausente un rato, y cuando regresó, nos traía regalos de frutas secas y golosinas—. Por favor, permítame que obtenga un mérito religioso. —Pratap sonrió implorante, mientras me tendía un rollo de rupias y dos boletos, acabados de comprar, para Agra.

La reverencia de mi aceptación fue para la Mano Invisible de la cual Ananta se burlaba, y que ahora a nosotros nos colmaba mucho más de lo necesario.

Buscamos un lugar solitario cerca de la estación.

—Pratap, voy a instruirte en el *Kriyā* de Lahiri Mahasaya, el yogui más grande de los tiempos modernos. Su técnica será tu gurú.

La iniciación fue terminada en media hora.

—*Kriyā* es tu *chintamani* —dije al nuevo estudiante—. Esta técnica, que, como has visto, es sencilla, encierra el arte de activar la evolución espiritual del hombre. Las Escrituras hindúes enseñan que el ego encarnante necesita un millón de años para obtener su liberación de la ilusión (*maya*). Este periodo es grandemente acortado por medio de la práctica de *Kriyā yoga*, así como Jagadis Chandra Bose ha demostrado que el crecimiento de las plantas puede ser acelerado, mucho más allá de su radio usual, así el desenvolvimiento psicológico del hombre puede ser acelerado por medio de esta ciencia interna. Sé paciente y asiduo en tu práctica y llegarás al gurú de todos los gurús.

—Estoy encantado de encontrar esta llave yoguística que durante tanto tiempo he buscado —dijo Pratap solemnemente—. Su destructible efecto en mis ataduras sensorias me libertará hacia las esferas superiores. La visión de hoy del señor Krishna podía únicamente significar mi mayor bien.

Por un rato nos sentamos en mutuo silencio comprensivo. Luego caminamos lentamente a la estación. El corazón me rebosaba de alegría cuando abordamos el tren, pero ese fue el día de llanto para Jitendra. Mis cariñosos saludos de despedida para Pratap habían sido acompañados de fuertes sollozos de parte de mis dos compañeros. El viaje, una vez más, sumió a Jitendra en profunda tristeza. En esta ocasión, la tristeza tenía por origen su descontento de sí mismo.

—¡Qué pequeña es mi fe! ¡Mi corazón se ha endurecido como la piedra! ¡De ahora en adelante nunca dudaré de la protección de Dios!

Se aproximaba la medianoche. Los dos «Cenicientas» enviados sin dinero entraron en la habitación de Ananta. Su cara, como lo había presumido, estaba llena de la más profunda admiración. Sin pronunciar palabra, cubrí la mesa con los billetes.

—¡Jitendra, quiero la verdad! —El tono de la voz de Ananta era cómico—. ¿No ha planeado este joven algún asalto?

Pero, según fue puesto al tanto de lo sucedido, mi hermano se tranquilizó y luego dijo con solemnidad:

—La ley de la oferta y la demanda alcanza reinos más sutiles de los que me había imaginado. —Ananta habló con un entusiasmo espiritual que nunca había notado antes en él—. Ahora entiendo, por primera vez, tu indiferencia hacia las cajas fuertes y hacia la acumulación de riquezas mundanas.

No obstante lo tarde que era, mi hermano insistió en recibir *diksha* en *Kriyā yoga*.

El gurú Mukunda tuvo que cargar con la responsabilidad de dos discípulos no buscados en un solo día.

Al día siguiente, el desayuno se tomó en medio de una gran armonía, la cual había estado lejos de reinar el día anterior. Yo sonreí a Jitendra.

—No saldrás defraudado en tus deseos de visitar el Taj. Iremos antes de regresar a Serampore.

Mi amigo y yo nos despedimos de nuestro hermano Ananta, y pronto estuvimos ante la gloria de Agra: el Taj Mahal. Mármol blanco que se yergue deslumbrante bajo el sol, como una visión de simetría en medio de un césped admirablemente fino y todo él reflejado en la límpida superficie de un estanque, semejante a un espejo de agua. Su interior es un exquisito lugar, con encajes de mármol salpicado de piedras preciosas. Delicadas coronas se dibujan en los intrincados mármoles, oscuros y violetas. La iluminación que surge de su cúpula cae sobre el cenotafio del emperador Sha Jahan y la reina Mumtaz Mahal, reina de su reino y de su corazón.

Ya tenía yo bastante de paseos y visitas y ya añoraba a mi gurú. Jitendra y yo, días después, viajábamos hacia el sur, en el tren, rumbo a Bengala.

—Mukunda, no he visto a mi familia desde hace meses; he cambiado de parecer. Probablemente, después pueda visitar a tu gurú en Serampore.

Mi amigo, que con benevolencia podría ser descrito como de temperamento vacilante, me dejó en Calcuta, tomando el tren local. Pronto cubrí las doce millas al norte, donde se encontraba Serampore.

Palpitaciones de maravillosa alegría sentía yo cuando me daba cuenta de que ya habían pasado veintiocho días desde la fecha en que, en Benarés, había encontrado a mi gurú. «Tú vendrás a mí dentro de cuatro semanas». Y aquí estaba con el corazón latiéndome de dicha, parado en el pórtico de una calle de Rai Ghat. Y entré por primera vez a la ermita, donde debería pasar parte de los próximos diez años de mi vida con mi *jyanavatar*, encarnación de la sabiduría en la India.

Capítulo 12
Años en la ermita de mi maestro

—Ya has venido —me dijo Sri Yukteswar, saludándome desde la piel de tigre en la cual estaba sentado, en su antesala de balcones. Su voz y sus maneras eran frías, sin emoción de ninguna especie.

—Sí, ¡querido maestro!, ya estoy aquí para seguirte. —Y, arrodillándome, toqué sus pies.

—¿Cómo puede ser eso? Tú ignoras mis deseos.

—No desde ahora, *guruji*. Tus deseos serán mi ley.

—Está bien. Ahora ya puedo asumir mi responsabilidad por tu vida.

—Con gusto te cedo esa pena, maestro.

—Entonces, mi primera súplica es que regreses a tu hogar con tu familia. Quiero que entres en el colegio de Calcuta, donde debes continuar tu educación.

—Muy bien, señor —respondí, escondiendo mi consternación—. ¿Los libros importunos me perseguirán por años? ¡Primero, mi padre y, ahora, Sri Yukteswar!

—Algún día irás a Occidente. Su pueblo prestará más atención a la antigua sabiduría de la India si un instructor hindú posee un grado universitario.

—Usted lo sabe mejor, ¡*guruji*! —Mi tristeza desapareció. Su referencia acerca de Occidente me pareció lejana y excitante, pero la oportunidad para complacer a mi maestro por medio de la obediencia era lo más vital del caso.

—Tú estarás cerca, en Calcuta; ven a verme cuando tengas tiempo.

—Todos los días, si es posible, ¡maestro! Acepto gustosamente tu autoridad en todos los detalles de mi vida con una condición.

—¿Si...?

—Que me prometas revelarme a Dios.

Una larga hora de charla pasó entre nosotros. La palabra de un maestro no puede ser falsificada y, por lo mismo, no se dice ligeramente. Las implicaciones de un ruego abren un vasto panorama metafísico. Un gurú debe estar estrechamente unido con el Creador, antes de que pueda obligar a él a aparecer. Yo sentí la unidad Divina de Sri Yukteswar y estaba, por lo tanto, decidido a aprovechar esta ventaja, como discípulo suyo.

—¡Eres de una naturaleza exigente! —Luego, el compasivo asentimiento del maestro se expresó así—: Que tu deseo sea mi deseo.

La sombra de toda la vida desapareció de mi corazón; la vaga búsqueda de acá y allá se había ido. Por fin, había encontrado seguro asilo bajo un verdadero maestro.

—Ven, te enseñaré la ermita. —Mi maestro se levantó de su tapete de piel de tigre. Vi a mi alrededor, y mi vista sorprendida cayó sobre un retrato mural, adornado con jazmines.

—¡Lahiri Mahasaya!

—Sí, ¡mi Divino gurú! —La voz de Sri Yukteswar era vibrante y reverente—. Era grande, como hombre y como yogui, y más que cualquier maestro cuya vida entró en mi campo de investigaciones. —Silenciosamente me incliné ante el familiar retrato, y desde el fondo de mi alma le rendí pleitesía al maestro sin par que, habiendo bendecido mi infancia, había guiado mis pasos hasta este momento.

Guiado por mi maestro, caminé por la casa y el jardín. La ermita era espaciosa, antigua y bien construida, circundada por la sólida muralla de pilares del patio. Las paredes exteriores estaban cubiertas de musgo; las palomas volaban sobre el tejado gris, compartiendo sin ceremonias los cuarteles del *ashram*. En la parte posterior había un bonito jardín, con árboles frutales, mangos y plátanos comunes. Balcones con balaustradas, en las habitaciones superiores, daban frente al patio por tres lados de la casona de dos pisos. Un espacioso vestíbulo de columnas y elevado techo era usado, según mi maestro, principalmente durante las festividades anuales del Durga Puja. Una estrecha escalera conducía a la sala de Sri Yukteswar, cuyo pequeño balcón daba a la calle. El *ashram* estaba cómodamente amueblado; todo era allí sencillo, limpio y útil. Había algunas sillas de estilo occidental y también bancas y mesas.

Mi maestro me invitó para que pasara allí la noche. Una cena con curry vegetal nos fue servida por dos jóvenes discípulos que recibían su preparación en la ermita.

—¡*Guruji*!, dime algo de tu vida. —Yo estaba en cuclillas, sobre una estera de paja junto a su piel de tigre. Las familiares estrellas parecían muy próximas ante el balcón.

—Mi nombre de familia era Priya Nath Karar. Nací aquí, en Serampore, en donde mi padre era un negociante próspero. Él me dejó la mansión ancestral, ahora mi ermita. Mi educación primera fue poca: la encontré lenta y superficial. Temprano, en mi juventud, asumí las responsabilidades del jefe de hogar, y tengo una hija, ahora casada. Mi edad media fue bendecida con la guía de Lahiri Mahasaya. Después de la muerte de mi esposa, entré en la Orden de los Swamis y recibí entonces el nuevo nombre de Sri Yukteswar Giri.

Mi maestro sonrió al ver mi ansiosa cara. Como todos los esquemas biográficos, sus palabras habían expresado los hechos exteriores, sin revelar nada de las características del hombre interno.

—*Guruji*, me gustaría escuchar algunos episodios de tu niñez.

—Te diré algunos, cada uno con su moraleja. —Los ojos de Sri Yukteswar brillaron como una amonestación, y dijo—: En cierta ocasión, mi madre trató de asustarme con un espantoso cuento de fantasmas en un cuarto oscuro. Me fui inmediatamente de allí y, luego, le expresé mi desilusión de no encontrar al fantasma. Mi madre no me volvió a repetir ningún cuento de horror. Moraleja: contempla al miedo de frente y dejará de molestarte.

»Otro recuerdo que guarda mi memoria se refiere al anhelo que tenía por poseer un perro muy feo, de propiedad de un vecino. Por una semana entera tuve a los de casa en continuo movimiento para que me dieran el perro. Pero mis oídos permanecían sordos a todos sus ofrecimientos de otros más atractivos animales. Moraleja: todo apego es cegador y presta un halo de falsa atracción al objeto de deseo.

»El tercer caso se refiere a la plasticidad de mi mente juvenil. Alguna vez oí decir a mi madre: "El hombre que acepta un puesto bajo la dirección de otro es un esclavo". Esa impresión me fue tan indeleblemente grabada que, aun después de mi matrimonio, rehusé toda clase de posiciones. Hice frente a los gastos invirtiendo la heredad de la familia en tierras. Moraleja: buenas y positivas sugestiones deben instruir los delicados oídos de los niños. Sus primeras ideas permanecen profundamente grabadas.

El maestro cayó en un silencio apacible. Cerca de la medianoche me condujo hacia un catre estrecho. Mi sueño fue profundo y agradable aquella primera noche bajo su techo.

Sri Yukteswar escogió la siguiente mañana para concederme la iniciación en *Kriyā yoga*. Esta técnica la había recibido yo, anteriormente, de dos discípulos de Lahiri Mahasaya: de mi padre y mi tutor, el Swami Kebalananda. Pero, en presencia de mi maestro, yo experimenté un poder transformante. A su contacto, una gran luz se abrió paso en mi ser, como la gloria de incontables soles ardiendo juntos. Una inundación de inefable felicidad desbordó en mi corazón hasta lo más profundo, cosa que continuó durante el día siguiente.

Era ya muy avanzada la tarde cuando logré decidirme a abandonar la ermita. «Regresarás dentro de treinta días».

Cuando llegué a mi casa en Calcuta, la realización de la predicción de mi maestro se cumplió en mí. Ninguno de mis parientes hizo observación alguna o pulla acerca de la reaparición del «pájaro vagabundo».

Corrí luego a mi cuartito en torno de miradas cariñosas, como ante una presencia viviente.

—Tú has presenciado mis meditaciones, las lágrimas y los tormentos de mis *sadhanas*. Ahora he llegado al puerto feliz de mi Divino maestro.

—Hijo, me siento feliz por los dos.

Mi padre y yo nos sentamos juntos bajo la calma de la tarde.

—Tú has encontrado a tu maestro en la misma forma milagrosa en que yo encontré al mío. La santa mano de Lahiri Mahasaya está guardando nuestras vidas. Tu maestro ha demostrado ser, no un santo inaccesible de los Himalayas, sino un santo cercano. Mis oraciones han sido escuchadas; tú no has sido alejado completamente de mi vista en tu búsqueda de Dios.

Mi padre también estaba satisfecho porque iba a terminar mis estudios formales, y, para ello, había hecho satisfactorios arreglos. Al día siguiente, fui inscrito en el Scottish Church College de Calcuta.

Felices meses pasaron. Mis lectores, sin duda, se habrán hecho la perspicaz reflexión de que a mí se me veía poco en las aulas del colegio. La ermita de Serampore tenía para mí un atractivo irresistible e insuperable. Mi maestro aceptó mi ubicua presencia sin ningún comentario. Para mi tranquilidad, rara vez hacía referencia a mis clases en el colegio. Aun cuando era bien claro para todos que yo no estaba cortado al modelo del buen escolar, de tiempo en tiempo me las arreglaba para obtener una mínima calificación para pasar de grado.

La vida diaria en la ermita se deslizaba suavemente, con muy pocas variantes. Mi maestro despertaba antes del amanecer y, recostado en el lecho o sentado en él, entraba en el estado de *samadhi*.

Era muy sencillo descubrir cuándo el maestro había despertado, por la brusca suspensión de sus estupendos ronquidos. Uno o dos suspiros, algún movimiento del cuerpo; luego, un silencio vacío respiratorio: era que estaba en profundo goce yoguístico.

El desayuno no era inmediato; primero, venía un largo paseo por el Ganges. Estos paseos matutinos con mi maestro ¡cuán reales y vívidos permanecen conmigo! En la fácil resurrección de mi memoria, con frecuencia me encuentro a su lado; el tempranero sol calentaba el río. Su voz suena todavía sonora y rica, con la verdadera autenticidad de la sabiduría.

Luego un baño; después, la comida de mediodía. Su preparación, de acuerdo con las instrucciones diarias del maestro, ha sido la más cuidadosa tarea de sus jóvenes discípulos. Mi maestro era vegetariano. Antes de acogerse a la vida monástica, comía huevos y pescado. Su consejo a los estudiantes era el de seguir una dieta sencilla y adecuada a la constitución de cada uno.

Mi maestro comía poco, con frecuencia arroz coloreado con cúrcuma, jugo de betabel o espinacas, ligeramente rociadas con manteca de búfalo o mantequilla batida. Otro día tomaba, por ejemplo, una sopa de lentejas (*dhal*) o *chana*, curry y legumbres. Como postre, tomaba mangos o naranjas con budín de arroz o jugo de frutas.

Los visitantes hacían su aparición por la tarde. Una corriente continua llegaba del mundo a la tranquilidad de la ermita. Todos encontraban en mi maestro idéntica cortesía y fineza. Para un hombre que se ha realizado a sí mismo como un alma y no como un cuerpo ni ego, el resto de la humanidad asume un aspecto de notable similitud.

La imparcialidad de los santos está arraigada en la sabiduría. Los maestros han logrado escapar de Maya y sus alternantes de intelecto o idiotez no logran influirlos más. Sri Yukteswar no mostraba ninguna consideración especial para aquellos que llegaron a ser poderosos o letrados; ni desdeñaba a nadie por su pobreza o su falta de letras. Él escuchaba, respetuosamente, las palabras de verdad de un niño, y abiertamente hacía caso omiso de la pedantería del *pandita*.

Las ocho de la noche era la hora de la cena, y algunas veces la alcanzaban los visitantes retrasados. Mi maestro no se excusaba para ir a comer solo; nadie salía de la ermita hambriento o insatisfecho. Sri Yukteswar no estaba nunca perdido o descorazonado por la llegada de visitantes inesperados; con pocos alimentos, organizaba un banquete bajo su ocurrente dirección. Sin embargo, era económico, y sus modestos recursos le llevaban lejos. «Sentíos cómodos con vuestra bolsa», decía con frecuencia. «La extravagancia os puede acarrear alguna molestia». En los detalles de la ermita, ya fueran agasajos, reparaciones del edificio o en cualquier otra cosa, el maestro mostraba la originalidad de su espíritu creativo.

Las quietas horas de la noche nos trajeron a menudo una de esas disertaciones de mi gurú, tesoros que desafían al tiempo. Cada expresión suya iba medida y cincelada por la sabiduría. Una sublime seguridad en sí mismo marcaba el estilo de su expresión, que era único. Habló siempre como nadie, según mi experiencia, pudo hacerlo. Sus pensamientos parecían pesados en la balanza de la discriminación antes de permitirles vaciarse en la expresión. La esencia de la verdad, íntegramente persuasiva aún en su fisiológico aspecto, brotaba de él como una fragante exudación de su alma. Yo tenía invariablemente la conciencia de que estaba ante la presencia de una viviente manifestación de Dios. El peso de su Divinidad hacía que automáticamente me inclinara reverentemente ante él.

Si algunos huéspedes tardíos descubrían que Sri Yukteswar se ensimismaba con el Infinito, él inmediatamente los inducía a conversar. Era incapaz de asumir una pose determinada o pavonearse de su íntima dirección interior. Siempre uno con el Señor, no necesitaba de un tiempo especial para su comunión con él. Un maestro autorrealizado ha dejado atrás los escalones de la meditación. «La flor se extingue cuando el fruto aparece». Pero los santos suelen adherirse a las formas espirituales para animar a sus discípulos.

Cuando se acercaba la medianoche, mi gurú caía en somnolencia con la naturalidad de un niño. No hacía ningún intento para el arreglo de la cama. Con frecuencia se recostaba, aun sin almohada, en un canapé o sofá estrecho, que le servía de respaldo a su habitual asiento de cuero de tigre.

Una discusión filosófica de toda una noche no era cosa rara: cualquier discípulo podía provocarla por la intensidad de su interés. Y nunca experimenté cansancio alguno ni deseo de dormir; las palabras vívidas de mi maestro eran suficientes. «¡Oh, ya amaneció! ¡Vamos a dar un paseo por el Ganges!». Así acababan muchos periodos de estas nocturnas edificaciones.

Mis primeros meses en compañía de Sri Yukteswar culminaron con una lección muy práctica: «cómo engañar a un mosquito». En mi casa, mi familia solía usar mosquiteros para protegerse por la noche. En Serampore, me acongojé mucho al ver que no se seguía esa prudente costumbre, no obstante que allí los mosquitos eran numerosos; yo fui picado de pies a cabeza. Mi maestro me compadeció:

—Cómprate un mosquitero para ti y otro para mí —me dijo riendo, y agregó—: Si tú compras solo uno para ti, todos los mosquitos se cebarán en mí.

Más que agradecido, estuve pronto para complacerlo. Cada noche que pasaba en Serampore, mi maestro me pedía que arreglara los mosquiteros.

Una noche, especialmente, los mosquitos estuvieron más virulentos que nunca, pero mi maestro se la pasó sin darme sus acostumbradas instrucciones. Nervioso, anticipadamente escuchaba yo el zumbido de los insectos. Al acostarme, dirigí una oración propiciatoria para conjurarlos. Media hora después, tosí ostensiblemente para atraer la atención de mi gurú; y creí volverme loco con las picaduras de los mosquitos, y especialmente por el zumbido con que celebraban sus ritos, sedientos de sangre.

Pero no hubo respuesta de mi maestro. Me acerqué a él cautelosamente. No estaba respirando. Esta era la primera vez que yo lo veía en trance yoguístico, y esto me llenó de terror. «Su corazón debía de haberle fallado», pensaba. Coloqué un espejo debajo de su nariz, y ningún vapor de aliento apareció en él. Para cerciorarme bien, cerré por varios minutos su boca y sus ventanillas nasales con los dedos. Su cuerpo estaba frío y sin movimiento. Azorado, busqué la puerta para pedir socorro.

—¡Ajá! ¡Un aprendiz de experimentador! ¡Mi pobre nariz! —La voz de mi maestro se estremecía de risa—. ¿Por qué no te acuestas? ¿Es que va a cambiar el mundo por ti? ¡Cámbiate a ti mismo y aparta de tu conciencia a los mosquitos!

Humildemente regresé a mi cama. Ningún insecto volvió a acercarse. Me di cuenta de que mi maestro solo había accedido a poner mosquiteros para complacerme. Cuanto a él, no tenía ningún temor de los mosquitos. Su poder yoguístico era tal, que bien podía impedirles que lo picaran, o escapar de ellos por su interior invulnerabilidad.

«Estaba dándome una demostración», pensé, «este es el estado yoguístico que debo alcanzar». Un yogui debe ser capaz de obtener la supraconciencia y permanecer en ella, sin importarle las múltiples distracciones que jamás faltan en este mundo. Ya sea entre el zumbido de los insectos o bajo la persuasiva luz del día, el testimonio de los sentidos debe ser expulsado. El sonido y la vista se abren entonces hacia mundos más bellos que los del perdido Edén.

Los instructivos mosquitos sirvieron para otra lección en la ermita. Era la hora apacible del crepúsculo: mi gurú estaba interpretando incomparablemente los textos antiguos. Sentado a sus pies, me hallaba yo en perfecta paz. Un impertinente mosquito entró en el idilio y empezó a distraer mi atención. Y, como introdujera su venosa aguja hipodérmica en mi muslo, automáticamente levanté mi mamo vengadora. «¡Reprime, reprime la inminente ejecución!». El oportuno recuerdo de uno de los aforismos de Patañjali vino a mi mente, aquel que trata del *ahimsa* (no causar daño a nadie):

—¿Por qué no terminas la obra...?

—Maestro, ¿tú defiendes el matar...?

—No, pero el golpe mortal ha quedado impreso en tu mente.

—No entiendo.

—El sentido del aforismo de Patañjali es remover el deseo de matar. —Sri Yukteswar había leído mi proceso mental como en un libro abierto—. Este mundo está inconvenientemente arreglado para la práctica literal del *ahimsa*. El hombre puede verse obligado a exterminar las criaturas perjudiciales. Pero no debe caer bajo la compulsión de la ira o la animosidad. Todas las formas de vida tienen derechos iguales en el aire de Maya. El santo que descubre los secretos de la creación deberá estar en armonía con sus desconcertantes expresiones. Todos los hombres llegarán a ese entendimiento que anulará la pasión interna por la destrucción.

—Maestro, ¿debe uno ofrecerse a sí mismo en sacrificio en vez de matar a una bestia salvaje?

—No, el cuerpo del hombre es precioso. Posee el más alto valor evolucionista, porque posee un cerebro y centros espinales únicos. Estos le permiten al devoto adelantado comprender y expresar plenamente los más amplios aspectos de la Divinidad. Ninguna de las especies inferiores está así capacitada. Es cierto que uno incurre en la deuda de un pecado menor, si se ve obligado a matar a cualquier ser viviente. Pero los Vedas enseñan que la pérdida injustificada de un cuerpo humano es una transgresión muy seria contra la ley kármica.

Respiré tranquilizado; la confirmación de los propios instintos naturales por las Escrituras no siempre está a mano.

Aunque nunca vi a mi maestro enfrentarse a un tigre o un leopardo, cierta vez, una cobra mortífera le desafió, solo para ser vencida por el amor de mi gurú. Esta clase de víboras es muy temida en la India, donde causa más de cinco mil muertes anuales. El peligroso encuentro tuvo lugar en Puri, donde mi maestro tenía otra ermita hermosamente situada cerca de la bahía de Bengala. Prafulla, un joven discípulo de años subsecuentes, se hallaba con el maestro en tal ocasión y me dijo:

—Estábamos sentados afuera de la ermita, cuando cerca de nosotros apareció una cobra terrorífica de más de un metro de largo. Su caperuza estaba furiosamente extendida, mientras se dirigía a nosotros. Mi gurú le dio la bienvenida con un chasquido de labios, como se suele hacer con un niño. Yo me eché a un lado, lleno de consternación, al ver al maestro iniciar un rítmico palmoteo con las manos. Estaba entreteniendo al temido visitante. Yo permanecí completamente quieto, diciendo en mi interior aquellas oraciones de las que podía echar mano. La serpiente, muy cerca de mi maestro, estaba paralizada, aparentemente magnetizada por su actitud cariñosa. La temida capucha se replegó gradualmente y la víbora pasó entre los pies de mi maestro y desapareció en la maleza.

»¿Por qué mi gurú movió las manos y por qué la cobra no le mordió? Esto me era inexplicable entonces. Desde entonces me he convencido de que mi Divino maestro está más allá del temor de ser herido por cualquier criatura viviente.

Una tarde, durante los primeros meses de mi estancia en la ermita, tropecé con los ojos de Sri Yukteswar penetrantemente fijos en mí.

—Estás muy delgado, Mukunda.

Su observación dio en el blanco. Que mis ojos hundidos y mi flaca complexión no eran de mi agrado lo comprobaban las hileras de botellas de tónicos que había en mi cuarto en Calcuta. Ninguno me servía; una dispepsia crónica se había enseñoreado de mí desde la niñez. Mi desesperación alcanzó alguna vez su clímax, cuando me hice la pregunta de que si valdría la pena seguir viviendo con un cuerpo tan delicado y enfermizo.

—Las medicinas tienen su límite, pero la fuerza creadora de la vida no tiene ninguno. ¡Créeme! Tú serás sano y fuerte. —Las palabras de Sri Yukteswar despertaron en mí esa convicción personal que ningún otro médico había logrado inspirarme, pese a los numerosos que habían consultado.

Día por día aumentaba de peso. Dos semanas después de la oculta bendición de mi maestro, había ganado el peso vigorizante que nunca me había sido posible obtener. Desde entonces hasta ahora, los males persistentes del estómago desaparecieron. En ocasiones posteriores, presencié las instantáneas curaciones Divinas de personas que padecían de ominosas enfermedades (tuberculosis, diabetes, epilepsia o parálisis). Ninguna pudo estar más agradecida que yo por su curación, ya que me liberaba de aquel aspecto cadavérico que yo tenía. Además, Sri Yukteswar me contó una anécdota suya:

Hace algunos años, yo también quise aumentar de peso. Durante la convalecencia de una severa enfermedad, visité a Lahiri Mahasaya, en Benarés.

—Señor, he estado muy enfermo y he perdido muchas libras de peso.

—Veo, Yukteswar, que tú mismo te enfermas y ahora crees que estás delgado.

Esta contestación estaba muy lejos de la que yo esperaba; sin embargo, mi gurú me dijo, animándome:

—Veamos. Estoy seguro de que te sentirás mejor mañana.

Tomando sus palabras como indicio de una curación secreta por la receptividad de mi mente, no me sorprendió encontrarme a la mañana siguiente lleno de energía y vigor. Busqué a mi maestro y, entusiasmado, le dije:

—Señor, hoy me siento mucho mejor.

—Ciertamente, hoy te has vigorizado tú mismo.

—No, maestro —repliqué—, has sido tú el que me ha ayudado. Esta es la primera vez en muchas semanas que tengo algo de energía.

—¡Oh, desde luego! Tu enfermedad ha sido seria. Tu cuerpo está aún débil. ¿Quién puede decir cómo estará mañana?

El solo pensamiento de volver a sentirme débil me produjo un estremecimiento de temor. Al día siguiente, pude apenas llegar a la casa de Lahiri Mahasaya.

—Señor, estoy otra vez enfermo.

La mirada de mi maestro era burlona.

—¡Ajó, una vez más te has indispuesto tú mismo!

—*Gurudeva*, ahora me doy cuenta de que todos los días te has estado burlando de mí. —Mi paciencia se había agotado—. No comprendo por qué no crees en mis sinceros informes.

—Realmente, son tus pensamientos los que han hecho que alternativamente te sientas fuerte o débil. —Mi maestro me contempló con ternura—. Ya has visto cómo tu salud sigue exactamente el curso de tu expectación. El pensamiento es una fuerza como la electricidad y la gravitación. La mente humana es una chispa de la suprema conciencia de Dios. Puedo demostrarte que, cuando tu poderosa mente cree, puede instantáneamente suceder.

Sabiendo que Lahiri Mahasaya nunca hablaba en vano, me dirigí a él con gran comedimiento y gratitud:

—Maestro, ¿si yo pienso que estoy sano y que he vuelto a ganar mi antiguo peso, así sucederá?

—Así es, aun en este mismo momento.

Mi maestro habló con gravedad, fijando su mirada concentrada en mis ojos. ¡Oh, sorpresa! En seguida, sentí un aumento no solo en fuerza y vigor, sino también en peso. Lahiri Mahasaya se recogió en silencio. Después de algunas horas me incliné ante sus pies y regresé a la casa de mi madre, en donde yo vivía durante mis visitas en Benarés.

—¡Hijo mío! ¿Qué te pasa? ¿Te estás poniendo hidropónico?

Mi madre no podía creer en lo que veía. Mi cuerpo era ahora de las mismas robustas dimensiones que tenía antes de mi enfermedad. Me pesé, y encontré que en un solo día había ganado como cincuenta libras, las que han permanecido conmigo hasta la fecha. Los amigos y conocidos que me habían visto delgado estaban sorprendidos, maravillados. Algunos de ellos cambiaron su modo de vivir y se hicieron discípulos de Lahiri Mahasaya, como resultado de ese milagro.

Mi gurú, despierto en Dios, sabía que este mundo no era más que un sueño objetivado del Creador. Por estar plenamente consciente de su unidad con el Divino Soñador, Lahiri Mahasaya podía materializar o desmaterializar, o producir cualquier cambio en la visión cósmica.

«Toda la creación está gobernada por leyes», terminó diciendo Sri Yukteswar. Las que se manifiestan en el mundo exterior, descubiertas por los científicos, son llamadas leyes naturales. Pero hay leyes más sutiles que rigen los reinos de la conciencia, que pueden ser experimentadas únicamente a través de la ciencia interna del yoga. Los planos espirituales ocultos tienen sus leyes y principios naturales de operación. No es el científico físico, sino el maestro plenamente autorrealizado el que comprende la verdadera naturaleza de la materia. De esta manera, Cristo pudo restaurar la oreja del centurión después de que esta había sido desprendida por uno de sus discípulos.

Sri Yukteswar era un incomparable intérprete de las Escrituras. Muchos de mis más gratos recuerdos están centralizados en sus pláticas. Pero sus preciosos pensamientos no eran arrojados al descuido o a la estupidez. La más ligera inquietud de mi cuerpo o la más insignificante distracción de mi mente bastaba para interrumpir bruscamente la disertación de mi maestro.

«Tú no estás aquí». Una tarde, mi maestro cesó repentinamente su disertación con esa observación. Como de costumbre, seguía cerradamente mi atención con una devastadora exactitud.

—*Guruji*—mi voz era de protesta—, no me he movido. Ni siquiera he parpadeado; puedo repetirte cada una de las palabras que has pronunciado.

—Sin embargo, no estás completamente conmigo. Tu objeción me obliga a decirte que allá, en el fondo de tu mente, estás creándote tres instituciones: un selvático retiro en un valle, otro en la cima de una colina y el tercero cerca del océano.

Estos vagos pensamientos por él formulados me habían preocupado por lo menos subconscientemente. Yo le miré como disculpándome.

—¿Qué puedo hacer con un maestro tal, que penetra dentro de mis más errátiles fantasías?

—Tú me has dado ese derecho. Las sutiles verdades que te estoy exponiendo no pueden ser absorbidas sin una completa concentración. Salvo que sea necesario, yo no invado la reclusión de la mente de los demás. El hombre tiene el privilegio natural de recrearse con sus secretos pensamientos. El mismo Señor, no invitado, no penetra allí, y yo tampoco me aventuraría a entrometerme.

—Tú siempre eres bienvenido, maestro.

—Tus arquitecturales sueños se materializarán más tarde. Ahora es tiempo de estudiar.

De esta manera incidental, mi gurú me reveló en su estilo sencillo la venida de los tres eventos mayores de mi vida. Desde mi más tierna juventud tenía reflejos enigmáticos de esas tres construcciones, cada una en campo diferente, y en el orden exacto en que los indicó Sri Yukteswar; esos sueños o visiones tomaron finalmente forma. Primero vino la fundación de la escuela de yoga para niños, en una llanura de Ranchi; después, mi sede central en una colina de Los Ángeles; y, finalmente, una ermita en California del Sur, frente al vasto Pacífico.

El maestro nunca dijo con arrogancia: «Yo profetizo que tal y tal suceso ocurrirá». Él más bien insinuaría: «¿No piensa qué podría suceder?». Pero su lenguaje sencillo encerraba un vaticinio poderoso. Nunca se retractaba; ni jamás sus ligeramente veladas palabras resultaron falsas.

Sri Yukteswar era firme y reservado; ciertamente, esa era su manera de ser. No había en él nada vago ni tenía el menor indicio de visionario. Sus pies estaban siempre descansando firmemente sobre la tierra y su cabeza en el puerto de los cielos. La gente práctica lo llenaba de admiración. «¡La santidad no es tontería! Las percepciones

Divinas no son incapacitadoras», solía decir. «La expresión activa de la virtud proporciona la más aguda inteligencia».

Durante la vida de mi maestro descubrí plenamente la división entre el realismo espiritual y el oscuro misticismo que representa su parte contraria. A mi maestro no le gustaba discutir los reinos superfísicos. Su única y «maravillosa» aura era de una simplicidad absoluta. En su conversación, evitaba hacer referencias reprendentes; en la acción, era siempre expresivo y libre. Otros hablaban de maravillas y milagros, pero no podrían realizar uno solo. Sri Yukteswar rara vez mencionaba las leyes sutiles, pero secretamente operaba con ellas a voluntad.

«El hombre que se ha realizado a sí mismo no hace ningún milagro, sino hasta que recibe su autorización interna», decía.

«Dios no desea que los secretos de su creación sean promulgados promiscuamente».

«Así, cada individuo tiene el inalienable derecho de su libre albedrío. Un santo no traspasará esa independencia».

El silencio habitual de Sri Yukteswar era causado por su profunda percepción del Infinito. No le quedaba tiempo para las interminables «revelaciones» que ocupan los días de los instructores sin realización. «En los hombres superficiales, el pececillo de los pensamientos provoca mucho ruido; en las mentes oceánicas, las ballenas de la inspiración apenas si dejan estela». Esta descripción de las Escrituras hindúes no deja de tener su sentido humorístico de discernimiento.

Debido a la apariencia nada espectacular de mi gurú, solo algunos de sus compañeros lo reconocieron como un superhombre. El adagio popular que dice «Es un tonto el que no puede ocultar la sabiduría» nunca podría ser aplicado a Sri Yukteswar.

Aunque nacido como todo mortal, mi maestro había realizado su identidad con el Gobernador del tiempo y del espacio. En su vida percibía yo la unidad Divina. Jamás halló ningún obstáculo insuperable para la amalgama de lo humano con lo Divino. Llegué a comprender que no existen tales barreras, salvo para el hombre que no emprenda la aventura espiritual.

Yo siempre sentí una tierna y dulce emoción al simple contacto de los santos pies de mi maestro. Los yoguis enseñan que un discípulo se magnetiza espiritualmente por el devoto contacto con un maestro: una corriente sutil se genera entonces. El mecanismo de los hábitos indeseables del discípulo es cauterizado en su cerebro, y el conjunto de sus tendencias mundanas es beneficiosamente perturbado. Momentáneamente, cuando menos, este puede ver los velos de Maya levantarse y asomar los destellos de la felicidad real. Mi cuerpo todo respondía con un arrobamiento de liberación, siempre que me arrodillaba al estilo de la India ante mi gurú.

—Aun mientras Lahiri Mahasaya se hallaba en silencio —me decía el maestro— o mientras conversaba sobre otros tópicos que no fueran estrictamente religiosos, yo me daba cuenta de que él me transmitía un inefable conocimiento.

Sri Yukteswar ejercía influencia similar sobre mí. Si yo penetraba en la ermita preocupado o con una actitud mental de indiferencia, mi predisposición cambiaba invariablemente.

Una dulce y bienhechora paz descendía sobre mí a la sola presencia de mi gurú. Cada día con él era una nueva experiencia de goce, tranquilidad y sabiduría. Jamás llegué a verlo decepcionado, ni intoxicado por la ambición, emociones o enojos de los que forman los humanos apegos.

«La oscuridad de Maya se aproxima silenciosamente: corramos a nuestro hogar interior». Con estas palabras, mi maestro recordaba a sus discípulos, a la hora del crepúsculo, la necesidad de practicar el *Kriyā yoga*. De vez en cuando algún nuevo estudiante expresaba sus dudas respecto a sus méritos para engolfarse en las prácticas yoguísticas.

«Olvida el pasado», solía decir Yukteswar, consolándolo. «Las vidas pasadas de los hombres están oscurecidas por los engaños y las desilusiones. La conducta humana es ingobernable, mientras no está anclada en lo Divino. Todo en el futuro mejorará si en la actualidad haces un esfuerzo para ello».

Mi maestro tenía siempre consigo jóvenes *chelas* en su ermita. La educación de estos jóvenes, tanto intelectual como espiritual, era la mayor devoción y dedicación de su vida. Aun poco tiempo antes de morir, aceptó para su educación a dos niños de seis años y a un joven de dieciséis. Él dirigía sus mentes y sus vidas con esa enérgica y cuidadosa disciplina que la voz discípulo revela etimológicamente. Los residentes del *ashram* lo amaban y reverenciaban; una breve palmada suya era suficiente para que todos corrieran ansiosamente a su lado; cuando estaba silencioso o retraído, nadie se atrevía a hablar, pero cuando reía jovialmente, los niños le veían y reían como si fuera uno de ellos.

Muy rara vez pedía el maestro un favor personal a los demás, ni aceptaba cooperación o ayuda de los estudiantes si comprendía que esta no era absolutamente sincera. Mi gurú lavaba su ropa ocultamente para eximir a sus discípulos de hacerlo, si estos se olvidaban de tan privilegiada tarea. Sri Yukteswar usaba la tradicional túnica color anaranjada de la Orden de los Swamis. Sus zapatos sin lazos eran de piel de tigre o de venado, de acuerdo con la costumbre de los yoguis.

Mi maestro hablaba con fluidez el inglés, el francés, el hindi y el bengalí. Su sánscrito era también suficientemente claro. Concienzudamente instruía a sus discípulos en el camino más fácil y corto que él había ingenuamente descubierto para el estudio del inglés y del sánscrito.

El maestro era muy cuidadoso de su cuerpo, pero sin demasiado apego a él. El Infinito, decía, se manifiesta debidamente a través de un físico y una mente robustos. Se apartaba igualmente de todos los extremos. En cierta ocasión, un discípulo principió un largo ayuno. Mi gurú se reía solamente: «¿Por qué no le echas al perro un hueso?».

La salud de Sri Yukteswar era excelente. Yo nunca lo vi enfermo. Permitía a sus discípulos consultar a doctores, si le parecía aconsejable. Su propósito era respetar la costumbre mundana. «Los doctores deben llevar a cabo su trabajo de curar a través de las leyes Divinas aplicadas a la materia». Mas siempre hacía resaltar la superioridad de la terapia mental, y con frecuencia repetía: «La sabiduría es el mejor limpiador».

«El cuerpo es un amigo traicionero. Dadle únicamente lo que necesita, no más», solía decir. «El dolor y el placer son transitorios; sobre llevad todas las dualidades con calma, pero tratando a la vez de remover su estancia. La imaginación es la puerta a través de la cual pasan igualmente la enfermedad y la curación. Desconfiad de la realidad de la dolencia, aun cuando estés enfermo, y el visitante rechazado se ausentará». El maestro contaba con muchos doctores entre sus discípulos. «Aquellos que han huroneado en las leyes de física fácilmente pueden investigar la ciencia del alma». Un sutil mecanismo espiritual está oculto tras la estructura del cuerpo.

Sri Yukteswar aconsejaba a sus estudiantes convertirse en eslabones vivientes de las virtudes orientales y occidentales. Él mismo, ejecutivo como occidental en sus costumbres externas, era oriental en sus costumbres espirituales. Alababa el progreso y los recursos de higiene del Oeste y los ideales religiosos que dieron su gloria centenaria al Este.

Tal disciplina no me era desconocida: en mi hogar, mi padre era muy estricto, y mi hermano Ananta, con frecuencia severo. Pero el entrenamiento de Sri Yukteswar no puede menos que clasificarse como drástico. Verdadero perfeccionista, mi gurú era supercrítico de sus discípulos, ya fuera en cuestiones del momento o en los más sutiles matices de la conducta.

«Las buenas maneras sin la sinceridad son como una mujer hermosa, pero muerta», solía decir en ocasiones apropiadas. «Rectitud exterior sin civismo es como el bisturí de un doctor: efectivo pero desagradable. Candor y cortesía juntas son bienhechoras y admirables».

Aparentemente, el maestro estaba contento de mi adelanto espiritual, puesto que rara vez se refería a él. En otras cosas, mis oídos no dejaban nunca de oír reproches. Ser distraído, dejar rienda suelta de vez en cuando a los momentos de melancolía, no observar ciertas reglas de etiqueta y mi manera de actuar, ocasionalmente sin método, constituían mis principales ofensas.

«Observa cómo las actividades de tu padre Bhagabati están bien organizadas y balanceadas en todo aspecto», decía mi gurú. Los dos discípulos de Lahiri Mahasaya se habían conocido poco después de comenzar mis andanzas a Serampore. Mi padre y Sri Yukteswar se valorizaban uno a otro admirablemente. Ambos habíanse construido una vida interna de sólido granito espiritual, indestructible contra las edades. De instructores anteriores y no de índole permanente, en mi temprana edad había absorbido ciertas lecciones erróneas. Se me había dicho que un *chela* no necesita preocuparse intensamente de los deberes mundanos; y cuando había incurrido en negligencias, no se me había castigado. La naturaleza humana encuentra tales instrucciones muy fáciles de asimilar. Pero, bajo la férula implacable de mi maestro, pronto me recobré de tan agradables ilusiones de irresponsabilidad.

«Los que son demasiado buenos para este mundo están adornando algún otro», solía decir Sri Yukteswar. «Mientras tú respires el aire libre de la tierra, tienes la obligación de realizar con gusto tu servicio. Únicamente aquel que ha dominado el estado sin aliento está libre de los imperativos cósmicos. Yo no dejaré de corregirte hasta que hayas obtenido la perfección final».

Mi gurú no podía ser sobornado ni aun por amor. No mostraba ninguna lenidad por nadie, ni aun para quien, como yo, voluntariamente se ofrecía a ser su discípulo. Ya fuera que mi maestro y yo nos hallásemos rodeados de sus estudiantes o por extraños, o estuviéramos los dos solamente, siempre hablaba con claridad y franqueza. Ni un solo rasgo de superfluidad o inconsistencia escapaba de su repulsa. Este trato aplanador era duro de soportar, pero yo me había resuelto a que Sri Yukteswar replanchara todas las arrugas psicológicas de mi ser. Durante esta titánica transformación, muchas veces me doblé bajo el peso de su mazo disciplinario.

«Si no te gustan mis palabras, puedes marcharte cuando quieras», me decía mi maestro. «No quiero de ti más que tu mejoramiento. Quédate, siempre y cuando te sientas beneficiado».

Por cada humillante golpe dado a mi vanidad, por cada diente que metafóricamente tiraba de mi quijada con turbador propósito, le estoy más agradecido de lo que es fácil explicar. El egoísmo humano es difícil de extirpar del corazón sin uso de la rudeza. Con su desaparición, lo Divino encuentra finalmente un canal de influencia. Es en vano tratar de conseguir lo Divino en corazones llenos de egoísmo.

La sabiduría de Sri Yukteswar era tan penetrante que sin la ayuda expresiva respondía a observaciones solamente pensadas. «Lo que una persona se imagina que oye, y lo que el diciente quiso implicar, pueden ser polos opuestos», decía. «Trata de sentir el pensamiento detrás de la confusión de la verborrea del hombre». Pero la vista interna Divina es dolorosa para los oídos mundanos. Mi maestro no era popular entre los estudiantes superficiales. Los inteligentes, siempre pocos en número, lo reverenciaban intensamente. Me atreveré a decir que Sri Yukteswar hubiera sido el más solicitado y querido gurú de la India si sus palabras no hubiesen sido tan cándidas y tan censoras.

«Soy duro para aquellos que vienen a mí para su entrenamiento», admitía conmigo. «Esta es mi manera, tómalo o déjalo. Nunca me comprometeré de otra manera. Pero tú serás mucho más amable con tus discípulos; esa es tu manera de ser. Yo trato de purificar únicamente en el fuego de la severidad, pasando más allá de la tolerancia media. La suave llegada del amor es también transfigurante. Los métodos inflexibles y los benévolos son igualmente efectivos si se aplican con sabiduría. Tú irás a países extranjeros donde los descorteses asaltos contra el ego no son apreciados. Un instructor no podría distribuir su mensaje sobre la India en Occidente, sin tener un amplio fondo acumulado de paciencia y mansedumbre». Me resisto a relatar la inmensa verdad que más tarde encontré en las palabras de mi maestro.

Aun cuando el lenguaje nada disimulado de Sri Yukteswar le impidiera que grandes multitudes lo siguieran durante su permanencia en la Tierra, su espíritu viviente se manifiesta ahora sobre el mundo a través de estudiantes sinceros de su *Kriyā yoga* y otras enseñanzas. Él tiene un dominio más grande sobre las almas de los hombres que las que Alejandro pudo tener sobre la Tierra.

Un día mi padre vino a presentar sus respetos a Sri Yukteswar. Probablemente esperaba recibir algunas palabras de encomio sobre mí. Pero se quedó disgustadísimo al oír una larga lista de mis imperfecciones. Era costumbre de mi maestro contar las pequeñas, insignificantes, faltas con una gravedad portentosa. Mi padre corrió a verme. «Por las observaciones de tu maestro, creo que eres un completo fracaso». Mi padre me decía esto entre lágrimas y risas.

La única causa del descontento de Sri Yukteswar, esa vez, era que yo había estado tratando, contra una suave sugerencia suya, de convertir a cierto hombre al sendero espiritual.

Con irreflexiva rapidez busqué a mi maestro. Me recibió con los ojos bajos, como convicto de su falta. Esta fue la única vez que vi al Divino león humilde ante mí. Ese momento único fue saboreado con toda intensidad.

—Señor, ¿por qué me ha juzgado tan sin piedad ante mi padre? ¿Era eso justo?

—No lo volveré a hacer —me dijo el maestro en tono apologético.

Inmediatamente quedé desarmado. ¡Qué fácilmente el gran hombre confesaba su falta! Aun cuando nunca más volvió a inquietar la mente de mi padre, mi maestro continuó sin descanso disecándose cuándo y dondequiera quería.

Algunos nuevos discípulos se unían a Sri Yukteswar frecuentemente en una crítica detallada de los otros. ¡Sabios como el gurú! ¡Modelos sin tacha! Pero aquel que toma la ofensiva no debe estar indefenso. Los mismos censores huían precipitadamente del salón tan pronto como el maestro públicamente disparaba para ellos alguna sátira sobre su incierta analítica.

«Las débiles intimidades rebelándose al simple toque de la censura se parecen a las partes enfermas del cuerpo, que se contraen al más ligero toque». Tal era el comentario divertido de Sri Yukteswar sobre los villadiegos estudiantes.

Hay discípulos que buscan a un gurú, pero hecho a su propia imagen. Tales aspirantes se quejaban con frecuencia de que no entendían a Sri Yukteswar.

«Tampoco ustedes comprenden a Dios», repliqué en cierta ocasión. «Cuando un santo os sea explicable seréis como él». Entre trillones de misterios que palpitan cada segundo en el aire inexplicable, ¿quién se aventura a preguntar que la naturaleza insondable de un maestro sea instantáneamente comprendida?

Los estudiantes venían, pero generalmente se iban. Aquellos que deseaban un sendero de empalagosa simpatía y de cómoda estimación no lo encontraban en el monasterio. Mi maestro ofrecía albergue y pastoreo por unos, pero muchos discípulos mendigaban miserablemente un bálsamo para su ego. Se iban, por supuesto, prefiriendo una vida de incontables humillaciones antes que la humildad. Los rayos ardientes de mi maestro, los claros y penetrantes rayos de su sabiduría, eran demasiado fuertes para sus dolencias espirituales. Ellos buscaban un maestro algo menor, pero que, haciéndoles sombra aduladora, les permitiera el plácido sueño de la ignorancia.

Durante los primeros meses con mi maestro, había experimentado un sensitivo temor por sus reprimendas. Estas eran reservadas, según vi luego, para los discípulos que habían pedido su propia vivisección. Si alguna víctima protestaba, Sri Yukteswar, sin molestarse, callaba. Sus palabras nunca eran coléricas, sino impersonales y sabias.

El conocimiento profundo de mi maestro no era para los oyentes eventuales, a quienes rara vez señalaba defectos, aun los más notables. Pero hacia aquellos estudiantes que buscaban su consejo, Sri Yukteswar sentía una verdadera y seria responsabilidad. Valiente es, verdaderamente, el gurú que emprende la obra de transformar el metal crudo del ego impregnado de materialidad. El valor del santo tiene su raíz en su compasión por la tropezante ceguera de este mundo.

Cuando hube abandonado todo resentimiento interno, encontré una disminución considerable de mis castigos. De una manera muy sutil, el maestro se deshacía en una comparativa clemencia. Con el tiempo derribé todas las murallas de racionalismo y reservas subconscientes, tras las cuales la personalidad humana se escuda. La recompensa fue una armonía sin esfuerzo con mi gurú. Entonces vi que era confiado, considerado y calladamente amoroso. Poco demostrativo, desde luego, no concedía una palabra de afecto.

Mi propio temperamento es principalmente devoto. Fue desconcertante para mí al comienzo hallar que mi gurú, saturado de *jnana*, pero aparentemente desnudo de *bhakti*, se expresaba solo en términos de fría matemática espiritual. Pero cuando me adapté a su naturaleza, descubrí que no había disminución, sino incremento en mi devoto acercamiento a Dios. Un maestro enteramente realizado es plenamente capaz de guiar a sus varios discípulos a lo largo de las líneas esenciales de su carácter.

Mi relación con Sri Yukteswar, un tanto desarticulada, comprendía, sin embargo, toda elocuencia. A menudo encontré su callada huella como una firma en mis pensamientos, haciendo toda expresión inútil. Sentado quietamente a su lado, sentí yo su generosidad fluyendo apaciblemente sobre mi ser.

La justicia imparcial de Yukteswar fue notablemente demostrada durante las vacaciones de verano de mi primer año de colegio. Yo anhelaba la oportunidad de pasar los meses interrumpidos en Serampore al lado de mi gurú. «Tú puedes quedarte a cargo de la ermita». El maestro estaba contento del entusiasmo que le demostré a mi llegada. «Tus obligaciones serán la recepción de los huéspedes y la supervisión del trabajo de los demás discípulos».

Kumar, un joven campesino del este de Bengala, fue aceptado dos semanas después para su entrenamiento en la ermita. Notablemente inteligente, se ganó rápidamente el afecto de Sri Yukteswar. Por alguna razón insondable, era muy considerado con el nuevo residente.

—Mukunda, deja a Kumar tomar tu puesto y tú ocupa tu tiempo en barrer y cocinar. —El maestro me dio estas instrucciones un mes después de llegado el muchacho.

Exaltado a la dirección de la ermita, Kumar empezó a ejercer una doméstica tiranía. En callada rebelión, los otros discípulos continuaron buscándome para su diario consejo.

—Mukunda es insoportable. Tú me hiciste supervisor, y, sin embargo, los demás le buscan y le obedecen. —Tres semanas después de su nombramiento, se quejaba Kumar así con nuestro gurú, a quien pude escuchar por hallarse en una habitación contigua.

—Por eso, precisamente le asigné a él la cocina, y a ti, la sala. —La fría respuesta de Sri Yukteswar pareció enteramente nueva a Kumar—. De esta manera te has venido a dar cuenta de que un buen líder debe tener el deseo de servir y no de dominar. Tú quisiste el puesto de Mukunda, pero no has podido sostenerlo con mérito. Así que regresa a tu antiguo puesto de ayudante en la cocina.

Después de este humillante incidente, mi maestro volvió a asumir su primera actitud de suave indulgencia para Kumar. ¿Quién puede resolver el misterio de la atracción? En Kumar descubrió nuestro gurú una hermosa fuente que no veían brotar sus compañeros y condiscípulos. Aun cuando el nuevo aspirante era ostensiblemente el favorito de Sri Yukteswar, yo no me sentí nunca lastimado. La idiosincrasia personal, que aun los maestros poseen, presta una rica complejidad a los modelos de la vida. Por naturaleza, no soy muy inclinado al detalle; yo buscaba de Sri Yukteswar un beneficio más inaccesible, no una complacencia exterior.

Kumar me habló cierto día en una forma injuriosa, sin razón alguna. Yo me sentí profundamente herido y, airado, le dije: «¡Tu cabeza se envanece a punto de ebullición!». Y le espeté una advertencia cuya verdad intuitivamente sentía: «Salvo que refrenes tu manera de ser y comportarte, algún día te van a pedir que abandones la ermita».

Riéndose sarcásticamente, Kumar repitió mis frases a nuestro gurú, quien acababa de entrar a la habitación. Casi seguro de que me iba a reprender, humildemente me retiré a un rincón del cuarto.

«Puede ser que Mukunda tenga razón». La réplica del maestro al muchacho brotó con desusada frialdad. Escapé sin castigo.

Un año más tarde, Kumar salía para visitar el hogar de su niñez. Con ello hacía caso omiso de la desaprobación de Sri Yukteswar, quien nunca controlaba autoritariamente los pasos de sus discípulos. Cuando Kumar regresó a Serampore pocos meses después, un gran cambio, nada grato para él, se había operado. El fornido Kumar, con su cara resplandeciente y su vivacidad peculiar, se había evaporado. Solamente un campesino vulgar se hallaba delante de nosotros; un sujeto que durante su ausencia había adquirido múltiples vicios.

El maestro me llamó y, descorazonado, me hizo saber que este muchacho era ya incapaz de seguir la vida monástica en la ermita.

—Mukunda, dejo a tu cuidado informar a Kumar que debe abandonar el monasterio mañana; yo no puedo hacerlo. —Las lágrimas asomaban a los ojos de Sri Yukteswar, pero se controló rápidamente—. Este muchacho no habría descendido tanto si me hubiera escuchado y no se hubiera mezclado con compañeros indeseables. Ha rehuido mi protección, y el encallecido mundo seguirá siendo su maestro.

La partida de Kumar no me trajo ninguna satisfacción. Yo me sentía tristemente asombrado de cómo una persona con poder suficiente para ganarse el amor de un maestro pudo responder a tan bajas manifestaciones. El goce del vino y del sexo encuentra sus raíces en el hombre natural y no exige ninguna delicadeza de percepción para ser apreciado. La atracción de los sentidos es comparable al oleandro, siempre verde y fragante, lleno de flores multicolores, pero venenoso todo él. La tierra de curación está en nosotros mismos, radiante de esa felicidad ciegamente buscada en miles de falsas direcciones.

«La aguda inteligencia tiene dos filos», dijo mi maestro una vez, refiriéndose a la mente brillante de Kumar. «Puede ser usado constructiva o destructivamente, como un cuchillo; bien para cortar el lazo de la ignorancia o bien para degollarse uno mismo».

«La inteligencia puede ser guiada de manera recta solamente después de que la mente ha reconocido lo imposible que es escapar a la ley espiritual».

Mi maestro se mezclaba libremente con discípulos, hombres y mujeres, tratándolos a todos como a niños. Percibiendo solo las cualidades de sus almas, no mostraba nunca distinciones o parcialidades.

«En el sueño, vosotros no sabéis si sois hombres o mujeres», decía. «Así como un hombre vestido de mujer no se hace mujer, así el alma, representando al hombre o la mujer, no tiene, sin embargo, sexo. El alma es la pura, inmutable imagen de Dios».

Sri Yukteswar nunca rechazaba o culpaba a la mujer como causa de seducción. «El hombre es también una tentación para la mujer», decía él. En cierta ocasión le pregunté a mi maestro por qué un gran santo de la antigüedad había dicho que «la mujer era la puerta del Infierno».

«Alguna muchacha sería la causa de su turbación en la primera etapa de su vida», contestó el maestro cáusticamente. «De otra manera, debió acusar, no a la mujer, sino a alguna imperfección de su autocontrol».

Si algún visitante osaba narrar algún cuento picaresco en la ermita, mi maestro guardaba silencio. «No te permitas ser azotado por el látigo provocador de un hermoso rostro», decía a los discípulos. ¿Cómo pueden los esclavos de los sentidos gozar del mundo? «Sus sabores sutiles les abandonan mientras se hunden en el lodo primario. Toda la buena discriminación se pierde para el hombre en la fútil satisfacción de los deseos elementales».

Los estudiantes que buscaban escapar de la dual desilusión de Maya recibían de Sri Yukteswar pacientes y concienzudos consejos.

«Así como el comer lleva el objeto de satisfacer el hambre y no la gula, así el instinto del sexo es un designio para la propagación de la especie, de acuerdo con la ley natural, y no para satisfacer insaciables deseos», solía decir. «Destruid ahora los malos deseos y hábitos; de otra manera os perseguirán después de que el cuerpo astral se escape de su prisión física. Aun cuando la carne sea débil, la mente debe permanecer constantemente firme. Si la tentación os asalta con su impulso cruel, vencedla por medio del análisis impersonal y la férrea voluntad. Toda pasión natural puede ser dominada».

«Conservad vuestros poderes. Sed como el espacioso océano, y absorbed dentro de vosotros todos los tributarios ríos de los sentidos. Las pequeñas flaquezas son como perforaciones en el remanso de paz interna, que permiten el agua salutífera desperdiciarse en la tierra desierta del materialismo. La enérgica actividad del impulso del mal deseo es el mayor enemigo de la felicidad del hombre. Pasead por el mundo como leones del autocontrol y cuidad de que las ranas de la debilidad no salten en torno vuestro».

El devoto es finalmente liberado de todas sus instintivas compulsiones. Transforma su necesidad de afectos humanos en aspiraciones por Dios únicamente, con un amor solitario, porque es omnipresente.

La madre de Sri Yukteswar vivía en el distrito de Rama Mahal, en Benarés, en donde visité por primera vez a mi gurú. Agraciada, dulce y bondadosa, era, sin embargo, una mujer de opiniones. Un día que estuve en el balcón de su casa, observaba yo a la madre y al hijo hablando juntos. A su quieta y apacible manera, mi maestro trataba de convencer a su madre de algo. Aparentemente no lo consiguió, puesto que su madre movía la cabeza vigorosamente, en señal de negativa. «¡No, no, hijo mío! ¡Ahora, vete! Tus palabras sabias no son para mí. Yo no soy tu discípula».

Sri Yukteswar regresó sin ningún otro comentario, como un niño regañado. Me enterneció por su gran respeto para su madre, aun en sus actitudes fuera de razón.

Ella seguía mirándole como a su pequeño hijo y no como a un sabio. Había cierto encanto en aquel pequeño detalle, pues ofrecía la ocasión de un vistazo hacia un aspecto poco usual de mi maestro, internamente humilde y exteriormente imposible de domeñar.

Las reglas monásticas no permiten que un swami retenga sus conexiones con los lazos mundanos después de haber hecho su voto. No puede este celebrar ritos ceremoniales de la familia, que son obligatorios para los hombres del hogar. Sin embargo, Shankara, el antiguo fundador de la Orden de los Swamis, hizo caso omiso de tales prescripciones: a la muerte de su amada madre quemó su cuerpo con el fuego celeste que hizo surgir con su propia mano.

Sri Yukteswar también hizo caso omiso de esas restricciones, aunque en forma menos espectacular. Cuando su madre murió, él preparó los servicios crematorios a orillas del Ganges, cerca de Benarés, y dio de comer a muchos *brahmanes*, de acuerdo con la costumbre antigua.

Las prohibiciones sástricas fueron hechas con el objeto de ayudar a los swamis a vencer las estrechas ligas de toda identificación. Shankara y Sri Yukteswar habían sumergido completamente sus seres en el Espíritu Impersonal, y no necesitaban tales reglas de rescate. En ocasiones, algún maestro intencionalmente omite un cano para sostener su principio como superior e independiente de su formalismo. También Jesús arrancó trigo en el día de descanso. A los censores inevitables, les dijo: «El sábado fue hecho para el hombre, y no el hombre para el sábado».

Fuera de las Escrituras, era una rareza que mi maestro estudiase cuidadosamente otro libro. Sin embargo, estaba invariablemente enterado de los más recientes descubrimientos de la ciencia, así como de otros progresos del conocimiento. Conversador admirable, con gusto cambiaba opiniones sobre innumerables tópicos con sus huéspedes. Su agudo ingenio y su risa significativa daban amenidad y animación a todas sus discusiones. Aun cuando estaba grave, el maestro no estaba nunca sombrío. «Para encontrar al Señor no se necesita desfigurarse la cara», solía decir, recordando que el encuentro con Dios ha de ser el entierro de todos los pesares.

Entre filósofos, profesores, abogados y científicos que llegaban al monasterio, algunos llegaron de primera visita en la creencia de hallarse ante un religioso ortodoxo. Una imperceptible sonrisa o una mirada de tolerancia traicionaba accidentalmente a los nuevos visitantes, que no esperaban recibir más que unos cuantos lugares comunes. Mas al despedirse lo hacían con pena, y llevaban la firme convicción de que Sri Yukteswar les había mostrado el punto de vista exacto sobre sus especialidades investigadoras.

Comúnmente mi maestro era gentil y amable con sus visitantes; les daba la bienvenida con una cordialidad encantadora. Sin embargo, losególatras inveterados sufrían invariablemente un choque vigorizante. Estos encontraban en mi maestro una fría indiferencia o una formidable oposición: ¡hielo o hierro!

En cierta ocasión, un notable químico cruzó su espada con mi maestro. El visitante no admitía la existencia de Dios, ya que la ciencia no había encontrado ningún medio para descubrirlo.

—¿Así que usted ha fracasado inexplicablemente para aislar el Poder Supremo en sus tubos de ensayo?

Mi maestro lo miró con socarronería.

—Yo le recomiendo un experimento del cual nada se ha oído. Examine sin parar sus pensamientos durante veinticuatro horas. Entonces no se quejará de la ausencia de Dios.

Un conocido *pandita* recibió, asimismo, una sacudida igual. Con ostentoso celo, el catedrático conmovió el ambiente del monasterio con su verborrea espiritual. Recitó resonantes pasajes del *Mahābhārata*, de los *upanishads* y del *bhasvas* de Shankara.

—Estoy esperando oírle. —El tono de voz de Sri Yukteswar era inquisitivo, como si todo el tiempo hubiera reinado un gran silencio. El *pandita* estaba confundido—. Sus citas han sido superabundantes.

Las palabras de mi maestro me daban convulsiones de risa, en tanto me sentaba en mi rincón, a respetuosa distancia del visitante.

—¿Pero qué comentario original puede usted suplir, desde el punto de vista de su propia vida? ¿Cuál texto sagrado ha absorbido usted y lo ha hecho suyo? ¿En qué forma estas antiguas verdades han renovado su naturaleza? ¿Se siente usted satisfecho con ser solo una victrola viviente, repitiendo mecánicamente las palabras de otros hombres?

—Me doy por vencido. —El mal humor del catedrático era manifiestamente cómico—. No poseo la interna realización.

Por primera vez quizá el catedrático comprendió que el discernir sobre la colocación de una coma no capacita para obtener una coma espiritual.

—Estos pedantes sin sangre han olido el aceite de la lámpara indebidamente y sin provecho —dijo mi maestro después de que aquel se había marchado—. Estos estiman la filosofía como un ejercicio decorativo. Sus elevados pensamientos están cuidadosamente separados de la crudeza de sus acciones exteriores y de toda interna disciplina.

En alguna otra ocasión, el maestro hizo hincapié sobre la futilidad del simple aprendizaje teórico de los libros. «No confundas el conocimiento con un gran vocabulario», decía. «Los escritos sagrados son beneficiosos para estimular el deseo de nuestra realización interna, si una estrofa es por turno gradualmente asimilada. Una lectura intelectual continua acaba en vanidad y en la falsa satisfacción de un indigesto conocimiento».

Sir Yukteswar relataba una de sus propias experiencias en la edificación espiritual. La escena ocurría en una boscosa ermita del este de Bengala, en donde él observó la técnica de un renombrado educador, llamado Dabru Ballay. Su método, a la vez simple y difícil, era común en la antigua India.

Dabru Ballay había reunido a sus discípulos en las soledades selváticas. El sagrado *Bhagavad-gītā* estaba abierto ante ellos. Concienzudamente leían un pasaje durante media hora y luego cerraban los ojos. Pasaba una media hora más y el maestro hacía un comentario breve. Sin moverse, meditaba otra vez por una hora. Finalmente, el gurú hablaba:

—¿Han entendido ustedes?

—Sí, señor —se aventuró a decir uno de los del grupo.

—No, no completamente. Busca la espiritual vitalidad que ha dado a estas palabras el poder de rejuvenecer a la India siglo tras siglo.

Otra hora pasó en silencio. El maestro despidió a sus estudiantes, y volviéndose a Sri Yukteswar, le preguntó:

—¿Conoces tú el *Bhagavad-gītā*?

—No, señor; realmente, no; aun cuando mis ojos y mi mente han pasado y repasado por sus páginas muchas veces.

—¡Miles de personas me han contestado de una manera muy diferente! —El gran maestro sonrió a mi maestro, bendiciéndolo—. Si uno se ocupa a sí mismo con la ostentación de la riqueza espiritual de las Escrituras, ¿qué tiempo deja a la silenciosa meditación interna que bucea y encuentra las inapreciables perlas?

Sri Yukteswar dirigía el estudio de sus discípulos por el mismo método de enfocar con intensidad la mente en un solo punto a la vez. «La sabiduría no se asimila con los ojos, sino con los átomos», decía. «Cuando la convicción de una verdad no esté únicamente en tu cerebro, sino en todo tu ser, entonces podrás dar testimonio de su significado».

Él solía disuadir al discípulo de la tendencia a construirse un conocimiento bibliográfico como paso necesario en la realización espiritual.

«Los *rishis* escribieron en una sentencia tan grandes profundidades que los comentaristas letrados han estado ocupados en ellas por generaciones», observaba. «Las controversias literarias son para las mentes cenagosas: ¿qué más liberador pensamiento que "Dios es", o "Dios"?».

Pero el hombre no regresa con facilidad a la sencillez. Rara vez es Dios algo para él, aparte de un aprendizaje pomposo. Su ego está contento con su capacidad de captar semejantes erudiciones.

Los hombres, orgullosamente conscientes de sus altos puestos en el mundo, se veían obligados, en presencia de mi maestro, a agregar la humildad a sus demás posesiones. Un magistrado de la localidad llegó una vez para una entrevista con mi maestro a su ermita cercana al mar, en Puri. El hombre tenía fama de rudo y podía, si lo deseaba, privarnos de nuestro *ashram*. Hice ver a mi maestro esta posibilidad. Pero él permaneció sentado con un aire indiferente, y ni siquiera se levantó para saludar al visitante. Ligeramente nervioso, me senté cerca de la puerta. El visitante tuvo que conformarse con una caja de madera para sentarse, ya que mi maestro no me mandó traerle una silla. Allí no hubo cumplimiento que indicara a la obvia expectación del magistrado que debía ser ceremoniosamente reconocida.

Inició una discusión metafísica. El huésped se embrolló a través de malas interpretaciones de las Escrituras. Como su exactitud falló, se levantó su ira.

—¿Sabe usted que yo fui el primero en los exámenes para obtener la licenciatura en Letras? —La razón le había abandonado, pero aún podía gritar.

—Señor magistrado, usted se olvida de que esta no es una sala de su Corte —replicó mi maestro—. Por sus infantiles observaciones yo debería darme cuenta de que su carrera en el colegio no fue notable. Un grado universitario, en todo caso, no está ni remotamente relacionado con la realización védica. Los santos no se producen a montones cada semestre, como los tenedores de libros.

Después de un silencio abrumador, el visitante soltó una sincera carcajada y dijo humildemente:

—Este es mi primer encuentro con un magistrado celestial.

Luego, hizo una súplica formal, envuelta y saturada de términos legales que eran parte de su manera de ser, para ser aceptado como un discípulo «en prueba».

Mi gurú atendía personalmente todos los detalles de la administración de su propiedad. En algunas ocasiones, personas poco escrupulosas habían tratado de tomar posesión de su tierra ancestral. Con determinación, y aun instigando juicios legales, Sri Yukteswar venció a sus oponentes. Pasó todos estos penosos incidentes con el deseo de no ser jamás un gurú mendicante, o una carga para sus discípulos.

Su independencia financiera era una de las razones por las que mi maestro, alarmantemente franco, era inocente a las astucias de la diplomacia. Muy lejos de aquellos instructores que tienen que alabar a los que los sostienen, mi gurú era impenetrable a la influencia abierta o sutil de la riqueza de otros. Nunca le oí preguntar o sugerir cuestiones de dinero para ningún propósito. La educación en su ermita se daba libremente para todos los discípulos.

Un insolente diputado de la Corte llegó cierto día al *ashram* de Serampore para hacer a Sri Yukteswar una notificación legal. Uno de los discípulos, llamado Kanai, y yo estábamos presentes. La actitud del oficial era decididamente ofensiva para mi maestro.

—Le hará a usted mucho provecho dejar las sombras de este monasterio y respirar el honesto aire de la Corte —dijo el diputado altaneramente.

Yo no me pude contener y, avanzando amenazante, le dije:

—Otra palabra imprudente por parte suya bastará para que lo arroje al suelo. —Y avancé ante él amenazadoramente.

—¡Oh, miserable! —grito Kanai, simultáneamente, conmigo—. ¿Cómo se atreve usted a pronunciar tales blasfemias en este santo recinto?

Pero mi maestro se puso protectoramente frente al abusador.

—No se exciten ustedes por tan poca cosa. Este hombre está únicamente cumpliendo con su deber.

El oficial, mareado por esta variada recepción, presentó sus excusas y rápidamente se retiró.

Era realmente asombroso ver a un maestro de tan fiera voluntad permanecer en aquella calma. Él revalidó la definición védica de un hombre de Dios: «Más suave que la flor cuando se trata de amabilidad; más potente que el rayo cuando el principio está en juego».

Siempre hay en el mundo quienes, como dice Browning, «no toleran la luz, siendo ellos mismos oscuros».

En cierta ocasión, un desconocido zahirió a Sri Yukteswar por una ofensa imaginaria. Mi maestro, imperturbable, escuchaba atenta y políticamente, analizándose a sí mismo para ver si una brizna de verdad había en lo que aquel individuo le decía. Esto trae a mi mente una de las inimitables observaciones de mi maestro: «Hay personas que tratan de ser altas cortando la cabeza a los demás».

La compostura sin tacha de un maestro es impresionante, más allá de toda descripción. «El que tarda en enojarse es mejor que el más poderoso; y el que gobierna su espíritu, más que el que toma ciudades».

Con frecuencia me he hecho la reflexión de que mi maestro pudo fácilmente haber sido un emperador o un conquistador que sacudiera el mundo, si su mente hubiera sido concentrada en la fama. Se decidió, en vez de ello, a sacudir esas ciudades internas de ira y de egoísmo, cuya caída es la elevación del hombre.

Capítulo 13
El Santo que no Duerme

«Por favor, permítame que marche a los Himalayas. Espero adquirir, en medio de una soledad imperturbable, una comunión Divina ininterrumpida». En cierta ocasión dirigí estas ingratas palabras a mi maestro. Atenaceado por una de esas inexplicables desilusiones que de vez en cuando asaltaban al discípulo, sentí una creciente impaciencia con los deberes cotidianos de la ermita y los estudios en el colegio. La única circunstancia atenuante es que esta proposición se la hice a mi maestro cuando apenas llevaba seis meses de estar con Sri Yukteswar y aún no había comprendido lo inconmensurable de su estatura espiritual.

«Muchos hombres viven en las montañas de los Himalayas y, sin embargo, no tienen la percepción de Dios». La contestación de mi maestro vino lenta y sencilla. «La sabiduría se busca mejor a través de un hombre de realización, que a través de una montaña».

Pasando por alto la insinuación clara de mi maestro que él y no una montaña era mi instructor, volví a repetir mi súplica. Sri Yukteswar no me dio ninguna contestación y yo tomé su silencio como un tácito consentimiento, una interpretación precaria que se acepta para la propia conveniencia.

Esa noche, en mi casa de Calcuta, estuve atareado con los preparativos del viaje. Amarré algunos artículos en el interior de una cobija, recordando al hacerlo un bulto similar arrojado a hurtadillas por la venta de mi buhardilla, unos cuantos años antes, y pensando si este nuevo viaje sería también solo una nueva escapatoria de mala suerte hacia los Himalayas. La primera vez, mi gozo espiritual era exaltado; pero esa noche me sentía apenado a la sola idea de dejar a mi gurú.

A la mañana siguiente, busqué al *pandita* Behari, mi profesor de sánscrito en el Scottish Church College.

—Señor, usted me ha hablado de su amistad con un gran discípulo de Lahiri Mahasaya. Por favor, deme usted su dirección.

—¿Usted se refiere a Ram Gopal Muzumdar? Yo le llamo el «Santo que no Duerme», pues está siempre despierto, en conciencia extática. Su casa está en Ranbajpur, cerca de Tarakeswar.

Le di las gracias y tomé inmediatamente el tren para Tarakeswar. Esperaba silenciar mi conciencia obteniendo una sanción del «Santo que no Duerme», para concentrarme en la meditación solitaria en los Himalayas. El amigo de Behari, según supe, había recibido la iluminación después de muchos años de práctica de *Kriyā yoga* en las aisladas cuevas.

En Tarakeswar me aproximé a un famoso santuario que los hindúes veneran y consideran lo mismo que los católicos al santuario de Lourdes, en Francia. Innumerables milagros han ocurrido en Tarakeswar, incluyendo entre ellos uno hecho a un miembro de mi familia. La mayor de mis tías me dijo: «Yo me senté en el templo durante una semana, observando un ayuno completo, orando por el alivio de tu tío Sarada, de un mal crónico que le aquejaba. En el séptimo día, una hierba se materializó en mis manos. La maceré e hice un té para tu tío. Su mal desapareció inmediatamente y nunca más ha vuelto a aparecer».

Entré a la capilla del santuario de Tarakeswar. El altar no contiene nada más que una piedra redonda. Su circunferencia, sin principio y sin fin, es una representación significativa del Infinito. Las abstracciones cósmicas no son difíciles aun para los más humildes campesinos hindúes, que han sido acusados por los occidentales de vivir de puras abstracciones.

Mi actitud en aquel instante era tan austera que no me sentí inclinado a reverenciar el símbolo de piedra. Dios debe buscarse, pensé, únicamente dentro del alma.

Abandoné el templo sin hacer siquiera una genuflexión, y airosamente salí de él hacia la villa de Ranbajpur. Mi llamada a un transeúnte para orientarme causó en él una larga reflexión:

—Cuando llegue usted a la encrucijada de un camino, tome su derecha y siga caminando —dijo, por fin, con aire de oráculo.

Obedeciendo sus instrucciones, vagué a lo largo de los bancos de un canal. La oscuridad se aproximaba; los suburbios del villorrio estaban llenos de luciérnagas, así como de aullidos de chacales que por ahí merodeaban. La luz de la luna era demasiado tenue para darme alguna seguridad, y así seguí tropezando durante dos horas.

Por fin, con alegría, escuché el tintineo de un cencerro, y a mis repetidos gritos se presentó un campesino.

—Ando buscando a Ram Gopal Babu.

—Ninguna persona de ese nombre vive en esta villa. —Su tono de voz era seguro—. Probablemente, es usted un detective mentiroso.

Tratando de acallar las sospechas de su perspicacia política conturbada, persuasivamente le expliqué mi difícil situación. Entonces me condujo a su casa y me concedió su amable hospitalidad.

—Ranbajpur está lejos de aquí —me dijo—. En el cruce de los caminos debió usted tomar a la izquierda y no a la derecha.

Con gran tristeza, pensé que mi primer informante era desde luego una verdadera amenaza para los caminantes. Después de una cena con arroz, lentejas *dhal* y curry con papas y plátanos crudos, me retiré a una pequeña choza adjunta al huerto. A lo lejos, los campesinos de la villa cantaban, acompañados del grave son de las *mridangams* y los címbalos. Esa noche, el sueño fue inconciliable. Oré fervientemente por ser conducido al secreto yogui Ram Gopal.

Tan pronto como los primeros rayos del alba penetraron por los intersticios de mi oscura morada, me levanté para seguir mi camino a Ranbajpur. Atravesando por campos de arroz recién cortado, tropecé con espinos y montículos de barro seco. De vez en cuando me encontraba con algún campesino, quien invariablemente me informaba que mi meta final distaba únicamente a una *krosha* (dos millas). En seis horas, el sol había viajado victoriosamente desde el horizonte hasta el meridiano, pero yo empezaba a sentir que siempre me hallaría distante de Ranbajpur por una *krosha*.

Al mediodía, mi mundo seguía siendo un campo de arroz interminable. El calor, cayendo de un cielo inclemente, me iba aproximando a un inevitable colapso. Cuando vi venir a un hombre de aspecto y paso mesurados, apenas me atreví a hacerle la tan repetida pregunta, por temor de recibir la siempre monótona contestación: «Solo una *krosha*».

El caminante se detuvo a mi lado. Era ligero y corto de cuerpo, físicamente sin importancia, con excepción de sus hermosos ojos oscuros y penetrantes.

—Había pensado abandonar Ranbajpur, pero el objeto de tu visita es bueno y decidí esperarte. —Y tronando sus dedos en mi sorprendida cara, me dijo—: ¿No eres lo suficientemente listo para darte cuenta de que, sin previo anuncio, tú no podrías encontrarme? ¡Qué señorito! ¿No reverenció al Infinito en el símbolo de piedra que vio usted ayer en el templo de Tarakeswar? Su orgullo ha sido castigado por el caminante que le dio una mala dirección, ya que él no quería molestarse en hacer distinciones entre la derecha y la izquierda. ¡Y hoy ha tenido un día bastante desagradable!

De todo corazón estuve de acuerdo, maravillosamente sorprendido de que un ojo omnisciente se ocultara tras un cuerpo tan insignificante como el que estaba ante mí. Una energía curativa fluía del cuerpo de aquel yogui, pues inmediatamente me sentí refrescado y vigorizado en medio de aquel campo ardiente.

—El devoto se inclina a creer que su sendero hacia Dios es el único —dijo—. El yoga, a través del cual la Divinidad es hallada dentro, es, indudablemente, el sendero más elevado, como nos lo ha dicho Lahiri Mahasaya. Pero, al descubrir al Señor en nosotros, pronto lo percibimos en el exterior. Los santuarios de Tarakeswar y los de cualquier otra parte son justamente venerados como centros nucleares del poder espiritual.

La actitud censora del santo se desvaneció; sus ojos se suavizaron compasivamente y me dio unos golpecitos en el hombro.

—Joven yogui, ya veo que usted está huyendo de su maestro. Él tiene todo lo que usted necesita. Usted debe regresar a él. Las montañas no pueden ser su gurú. —Ram Gopal repetía el mismo pensamiento que Sri Yukteswar había expresado durante nuestra última entrevista—. Los maestros no están bajo ninguna compulsión cósmica que limite su residencia.

Mi acompañante me miró inquisitivamente.

—Los Himalayas de la India y del Tíbet no tienen ningún monopolio de santos. Lo que uno no se preocupa en hallar dentro de sí no puede ser descubierto transportando el cuerpo de acá para allá. Tan pronto como el devoto quiere ir al fin del mundo por su iluminación espiritual, su gurú se le aparece cerca.

Lo reconocí en silencio, recordando mi plegaria en la ermita de Benarés, seguida por el encuentro con Sri Yukteswar, en el concurrido barrio de Benarés.

—¿Puede usted disponer de un cuarto pequeño, en donde pueda cerrar la puerta y estar solo?

—Sí.

Comprendí luego que el santo descendía de lo general a lo particular con una velocidad desconcertante.

—Esa es su cueva. —El yogui me lanzó una mirada de iluminación que nunca he olvidado—. Esa es su montaña sagrada. Allí es donde encontrará el reino de Dios.

Sus sencillas palabras desvanecieron inmediatamente mi larga obsesión por los Himalayas. En medio de un abrasador campo arrocero, desperté de mis encumbrados sueños de montes nevados.

—Joven, su sed por lo Divino es muy laudable. Siento un gran cariño por usted. —Ram Gopal me tomó de la mano y me condujo a una cercana aldehuela. Las casas de adobe estaban techadas con hojas de palma y adornadas con rústicas entradas.

El santo me hizo sentar bajo una umbrosa plataforma de bambú de su pequeño huerto. Después de darme jugo de lima endulzado y un pedazo de azúcar cande, entró a su patio y asumió la postura del loto. Como a las cuatro horas abrí los meditativos ojos y vi la monolítica figura del yogui, que aún seguía inmutable. Mientras yo estaba recordándole a mi estómago que el hombre no solo de pan vive, Ram Gopal se aproximó a mí.

—Ya veo que está usted hambriento; la comida estará lista pronto.

El fuego fue encendido en un horno de barro en el patio, y arroz y *dhal* me fueron pronto servidos en grandes hojas de plátano. Mi anfitrión rehusó cortésmente mi ayuda para atender los menesteres de la cocina. «El huésped es Dios» es un proverbio hindú que desde tiempo inmemorial ha sido devotamente observado. En mis recientes viajes por el mundo, me ha encantado ver que se sigue el mismo respeto para los viajeros en diferentes países. El habitante de la gran ciudad encuentra, sin embargo, bastante mellada esta hospitalidad por la superabundancia de caras nuevas cada día. Los emporios humanos me parecían remotos y oscuros en tanto me sentaba al lado del yogui en aquella pequeña y aislada aldehuela. La habitación de la casa era misteriosa por su atenuada y suave luz. Ram Gopal arregló algunos cobertores rotos en el piso para que me sirvieran de cama, y él mismo se sentó en una estera de paja. Abrumado por su enorme magnetismo espiritual, me aventuré a hacerle una súplica.

—Señor, ¿por qué no me concedes el *samadhi*?

—Querido mío, con gusto le concedería el Divino contacto, pero no está en mi mano hacerlo. —El santo me vio con entrecerrados ojos—. Su maestro le concederá esa experiencia pronto. Su cuerpo no está todavía lo suficientemente afinado, a tono; así como una pequeña lámpara no puede resistir un voltaje excesivo, así sus nervios no están todavía preparados para la corriente cósmica. Si yo le diera el éxtasis infinito ahora, se quemaría como si cada célula suya alzara llama. Usted está pidiéndome la iluminación a mí —continuó el yogui a media voz—, mientras que yo me pregunto, en mi insignificancia, y con las pequeñas meditaciones que he hecho, si habré logrado agradar a Dios y qué mérito puedo encontrar ante sus ojos al recuento final.

—Pero, señor, ¿no ha estado usted buscando a Dios concienzudamente por largo tiempo?

—No he hecho mucho. Behari debe haberle dicho algo de mi vida. Durante veinte años ocupé una gruta secreta, meditando dieciocho horas seguidas. Luego me fui a una cueva inaccesible y permanecí allí por veinticinco años, entrando en unión yoguística por veinticuatro horas diarias. No necesitaba dormir, porque estaba siempre con Dios. Mi cuerpo estaba más descansado y en completa calma en la supraconsciencia, de lo que puede estarse en el ordinario estado subconsciente.

»Los músculos se relajan durante el sueño, pero el corazón, los pulmones y el sistema circulatorio siguen en constante trabajo. Estos no descansan. En el estado de supraconsciencia, los órganos internos permanecen en un estado de suspensión, electrizados por la energía cósmica. Por este medio he encontrado innecesario dormir desde hace años. Tiempo llegará en que usted también hará caso omiso del sueño.

—¡Santo cielo! ¿Usted ha meditado por tan largo tiempo y todavía no está seguro del favor de Dios? —Le miré asombrado—. Entonces, ¿qué nos queda a nosotros, los pobres mortales?

—Bien, pero ¿no ve usted, mi querido joven, que Dios es la eternidad misma? Pretender que uno puede conocerle a él plenamente por cuarenta y cinco años de meditación es como formularse una expectación *a posteriori*. Babaji nos asegura, desde luego, que aun una pequeña meditación lo salva a uno del terrible temor a la muerte y de los estados *post mortem*. No fije su ideal espiritual en una pequeña montaña; fíjelo en la estrella de la inclasificada realización de lo Divino. Si usted trabaja con tesón, lo conseguirá, sin duda.

Conmovido por lo que me decía, le supliqué que me diese mayor luz. Entonces me contó una maravillosa anécdota con relación a su primer encuentro con el maestro de Lahiri Mahasaya: Babaji.

Cerca de la medianoche, Ram Gopal entró en silencio y yo me acosté sobre los cobertores. Cerré los ojos y comencé a ver ráfagas relampagueantes; todo mi vasto espacio interior era una cámara de luz radiante. Abrí los ojos y observé la misma radiación deslumbradora. La habitación se tornó en una infinita cámara, como la que mirase en la interna visión.

—¿Por qué no se duerme?

—Pero, señor, ¿cómo podría dormir en presencia de ese relampaguear cegante, ya tenga los ojos cerrados o abiertos?

—Bendito eres tú con esta experiencia; las radiaciones espirituales no se ven fácilmente —el santo agregó unas palabras más de afecto.

Al amanecer, Ram Gopal me dio cande en trozos y me dijo que debería partir. Sentía tanto tener que abandonarlo, que no pude evitar que las lágrimas surcaran mis mejillas.

—No dejaré que te marches con las manos vacías. —Y añadió tiernamente—: Haré algo por ti.

Sonrió y me miró fijamente; yo permanecí clavado a la tierra, y una gran calma me circundaba, como si una poderosa creciente me entrase por los ojos. Instantáneamente, fui curado de mi dolor en la espalda, el cual me venía atormentando intermitentemente por años. Renovado y bañado en un océano de gozo luminoso, ya no lloré. Después de tocar los pies del santo, salté a la jungla, abriéndome camino por entre la tropical maleza hasta llegar a Tarakeswar.

Allí hice una segunda peregrinación al famoso santuario y me arrodillé con fervor ante el altar. La piedra redonda se agrandó ante mi visión interna, hasta que se convirtió en la esfera cósmica, anillo tras anillo, zona tras zona, toda saturada de Divinidad.

Una hora después tomé el tren alegremente para Calcuta. Mis viajes terminaron no en las vastas montañas, sino en la himaláyica presencia de mi maestro.

Capítulo 14
Una experiencia de la conciencia cósmica

—Aquí estoy, *guruji*. —Mi semblante avergonzado hablaba más elocuentemente que yo.

—Vamos a la cocina a buscar algo que comer. —La actitud de Sri Yukteswar era tan natural como si hubieran sido solo horas y no días los que nos habían separado.

—Maestro, debo de haberte contrariado grandemente por mi súbita partida, con abandono de mis deberes; y he creído que estarías enojado conmigo.

—¡No, claro que no! El enojo viene cuando se ha contrariado algún deseo. Yo no espero nada de los demás, así que sus acciones no pueden estar en oposición con mis deseos. Yo no te ocuparía para mis propios fines, y solo soy feliz en tu propia felicidad.

—¡Señor, oímos hablar del amor Divino en una forma vaga, pero, por primera vez, tengo un ejemplo concreto de él en tu angélico espíritu! En el mundo, aun el mismo padre no perdona tan fácilmente a su hijo si este deja el negocio de sus padres sin previo aviso. Pero tú no has mostrado la más ligera contrariedad, aun cuando con mi marcha debo haberte causado grandes inconvenientes por todas las tareas que dejé detrás de mí.

Nos vimos uno al otro con ojos donde las lágrimas brillaban. Una oleada de bendición me cubrió. Yo sabía que el Señor, en la forma de mi gurú, expandía los fuegos de mi corazón en incontenible marea de amor cósmico.

Pocos días después, por la mañana, entré a la salita solitaria del maestro. Llevaba la intención de meditar, pero mi laudable objeto parecía estorbado por pensamientos reacios que revoloteaban como los pájaros ante el cazador.

«¡Mukunda!», la voz de Sri Yukteswar se oía desde un balcón del interior.

Me sentí tan rebelde como mis pensamientos.

«El maestro está siempre urgiéndome para que medite», murmuré entre dientes. «No debería distraerme, puesto que sabe para qué he venido a su habitación».

Volvió a llamarme y yo permanecí obstinadamente silencioso. A la tercera vez, su tono de voz era imperioso.

—Señor, estoy meditando —contesté en tono de protesta.

—Ya sé cómo estás meditando —dijo el maestro en voz alta—: con la mente conturbada como las hojas bajo el vendaval. Ven acá.

Descubierto y escurrido, fui tristemente a su lado.

—Pobre muchacho, las montañas no pueden darte lo que tú quieres —el maestro me habló cariñosamente. Su mirada dulce y apacible era insondable—. El deseo de tu alma será cumplido.

Rara vez usaba Sri Yukteswar acertijos para expresarse. Yo estaba sorprendido. Entonces él me golpeó ligeramente, un poco arriba del corazón.

Mi cuerpo se inmovilizó completamente, como si hubiese echado raíces; el aliento salió de mis pulmones como si un pesado imán me lo extrajese. El alma y el cuerpo cortaron inmediatamente sus ligaduras físicas y un chorro fluido de luz salía de mí por cada poro. Mi carne estaba como muerta y, sin embargo, en mi intensa lucidez me di cuenta de que nunca antes había estado tan vivo como en aquel instante. Mi sentido de identidad no estaba ya confinado únicamente a un cuerpo, sino que abarcaba todos los átomos circundantes. La gente de las distantes calles parecía moverse sobre mi propia y distante periferia. Las raíces de las plantas y de los árboles surgían bajo una tenue transparencia del suelo, y podía darme cuenta de la circulación interior de sus savias.

Toda la vecindad aparecía desnuda ante mí. Mi visión había cambiado en una vasta y esférica mirada, simultáneamente perceptiva. A través de mi cabeza y por la nuca veía a los hombres caminar más allá de la calzada de Raj Ghat, y hasta advertí a una vaca blanca que lentamente se acercaba. Cuando llegó frente a la entrada de la ermita, pude verla con los ojos físicos; y cuando dio la vuelta tras la barda de ladrillos, todavía la miraba claramente.

Todos los objetos dentro del radio panorámico visual temblaban y vibraban como si fueran películas de cine. Mi cuerpo, el de mi maestro, el patio con sus pilares, los muebles, el piso, los árboles, la luz del sol, se veían de vez en cuando como violentamente agitados mientras se fundían en un mar de luz, así como los cristales de azúcar en un vaso de agua se diluyen al ser batidos.

La luz unificadora alternaba materializaciones de forma; y estas metamorfosis revelaban la ley de la causa y efecto en la creación.

Un mar de gozo cayó sobre las riberas sin fin de mi alma. Entonces comprendí que el espíritu de Dios es inagotable felicidad. Su cuerpo es un tejido de luz sin fin. Un sentimiento de gloria creciente brotaba de mí y comenzaba a envolver pueblos y continentes, la Tierra toda, sistemas solares y estelares, las nebulosas tenues y los flotantes universos. Todo el cosmos, saturado de luz como una ciudad vista a lo lejos en la noche, fulgía en la infinitud de mi ser. Los preciosos contornos globales de sus masas se esfumaban algo en los extremos más lejanos, y aun allí podía ver la suave radiación nunca disminuida. Era indescriptiblemente sutil, mientras que las figuras de los planetas parecían formadas de una luz más densa.

La Divina dispersión de rayos luminosos provenía de una fuente eterna, resplandeciendo en galaxias, transfiguradas en inenarrables auras. Una y otra vez vi estas fulgencias creadoras condensarse en constelaciones y luego resolverse en hojas de transparentes llamas. Por medio de una rítmica reversión, sextillones de mundos se transformaban en diáfano lustre, y el fuego se convertía en firmamento.

Conocí el centro del empíreo como un punto de percepción intuitiva en mi corazón. El esplendor irradiaba desde mi núcleo íntimo hacia cada parte de la estructura universal. El feliz *amrita*, el néctar de la inmortalidad, corría a través de mí con fluidez de azogue.

Escuché resonar la creativa voz de Dios como AUM, la vibración del Motor Cósmico.

De repente, el aliento volvió a mis pulmones. Con desilusión casi insufrible, me di cuenta de que mi infinita inmensidad se había perdido. Una vez más estuve confinado a la humillante limitación de una caja corporal, no tan cómoda para el espíritu. Como un hijo pródigo, había huido de mi hogar macrocósmico, encarcelándome a mí mismo en un estrecho microcosmo.

Mi gurú seguía inmóvil delante de mí, y mi primer intento fue arrojarme a sus santos pies en acto de gratitud por aquella experiencia en la conciencia cósmica, que tan larga y apasionadamente había buscado. Pero él me detuvo de pie y me dijo, lleno de calma y sin presunción:

—No debes embriagarte con el éxtasis. Mucho trabajo hay para ti en el mundo todavía. Ven, vamos a barrer el piso del balcón; luego caminaremos por el Ganges.

Traje una escoba; inferí que mi maestro estaba enseñándome el secreto de vivir una vida equilibrada. El alma debe abrazarse a los abismos cósmicos mientras el cuerpo cumple sus obligaciones cotidianas. Cuando más tarde estuvimos ya listos para nuestro paseo, todavía me sentí en trance, en un rapto inefable. Yo veía nuestros cuerpos como dos retratos astrales, moviéndose sobre un camino a lo largo del río cuya esencia parecía de purísima luz.

—Es el Espíritu de Dios el que activamente sostiene cada forma y fuerza del universo; sin embargo, él es trascendental y reposa apartado en el beatífico e increado vacío más allá de los vibratorios mundos de los fenómenos —me decía el maestro—. Los santos que realizan su Divinidad estando aún en la carne experimentan una parecida doble existencia. Conscientemente dedicados a trabajos terrenos, permanecen, sin embargo, sumergidos en interna beatitud. El Señor ha creado a todos los hombres del ilimitado gozo de su ser. Aun cuando están dolorosamente aprisionados en el cuerpo, no obstante Dios espera que las almas hechas a su magen puedan al final elevarse más allá de la identificación de los sentidos y se reúnan con él.

La visión cósmica me dejó indelebles lecciones. Aquietando mis pensamientos cada día, pude librarme de la ilusoria convicción de que mi cuerpo era una masa de carne y huesos cruzando el duro suelo de la materia. El aliento y la inquietud de la mente, según advertí, eran como tormentas que perturbaban el océano de la luz con oleadas de formas materiales: tierra, cielo, seres humanos, animales, aves, árboles. Ninguna percepción del Infinito como única luz puede obtenerse excepto calmando tales tempestades. A medida que silenciaba los dos tumultos naturales, podía contemplar las multitudinarias olas de la creación diluirse en un reluciente océano, lo mismo que las olas del mar y sus tormentas serenamente se disuelven en su unidad.

Un maestro concede la Divina experiencia de la conciencia cósmica cuando su discípulo, por medio de la meditación, ha fortalecido su mente a un grado en que las inmensas perspectivas no le anonadan. Tal experiencia no puede ser obtenida por la sola voluntad del intelecto, ni por la mente más amplificada. Solamente por un adecuado desenvolvimiento en la práctica del yoga, y por la vivencia devocional (*bhakti*), puede la mente ser preparada para absorber la conmoción liberadora de la omnipresencia. Esto viene con naturalidad inevitable al devoto sincero. Su intenso anhelo principal de atraer a Dios con una irresistible fuerza. El Señor, como visión cósmica, es atraído por el magnético ardor del buscador, hasta penetrar en el campo de su conciencia.

En los últimos años escribí el siguiente poema, «Samadhi», con el deseo de trasmitir la gloria de este estado cósmico:

Desvanecidos los velos de luz y sombra,
esfumado todo vapor de tristeza,
dispersado de las auroras de la vana gloria,
disuelto el sombrío espejismo sensorio.
Amor, odio, salud, enfermedad, vida, muerte,
murieron, sombras falsas, en la pantalla dual.
Olas de risa, abismos de sarcasmo, remolinos melancólicos,
se mezclaron en el vasto mar de la felicidad.

Acallada ha quedado la tormenta de maya por la varita mágica de la honda intuición.
El Universo, sueño olvidado, subconscientemente acecha
listo para invadir mi recién despierta memoria Divina.
Vivo fuera de la sombra cósmica
que no puede existir sin mí;
aunque el océano existe sin las olas,
estas no pueden subsistir sin él.
Sueños y despertares, los profundos estados de Turia,
presente, pasado y futuro no son ya para mí
sino un eterno presente y un devenir por todo.
Planetas, estrellas, polvos de estrellas, tierra,
erupciones volcánicas de cataclismos finales,
hornazas de creación futuras,
glaciares de rayos X, inundación de electrones ardientes,
pensamientos de todos los hombres, pasado, presente, porvenir,
cada hoja de hierba, yo mismo, la humanidad,
toda partícula de polvo universal,
ira, codicia, bien y mal, salvación y lujuria,
todo lo transmuté, todo lo asimilé
en el vasto océano de sangre de mi propio único ser.
Rescoldos de alegría que avivara mi celo
encegueciendo mis llorosos ojos,
ardieron en llamas inmortales de dicha,
consumiendo mis lágrimas, mis límites, mi todo.
Tú eres yo, yo soy tú,
¡Cognoscente, Conocedor, Conocido, todo Uno!
¡Tranquila, inalterable emoción, eternamente viviente, paz
¡siempre nueva!
gozoso más allá de toda expectación imaginada, ¡Samadhi feliz!
No en inconsciente estado
o anestesia mental sin regreso voluntario,
Samadhi extiende mi reino consciente
más allá de los límites de mi marco mortal

al más lejano límite de la eternidad,
donde Yo, el Mar Cósmico,
contemplo al pequeño yo flotando en mí.
Ni el gorrión, ni el grano de arena pasan o caen fuera de mi visita.
Todo el espacio flota como témpano en mi océano mental,
Colosal recipiente,
Yo, de todo cosa hecho, por la profunda, larga y sedienta meditación enseñada por el Maestro,
viene este celestial Samadhi.
Los móviles murmullos de los átomos se oyen;
¡la oscura tierra, las montañas y los valles, se licúan y mezclan!
¡fluyentes océanos tórnanse vapores de nebulosas!
AUM sopla sobre vapores, abriendo prodigiosamente sus velos.
Los océanos aparecen revelados en luminosos electrones.
Hasta que al fin el sonido del tambor cósmico
desvanece las materiales luces en rayos eternos
de la omnipenetrante felicidad.
De alegría vine, por la alegría vivo, y en sagrada alegría me [confundo. Océano de la mente, bebo todas las olas de la creación.
Los cuatro velos de sólidos, líquidos, vapores y luz,
se elevan libres.
Yo mismo en todo, entro en el gran Yo Mismo;
Partieron para siempre las ágiles y cintilantes sombras de la [mortal memoria.
Integro en mi cielo mental, abajo adelante y muy alto arriba.
La Eternidad y yo, un rayo unido.
Una pequeña burbuja de risa, yo me he vuelto el mismo Mar de la Alegría.

Sri Yukteswar me enseñó cómo lograr esta bendita experiencia a voluntad, y también cómo transmitirla a otros si sus canales intuitivos están desarrollados. Por meses entré en esa extática unión, comprendiendo así por qué los *upanishads* dicen que Dios es «*rasa*», «gozo». Sin embargo, un día le llevé un problema a mi maestro.

—Yo quiero saber, Señor, cuándo encontraré a Dios.

—Ya lo has encontrado.

—Oh, no, Señor, yo no lo creo así.

Mi gurú sonreía.

—¡Estoy seguro de que tú no estás esperando a un venerable personaje, adornando un trono, en algún antiséptico rincón del cosmos! Veo, sin embargo, que tú te imaginas que la posesión de poderes milagrosos es el conocimiento de Dios. Uno puede poseer todo el universo y hallar, no obstante, que el Señor le elude. El desenvolvimiento espiritual no se mide por los poderes externos, sino únicamente por la profundidad de su dicha en la meditación.

»La siempre renovada alegría es Dios. Él es inagotable; si continúas en tu meditación por años, él te transformará con infinita ingenuidad. Los devotos como tú que han encontrado el sendero hacia Dios jamás sueñan con cambiarlo por ninguna otra felicidad. Él es seductor más allá de cualquier pensamiento de competencia.

»¡Qué pronto nos hastiamos de los placeres mundanos! El deseo por cosas materiales no tiene límites; el hombre nunca está completamente satisfecho, y persigue una meta tras otra. El «algo más» que busca es él, el Señor, que únicamente puede proporcionarle el gozo imperecedero.

»Los deseos externos nos sacan del Jardín del Edén interno, ofreciéndonos falsos placeres que únicamente remedan la felicidad del alma. El paraíso perdido es vuelto a ganar rápidamente a través de la meditación. Como Dios es la "eterna novedad inanticipada", jamás nos cansamos de él. ¿Podremos saciarnos de bendiciones, deliciosamente variadas a través de la eternidad?

—Ahora entiendo, señor, por qué los santos dicen de Dios que es inalcanzable. Ni aun la vida eterna puede bastar para apreciar a Dios.

—Eso es cierto, pero también él está siempre cerca y querido. Después de que la mente ha sido purificada por medio de *Kriyā yoga* de los obstáculos sensorios, la meditación proporciona una doble prueba de Dios. La eterna alegría es una evidencia de su existencia, que nos penetra hasta los átomos. Y también en meditación uno encuentra su guía instantánea, su adecuada respuesta a cualquier dificultad.

—Yo creo, *guruji*, que tú has resuelto mi problema. —Y le sonreí agradecido—. Ahora me doy cuenta de que he realizado a Dios porque, cuando el gozo de la meditación ha vuelto subconscientemente durante mis horas de actividad, he sido sutilmente dirigido para adoptar el curso correcto en todo, aun en sus detalles.

—La vida humana está sobrecargada de tristeza, hasta que no sabemos cómo armonizarnos con la Voluntad Divina, cuyo curso perfecto es con frecuencia desconcertante para la inteligencia egoísta. Dios lleva la carga del cosmos; él únicamente puede dar un consejo certero.

Capítulo 15
El robo de la coliflor

—¡Maestro, traigo un regalo para usted! Estas seis enormes coliflores fueron sembradas por mis propias manos. He cuidado su crecimiento con el celo y ternura con que una madre cuida de sus hijos. —Y le presenté la canasta llena de verduras con ostentoso ceremonial.

—Gracias —me dijo Sri Yukteswar con una sonrisa llena de cariñoso agradecimiento—. Hazme el favor de guardarlas en tu cuarto; mañana las necesitaré para una comida especial.

Yo acababa de llegar del colegio a Puri, para pasar mis vacaciones de verano con mi maestro, en su ermita, a la orilla del mar. Construida por él y sus discípulos, la alegre casita de dos pisos es un retiro que da frente a la Bahía de Bengala.

Desperté temprano a la mañana siguiente, refrescado con la salada brisa del mar y la hermosura de los alrededores. La voz melodiosa de Sri Yukteswar me llamaba. Eché una mirada a mis codiciadas coliflores y las metí cuidadosamente debajo de mi cama.

—Vente, vamos a la playa. —Mi maestro guiaba en el camino. Un grupo de jóvenes discípulos y yo le seguíamos desparramados.

Nuestro gurú nos observaba con una muda y suave crítica.

—Cuando nuestros hermanos occidentales caminan, por lo general, lo hacen con cierta orgullosa precisión y simetría. Ahora, por favor, marchen de dos en fondo, llevando un paso rítmico todos. —Sri Yukteswar observaba cómo le obedecíamos. Él empezó a cantar—: Muchachos, vayan y vengan en una bonita hilera. —Yo no pude menos que admirar con qué facilidad mi maestro podía igualar el paso vivo de sus jóvenes estudiantes.

—¡Alto! —Los ojos de mi maestro se fijaron en los míos—. ¿Te acordaste de cerrar la puerta posterior de la ermita?

—Yo creo que sí, señor.

Por algunos instantes, Sri Yukteswar permaneció callado, con una mal reprimida sonrisa en sus labios.

—No, te olvidaste —dijo finalmente—. La contemplación Divina no debe ser una excusa para los descuidos materiales. Tú has olvidado tu deber de guardar la ermita y debes de ser castigado. —Yo creía que él estaba chanceando, cuando añadió—: Tus seis coliflores pronto serán nada más que cinco.

De acuerdo con las órdenes de mi maestro, regresamos; y marchábamos ya cerca de la ermita, cuando él dijo:

—Descansen un rato. Mukunda, mira a la izquierda y a través del descampado, hacia el camino que está más allá. Pronto llegará allí un hombre, y este será el sujeto de tu castigo.

Yo escondí mi bochorno y humillación a sus incomprensibles indicaciones. Pronto apareció un campesino por el sendero, bailando en una forma grotesca y moviendo sus brazos de un lado para otro, con gestos inexpresivos. Casi paralizado por la curiosidad, fijé mis ojos en el divertido espectáculo. Cuando el hombre llegó a cierto punto del camino donde desaparecía de nuestra vista, Sri Yukteswar dijo: «Ahora regresará».

El campesino cambió inmediatamente su dirección y se dirigió a la parte trasera de la ermita. Atravesando una parte arenosa entró a la casa por la puerta de atrás. La había dejado abierta, como mi maestro lo había dicho. Poco después salió el hombre, llevando en su mano una de mis preciosas coliflores. Ahora caminaba con una forma seria y distinguida, investido con la dignidad de la posesión.

La inesperada farsa, en la cual mi parte parecía ser la de la asombrada víctima, no era tan desconcertante que no me permitiera seguir, indignado, al ladrón. Ya iba a mitad de camino cuando mi maestro me llamó. Estaba materialmente sacudiéndose de risa de pies a cabeza.

—Ese pobre loco estaba deseando una coliflor —decía mi maestro, entre risa y risa—, y creí que sería bueno que tomara una de las tuyas, tan mal guardadas.

Corrí a mi cuarto, en donde me di cuenta de que el ladrón, seguramente con tendencias herbívoras, había dejado intactos mis anillos de oro, reloj y dinero, todo lo cual estaba desparramado sobre el cobertor, y había preferido asomarse debajo de la cama, donde completamente ocultas de un visitante casual estaban mis coliflores, y se llevó una de ellas.

Le pedí esa misma noche a Sri Yukteswar que me explicara el incidente, que me había dejado realmente asombrado.

Mi gurú movió la cabeza de un lado a otro, lentamente: «Tú lo entenderás algún día. La ciencia pronto descubrirá algunas de estas leyes ocultas».

Cuando años más adelante el mundo fue sorprendido con el descubrimiento de la radio, recordé en seguida las predicciones de mi maestro. Antiguos conceptos de tiempo y espacio habían sido aniquilados. ¡No habrá hogar campesino tan pobre o estrecho que no tenga cerca a Londres o Calcuta! La más torpe inteligencia se agranda ante la indisputable prueba de un aspecto de la omnipresencia del hombre.

El «sainete» de la coliflor puede entenderse más fácilmente por medio de la analogía de la radio. Sri Yukteswar era una perfecta radio humana. Así como una radio sensibilizada capta de cualquier distancia un programa musical deseado entre miles de otros programas, así mi gurú pudo captar los pensamientos de un hombre medio loco, que tenía ganas de una coliflor, aislados de los innumerables pensamientos humanos radiados en el mundo.

Por medio de su dinámico poder de la voluntad, mi maestro era también una poderosa estación radiodifusora, y había conseguido inducir al campesino para que dirigiera sus pasos a determinada habitación, por una sola coliflor.

La intuición es la guía del alma, que aparece naturalmente en el hombre durante esos instantes en que su mente está calmada. Casi todos hemos tenido experiencias de inexplicables y acertadas corazonadas, o hemos transmitido nuestros pensamientos de una manera efectiva a otra persona.

La mente humana, libre de la «estática» de la inquietud, puede operar a través de la libre antena de su intuición todas las funciones del mecanismo complicado de la radio, mandando y recibiendo pensamientos, y afinando los desagradables. Así como el poder de la radio depende de la cantidad de corriente eléctrica que puede utilizar, así la radio humana es energizada de acuerdo con el poder de la voluntad que cada individuo posee. Todos los pensamientos vibran eternamente en el cosmos. Por medio de la concentración profunda, un maestro puede descubrir los pensamientos de cualquier mente, viva o muerta. Los pensamientos son universalmente proyectados o individualmente originados; una verdad no puede ser creada, sino únicamente percibida. Los pensamientos erróneos del hombre resultan de las imperfecciones en su discernimiento. La meta de la ciencia del yoga es aquietar la mente para que sin distracciones pueda reflejar la visión Divina en el universo.

La radio y la televisión han traído los sonidos y vistas instantáneas de personas desde los lugares más remotos, al lado de la chimenea del hogar. Es la primera vaga indicación científica de que el hombre, el espíritu que todo lo penetra; no un cuerpo confinado a un punto en el espacio, sino la inmensa alma, contra la cual el ego en la forma más bárbara conspira, en vano, por encarcelar.

«Muy raros, maravillosos y aparentemente improbables fenómenos pueden todavía aparecer, aunque una vez establecidos no nos asombrarán más de lo que ahora lo estamos con respecto a todo lo que la ciencia nos ha enseñado durante el siglo pasado», nos dijo Charles Robert Richet, ganador del Premio Nobel en Fisiología.

«Se dice que todos los fenómenos que ahora aceptamos sin sorpresa no excitan nuestro asombro porque estos son comprendidos. Pero este no es el caso. Si ellos no nos sorprenden, no es porque sean comprendidos, sino porque estamos familiarizados con ellos; porque si todo aquello que no fuera entendido debiera sorprendernos, tendríamos que sorprendernos de todo: la caída de la piedra que se tira en el aire, la bellota que se convierte en encina, el mercurio que se expande cuando se calienta, el hierro atraído por el imán, el fósforo que se enciende al frotarlo. La ciencia de hoy es una cosa ligera; las revoluciones y las evoluciones que esta sufrirá en unos 100 000 años superarán con mucho a nuestros más avanzados pronósticos. Las verdades, que así nos sorprenden y asombran, verdades no previstas, que nuestros descendientes descubrirán, están aún alrededor de nosotros, mirándonos a los ojos, por decirlo así, y con todo y eso nosotros no las vemos. Pero no basta con decir que no las vemos: no queremos verlas, porque tan pronto como un hecho inesperado y poco familiar aparece, tratamos de fijarlo dentro del marco del conocimiento común ya adquirido, y nos indignamos de que alguien se atreva a experimentar más».

Un suceso algo cómico tuvo lugar unos días después de que me fuera robada, tan ignominiosamente, la coliflor. No podíamos encontrar una determinada lámpara de petróleo. Mas habiendo comprobado, aunque tardíamente, la omnisciente mirada de mi gurú, yo creía que él podría demostrarme que sería un juego de niños el localizarla.

Mi maestro percibió lo que yo quería. Con exagerada seriedad les preguntó a todos los residentes de la ermita. Un joven discípulo manifestó que él la había usado para ir al pozo, en el patio trasero.

Sri Yukteswar dio, muy serio, el consejo: «Búsquese la lámpara cerca del pozo».

Corrí hacia allí, pero no estaba la lámpara. Desalentado, regresé con mi gurú. Él estaba riendo de muy buena gana y sin disimulo de mi desencanto.

—¡Qué lástima que no pueda dirigirte hacia la lámpara desaparecida! ¡No soy adivino! —dijo, guiñando el ojo maliciosamente—. ¡No soy siquiera un Sherlock Holmes!

Luego me di cuenta de que mi maestro nunca manifestaría sus poderes cuando le fueran solicitado que lo hiciera por alguna trivialidad.

Semanas venturosas siguieron. Sri Yukteswar estaba organizando una procesión religiosa. Él me pidió que guiara a los discípulos de la población a la playa de Puri. El día de la festividad amaneció como uno de los más calurosos días de verano.

—*Guruji*, ¿cómo podré llevar a los estudiantes descalzos a través de las ardientes arenas? —le dije en tono desesperado.

—Te voy a decir un secreto —me contestó el maestro—: el Señor va a mandar una sombrilla de nubes, y todos ustedes caminarán con comodidad.

Alegremente, bajo estos auspicios, organicé luego la comitiva y nuestro grupo salió de la ermita con una bandera *satsanga*.

Diseñada por Sri Yukteswar, tenía como símbolo el ojo único, la telescópica mirada de la intuición.

Ni bien habíamos abandonado la ermita, la parte del cielo que estaba sobre nosotros empezó a cubrirse de nubes, como si hubieran sido traídas por magia. Con el acompañamiento de toda clase de exclamaciones de las gentes, una ligera llovizna cayó refrescando las calles y las quemantes arenas de la playa. La llovizna mitigadora cayó durante las dos horas que duró nuestra parada. En el instante mismo en que nuestro grupo regresó a la ermita, las nubes y la lluvia se evaporaron sin dejar vestigio.

—¿Ya ves cómo Dios siente y cuida de nosotros? —me dijo mi maestro, después de que le manifestara mi gratitud—. Dios contesta a todos y trabaja para todos. Así como él mandó la lluvia a mi ruego, así él cumple cualquier deseo sincero del devoto. Rara vez el hombre se da cuenta de cómo Dios escucha sus ruegos. Él no es parcial para unos cuantos, sino que nos escucha a todos los que a él llegamos confiadamente. Sus hijos deben siempre tener una fe implícita en la amorosa bondad de su Padre Omnipresente.

Sri Yukteswar efectuaba cuatro festivales anuales, en los equinoccios y en los solsticios, reuniendo a sus estudiantes, quienes acudían desde cualquier punto, por más lejano que se encontraran.

El solsticio de invierno se celebraba en Serampore; el primero al que concurrí me dejó una permanente bendición.

Las festividades empezaban por la mañana, con una procesión por las calles con los pies descalzos. Las voces de cientos de estudiantes se elevaban con los dulces cantos religiosos. Algunos músicos tocaban la flauta y el *khol kartal* (tambores y címbalos). Las gentes de la población, entusiasmadas, regaban las calles con flores, gustosas de ser apartadas y distraídas de sus prosaicas labores por nuestras resonantes alabanzas al nombre bendito del Señor. La larga caminata terminaba en el patio de la ermita. Allí poníamos a nuestro gurú en el centro de un círculo formado por nosotros, mientras que, desde los balcones de arriba, algunos estudiantes nos rociaban con flores de maravilla.

Muchos de los huéspedes subían a la parte alta a recibir un pastel de *chana* y naranjas. Yo me dirigí a un grupo de estudiantes que, en esta ocasión, estaban sirviendo de cocineros. El alimento para tan grande multitud tenía que ser cocinado afuera, en enormes cazos. Las improvisadas estufas de ladrillo que quemaban leña eran muy humeantes y nos provocaban lágrimas copiosas, pero gozosamente y riendo hacíamos nuestro trabajo. Las festividades religiosas en la India nunca son consideradas molestas, y cada uno hace su parte con gusto, ya sea dando dinero, arroz, verduras o servicios personales.

Pronto nuestro maestro estaba en medio de nosotros, vigilando los detalles de la fiesta. Ocupado constantemente, conservando su ritmo como el más activo de los jóvenes estudiantes.

Un *sankirtan* ('grupo de cantores'), acompañado por el armonio y los tambores hindúes, seguía en toda su actividad en el segundo piso. Sri Yukteswar lo escuchaba; su oído musical era muy afinado.

—¡Están fuera de tono! —dijo mi maestro. Dejó a los cocineros y se unió a los cantantes. Volvió a escuchar la melodía, pero en esta ocasión perfectamente afinada.

En la India, la música, así como la pintura y el drama, se considera un arte Divino. Brahma, Vishnu y Shiva, la Trinidad Eterna, fueron los primeros músicos. La Bailarina Divina, Shiva, se representa en las Escrituras como la que originó los infinitos modos de ritmo, en su baile cósmico de la creación universal, conservación y disolución, mientras Brahma marca el tiempo con el golpear de sus címbalos y Vishnu suena la santa *mridanga* o tambor. Krishna, una encarnación de Vishnu, siempre se muestra en el arte hindú tocando una flauta, en la cual entona la cautivadora canción que llama a su verdadero hogar a las almas que vagan por el mundo ilusorio de Maya. Sarawati, la diosa de la sabiduría, está simbolizada tocando la *vina*, madre de todos los instrumentos de cuerda. El *Sāmaveda* de la India contiene los escritos más antiguos del mundo en la ciencia musical.

La piedra fundamental de la música hindú son las *ragas* o escalas melódicas fijas. Las seis *ragas* básicas se ramifican en derivados *ragins* ('esposas') y *putras* ('hijos'). Cada *raga* tiene un mínimo de cinco notas, una nota principal (*vadi*, 'rey'), una nota secundaria (*samavadi*, 'primer ministro'), notas de ayuda (*anuvadi*, 'ayudantes') y una nota disonante (*vavadi*, 'el enemigo').

Cada una de las seis *ragas* fundamentales tiene una correspondencia con cierta hora del día, estación del año, y una deidad que preside y concede ciertas potestades. Así, la *Hindole Raga* se escucha únicamente al amanecer, en la primavera, para evocar el amor universal; la *Deepaka Raga* se toca durante las tardes en verano, para despertar la compasión; la *Megha Raga* es una melodía para el mediodía en la estación de lluvias, para dar valor; la *Bhairava Raga* se toca en la mañanas de agosto, septiembre y octubre, para adquirir tranquilidad; la *Sri Raga* se reserva para los crepúsculos de otoño, para obtener amor puro; y la *Malkounsa Raga* se escucha a medianoche en invierno, para el valor.

Los antiguos *rishis* descubrieron estas leyes de alianza del sonido entre la naturaleza y el hombre. A causa de que la naturaleza es una objetivación del AUM, el Sonido Primario o Palabra Vibratoria, el hombre puede adquirir control sobre todas las manifestaciones naturales, a través del uso de ciertos *mantras* o cánticos.

Documentos históricos nos dicen de los asombrosos poderes que poseía Miyan Tan Sen, músico en la corte de Akbar el Grande, en el siglo XVI. Mandado por el emperador para que cantara una *raga* nocturna mientras el sol aún estaba sobre sus cabezas. Tan Sen entonó un mantra que instantáneamente provocó el oscurecimiento de todo el palacio.

La música hindú divide la octava en veintidós *srutis* o medios semitonos. Estos intervalos microtonales permiten una delicada gama de matices en la expresión musical, inalcanzable en la escala cromática de Occidente de doce semitonos. Cada una de las fundamentales siete notas de la octava está asociada en la mitología hindú con un color, y el grito natural de un pájaro o una bestia: DO con el verde y el pavo real; RE con el rojo y la alondra; MI con el dorado y la cabra; FA con el amarillo casi blanco (crema) y con la garza; SOL con el negro y el ruiseñor; LA con el amarillo y el caballo; SI con la combinación de todos los colores y el elefante.

Tres escalas, mayor, armónica menor y melódica menor, son las únicas que la música occidental emplea, pero la música hindú registra *thatas* o escalas. El músico tiene un alcance creador para un sinfín de improvisaciones alrededor de una melodía fija tradicional, o *raga*; él se concentra en el sentimiento o modo definitivo del tema estructural y luego lo borda hasta los límites de su originalidad. Los músicos hindúes no leen una serie de notas fijas; las revisten de nuevo cada vez que tocan el limpio esqueleto de la *raga*; muchas veces, confinándose a sí mismo a una sola secuencia melódica y poniendo énfasis en la repetición de todas las variaciones sutiles microtónicas y rítmicas. Bach, entre los compositores occidentales, tuvo la comprensión del encanto y poder de la repetición del sonido, ligeramente diferenciado en un ciento de maneras complejas.

La antigua literatura sánscrita describe 120 *talas* o medidas de tiempo. Se cuenta sobre el fundador tradicional de la música, Bahrata, que había aislado treinta y dos clases de *talas* en el canto de una *alondra*. El origen del *tala* o ritmo está arraigado en los movimientos humanos, el doble tiempo al caminar, y el triple tiempo de la respiración cuando dormimos, cuando la inhalación es el doble del tiempo de la exhalación. La India siempre ha reconocido la voz humana como el más perfecto instrumento de sonido. La música hindú, por eso, se confina al registro de la voz en tres octavas. Por idéntica razón, la melodía (relación de notas sucesivas) es acentuada más que la armonía (relación de tonos simultáneos).

El anhelo profundo de los primitivos músicos *rishis* era el de amalgamar al cantor con la Canción Cósmica, que puede ser oída a través del despertar de los centros ocultos del hombre en la espina dorsal. La música hindú es subjetiva, espiritual; es un arte individualista que no busca la brillantez de la sinfónica, sino una armonía personal con la Gran Alma.

La palabra sánscrita para denominar al músico es *bhagavathar*, 'aquel que alza las loas a Dios'. Los *sankirtans* son reuniones musicales, con una forma efectiva del yoga o disciplina espiritual que necesitan de una profunda concentración e intensa absorción en la raíz misma del pensamiento y del sonido. Como el hombre mismo es una expresión de la Palabra Creadora, el sonido tiene el más potente e inmediato efecto en él, ofreciéndole una vía de recuerdo de su origen Divino.

El *sarkintan*, que salía de la sala del segundo piso el día del festival, era alentador para los cocineros agrupados en torno a todas sus ollas. Mis hermanos discípulos y yo cantábamos gozosamente los refranes y llevábamos el tiempo batiendo palmas.

Para el atardecer ya habíamos servido a centenares de visitantes, con *khichuri* (arroz con lentejas), curry vegetal y *pudding* de arroz. Tendimos cobertores de lana en el patio y pronto toda la asamblea estaba sentada bajo el cielo estrellado, quietamente atenta a los manantiales de sabiduría que fluían de los labios de Sri Yukteswar. Sus peroraciones públicas ponían un énfasis particular en el valor de *Kriyā yoga*, y una vida de autorrespeto, calma, determinación, dieta sencilla y servicio regular.

Un grupo de discípulos muy jóvenes cantó luego unos himnos sagrados, y la reunión terminó con *sankirtan*. Desde las diez hasta la medianoche, los residentes de la ermita lavamos sartenes y ollas, y limpiamos el patio. Mi gurú me llamó a su lado.

—Tengo mucho gusto de tu celo en cumplir tus deberes de hoy y en los preparativos de la semana pasada. Quiero que estés a mi lado, y puedes, dormir en mi cama esta noche.

Este era un privilegio que nunca soñé poder disfrutar. Nos sentimos por un rato en un estado de inmensa Divina tranquilidad. Apenas diez minutos después de que nos habíamos acostado, mi maestro se levantó y empezó a vestirse.

—¿Qué te pasa, señor? —Yo sentí un tinte de irrealidad en el inesperado gozo de dormir al lado de mi gurú.

—Creo que algunos de los estudiantes que no han hecho oportunamente la conexión con su tren pronto estarán aquí. Vamos a preparar algo de alimento.

—*Guruji*, nadie vendrá a la una de la mañana.

—Quédate en la cama, has estado trabajando mucho. Pero yo voy a cocinar.

En vista del tono resuelto de Sri Yukteswar, brinqué luego de la cama y me fui a la cocina chica, de uso diario, adyacente al balcón interior del segundo piso. Pronto estuvieron hirviendo el arroz y el *dhal*.

Mi gurú me sonrió afectuosamente.

—Esta noche has conquistado la fatiga y el temor al trabajo duro; nunca te molestarán más.

Conforme pronunciaba estas palabras de una bendición para toda la vida, se oyeron sonar pisadas en el patio. Corrí escaleras abajo y le di entrada a un grupo de estudiantes.

—Querido hermano, con cuánta pena venimos a perturbar al maestro a esta hora —me dijo uno de ellos disculpándose—. Cometimos un error con la salida de trenes en nuestro itinerario, pero creímos que no podríamos regresar a nuestros hogares sin antes dar otra mirada a nuestro gurú.

—Él ya los esperaba y, de hecho, les ha preparado algún alimento.

La voz de bienvenida de Sri Yukteswar se dejó oír. Y yo conduje a los asombrados visitantes a la cocina. Mi maestro, guiñándome los ojos, me dijo:

—Ahora que ya has terminado de comparar los hechos, sin duda estás satisfecho de que nuestros huéspedes realmente perdieran el tren.

Media hora después lo seguía yo a la cama, dándome cuenta cabal de que iba a dormir al lado de un gurú semejante a Dios.

Capítulo 16
Venciendo a las estrellas

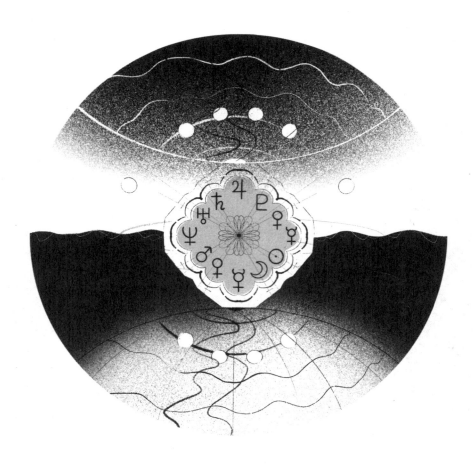

—Mukunda, ¿por qué no te haces un brazalete astrológico?
—¿Qué?, ¿debo hacerlo, maestro? Yo no creo en la astrología.

—No es cosa de creencia; la única actitud científica que debe tomarse sobre cualquier cosa es ver si esta es verdadera. La ley de la gravedad se operó tan efectivamente antes de Newton como después de él. El cosmos estaría en una situación muy caótica, si las leyes no pudieran operar sin la sanción de la creencia humana.

»Los charlatanes han traído a la ciencia estelar a su actual descrédito. La astrología es muy extensa, tanto matemática como filosóficamente, y no puede ser correctamente absorbida, excepto por hombres de profundo entendimiento. El ignorante no sabe leer los cielos y ve allí solo garabatos en lugar de una escritura, como era de esperarse en este imperfecto mundo. Pero uno no debe desechar la sabiduría junto con el sabio.

»Todas las partes de la creación están eslabonadas e intercambian sus influencias. El ritmo equilibrado del universo está fundado en la reciprocidad —continuó mi maestro—. El hombre, en su aspecto humano, tiene que combatir dos clases de fuerzas: primero, los tumultos de su ser interno, causados por la mezcla de la tierra, el agua, el fuego, el aire y los elementos etéricos; y segundo, los desintegrantes poderes externos de la naturaleza. Mientras el hombre siga luchando con su mortalidad, será afectado por las miríadas de mutaciones del Cielo y de la Tierra.

»La astrología es el estudio de la respuesta del hombre al estímulo planetario. Las estrellas no tienen conciencia de benevolencia o animosidad; ellas envían únicamente radiaciones positivas o negativas. Ellas no ayudan ni perjudican a la humanidad, pero nos ofrecen un canal apropiado para la operación exterior del equilibrio de causa y efecto que en el pasado ha sido puesto en movimiento por el hombre.

»Un niño nace en tal día y en tal hora, porque los rayos celestes están en armonía matemática con su karma individual. Su horóscopo es un mapa demostrativo de su inalterable pasado y de los resultados probables del futuro. Pero el mapa natal puede ser interpretado de manera correcta únicamente por hombres de sabiduría intuitiva, y estos son muy pocos.

»El mensaje extensamente blasonado a través del cielo, en el momento del nacimiento, no significa un énfasis del hado o destino (como resultado de un pasado bueno o malo), sino que sirve para levantar la voluntad del hombre, y así pueda escapar de la esclavitud universal. Lo que él hizo puede anularlo. Nadie más que él fue el instigador de las causas cuyos efectos está actualmente experimentando en su vida. Él puede vencer cualquier limitación, porque él mismo la ha creado por sus propios hechos, y porque posee recursos espirituales que no están sujetos a las influencias planetarias.

»El temor supersticioso por la astrología nos hace desgraciadamente autómatas dependientes de una guía mecánica. El hombre sabio vence sus planetas, o lo que es lo mismo, su pasado, transfiriendo su alianza de la creación al Creador. Cuanto más se realice la unidad con el espíritu, menos podrá ser dominado por la materia. El alma es siempre libre; no está sujeta a la muerte, porque no tiene nacimiento. No puede ser regida por las estrellas.

»El hombre es un alma y tiene un cuerpo. Cuando se da cuenta debidamente de su identidad, deja detrás de sí todos los cartabones compulsivos. Mientras permanezca confundido en su estado ordinario de amnesia espiritual, tendrá que conocer las sutiles ligaduras de la ley en su medio ambiente.

»Dios es armonía; el devoto que se armoniza nunca ejecuta una acción desequilibrada. Sus actividades serán ajustadas correcta y naturalmente de acuerdo con la ley astrológica. Después de la oración y de la meditación profunda está en contacto con su Divina conciencia, no hay poder mayor que el de la protección interna.

—Entonces, querido maestro, ¿por qué quiere usted que yo use un brazalete astrológico? —Me atreví a aventurar esta pregunta después de un silencio prolongado durante el cual había estado tratando de asimilar la noble exposición de Sri Yukteswar.

—Únicamente cuando el viajero ha llegado al final de su viaje puede prescindir de sus mapas e itinerarios. Durante el viaje, hace uso de todas las indicaciones. Los antiguos *rishis* descubrieron muchas maneras de acortar el periodo del exilio del hombre en el error. Hay ciertos recursos mecánicos en la ley del karma que pueden ser hábilmente ajustados por los dedos de la sabiduría.

»Todos los males humanos son originados por la transgresión de alguna ley universal. Las Escrituras nos enseñan que el hombre debe cumplir con esas leyes de la naturaleza sin menoscabar la omnipotencia Divina. Debe decir: "Señor, creo en ti, y sé que tú puedes ayudarme; pero yo también pondré de mi parte para deshacer cualquier mal que haya cometido". Y así, con diferentes medios, por medio de la oración, de la fuerza de la voluntad, por medio de la meditación según el yoga, por consultas con los santos, por el uso de brazaletes astrológicos, los efectos adversos de pasadas acciones pueden ser reducidos considerablemente o anulados del todo.

»De la misma manera que una casa puede ser dotada de un pararrayos de cobre, para que absorba las descargas eléctricas, así el templo del cuerpo puede ser beneficiado por diferentes medidas protectoras. En épocas pasadas, nuestros yoguis descubrieron que los metales puros emiten una luz astral, que obra poderosamente contra las tendencias negativas de los planetas. Radiaciones sutiles, eléctricas y magnéticas están circulando constantemente en el universo; cuando el cuerpo del hombre se está beneficiando no se da él cuenta; cuando está siendo desintegrado tampoco lo sabe. ¿Puede él hacer algo acerca de esto?

»Este problema recibió la atención de nuestros *rishis*; ellos encontraron de suma ayuda, no solo la combinación de metales, sino también de plantas; y más efectivas aún las piedras preciosas no menores de dos quilates. El uso preventivo de la astrología rara vez ha sido estudiado seriamente fuera de la India. Un hecho poco conocido es que las joyas, los metales o la mixtura de plantas no tienen ningún valor si no son del peso requerido; y que todos estos agentes preventivos deben usarse en contacto con la piel.

—Señor, desde luego tomaré tu consejo y usaré un brazalete. Estoy intrigado de solo pensar cómo se vence a un planeta.

—Para usos generales, yo aconsejo el uso del brazalete hecho de oro, plata y cobre. Pero en propósitos específicos, yo quiero que tú te hagas uno de plata y plomo. —Sri Yukteswar agregó cuidadosamente otras instrucciones.

—*Guruji*, ¿qué quiere decir usted con «propósitos específicos»?

—Las estrellas están próximas a tomar un interés poco amistoso en ti, Mukunda. Pero no temas; estarás debidamente protegido. Dentro de un mes tu hígado empezará a causarte grandes trastornos. La enfermedad está indicada para durar unos seis meses, pero con el uso del brazalete astrológico el periodo se acortará a veinticuatro días.

Al día siguiente, busqué un joyero, y poco después ya estaba usando mi brazalete. Mi salud era de lo mejor. Las predicciones de mi maestro ya se habían borrado de mi mente. Él se ausentó de Serampore para visitar Benarés. Treinta días después de nuestra conversación sentí un súbito dolor en la región del hígado. Las siguientes semanas fueron una verdadera pesadilla de dolores insufribles. No queriendo molestar a mi gurú, pensé que valientemente soportaría la prueba solo.

Pero veintitrés días de torturas habían debilitado mi resolución. Tomé el tren para Benarés. Allí, Sri Yukteswar me recibió con inusitado calor, poco habitual en él, pero no me dio oportunidad para contarle en lo privado sobre mis padecimientos. Muchos devotos visitaron ese día a mi maestro, únicamente por el *darshan*. Enfermo y casi abandonado, me senté en un rincón. No fue sino hasta después de la cena, cuando todos los visitantes se habían marchado, cuando mi maestro me llamó al balcón octogonal de la casa.

—Tú debes haber venido por tu malestar del hígado. —Sri Yukteswar desviaba su mirada; y mientras caminaba de un lado a otro, interceptaba de vez en cuando la luz de la luna—. Vamos a ver; tú has estado enfermo por veinticuatro días, ¿no es así?

—Sí, señor.

—Haz el ejercicio de estómago que te enseñé.

—Si usted supiera lo intenso de mi sufrimiento, maestro —le dije—, no me pediría que hiciera ningún ejercicio. —Sin embargo, hice un pequeño intento para obedecerle.

—Dices que tienes dolor. Yo digo que no tienes ninguno. ¿Cómo tal contradicción puede existir? —Mi Maestro me miró inquisitivo.

Yo estaba deslumbrado, y en seguida sentí un arrobador goce de descanso. Ya no sentía el tormento continuo que por cuatro semanas casi no me había permitido dormir. A las palabras de Sri Yukteswar, la agonía del dolor desapareció, como si nunca hubiera existido.

Traté de arrodillarme a sus pies, en señal de gratitud, pero rápidamente me lo impidió.

—No seas infantil. Levántate y goza de la hermosa luna sobre el río Ganges. —Pero los ojos de mi maestro centelleaban gozosos, mientras yo permanecía en silencio a su lado. Comprendí por su actitud que deseaba que yo sintiera que Dios era el que me había curado y no él.

Hasta la fecha sigo usando el brazalete, recuerdo de aquel día ya pasado, pero siempre bendecido, cuando una vez más me di cuenta de que estaba viviendo con un personaje decididamente superhumano.

En ocasiones posteriores, cuando yo traía amigos míos ante Sri Yukteswar, para su curación, invariablemente les recomendaba el brazalete o el uso de las joyas, explicándolo como un acto de la sabiduría astrológica.

Yo había tenido mis prejuicios contra la astrología desde mi niñez, en parte porque había observado que muchas personas estaban secuazmente adheridas a ella, y en parte por las predicciones que hizo el astrólogo de la familia: «Tú te casarás tres veces y dos veces quedarás viudo». Y yo, especulando sobre el asunto, me sentía como una cabra que espera el sacrificio ante el templo de un triple matrimonio.

«Tendrás que resignarte con tu suerte —me había dicho mi hermano Ananta—. Tu horóscopo escrito correctamente predice que tú huirás de la casa, rumbo a los Himalayas, durante tu temprana edad, pero que serías obligado a regresar a ella; y así, es casi seguro que el pronóstico de tu matrimonio resultará también cierto».

Cierta noche tuve la clara intuición de que la profecía de tal matrimonio era falsa. Le prendí fuego al horóscopo y coloqué las cenizas en una bolsa de papel, en la cual escribí: «Las semillas del karma pasado no pueden germinar si son incineradas en el fuego Divino de la sabiduría».

«Tú no puedes destruir tan fácilmente la verdad como has destruido ese rollo de papel». Mi hermano reía sarcásticamente.

Es cierto que en tres ocasiones diferentes, antes de haber llegado a la pubertad, mi familia trató de comprometerme en matrimonio. Pero cada vez me rehusé de cumplimentar sus planes seguro de que mi amor por Dios era mucho más poderoso que cualquier persuasión astrológica del pasado.

Cuanto más profunda es la autorrealización del hombre, mayor es la influencia que él ejerce en el universo por medio de sus sutiles vibraciones espirituales, y en esa misma proporción es menos afectado por el flujo fenomenal.

En algunas ocasiones pedí a los astrólogos que me seleccionasen los periodos más malos, de acuerdo con las influencias planetarias, y que, no obstante, yo realizaría cualquier tarea que me propusiera. Es cierto que mi éxito en tales ocasiones estuvo acompañado por extraordinarias dificultades. Pero mi convicción ha sido siempre justificada: fe en la protección Divina, y el correcto y buen uso de la voluntad dada por Dios al hombre son fuerzas formidables, que van mucho más allá de las limitaciones concebidas.

La inscripción estelar de cualquier nacimiento, según supe después, no es que el hombre sea un muñeco de su pasado. Su mensaje es como un acicate para el orgullo: los mismos cielos tratan de levantar en el hombre la determinación de ser libre de toda limitación. Dios creó cada hombre como un alma, dotada de individualidad, y desde luego esencial para la estructura universal, ya sea en su papel temporal de pilar o de parásito. Su libertad es final e inmediata, si así lo desea, y no depende de victorias exteriores, sino de victorias internas.

Sri Yukteswar descubrió la aplicación matemática, para nuestra era actual, de un ciclo equinoccial de 24 000 años.

El ciclo está dividido en un arco ascendente y un arco descendente, cada uno de 12 000 años. Dentro de cada arco quedan comprendidos cuatro *yugas* o edades, llamadas Kali, Dwapara, Treta y Sathya, correspondientes a las ideas griegas de las edades de Hierro, de Bronce, de Plata y de Oro.

Mi gurú determinó por medio de una serie de cálculos que el último Kali Yuga o Edad de Hierro del arco ascendente empezaba cerca del año 500 a. C. La Edad de Hierro, de 1200 años de duración, ha sido un periodo de materialismo que terminó en el año 1700 a. C. Este año dio entrada a la Dwapara Yuga, un periodo de 2400 años de desarrollo eléctrico y atómico; es la era del telégrafo, la radio, los aeroplanos y otros aniquiladores del espacio.

Los 3600 años de la era Treta Yuga surgirán en el año 4100 a. C., y su época estará marcada por el uso común de las comunicaciones telepáticas y por otros aniquiladores del tiempo.

Durante los 4800 años de la Satya Yuga, época final en el arco descendente, la inteligencia del hombre estará completamente desarrollada y trabajará en armonía con el plan Divino.

Un arco descendente de 12 000 años, principiando con el descenso de la Edad de Oro de 4800 años, empezará entonces para el mundo; el hombre se hundirá gradualmente en la ignorancia. Estas épocas o ciclos son de las eternas vueltas de Maya, los contrastes y relatividades del universo fenomenal.

Los hombres, uno por uno, escaparán de la prisión de la creación de la dualidad según despierten a la conciencia de su indestructible unidad Divina con el Creador.

Mi maestro ensanchó mi entendimiento no solo en astrología, sino también en las Escrituras del mundo. Colocando los textos sagrados sobre la tersura de su mente impecable, tenía la facilidad de hacer una disección con el escalpelo de su razonamiento intuitivo, separando los errores e interpolaciones de los escolásticos, de las verdades, según originalmente habían sido expuestas por los profetas.

«Fija tu visión sobre la punta de la nariz». Esta errónea interpretación del *Bhagavad-gītā* (capítulo VI, 13), ampliamente aceptada por los *panditas* orientales y los traductores occidentales, daba origen a la jocosa crítica de mi maestro.

—El sendero del yogui es bastante singular, desde luego —anotó—. ¿Por qué se le aconseja también que se haga bizco? El significado real de *nasikagram* es el 'nacimiento de la nariz' y no 'la punta de la nariz'. La nariz empieza de entre la juntura de las dos cejas, el asiento de la visión espiritual.

Uno de los seis sistemas de filosofía hindú-sankhya enseña la emancipación final por medio del conocimiento de veinticinco principios, empezando con *pakriti* o naturaleza, y terminando con *purusha* o alma.

A causa de uno de los aforismos *sankhyas*, el *iswarashidha* dice que «el Señor de la Creación no puede ser deducido» o «que Dios no se prueba», muchos catedráticos dicen que toda su filosofía es ateística.

—Pero ese versículo no es nihilista —me replicó Sri Yukteswar—. Esto quiere decir que el hombre aún no iluminado depende de sus sentidos hasta en sus juicios finales, y que la prueba de Dios debe permanecer ignorada, y, por lo mismo, no existente. Los verdaderos secuaces del *sankhya*, con su inconmovible poder interno, nacido de la meditación, entienden que el Señor es ambas cosas: existente y conocible.

Mi maestro explicaba la Biblia cristiana con una hermosa claridad. Fue de mi gurú indio —desconocido para la cristiandad— de quien aprendí a percibir la inmortal esencia de la Biblia, y a comprender la verdad en la aserción de Cristo, seguramente la más emocionante e intransigente que se haya pronunciado: «El Cielo y la Tierra pasarán, pero mis palabras no pasarán». Los grandes maestros de la India moldean sus vidas por los mismos Divinos ideales que animaron a Jesús. Estos hombres son de su misma familia: «Quienquiera que haga la voluntad de mi Padre que está en los cielos es mi hermano, mi hermana, mi madre». «Si perseveráis en mis palabras —indicó Cristo—, entonces sois mis discípulos y conoceréis la verdad, y la verdad os hará libres». Hombres libres todos, señores de sí mismos, los yoguis, Cristos de la India, son parte de la inmortal fraternidad:

todos los que han alcanzado un conocimiento liberador del Padre Único.

—¡La historia de Adán y Eva es incomprensible para mí! —Hice observar a mi maestro con aquel entusiasmo de las tempranas luchas con la alegoría—. ¿Por qué Dios castigó, no solamente a la pareja culpable, sino también a las generaciones aún no conocidas?

El maestro se divertía más con mi vehemencia que con mi ignorancia.

—El Génesis es profundamente simbólico y no puede ser asimilado por una interpretación literal —me dijo—. Su Árbol de la Vida es el cuerpo humano. La columna vertebral es como un árbol puesto al revés, con los cabellos humanos como sus raíces; y los nervios aferentes y eferentes son sus ramas. El árbol del sistema nervioso contiene muchos frutos apetitosos: sensaciones de la vista, del sonido, del olfato, del gusto y del tacto. Por ellos el hombre puede gozarlos rectamente; pero le fue prohibida la experiencia del sexo, la «manzana» en el centro del jardín del cuerpo.

»La serpiente representa la energía enrollada de la espina dorsal, que estimula los nervios sexuales. Adán es la razón, y Eva, el sentimiento. Cuando la emoción o la conciencia de Eva en cualquier ser humano es sobrecogida por el impulso sexual, su razón, o Adán, también sucumbe.

»Dios creó las humanas especies materializando los cuerpos de hombre y mujer por la fuerza de su voluntad; y dotó a las nuevas especies con el poder de crear hijos de tal inmaculada o Divina manera. A pesar de que su manifestación en el alma individualizada ha estado hasta hoy limitada a la animalidad, al lazo instintivo y a la ausencia de potencialidades de plena razón, Dios hizo los primeros cuerpos humanos, simbólicamente llamados Adán y Eva. Y a estos, para una progresiva evolución, les transfirió las almas o Divina esencia de dos animales.

»En Adán u hombre, la razón predominó; en Eva o la mujer, fue ascendente el sentimiento. Y así fue expresada la dualidad o polaridad que descansa bajo el mundo fenomenal. Razón y sentimiento permanecen en una celeste y gozosa cooperación, por tanto tiempo como la mente humana no es engañada por la serpentina energía de las propensiones animales.

»El cuerpo humano no es solamente un resultado de la evolución de la bestia, sino que fue producido por un acto especial creativo de Dios. Las formas animales eran demasiado crudas para expresar la plena Divinidad; el ser humano fue el único a quien se le dio una tremenda capacidad mental, la del loto de mil pétalos del cerebro, así como los muy aptos centros ocultos de la espina.

»Dios o la Divina Conciencia, en la primera pareja creada, les aconsejó gozar de todas las formas de la sensibilidad, pero no poner su poder de concentración en las sensaciones del tacto. Esto le fue prohibido con el fin de evitar el desarrollo de los órganos del sexo, lo cual provocaría en la humanidad la caída en el método animal de la propagación. La advertencia de no revivir subconscientemente los recuerdos subyacentes en la memoria animal no ha sido escuchada. Tomando el camino de la procreación brutal, Adán y Eva cayeron del estado de alegría celestial que es propio del original hombre perfecto.

»El conocimiento del bien y del mal se refiere a la compulsión dualística cósmica. Cayendo bajo el error de *maya*, por el descuido de su sentimiento y de su razón —o conciencia de Adán y Eva—, el ser humano renunció a su derecho de entrar en el celeste jardín de su Divina suficiencia. La responsabilidad personal de cada ser humano es la de restaurar a sus padres o su dual naturaleza a la unificada armonía del Edén.

Cuando Sri Yukteswar terminó su discurso, miré con respeto las páginas del Génesis.

—Querido maestro —dije—, por primera vez siento una filial obligación hacia Adán y Eva.

Capítulo 17
Sasi y los tres zafiros

«Tan alto consideran, usted y mi hijo, a Sri Yukteswar que tendré que conocerlo». El tono de voz usado por el doctor Narayan Chunder Roy revelaba su humoresca actitud ante el capricho de dos insensatos. Siguiendo las mejores tradiciones de los proselitistas, yo oculté mi indignación. El padre de mi compañero, un cirujano veterinario, era un agnóstico confirmado. Su joven hijo Santosh me había rogado que tomara algún interés por su padre. Mi ayuda había tendido, hasta entonces, hacia lo invisible.

El doctor Roy me acompañó al día siguiente a la ermita de Serampore. Mi maestro le había concedido una corta entrevista, notable por el estoico silencio que reinó por ambas partes; el visitante se despidió rápidamente.

—¿Por qué traer a un muerto a la ermita? —Sri Yukteswar me dirigió una mirada inquisitiva, tan pronto como la puerta se cerró tras nuestro escéptico visitante de Calcuta.

—¡Señor, el doctor está bien vivo!

—Pero muy pronto estará muerto.

Esto me sorprendió dolorosamente.

—¡Oh, señor, esto será un golpe terrible para su hijo! ¡Santosh todavía tiene esperanzas de cambiar las materialistas ideas de su padre! ¡Yo le suplico, maestro, que ayude a ese hombre!

—Bueno, lo haré solo por ti. —El rostro de mi maestro era impasible—. Ese orgulloso doctor de caballos tiene muy arraigada la diabetes; aun cuando él no lo sabe, dentro de quince días caerá en cama. Los doctores lo desahuciarán como un caso perdido. Su término natural para abandonar la Tierra es de esta fecha a seis semanas. Debido a tu intercesión, sin embargo, él sanará en esa precisa fecha. Pero hay una condición: tú debes obligarlo a que use un brazalete astrológico; ¡él, indudablemente, se opondrá tan violentamente como uno de sus caballos antes de una operación! —finalizó mi maestro, con cierta ironía.

Después de un rato de silencio, en el que yo pensaba cómo podría utilizar el arte del convencimiento con el recalcitrante doctor, Sri Yukteswar hizo nuevos vaticinios.

—Tan pronto como ese hombre sane, aconséjale que no coma carne. Él no escuchará este consejo; sin embargo, en seis meses, y cuando él se esté sintiendo mejor, caerá muerto. Y esa prórroga de seis meses de vida que le será concedida se deberá únicamente a tu súplica.

Al día siguiente le sugerí a Santosh que se consiguiera el brazalete con algún joyero. En una semana estuvo listo, pero el doctor Roy rehusó ponérselo.

—Disfruto ahora de la mejor salud de mi vida —dijo—, y ustedes nunca me impresionarán con esas supersticiones astrológicas. —El doctor me lanzó una mirada de beligerancia.

En seguida recordé, divertido, que el maestro lo había comparado, con toda razón, con un caballo rebelde. Pasaron otros siete días; el doctor enfermó súbitamente y consintió humildemente en usar el brazalete. Dos semanas después, el doctor que lo atendía me dijo que el caso de su paciente era un caso perdido, suministrándome deprimentes detalles de los estragos que causaba la diabetes.

Yo moví la cabeza.

—Mi maestro me ha dicho que después de que el doctor estuviera enfermo durante un mes se recobraría.

El doctor me miró fijamente, asombrado e incrédulo; pero dos semanas después me buscó y me dijo, como disculpándose:

—El doctor Roy ha sanado completamente. Este es el caso más sorprendente en mi carrera. Nunca en mi vida había visto a un hombre que estuviera tan cerca de la muerte y que haya sanado de modo tan inexplicable. Su gurú debe, ciertamente, ser un profeta-terapeuta.

Después de la entrevista con el doctor Roy, durante la cual le repetí los consejos de Sri Yukteswar, acerca de la dieta de carne, no volví a ver al hombre por seis meses. Hasta que una noche se detuvo a charlar, mientras me hallaba sentado en el pórtico de nuestra casa, en la calle de Garpar Road.

—Dile a tu maestro que, comiendo carne con frecuencia, me he restablecido completamente. Sus nada científicas ideas acerca de la dieta no han tenido ninguna influencia sobre mí. —Y parecía cierto, pues el doctor Roy se veía como el retrato de la verdadera salud.

Pero, al día siguiente, Santosh vino corriendo desde su casa, a una cuadra de distancia de donde yo estaba.

—Esta mañana, mi padre ha caído muerto.

Este es uno de los sucesos más extraordinarios que yo tuve oportunidad de conocer de mi maestro. Curó al rebelde veterinario, no obstante la falta de fe de este, y extendió su término natural de vida por seis meses más, únicamente a causa de mi vehemente súplica. Sri Yukteswar era la bondad personificada, sin límites, cuando veía la oración ardiente de un devoto.

Era uno de mis más distinguidos privilegios el traer compañeros de la escuela a que conocieran a mi gurú. Muchos de ellos dejaban de lado, cuando menos mientras permanecían en la ermita, su reluciente y académico barniz de escepticismo religioso.

Uno de mis amigos, Sasi, pasó algunos felices fines de semana en Serampore. Mi maestro sintió un aprecio inmenso por este amigo, y lamentaba que la vida privada de él fuera demasiado libre y desordenada.

—Sasi, salvo que te reformes, dentro de un año estarás peligrosamente enfermo. —Sri Yukteswar miró a mi amigo con cariñosa exasperación—. Mukunda es testigo, no digas más adelante que no te advertí.

Sasi se rio.

—¡Maestro, yo lo dejo a usted para que interceda y pida una migaja de caridad para mi triste caso! Mi espíritu quiere, pero mi voluntad es débil. Usted es mi único salvador en la Tierra. Yo no creo en nada ni en nadie más que en usted.

—Cuando menos, deberías usar un zafiro azul de dos kilates. Eso te ayudaría.

—No tengo dinero para comprar uno. De cualquier manera, querido *guruji*, si las dificultades vienen, tengo la completa seguridad de que usted me protegerá.

—Dentro de un año, tú me traerás tres zafiros —replicó Sri Yukteswar tristemente—, entonces, de nada te servirán. —Estas conversaciones, con alguna variación, las tenían casi regularmente.

—¡Oh, yo no puedo reformarme! —decía Sasi con mímica desesperada—. Y mi confianza en usted, maestro, es más preciosa para mí que la más preciada joya.

Un año después, visitando a mi gurú en la casa de uno de sus discípulos de Calcuta, Naren Babu, a las diez de la mañana, y mientras Sri Yukteswar y yo estábamos sentados tranquilamente en la sala del segundo piso, oí que la puerta del frente se abría. Mi maestro se irguió rígidamente.

—Ese es Sasi —me dijo con gravedad—. El año ya ha pasado, y sus dos pulmones también se han ido. Él ha hecho caso omiso de mi consejo; dile que no quiero verle.

Algo asombrado ante la severidad de Sri Yukteswar, corrí escaleras abajo. Sasi iba subiendo.

—¡Oh, Mukunda, espero que el maestro esté aquí! Tengo la corazonada de que él está.

—Sí —le dije—, pero no quiere que lo distraigas.

Sasi rompió a llorar y, haciéndome a un lado, subió y se echó a los pies de Sri Yukteswar, colocando allí tres hermosos zafiros.

—Omnisciente gurú, los doctores dicen que tengo tuberculosis pulmonar. No me han dado más que tres meses de vida. Yo imploro humildemente su ayuda. Yo sé que usted puede curarme.

—¿No es demasiado tarde para preocuparte ahora por tu salud? Márchate con tus joyas, el tiempo en que pudieron serte útiles ya ha pasado.

Mi maestro se sentó como si fuera una esfinge, dentro de un profundo silencio, interrumpido únicamente por los sollozos de arrepentimiento y angustia del muchacho.

Intuitivamente sentí la convicción de que Sri Yukteswar estaba probando la intensidad de la fe de Sasi en el Divino poder terapéutico. Y no me sorprendió cuando, después de una hora de tensión, mi maestro tendió una mirada compasiva a mi aún postrado amigo.

—¡Levántate, Sasi! ¿Qué alboroto haces en casa extraña? Devuelve los zafiros al joyero; ahora ya es un gasto innecesario. Pero consíguete un brazalete astrológico y úsalo. No temas, dentro de pocas semanas ya estarás bien.

La sonrisa de Sasi iluminó su acongojado rostro lleno de lágrimas, como si de pronto la luz de un sol radiante hubiera iluminado un escondido paisaje.

—Amado gurú, ¿debo tomar las medicinas que los doctores me han recetado?

—Haz como quieras, tómalas o deséchalas, no importa; es más fácil que el sol y la luna intercambien sus posiciones que el que tú mueras de tuberculosis. —Luego, abruptamente, agregó—: ¡Ahora, márchate, antes de que cambie de opinión!

Con una reverencia, mi amigo se alejó rápidamente. Yo lo visité algunas veces durante las siguientes semanas, y estaba asombrado de encontrar que su condición empeoraba más y más.

«Sasi no pasará de esta noche». Estas palabras del médico, y el espectáculo de mi amigo, reducido casi a un esqueleto, me movieron a partir precipitadamente a Serampore. Mi gurú escuchó fríamente mi angustiado informe.

—¿Por qué vienes a molestarme? Ya has oído que he asegurado que Sasi sanará.

Me incliné reverentemente y me dirigí a la puerta. Sri Yukteswar no me dio ninguna palabra de despedida, sino que se sumió en profunda meditación; sus ojos sin pestañear, entreabiertos, su visión partió a otro mundo.

Me fui inmediatamente a la casa de Sasi en Calcuta. Con sorpresa vi a mi amigo sentado y tomando leche.

—¡Oh, Mukunda! ¡Qué milagro! Hace apenas cuatro horas sentí la presencia del maestro en la habitación, y mis terribles síntomas inmediatamente desaparecieron. Yo siento que por su gracia estoy completamente restablecido.

En pocas semanas, Sasi estuvo más gordo y en mejor salud que nunca. Pero su reacción ante la cura tuvo un extraño tinte de ingratitud: rara vez volvió a visitar a Sri Yukteswar. Mi amigo me dijo un día que estaba tan avergonzado de su manera de vivir anterior que le daba vergüenza presentarse ante el maestro.

Yo acabé por creer que la enfermedad de Sasi tuvo el efecto de endurecer su voluntad, menoscabando sus maneras.

Los dos primeros años de mi curso en el Scottish College estaban ya por terminar. Mi asistencia a las clases había sido esporádica, y estudiaba un poco solo para estar en conformidad con mi familia. Mis dos tutores venían con regularidad a mi casa, y yo, generalmente, estaba ausente. ¡Esta última regularidad es la única que puedo discernir en mi carrera de estudiante!

En la India, al concluir con éxito dos años de estudios universitarios se obtiene el título de licenciatura en Letras, de grado intermedio. El estudiante puede luego cursar otros dos años y obtener el título universitario.

Los exámenes finales para obtener la licenciatura intermedia en Letras se acercaban amenazantes. Yo me escapé a Puri, donde mi maestro estaba pasando unas semanas. Con la vaga esperanza de obtener su aprobación para no comparecer en el examen, le conté lo embarazoso de mi caso por mi falta de preparación.

Pero mi maestro sonrió consoladoramente: «Tú has seguido de todo corazón tus deberes espirituales, y no podías menos que descuidar tus estudios universitarios. Dedícate con tesón a tus libros la semana que viene: te aprobarán en tu examen».

Regresé a Calcuta desechando firmemente las razonables dudas que me asaltaban ocasionalmente. Contemplando el inmenso montón de libros sobre mi mesa, me sentí como viajero perdido en la mitad del bosque. Un largo periodo de meditación me trajo una inspiradora idea para ahorrar tiempo. Abriendo cada libro al azar, estudiaba únicamente las páginas que abría. Seguí este procedimiento por dieciocho horas al día, durante una semana, y me consideré un experto en el arte de preparar exámenes precipitadamente.

Los días siguientes, en las salas de examen, constituyeron una justificación a mi aparentemente arriesgado procedimiento. Pasé todas las pruebas, aunque solo por un margen exiguo. Las felicitaciones de mi familia y amigos eran ridículamente cómicas, envueltas en las exclamaciones que denotaban su asombro.

A su regreso de Puri, Sri Yukteswar me proporcionó una sorpresa muy agradable.

—Tus estudios en Calcuta han terminado. Yo me preocuparé de que sigas los otros dos últimos años de estudio en la universidad, aquí mismo, en Serampore.

Yo estaba confundido.

—Señor, no hay curso completo de licenciatura en Letras en esta ciudad; la única institución de enseñanza superior en Serampore ofrece tan solo un curso de dos años correspondientes a la licenciatura de grado intermedio.

Mi maestro sonrió con aire malicioso.

—Estoy demasiado viejo para salir a colectar fondos para establecer una institución que pueda conferirte el grado universitario; creo que tendré que arreglar este asunto de alguna otra manera.

Dos meses después, el profesor Howells, presidente de la Universidad de Serampore, anunció públicamente que había tenido éxito al conseguir los fondos suficientes para ofrecer un curso de cuatro años. La Universidad de Serampore se afilió a la Universidad de Calcuta, y yo fui uno de los primeros estudiantes que se inscribieron como candidatos para obtener la licenciatura.

—¡*Guruji*, qué bueno es usted conmigo! ¡Con verdadera ansia deseaba abandonar Calcuta, para estar cada día más cerca de usted, aquí, en Serampore! ¡El profesor Howells no tiene una idea de cuánto le debe a usted por su silenciosa ayuda!

Sri Yukteswar me contempló con fingida seriedad.

—Ahora no tendrás que desperdiciar tantas horas en el tren. ¡Cuánto tiempo disponible para tus estudios! Tal vez te conviertas ahora en un buen estudiante, en algo más que un repasador de última hora. —Pero su acento carecía de convicción.

Capítulo 18
Un mahometano que hace maravillas

—Hace años, aquí, en esta misma habitación que ahora ocupas, un mahometano que hacía maravillas realizó un milagro ante mí.

Sri Yukteswar hizo este sorprendente comentario durante su primera visita a mis nuevas habitaciones. Inmediatamente después de mi entrada al Colegio de Serampore, yo había tomado una habitación en una casa de huéspedes cercana al colegio, llamada Panthi. Se trataba de una construcción antigua, de ladrillo, que daba frente al Ganges.

—Qué coincidencia, ¡maestro!, que estas paredes modernamente decoradas estén saturadas de recuerdos tan antiguos. —Yo examiné mi cuarto, amueblado sencillamente, con vivo interés.

—Es un cuento largo.

Mi maestro sonrió con un aire de reminiscencia y me contó:

El nombre del *fakir* era Afzal Khan, y había adquirido sus extraordinarios poderes debido a su encuentro casual con un yogui hindú.

—Hijo, tengo sed, tráeme un poco de agua. —Un *sannyasin*, todo cubierto de polvo, hizo un día esta súplica a Afzal, durante la infancia de este, en una villa del este de Bengala.

—Maestro, yo soy mahometano. ¿Cómo es que usted, siendo un hindú, acepta beber de mis manos?

—Tu sinceridad me agrada, hijo mío. Yo no observo las atrasadas reglas del sectarismo impío. Ve y tráeme agua pronto.

La reverente obediencia de Afzal fue recompensada con una mirada amable del yogui.

—Tú tienes un buen karma por tus vidas pasadas —le dijo el yogui con solemnidad—. Te voy a enseñar ciertos métodos yoguísticos que te darán dominio sobre uno de los reinos invisibles.

»¡Los grandes poderes que serán tuyos deberás emplearlos solo con fines meritorios, nunca con fines egoístas! Yo me doy cuenta de que has traído de tus vidas pasadas algunos residuos de tendencias destructivas. No permitas que crezcan, regándolas con nuevas malas acciones. El complejo de tu karma anterior es tal, que debes utilizar esta vida para reconciliar tus hechos con la meta de los mayores bienes humanitarios.

Después de haber dado algunas instrucciones al sorprendido muchacho, con respecto a la complicada técnica que debería seguir, su maestro se desvaneció en el aire.

Afzal practicó, fielmente, sus ejercicios yoguísticos durante veinte años. Sus hechos milagrosos empezaron a llamar grandemente la atención. Parecía que siempre estaba acompañado por algún espíritu desencarnado, a quien él llamaba «Hazrat». Esta entidad invisible podía cumplir el más insignificante de los deseos.

Haciendo caso omiso de la advertencia de su maestro, Afzal empezó a hacer mal uso de sus poderes. Cualquier objeto que él tocaba desaparecía rápidamente, sin dejar huellas de ninguna especie. ¡Esta desconcertante eventualidad hizo que el mahometano no fuera nunca un huésped grato!

Visitaba las grandes joyerías de Calcuta, de tiempo en tiempo, haciéndose pasar por un probable comprador, y cualquier joya que hubiera tocado desaparecía poco tiempo después de que él abandonara la joyería.

Afzal era seguido con frecuencia por algunos cientos de estudiantes, a quienes atraía la esperanza de aprender sus secretos. El *fakir* los invitaba de vez en cuando a viajar con él. En la estación del ferrocarril se daba maña para tocar un montón de boletos y devolverlos de inmediato al empleado, diciéndole: «He cambiado de parecer; por ahora, no los compro». No obstante, cuando subía al tren con su comitiva, Afzal tenía en su poder los boletos necesarios.

Estas estafas creador un gran desconcierto. Los joyeros de Bengala, los vendedores de boletos, etcétera, sucumbían a causa de postraciones nerviosas. La policía, que intentaba arrestar a Afzal, carecía de pruebas para ello; el *fakir* evadía cualquier evidencia incriminatoria simplemente diciendo: «Hazrat, llévate esto».

Sri Yukteswar se levantó de su asiento y se dirigió al balcón de mi cuarto, desde el cual podía verse el río Ganges. Yo lo seguí, ansioso de escuchar algo más acerca de los asombrosos hechos de este raffles mahometano.

Esta casa Panthi perteneció anteriormente a un amigo mío. El conoció a Afzal y le pidió que viniera aquí. Mi amigo invitó, por su parte, a unos vecinos, entre los cuales me encontraba yo. En aquel entonces, yo era tan solo un joven, y sentía una viva curiosidad acerca de este famoso *fakir*.

Mi maestro rio y continuó su relato:

Yo tuve la precaución de no llevar conmigo nada de valor. Afzal me miró insistentemente y luego me dijo:

—Tú tienes manos fuertes. Ve abajo, al jardín, y trae una piedra lisa. Escribe en ella tu nombre, con tiza, y luego lanza la piedra tan lejos como puedas, dentro del río Ganges.

Yo obedecí. Tan pronto como la piedra había desaparecido en las distantes olas, el mahometano volvió a dirigirse a mí:

—Llena un jarrón con agua del río, cerca del frente de la casa.

Después de que regresé con el jarrón de agua, el *fakir* gritó:

—Hazrat, pon la piedra en el jarrón.

La piedra apareció inmediatamente; la saqué y encontré mi nombre tan legible como cuando lo había escrito. Babu, uno de mis amigos presente en la habitación, usaba una pesada y antigua cadena de oro unida a su reloj. El *fakir* examinó los dos objetos con curiosidad, y ambos desaparecieron en seguida.

—¡Afzal, por favor, devuélveme mis preciados objetos! —le suplicaba Babu, casi llorando.

El mahometano guardó un obstinado silencio durante algunos instantes, y luego replicó:

—Tú tienes quinientas rupias en tu caja fuerte. Tráemelas y te diré dónde encontrar tu reloj. —Babu estaba aturdido—. Llama a Hazrat y dile que te dé tu reloj y tu cadena.

En seguida, entregó a Afzal la suma exigida.

—Ve al puentecito que está cerca de tu casa —le dijo el *fakir* a Babu—, llama a Hazrat y dile que te dé tu reloj y tu cadena; en seguida los tendrás en tu poder.

Babu salió corriendo. A su regreso, lucía una sonrisa de tranquilidad y satisfacción, pero no su cadena ni su reloj.

—Cuando yo le dije a Hazrat lo que me había indicado —decía él—, mi reloj venía volando por el aire a mi mano derecha. ¡Y pueden ustedes tener la seguridad de que yo lo guardé en la caja fuerte, antes de venir con ustedes!

Los amigos de Babu, testigos de la tragicomedia del rescate del reloj, veían con cierto resentimiento a Afzal, quien en seguida les habló placenteramente:

—Pidan la bebida que ustedes quieran, Hazrat se la traerá luego.

Algunos pidieron leche; otros, jugos de frutas. Y no me sorprendí mucho cuando el asustado Babu pidió *whisky*. El mahometano dio la orden, y Hazrat mandó lo que se le pedía en recipientes sellados que volaban por el aire y se paraban en el suelo. Cada uno tomó la bebida que había pedido. El ofrecimiento más espectacular del suceso, al cuarto día, fue, sin duda, muy agradable para nuestro anfitrión: ¡Afzal ofreció proporcionar una comida instantánea!

—Vamos a pedir los platillos más caros —dijo Babu con cierto aire de tristeza—. ¡Yo necesito una comida bien elaborada para desquitar mis quinientas rupias! Todo será servido en platos de oro.

Tan pronto como todos hubieron pedido lo que deseaban, el *fakir* se dirigió él mismo al incansable Hazrat. Un gran ruido de platos de oro, llenos de los más selectos curries, *luchis* calientes y muchas frutas, algunas fuera de estación, fueron servidos a los pies de los solicitantes. Toda la comida era deliciosa. Después de disfrutar del banquete durante una hora, empezamos a abandonar la habitación. Un ruido tremendo se escuchaba, semejante al de una gran cantidad de platos entrechocando, y ello nos obligó a volvernos, para ver lo que era. ¡Asombro!, no había señales de ninguno de los deslumbrantes platos dorados o de los restos de comida.

—Guruji—interrumpí a mi maestro—, si Afzal podía conseguir tales cosas como platos de oro, ¿por qué tomaba lo ajeno?

—El *fakir* no estaba desenvuelto espiritualmente en un grado superior —me respondió Sri Yukteswar—. Su maestría para ciertas técnicas yoguísticas consistía en que él tenía acceso a un plano astral donde cualquier deseo se materializa inmediatamente. A través de un ser astral, Hazrat, el mahometano podía comandar los átomos de cualquier objeto de la energía etérica por medio de un poderoso acto de voluntad. Pero tales objetos producidos astralmente son estructuras que desaparecen rápidamente, y que no pueden retenerse. Afzal ambicionaba aún la riqueza mundana, que, aunque es más difícil de obtener, tiene mayor durabilidad.

Yo me reí.

—Esta también desaparece muchas veces, sin que nos demos cuenta cómo.

—Afzal no era hombre de realización en Dios —decía mi maestro—. Los milagros de naturaleza benéfica permanentes son operados por santos verdaderos, porque estos se han armonizado con el omnipotente Creador. Afzal era simplemente un hombre vulgar con un poder extraordinario para penetrar en un plano sutil no frecuentado fácilmente por los mortales, sino hasta después de la muerte.

—Ahora entiendo, *guruji*. El mundo que sigue a este parece tener algunos rasgos de encantamiento.

Mi maestro asintió.

—Nunca más volví a ver a Afzal luego de esa facha, pero algunos años después Babu vino a mi casa a mostrarme el relato contenido en un periódico, en el que se hablaba de una pública confesión del mahometano. Y de ella supe los detalles que te acabo de dar acerca de la temprana iniciación de Afzal por un gurú hindú.

El resumen de la última parte del documento publicado, según recordaba Sri Yukteswar, era como sigue:

Yo, Afzal Khan, escribo estas palabras como un acto de penitencia, como un consejo para aquellos que buscan la posesión de poderes milagrosos. Por años he estado haciendo mal uso de las maravillosas habilidades que me concedieron la gracia de Dios y mi maestro. Yo me intoxiqué con el egoísmo, sintiendo que estaba más allá de las leyes ordinarias de la moral. El día de mi arrepentimiento ha llegado por fin. Hace poco, encontré a un anciano, en un camino de las afueras de Calcuta. Cojeaba dolorosamente, llevando consigo un objeto luminoso, que a mí me pareció de oro, y yo lo saludé con avaricia.

—Yo soy Afzal Khan, el gran *fakir*. ¿Qué lleva usted ahí?

—Una bola de oro, y es la única riqueza material que poseo; esto no puede ser de gran interés para un *fakir*. Yo le imploro a usted que se sirva curarme de mi cojera.

—Yo toqué la bola y me alejé sin decirle nada.

El anciano me seguía; luego, lanzó un grito:

—¡Mi bola de oro ha desaparecido!

Como yo no le hacía caso, súbitamente, con una voz estentórea, inadecuada a su débil cuerpo, me preguntó:

—¿No me reconoces?

Yo quedé inmóvil, sin hablar, anonadado por el descubrimiento que acababa de hacer, pues este anciano cojo no era otro que el gran santo que hacía mucho tiempo me había iniciado en el yoga. Se enderezó su cuerpo inmediatamente, se tornó fuerte, joven y ágil.

—Con que sí, ¿eh? —La mirada de mi gurú era terrible—. ¡Ya veo con mis propios ojos que tú utilizas tus poderes, no para ayudar a la dolorida humanidad, sino, por el contrario, para robarla como un ladrón cualquiera!

»¡Ahora te retiro ese don oculto: Hazrat estará ahora en libertad y fuera de tu alcance, ya no serás más el terror de Bengala!

Yo llamé a Hazrat en tono angustioso; pero, por primera vez, no se presentó a mi vista interna. Un velo oscuro se levantó con rapidez dentro de mí; veía claramente la maldad de mi vida.

—Mi gurú, yo le agradezco que haya venido para desvanecer la oscuridad de tanto tiempo —suplicaba, llorando a sus pies—. Yo le prometo olvidar mis ambiciones mundanas. Me retiraré a las montañas para una solitaria y constante meditación con Dios, esperando así poder expiar mis faltas del pasado.

Mi maestro me contemplaba con silenciosa compasión.

—Ya veo tu sinceridad —me dijo por fin—. Considerando que durante los primeros años obraste bien, y debido a tu actual arrepentimiento, yo te concedo una gracia: tus poderes han desaparecido, pero cuando necesites comer o vestir, puedes llamar aún a Hazrat para que te lo suministre. Dedícate de todo corazón a recibir el entendimiento Divino en la soledad de las montañas.

Luego, mi gurú desapareció; yo quedé sumido en un mar de lágrimas y reflexiones. ¡Adiós, mundo! Voy a buscar el perdón del Amado Cósmico.

Capítulo 19

Mi maestro, en Calcuta, aparece en Sarampore

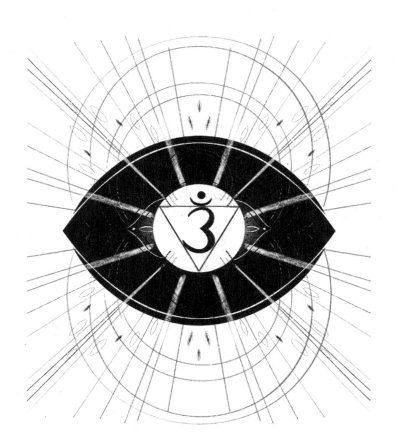

«Con frecuencia me siento vencido por dudas de índole ateística. Sin embargo, algunas veces me asaltan torturantes conjeturas: ¿existen o no inexploradas posibilidades en lo que respecta al alma? ¿No está el hombre despistando su verdadero destino si falla en su exploración?».

Estas observaciones de Dijen Babu, mi compañero de cuarto en la casa de huéspedes de Panthi, fueron originadas por la invitación que le había hecho de visitar a mi gurú.

«Sri Yukteswarji te iniciará en *Kriyā yoga*», le repliqué. «Esta técnica calma el tumulto dualístico por una certeza Divina interna».

Esa noche, Dijen me acompañó a la ermita. En presencia de mi maestro, mi amigo obtuvo tal paz espiritual que se hizo un asiduo visitante. Las triviales preocupaciones de la vida diaria no son suficientes para el hombre: la sabiduría es también un hambre natural. En las palabras de Sri Yukteswar, Dijen encontró un aliciente a esas pruebas, primero dolorosas, luego fácilmente liberadoras, para localizar el ser real en su interior, en lugar del pobre ego de un nacimiento temporal, poco apto para la vida del espíritu.

Como Dijen y yo estábamos siguiendo el mismo curso por el bachillerato en el Colegio de Serampore, teníamos la costumbre de ir juntos hacia la ermita tan pronto como salíamos de clase. Con frecuencia veíamos a Sri Yukteswar de pie en el balcón, en el segundo piso, dándonos la bienvenida con una sonrisa.

Una tarde, Kanai, un muchacho residente en la ermita, nos dio a ambos, al llegar a la puerta, una desconsoladora noticia:

—El maestro no está aquí; ha sido llamado urgentemente, por recado, a Calcuta.

Al día siguiente, recibí una tarjeta postal de mi gurú, que decía: «Saldré de Calcuta próximo miércoles por la mañana; espérenme tú y Dijen por el tren de las nueve, en la estación de Serampore».

Como a las ocho y media del miércoles por la mañana, un mensaje telepático de Sri Yukteswar relampagueó en mi mente: «Estoy retrasado; no me esperes por el tren de las nueve».

Le transmití las últimas instrucciones a Dijen, quien ya se había vestido para salir.

—¡Oh, tú y tus intuiciones! —La voz de mi amigo era cortante de ironía—. Yo prefiero confiar en las palabras escritas del maestro.

Me encogí de hombros y me senté quietamente a esperar. Rezongando a media voz, Dijen abrió la puerta y la cerró violentamente tras él.

Como la habitación estaba algo oscura, me acerqué a la ventana que daba a la calle. La poca luz del sol aumentó rápidamente a una intensidad brillante, de modo que la ventana con sus verjas de hierro desapareció completamente. Destacándose contra ese deslumbrante fondo, apareció claramente materializada la figura de Sri Yukteswar.

Sobresaltado al punto de un choque, me levanté de la silla y me arrodillé ante él. Con mi respetuoso saludo de costumbre a los pies de mi gurú, toqué sus zapatos. Eran estos muy familiares para mí; zapatos de cañamazo teñidos de color naranja, ensuelados a cordón. Su manto anaranjado me rozaba. Distinguí no solo la contextura de su manto, sino también lo áspero de la superficie de sus zapatos y la presión de sus tacones en ellos. Demasiado asombrado para pronunciar palabra alguna, permanecí mirándolo fijamente, en actitud inquisitiva.

—Me ha dado mucho gusto de que hayas recibido mi mensaje telepático. —La voz del maestro era tranquila, enteramente normal—. No he terminado mis asuntos en Calcuta, y llegaré a Serampore por el tren de las diez.

Como yo le seguía mirando con asombro, Sri Yukteswar me dijo:

—Esta no es una aparición, sino mi cuerpo de carne y hueso. Me ha sido encomendado por orden Divino proporcionarte esta experiencia, rara por cierto en la Tierra. Búsquenme tú y Dijen en la estación; ambos me verán aproximarme vestido como estoy ahora, y delante de mí irá un compañero de viaje, un muchacho que llevará un jarro de plata.

Mi gurú colocó sus dos manos sobre mi cabeza, musitando una bendición, y cuando terminó con las palabras *tabaasi*, escuché un zumbido peculiar. Su cuerpo principió a desvanecerse y fundirse gradualmente en la penetrante luz. Primero se esfumaron sus pies y sus piernas, luego el torso y la cabeza, como si se tratara de un pliego que poco a poco se enrollase. Hasta el último momento sentí sus dedos descansando, ligeramente, sobre mis cabellos. La imagen refulgente se esfumó por fin, y nada permaneció ante mí, sino las verjas de la ventana y el pálido celaje del sol.

Permanecí en un estado de confusa estupefacción, preguntándome si no habría sido víctima de alguna alucinación. En esto, el cabizbajo Dijen hizo su entrada en el cuarto.

—El maestro no llegó en el tren de las nueve, ni aun en el de las nueve y treinta.

Mi amigo hizo este aviso con cierto aire apologético.

—Bueno, ven ahora; yo sé que llegará en el tren de las diez.

Tomé a Dijen de la mano y, casi tirándole a la fuerza, pese a sus protestas, en diez minutos llegamos a la estación, en donde el tren hacía ya su parada.

—¡Todo el tren está lleno con la luz del aura del maestro! ¡Allá está él! —exclamé con satisfacción.

—¿Estás soñando otra vez? —expresó Dijen burlonamente.

—Vamos a esperarlo aquí. —Le anticipé luego a mi amigo los detalles y la forma en que se nos aproximaría el maestro. Al terminar mi descripción, Sri Yukteswar se presentó a nuestra vista, llevando las mismas ropas que vestía cuando lo viera poco antes. Caminaba lentamente, detrás de un jovencito que llevaba en sus manos un jarro de plata.

Por un instante, una onda de frío pasó a través de mí al darme cuenta de lo desusado de mi extraña experiencia. Sentí que el mundo materialista del siglo XX se separaba de mí. ¿Estábamos en los tiempos antiguos en que Jesús se aparecía a Pedro en medio del mar?

Conforme Sri Yukteswar, un moderno yogui-Cristo, llegó al lugar donde Dijen y yo estábamos mudos y clavados, el maestro sonrió a mi amigo y le dijo:

—También a ti te mandé un mensaje, pero no pudiste recibirlo.

Dijen estaba silencioso, mirándome con ojos de sospecha. Después de que hubimos acompañado a mi maestro a la ermita, mi amigo y yo nos fuimos al colegio. Dijen se paró en la calle y, con los ojos inyectados de indignación, me dijo:

—¡Conque el maestro me envió un mensaje, y tú lo escondiste! ¡Quiero que me des una explicación!

—¿Qué puedo hacer yo, si tu espejo mental oscilaba con tanta intranquilidad que no pudiste captar las instrucciones del gurú? —le respondí.

La cólera se esfumó de la cara de Dijen.

—Ahora comprendo lo que quieres decir —exclamó tristemente—. Pero, por favor, dime: ¿cómo supiste lo del muchacho con el jarro de plata?

Cuando terminé mi relato de la fenomenal aparición del maestro en la casa de huéspedes aquella mañana, mi amigo y yo habíamos llegado al Colegio de Serampore.

—El relato que acabo de escuchar de los poderes de nuestro gurú —me decía Dijen— me hace pensar que la mejor universalidad del mundo no es más que un mero juego de niños.

Capítulo 20
No visitamos Cachemira

—Padre, deseo invitar al maestro y a cuatro amigos para que me acompañen a las estribaciones del Himalaya durante mis vacaciones de verano. ¿Podría obtener seis pases para Cachemira y suficiente dinero para cubrir los gastos?

Como lo esperaba, mi padre rio de buena gana.

—Esta es la tercera vez que me vienes con el mismo cuento del gallo y del toro. ¿No me hiciste la misma petición el último verano y el anterior también? A última hora, Sri Yukteswar rehusó ir.

—Es verdad, padre. Yo no sé por qué mi gurú no me dio su decisión definitiva sobre su viaje a Cachemira. Pero si yo le digo que he obtenido de ti los pases, creo que él convendrá en hacer el viaje.

Por lo pronto, mi padre no se sintió muy convencido, pero al día siguiente, después de algunas bromas de buen humor, me dio los seis pases y un rollo de billetes de diez rupias.

—Dudo de que este viaje teórico tuyo necesite de estos auxilios —dijo—, pero, de todos modos, aquí están.

Esa misma tarde le mostré mi botín a Sri Yukteswar. Y aun cuando él sonrió por mi entusiasmo, sus palabras en nada lo comprometían. «Me gustaría ir. Ya veremos». No hizo ningún comentario cuando invité a su discípulo de la ermita, Kanai, para que nos acompañara. También invité a otros tres amigos. Rajendra Nath Mitra, Jotin Auddy y otro muchacho. La fecha de nuestra partida fue fijada para el siguiente lunes.

El sábado y el domingo los pasé en mi casa en Calcuta, donde se estaban celebrando los ritos matrimoniales de un primo. El lunes por la mañana, temprano, llegué a Serampore con mi equipaje. Rajendre me encontró a la puerta de la ermita.

—El maestro anda fuera, paseando, y ha rehusado ir. —Yo estaba tan contrariado como obstinado.

—Yo no le daré a mi padre una tercera oportunidad de reírse de mis quiméricos planes de visitar Cachemira. Vente, los demás iremos de cualquier manera.

Rajendra consintió. Salí de la ermita para conseguir un mozo. Yo sabía que Kanai no haría el viaje sin el maestro, y alguien, en alguna forma, tendría que hacerse cargo del equipaje. Había pensado en Behari, quien anteriormente sirviera en mi casa, y quien ahora era empleado de un maestro de escuela de Serampore. Iba caminando a prisa, cuando me encontré a mi gurú frente a una iglesia cristiana, cerca de la Corte de Serampore.

—¿Adónde vas? —El rostro de Sri Yukteswar no tenía nada de sonriente.

—Señor, he sabido que tú y Kanai no nos acompañarán en el viaje que tenemos proyectado. Ando buscando a Behari. Debes recordar que el año pasado estaba ansioso de visitar Cachemira, y que le había ofrecido ir con nosotros sin paga alguna.

—Ya recuerdo. Sin embargo, creo que él no querrá ir.

Yo estaba exasperado. ¡Él estará esperando ansiosamente esta bella oportunidad para hacer el viaje!

Mi maestro continuó silenciosamente su paseo. Pronto llegué a casa del maestro. Behari, que estaba en el patio, me saludó con amistoso calor y desapareció tan pronto como mencioné Cachemira. Con un murmullo de palabras de excusa me dejó y se fue a las habitaciones de su amo. Lo esperé por media hora; nerviosamente, presumía que la dilatación de Behari era debida a sus preparativos para el viaje. Por fin, llamé a la puerta.

—Behari ha salido por la puerta de atrás hace media hora —me informó un sujeto. Una ligera sonrisa se dibujaba en sus labios.

Marché tristemente, preguntándome si mi invitación no habría sido demasiado forzada, o si la influencia invisible del maestro estaría operando en ello. Regresando por la iglesia cristiana, volví a ver a mi gurú, que caminaba lentamente en mi dirección. Sin esperar a oír lo que yo le iba a decir, exclamó:

—¡Así que Behari no va! Ahora, ¿cuáles son tus planes?

Yo me sentí como un niño con rabieta que está decidido a desafiar la ecuánime actitud del padre

—Señor, voy a pedirle a mi tío que me preste a su mozo, Lal Dhari.

—Ve a ver a tu tío, si quieres —replicó Sri Yukteswar, con una sonrisa mal contenida—. Pero creo que no gozarás con la visita.

Con actitud aprensiva pero rebelde, dejé a mi gurú y me metí en la Corte de Serampore. Mi tío paterno, Sarada Ghosh, abogado del Gobierno, me saludó con cariño.

—Voy a salir hoy para Cachemira con algunos amigos —le dije—. Por años he estado ansioso de hacer este viaje a los Himalayas.

—Mucho me alegro por ti, Mukunda. ¿Hay algo en que pueda ayudarte para hacer tu viaje más agradable?

Estas palabras amables me dieron aliento.

—Querido tío —le dije—, ¿sería posible que me prestaras a tu criado Lal Dhari?

Esta simple súplica tuvo el efecto de un cataclismo. Mi tío brincó con tanta violencia que tiró la silla; los papeles de su escritorio volaron en todas direcciones, y su pipa de madera de palma, tan estimada, cayó al suelo con gran estrépito.

—Jovenzuelo egoísta —exclamó balanceándose de cólera—, ¡qué idea más absurda! ¿Quién me atenderá si tú te llevas a mi mozo para tus placenteros entretenimientos?

Oculté mi sorpresa, pensando que el súbito cambio de mi tío era un enigma más en un día completamente dedicado a lo incomprensible. Mi salida de la oficina de la Corte de mi tío fue más comprometida que digna.

Regresé a la ermita, en donde los amigos ya reunidos esperaban los resultados de mis pesquisas. La convicción de que algún motivo oculto y extraordinario había tras la actitud del maestro fue arraigándose en mí. Cierto remordimiento empezó a asaltarme: el de que yo estaba tratando de contrariar la voluntad de mi maestro.

—Mukunda, ¿no te gustaría quedarte un poco más conmigo? —me preguntó Sri Yukteswar—. Rajendra y los demás pueden partir ahora y esperarte en Calcuta. Tendrás tiempo suficiente para tomar el último tren de la noche que sale de Calcuta para Cachemira.

—Señor, yo no quiero ir sin ti —le dije, lloroso. Mis amigos no hicieron caso a esta observación. Llamaron un coche y partieron con todo el equipaje.

Kanai y yo nos sentamos quieta y silenciosamente a los pies de nuestro gurú. Después de una media hora de completo silencio, el maestro se levantó y caminó hacia el comedor del piso alto.

—Kanai, hazme el favor de servirle a Mukunda su comida. Su tren sale pronto.

Levantándome del lugar en donde estaba sentado, comencé a sentirme, de pronto, con grandes náuseas y mareado, con una sensación de calambres y asco en el estómago. El dolor era tan intenso que pensé haber caído de súbito en un violento infierno. Tratando de llegar a mi maestro, caí a sus pies, con todos los síntomas del temido cólera asiático.

Entre espasmos de agonía, grité «Maestro, te entrego mi vida», porque creía firmemente que esta se retiraba como una baja marea de las playas de mi vida.

Sri Yukteswar colocó mi cabeza en su seno y me acariciaba la frente con ternura angelical.

—¿Comprendes ahora lo que habría pasado si estuvieras en la estación con tus amigos? —me dijo—. Yo tenía que cuidarte de tan extraña manera, porque tú dudaste de mi opinión sobre la inconveniencia de hacer ese viaje en esta ocasión.

Comprendí, por fin. Y, como los grandes maestros rara vez consideran oportuno desplegar abiertamente sus poderes, cualquier observador ocasional de los hechos ocurridos durante el día hubiera podido imaginar que su secuencia era enteramente natural. La intervención de mi maestro había sido demasiado sutil para que yo pudiera sospecharla. Él había desplegado su voluntad a través de Behari, de mi tío Sarada, de Rajendra y los demás de una manera tan insospechable que probablemente ninguno, excepto yo, pudo pensar que la situación surgida no fuese normal.

Como Sri Yukteswar nunca dejaba de cumplir sus obligaciones sociales, mandó a Kanai que trajera un especialista y a la vez que le avisara a mi tío.

Yo protesté:

—Maestro, tú eres el único que puede curarme; mi mal está demasiado avanzado para cualquier otro doctor.

—Criatura, tú estás protegida por la Divina Gracia. No te preocupes por el doctor; él no te encontrará en este estado. Tú estás ya curado.

A las palabras de mi maestro, el terrible sufrimiento me dejó. Pero me sentí débil. El doctor llegó y me examinó cuidadosamente.

—Parece que ya ha pasado lo peor —dijo—. Me llevaré conmigo unas pruebas para observarlas en el laboratorio.

A la mañana siguiente, el doctor llegó apresuradamente. Yo estaba sentado y me sentía con buen ánimo.

—Bueno, bueno, ya estás conversando y sonriendo como si no hubieras estado tan cerca de la muerte. —Acarició mi mano cariñosamente—. Casi no esperaba encontrarte con vida, después de descubrir por las pruebas que tu enfermedad era cólera asiático. Eres un joven afortunado, pues tienes un gurú con Divinos poderes curativos. ¡Estoy convencido de ello!

De corazón, asentí a su afirmación. Cuando ya el doctor se preparaba a marcharse, Rajendra y Auddy se asomaron por la puerta. El resentimiento que mostraban sus caras se trocó en simpatía cuando vieron al médico y advirtieron mi aspecto de convaleciente.

—Estábamos enojados porque no llegaste, como habíamos convenido, por el tren de Calcuta. ¿Has estado enfermo?

—Sí. —Y no pude contener la risa cuando mis amigos pusieron sus equipajes en el mismo rincón del día anterior. Luego cité aquello de «Hubo una vez un barco que iba a España y que cuando llegaba volvía otra voz».

Mi maestro entró en la habitación. Yo me permití una libertad de convaleciente y le tomé la mano con amor.

—*Guruji* —le dije—, desde que tenía doce años he hecho muchos intentos infructuosos para llegar a los Himalayas. Ahora estoy verdaderamente convencido de que, sin tus bendiciones, la diosa Parvati no me recibirá nunca.

Capítulo 21
Visitamos Cachemira

—Ahora ya estás lo suficientemente fuerte para viajar; yo te acompañaré a Cachemira —me dijo Sri Yukteswar dos días después de mi milagrosa salvación del cólera asiático.

Esa misma noche, nuestra comitiva, compuesta de seis personas, tomó el tren rumbo al norte. Nuestro primer descanso fue en Simla, la ciudad reina, que yace en el trono de las colinas de los Himalayas. Paseamos por sus accidentadas calles admirando los magníficos paisajes.

—¡Vendo fresas inglesas! —gritaba una mujer sentada en las afueras de un pintoresco mercado.

Mi maestro tenía curiosidad por las pequeñas frutitas rojas. Compró una canasta y nos las ofreció a Kanai y a mí, que estábamos cerca de él. Yo probé una, pero inmediatamente la escupí sobre el piso.

—¡Señor, qué fruta tan ácida! ¡Nunca me gustarán las fresas!

Mi gurú se rio.

—¡Oh, ya te gustarán en América! A la hora de la comida tu anfitriona te las servirá con azúcar y crema. Después de que ella las haya aplastado con un tenedor, tú las probarás y dirás: «¡Qué deliciosas fresas!». Entonces recordarás este día en Simla.

El vaticinio de Sri Yukteswar se esfumó en mi mente, pero reapareció muchos años después, a los pocos días de mi llegada a América.

Fui invitado a una comida dada por la señora Alice T. Hasey (hermana Yogmata), en Somerville del Oeste, en Massachusetts. Cuando fue puesto en la mesa un plato con fresas, mi anfitriona tomó un tenedor y aplastó las fresas, agregándoles crema y azúcar.

—Las fresas son un poquito ácidas, y creo que le gustarán arregladas de esta manera —me dijo.

Tomé un bocado.

—¡Qué fresas tan deliciosas! —exclamé.

Inmediatamente, la predicción de mi gurú en Simla surgió de las profundas sinuosidades de mi memoria. Era realmente asombroso que con tanta anticipación la mente de Sri Yukteswar, guiada por Dios, hubiera presentido el programa de eventos kármicos que pululaban por el éter de mi futuro.

Nuestra comitiva partió en seguida de Simla y tomamos el tren para Rawalpindi. Allí alquilamos un landeau grande, tirado por dos caballos, en el cual empezamos un viaje de siete días hacia Srinagar, capital de Cachemira. El segundo día de nuestra jornada hacia el norte nos puso a la vista de los inmensos Himalayas. Conforme las llantas de hierro de las ruedas de nuestro carruaje crujían a lo largo de las calurosas piedras del camino, nosotros nos embelesábamos con el policromo matiz de los paisajes de las montañas.

—¡Señor —le dijo en voz alta Auddy al maestro—, yo estoy grandemente encantado con su santa compañía, gozando de este paisaje esplendoroso!

Yo sentí un hálito de satisfacción al escuchar las palabras de Auddy, porque estaba actuando como anfitrión en este viaje. Sri Yukteswar captó mi pensamiento, y luego, en voz baja, me dijo:

—No te enorgullezcas. Auddy no está tan embelesado como parece en el panorama, sino por la expectativa de abandonarnos por unos minutos para fumar un cigarro.

Yo me quedé asombrado.

—Señor —le dije a media voz—, por favor, no rompa nuestra armonía con esas palabras poco halagüeñas; difícilmente creo que Auddy esté tan ansioso de fumar.

—Muy bien, no le diré nada a Auddy —agregó mi maestro—. Pero ya verás tan pronto como el coche haga alto; Auddy aprovechará la oportunidad que esto le da.

Cuando nuestro carruaje llegó a una posada y nuestros caballos fueron llevados a tomar agua, Auddy preguntó:

—Señor, ¿me permitirá usted que vaya un rato arriba con el cochero? Me gustaría tomar un poco de aire fresco.

Sri Yukteswar se lo permitió, pero luego me dijo:

—Él quiere un cigarro fresco y no aire fresco.

El carruaje prosiguió su ruidoso camino sobre la empolvada carretera. Los ojos de mi maestro brillaban de malicia y me dijo:

—Saca tu cabeza por la puerta del carruaje y fíjate lo que Auddy está haciendo con el aire.

Obedecí; y estupefacto observé que Auddy, feliz, arrojaba espirales de humo por la boca. Y miré a Sri Yukteswar con aire de disculpa.

—Usted, como siempre, tiene razón, maestro. Auddy está gozando de su cigarro junto con el panorama.

Supuse que Auddy había recibido tal obsequio del cochero, pues sabía que él no había traído cigarrillos de Calcuta.

Continuamos por el laberinto de la ruta, adornado con vistas de ríos, valles, despeñaderos, precipicios y multiformes hileras de montañas. Cada noche parábamos en alguna rústica posada y preparábamos nuestro propio alimento. Sri Yukteswar tomó precauciones especiales sobre mi dieta, insistiendo en que con cada comida tomase jugo de lima. Todavía estaba débil, pero cada día mejoraba, aun cuando el ruidoso carruaje era verdaderamente incómodo.

Gozo anticipado llenaba nuestros corazones conforme nos acercábamos a la parte central de Cachemira, tierra paradisíaca de lagos, de lotos, jardines flotantes, casas engalanadas en botes fluviales, de muchos puentes y encrucijadas sobre el río Jhelum, praderas matizadas de flores y todo ello coronado por el marco de los Himalayas. Nuestra llegada a Srinagar se hizo por una avenida de altos y hermosos árboles que parecían tendernos sus ramas para darnos la bienvenida. Alquilamos habitaciones en una posada de dos pisos, orientada hacia las santas montañas. No había agua corriente en las habitaciones, y teníamos que sacar, para nuestro uso, el agua de un pozo cercano. El verano era delicioso, con días calientes y noches un poco frescas.

Hicimos una excursión al antiguo templo de Srinagar, del Swami Shankara. Y cuando vi el pico de la montaña donde estaba la ermita erguida, destacándose claramente contra el cielo, caí en un trance extático. Una visión se me apareció: la de una mansión en la cima de una montaña, en un país lejano. La elevada ermita de Shankara se había transformado ante mí en una estructura en donde años más tarde establecí la sede central de la Hermandad de Autorrealización, en América. Cuando por primera vez visité Los Ángeles y vi un gran edificio en la cima de las lomas de Mount Washington, inmediatamente lo reconocí como el de aquella lejana y antigua visión de Cachemira.

Unos cuantos días en Srinagar, luego en Gulmarg (sendero de flores en las montañas), que tiene una elevación de unos seis mil pies. Allí, por primera vez, monté en un caballo grande. Rajendra llevaba un trotón pequeño, cuyo corazón estaba inquieto por la rapidez.

Nos aventuramos por las empinadas laderas de Khilanmarg; el camino nos condujo a través de un bosque espeso de árboles-hongos, en donde las veredas oscurecidas por la neblina eran casi invisibles. Pero el pequeño animal de Rajendra nunca permitió que mi noble animal tuviera un solo rato de reposo, ni aun en los más intrincados y peligrosos recodos de los senderos. Adelante, siempre adelante, el caballo de Rajendra se olvidaba de todo, menos de su competencia.

Por fin, nuestra carrera fue recompensada con un panorama de maravilla. Por primera vez en esta vida, dirigí mi mirada en todas las direcciones a las cumbres de los sempiternos nevados picos de los Himalayas, sentados hilera tras hilera como siluetas de enormes osos polares. Mis ojos, llenos de gozo, se daban un festín panorámico contemplando las interminables montañas heladas contra el marco maravilloso de los soleados azules cielos.

Envueltos en sobretodos, rodábamos sobre la nieve en las laderas de las montañas. En nuestro viaje de bajada vimos a la distancia una enorme alfombra de florecillas amarillas que transformaban completamente el yermo de los elevados picos.

Nuestra siguiente excursión fue a los famosos «jardines reales del placer», del emperador Jehangir, en Shalimar y Nishat Bagh. El antiguo palacio en Nishat Bagh está construido exactamente sobre una cascada natural. Precipitándose hacia abajo de las montañas, su torrente ha sido regularizado por medio de un procedimiento ingenioso, que le permite flotar sobre terrazas de colores y fluir a través de fuentes en medio de las deslumbrantes praderas floridas. La corriente también penetra en varias de las habitaciones del palacio, y cae finalmente como una lluvia producida por las hadas al lago que se encuentra más abajo.

Los inmensos jardines son una verdadera policromía: rosas de una docena de tonos y matices diferentes, antirrinos, espliegos, pensamientos, amapolas, etcétera. Todo está encerrado en un círculo de esmeralda formado por hileras de «Chinars», cipreses, cerezos y, más allá, por la blanca austeridad de los Himalayas.

Las uvas de Cachemira son consideradas como un raro manjar en Calcuta. Rajendra, que ya se había prometido a sí mismo un banquete suculento de esta fruta al llegar a Cachemira, fue desagradablemente sorprendido al ver que en Cachemira no había grandes viñedos. De vez en cuando, yo le ironizaba jocosamente por sus bajas apetencias anticipadas.

—¡Oh, me he hartado tanto de uvas, que casi no puedo andar! —le decía—. ¡Las uvas invisibles están fermentando dentro de mí!

Más tarde supe que en Kabul, al oeste de Cachemira, crecen en abundancia uvas muy grandes y dulces. Al fin nos conformamos con helados hechos de *rabri*, una leche condensada espesa, con sabor de nuez o de pistacho.

Hicimos varios viajes en las *shikaras*, casas flotantes sombreadas con ramajes de flores rojas. Navegábamos por los intrincados canales del lago Dal, una verdadera red de canales como tejidos de araña.

Aquí, una inmensidad de jardines flotantes, construidos rudamente con troncos y tierra, le sorprenden a uno por la ingenua incongruencia de que verduras y melones crezcan en medio de las vastas aguas. Ocasionalmente, suele verse a algún campesino que desdeña estar «enraizado a la tierra», y que, hallando su lote cuadrado de «tierra», busca un nuevo sitio en las muchas encrucijadas del lago.

Es este valle un verdadero epítome de todas las bellezas de la tierra. La Señora de Cachemira está coronada por la montaña, «enguirnalada» en el lago y calzada de flores. En los últimos años, después de haber viajado por muchos países distintos, me explico por qué Cachemira es llamada con frecuencia el lugar escénico más hermoso del mundo. Este lugar reúne algo de la belleza de los Alpes suizos, de Loch Lomond, en Escocia, y de los exquisitos lagos ingleses. Un viajero americano en Cachemira encuentra mucho que le recuerde la ruda grandeza de Alaska y de los Pikes Peak cerca de Denver.

Para un concurso de belleza, yo ofrecería para el primer premio, asimismo, los grandiosos paisajes de Xochimilco, en México, en donde las montañas, el cielo y los álamos se reflejan en innumerables canales en que se reúnen miríadas de peces juguetones; o los lagos enjoyados de Cachemira, guardados como mujeres hermosas por la austeridad del colosal vigilante de los Himalayas. Estos dos lugares permanecen frescos en mi memoria como los lugares más hermosos de la Tierra.

Yo quedé asombrado, también, cuando por primera vez contemplé las maravillas del Parque Nacional de Yellowstone, el Gran Cañón de Colorado y Alaska. El Parque de Yellowstone es, probablemente, la única región en donde uno ve innumerables geisers alzándose a la altura, año tras año, con la regularidad de un reloj. Sus estanques opalinos y de color zafiro, así como sus manantiales de agua sulfurosa, sus animales salvajes, osos, etcétera, nos hacen pensar que aquí la naturaleza ha dejado un modelo de su creación primitiva. Viajando en automóvil a través de los caminos de Wyoming hacia el Devil's Paint Pot con su lodo caliente, con manantiales cantarinos, fuentes vaporosas y geisers vomitando agua en todas las direcciones, yo diría que Yellowstone merece un premio especial por su originalidad.

Los antiguos y majestuosos bosques colorados de Yosemite, que arrojan sus enormes columnas hacia el inmenso e insondable azul del cielo, son catedrales naturales de verdor, diseñadas con maestría Divina. Aun cuando hay preciosas cascadas en el Oriente, ninguna iguala a la torrencial belleza de las del Niágara, cerca del límite canadiense. Las cuevas Mammoth de Kentucky y las Cavernas de Carlsbad, en Nuevo México, con sus formaciones de multicolores carámbanos, son verdaderos sueños de hadas. Sus largas agujas de estalactitas espirales, colgando de sus bóvedas y reflejadas en las aguas subterráneas, presentan un destello de otros mundos, solo imaginados por el hombre.

La mayor parte de los hindúes de Cachemira, famosos en el mundo entero por su belleza, son tan blancos como los europeos y tienen facciones similares, así como su estructura ósea; muchos tenían ojos azules y cabello rubio. Vestidos en trajes occidentales, se ven como si fueran americanos. El frío de los Himalayas protege a los habitantes de Cachemira del inclemente sol y les conserva su piel blanca. Conforme va uno viajando hacia las regiones sureñas y tropicales de la India, progresivamente, la gente se va volviendo de color más y más oscuro.

Después de pasar varias felices semanas en Cachemira, me vi obligado a regresar a Bengala, para la apertura del Colegio de Serampore en el otoño. Sri Yuktesvar se quedó en Srinagar con Kanai y Auddy. Antes de partir, el maestro insinuó que su cuerpo estaría sujeto a cierto sufrimiento en Cachemira.

Yo protesté, diciéndole que él era el retrato de la salud misma.

—Aún hay la posibilidad de que yo abandone esta tierra.

—¡*Guruji*! —Caí a sus pies con un gesto suplicante—. ¡Por favor, prométame que no abandonará su cuerpo, por ahora! ¡Estoy completamente impreparado para continuar el camino sin su ayuda!

Sri Yuktesvar estaba silencioso, pero me sonrió con tanta dulzura y compasión que me sentí más tranquilo. Forzado por las circunstancias me alejé de él.

«Maestro, enfermo de gravedad». Este telegrama de Auddy me llegó poco después de haber regresado a Serampore.

«Señor —frenéticamente telegrafié a mi gurú—, yo le pedí su promesa de no abandonarme. Por favor, conserve su cuerpo; de otra manera, yo también moriré».

«Hágase como lo pides». Esta fue la contestación de Sri Yukteswar desde Cachemira.

Pocos días después llegaba una carta de Auddy en la que me informaba que ya mi maestro había sanado. A su regreso a Serampore, durante la siguiente quincena, me sentí consternado al ver el cuerpo de mi maestro reducido a la mitad de su peso normal.

Afortunadamente para sus discípulos, Sri Yukteswar quemó muchos de los pecados de estos en el fuego de su alta fiebre en Cachemira. El método metafísico para la transferencia física de las enfermedades es conocido por los yoguis más adelantados. Un hombre vigoroso puede ayudar a uno más débil a llevar su pesada carga; un superhombre espiritual puede aminorar las cargas físicas o mentales de sus discípulos, compartiendo el karma de sus acciones pasadas. Así como un hombre rico pierde algo de dinero cuando paga una deuda grande por su hijo pródigo, quien es así lavado de las malas consecuencias de sus propias maldades, así el maestro sacrifica voluntariamente una parte de su fortuna física para aligerar la miseria de sus discípulos.

Por un método secreto, el yogui une su mente y vehículo astral con aquellos del individuo que está sufriendo, y la enfermedad es soportada en todo o en parte por el cuerpo del santo. Habiendo cosechado a Dios en el campo físico, a un maestro no le importa qué es lo que le pase a su forma material. Aunque puede permitir que su cuerpo sufra determinada enfermedad para aliviar a otros, su mente no es nunca afectada, y él se considera dichoso de poder prestar tal servicio.

El devoto que ha adquirido su salvación final en el Señor encuentra que su cuerpo ha llenado completamente su objeto, y entonces lo puede usar en la forma que le parezca más conveniente. Su obra en el mundo es la de aliviar las tristezas de la humanidad, ya sea por medio de la fuerza de voluntad o por la transferencia física de enfermedades. Elevándose a la supersconsciencia cuando él lo desea, un maestro puede olvidar los sufrimientos de su cuerpo físico; algunas veces resuelve soportar estoicamente dolores físicos, como un ejemplo para sus discípulos. Asumiendo los males de otros, un yogui puede satisfacer, por ellos, la ley kármica de causa y efecto. Esta ley es mecánica y matemáticamente operativa; sus trabajos pueden ser dirigidos científicamente por hombres de sabiduría Divina.

La ley espiritual no requiere que un maestro enferme mientras cura a otra persona. Las curaciones tienen lugar generalmente por medio del conocimiento del santo, que conoce varios métodos de curación instantánea y en los cuales ningún mal se ocasiona el curador espiritual. En raras ocasiones, sin embargo, el maestro que desea acelerar grandemente la evolución de su discípulo, puede entonces consumir voluntariamente en su propio cuerpo gran parte del indeseado karma del discípulo.

Jesús se ofreció a sí mismo como rescate por los pecados de muchos. Con sus poderes Divinos, su cuerpo nunca hubiera quedado sujeto a la muerte por la crucifixión si él no hubiera querido, voluntariamente, cooperar con la sutil ley cósmica de causa y efecto. Él asumió en sí mismo las consecuencias kármicas de otros, especialmente las de sus discípulos. De esta manera estos fueron altamente purificados y capacitados para recibir la conciencia omnipresente que más tarde descendió sobre ellos.

Únicamente un maestro que se ha autorrealizado a sí mismo puede transferir sus fuerzas de vida, a concitar en su propio cuerpo las enfermedades de otros. Un hombre común no puede emplear estos métodos de curación, ni es deseable que trate de hacerlo, porque un instrumento físico defectuoso es un obstáculo para la meditación de Dios.

Las Escrituras hindúes enseñan que el primer deber del hombre es conservar su cuerpo en perfecta condición; de otra manera, su mente es incapaz de permanecer fija en la concentración devocional.

Una mente muy fuerte, sin embargo, puede trascender todas las dificultades físicas y obtener la realización en Dios. Muchos santos han ignorado y trascendido sus enfermedades y han tenido éxito en su búsqueda Divina. San Francisco de Asís, agudamente atormentado por los males, curó a muchos y aun los salvó de la muerte.

Yo conocí a un santo indio, cuya mitad del cuerpo estuvo en una época lleno de llagas. Su condición diabética era tan aguda que, en condiciones ordinarias, no podía estar quieto más de quince minutos. Pero sus aspiraciones espirituales eran indomables. «Señor —oró una vez—, ¿vendrás tú a mi destruido templo?». Con incesante fuerza de voluntad, el santo pudo gradualmente sentarse diariamente en su postura meditativa de loto por dieciocho horas consecutivas, ensimismado en un trance extático.

—Y —me dijo— al cabo de tres años encontré la Infinita Luz en mi averiada forma. Regocijado en el esplendor gozoso, me olvidé del cuerpo.

Después supe que había sido curado a través de la misericordia Divina.

Un hecho de curación histórica es la relacionada con el rey Baber (1483-1530), fundador del Imperio mongol de la india. Su hijo, el príncipe Humayun, estaba mortalmente enfermo; el rey oró con angustiosa determinación por la transferencia de la enfermedad de su hijo. Y, cuando los doctores habían abandonado toda esperanza de salvación, Humayun sanó. Baber inmediatamente cayó enfermo y murió de la misma enfermedad que había aquejado a su hijo. Humayun sucedió a Baber como emperador del Indostán.

Mucha gente cree o se imagina que cada maestro espiritual debe tener la salud y la fuerza de un Atlas. Esta suposición es infundada. Un cuerpo enfermizo no indica que el gurú no esté en contacto con los poderes Divinos, de la misma manera que una larga y saludable vida no indica necesariamente la iluminación interna. Las condiciones del cuerpo físico, en suma, no pueden ser la recta prueba de un maestro. Sus distintas cualidades deben buscarse en su propio dominio de lo espiritual.

Muchos extraviados investigadores de Occidente piensan erróneamente que un orador elocuente o un escritor de asuntos metafísicos ha de ser un maestro. Los *rishis*, sin embargo, han indicado que la prueba decisiva de un maestro es su facilidad para entrar a voluntad en el estado sin aliento y mantener el inmutable *samadhi*. *Nirvikalpa* ininterrumpidamente a voluntad. Únicamente por este logro puede un ser humano demostrar que él ha dominado «*maya*», o «dualidad ilusión cósmica». Únicamente él puede decir desde las profundidades su realización: *Ekam sat* ('Solo uno existe').

«Los vedas declaran que el hombre ignorante que hace la más pequeña distinción entre el alma individual y el Ser Supremo está expuesto al peligro», escribió el gran monista Shankara. «Donde hay dualidad por virtud de la ignorancia, uno ve todas las cosas como distintas del SER. Cuando todas las cosas son vistas como el Ser, entonces no existe ni un átomo que no sea el Ser...».

«Tan pronto como el conocimiento de la realidad ha surgido, ya no puede haber frutos de acciones pasadas que experimentar, debido a la irrealidad del cuerpo, de la misma manera que ya no puede haber ensueño después de haber despertado».

Solamente los grandes gurús son capaces de asumir el karma de sus discípulos. Sri Yukteswar no hubiera enfermado en Cachemira a menos de recibir autorización o permiso del Espíritu, dentro de sí, para ayudar a sus discípulos de esa manera extraña. Muy pocos santos estuvieron más sensitivamente dotados de sabiduría, para llevar adelante los mandatos Divinos, que mi propio maestro armonizado en Dios.

Cuando yo me aventuré a pronunciar unas cuantas palabras de simpatía por su extenuado cuerpo, mi gurú me dijo jovialmente:

—Esto tiene sus ventajas: ahora puedo usar camisetas que hace años no usaba.

Al escuchar la risa jovial de mi maestro, yo recordaba las palabras de San Francisco de Asís: «¡Un santo que está triste es un triste santo!».

Capítulo 22
El corazón de una imagen de piedra

—Como leal esposa hindú, no quiero quejarme de mi esposo. Pero sí quisiera que él cambiara y que fuera menos materialista. Él se goza en ridiculizar las estampas de santos que tengo en el cuarto de meditación. Querido hermano, tengo una profunda fe en que tú puedes cambiarlo. ¿Lo harás?

Mi hermana mayor, Roma, me veía con mirada suplicante. Yo estaba de visita en su casa de Calcuta, en la calle del barrio de Girish Vidyaratna. Su ruego me conmovió, porque ella había ejercido una gran influencia espiritual en mis primeros años, y porque había tratado dulcemente de llenar el vacío que mi madre dejó con su muerte en el seno de la familia.

—Querida hermana, por supuesto que haré todo lo que pueda. —Sonreí, deseoso de borrar la tristeza que manifestaba en su semblante, que contrastaba con su habitual dulzura.

Roma y yo nos sentamos un rato, en oración silenciosa, en busca de ayuda. Un año antes, mi hermana me había pedido que la iniciara en *Kriyā yoga*, en la cual estaba haciendo progresos notables.

Súbitamente, una inspiración se apoderó de mí.

—Mañana —le dije— voy al templo de Dakshineswar. Por favor, ven conmigo y sugiere a tu esposo que nos acompañe. Presiento que con las vibraciones de aquel santo lugar la Madre Divina tocará su corazón. Pero por ningún motivo descubras el objeto que nos lleva.

Esperanzada, mi hermana consintió. A la mañana siguiente, muy temprano, me agradó ver que Roma y su esposo estaban listos para el viaje. Conforme nuestro carruaje traqueteaba a lo largo del camino circular que conduce a Dakshineswar, mi cuñado, Satish Chandra Bosé, se divertía ironizando y escarneciendo a los gurús del pasado, del presente y del porvenir. Yo observé que Roma lloraba silenciosamente.

—¡Hermana, anímate! —le susurré al oído—. No le des a tu esposo la satisfacción de creer que tomamos sus burlas en serio.

—Mukunda, ¿cómo puedes tú admirar a los farsantes despreciables? —decía Satish—. La sola apariencia de un *sadhu* es repulsiva; son tan flacos como un esqueleto o tan profanamente gordos como un elefante.

Yo solté sonora carcajada. Mi reacción de buen humor molestó a Satish, y este se retiró amurrado. Cuando nuestro carruaje entró a los terrenos de Dakshineswar, echó a su alrededor una mirada desconfiada y, sarcásticamente, preguntó:

—Este viaje, supongo yo, es una treta para reformarme, ¿no?

Como ya me iba sin contestar sus palabras, me tomó del brazo, diciéndome:

—Joven señor monje, no se olvide usted de hacer los arreglos necesarios con los guardias del templo para tomar nuestra comida del mediodía.

—Ahora voy a meditar. No se preocupe por su comida —le contesté al punto—, la Madre Divina se encargará de ello.

—Yo no espero que la Madre Divina haga nada por mí. Pero a ti sí te hago responsable de mi comida. —El tono de voz de Satish era amenazador.

Yo proseguí mi camino por el peristilo que está frente al gran templo de Kali, o Madre Naturaleza. Escogiendo un lugar sombreado, cerca de uno de los pilares, me acomodé en la postura meditativa del loto. Aun cuando era solo las siete de la mañana, el sol sería pronto abrasador.

El mundo se me fue alejando conforme me interiorizaba devotamente. Mi mente estaba concentrada en la diosa Kali, cuya imagen en Dakshineswar fue el objeto especial de adoración del gran maestro Sri Ramakrishna Paramahansa. En contestación a sus angustiosas demandas, la imagen de piedra de este mismo templo tomó con frecuencia la forma viviente y conversaba con él.

«Madre silenciosa de corazón de piedra —rezaba yo—, tú, que te has llenado de vida a la súplica de tu amado y devoto Ramakrishna, ¿por qué no escuchas también las plegarias y los lamentos de este implorante y amoroso hijo tuyo?».

Mi arrebatado celo aumentaba sin límites, acompañado por la paz Divina. Sin embargo, cuando cinco horas habían pasado y la diosa a quien internamente yo estaba visualizando no me daba respuesta, me sentí algo descorazonado. Algunas veces es una prueba de Dios el demorar la realización de algunas oraciones. Pero él eventualmente aparece al persistente y sincero devoto, en la forma que él ama. Un devoto cristiano ve a Jesús; un hindú contempla a Krishna o la diosa Kali, o una expansiva luz si su culto adopta el modo impersonal.

Con desgano abrí los ojos y vi que las puertas del templo estaban siendo cerradas por un sacerdote, de acuerdo con la costumbre del mediodía. Me levanté de mi apartado asiento y salí al patio. Su piso de piedra calcinaba bajo el sol del mediodía, y mis pies desnudos ardían dolorosamente.

«Madre Divina —protesté tristemente—, tú no viniste a mí en visión, y ahora te ocultas detrás de las cerradas puertas del templo. Yo quería ofrecerte hoy una oración especial, en beneficio de mi cuñado».

Mi interna y fervorosa petición fue inmediatamente escuchada. Primero, una sensación deliciosa de frescura descendió por mi espalda hasta debajo de mis pies, haciendo desaparecer toda incomodidad. Luego, para mi mayor sorpresa, el templo pareció agrandarse prodigiosamente. Sus grandes puertas se abrieron poco a poco, mostrando al fondo la imagen de la diosa Kali. Gradualmente, tomó esta una forma viviente, sonriendo y moviendo la cabeza como en un saludo, lo cual me llenó de un regocijo indescriptible. Como con una mágica jeringa, el aire me fue extraído de los pulmones y mi cuerpo permaneció totalmente inmóvil, aunque no inerte.

Una extática expansión de conciencia subsiguió luego. Podía ver claramente a algunas millas sobre el río Ganges a mi izquierda, y aún mucho más allá del templo, todos los recintos de Dakshineswar. Las paredes de todos los edificios brillaban de transparencia, y, a través de ellos, podía ver a la gente caminar de un lado para otro en varias acres a la redonda.

Aun cuando me hallaba sin aliento y con el cuerpo en un estado de quietud extraña, podía mover manos y pies libremente. Por algunos minutos, ensayé abrir y cerrar los ojos; y, en ambos casos, podía ver claramente todo el panorama de Dakshineswar.

La vista espiritual, como los rayos X, penetra en toda materia; el ojo Divino está centrado en todas partes, y su circunferencia en sí mismo. Entonces, confirmé, en el soleado patio, que cuando el hombre cesa de ser un hijo pródigo de Dios absorbido en un mundo físico, verdadero sueño, tan sin base como burbuja, vuelve a heredar su reino eterno.

Si el «escapismo» fuese una necesidad del hombre, clavado a su estrecha personalidad, ¿podría compararse cualquier escape con la majestad de la omnipotencia?

En mi sagrada experiencia de Dakshineswar, las únicas cosas extraordinariamente agrandadas eran el templo y la figura de la diosa. Todo lo demás parecía en su forma y dimensiones normales, aun cuando cada una estaba encerrada en un halo de tenue luz blanca, azul y cromo de arcoíris al pastel. Mi cuerpo parecía ser de una substancia etérea, pronto a levitarse. Completamente consciente de mi medio ambiente material, veía a mi alrededor y daba algunos pasos sin interrumpir la continuidad de la bendita visión.

Tras las paredes del templo, súbitamente, divisé a mi cuñado, que se sentaba bajo las espinosas ramas de un árbol sagrado de bel. Con facilidad, pude conocer el curso de sus pensamientos. Aunque ahora era algo elevado por la santa influencia de Dakshineswar, su mente hacía aún reflexiones poco amables acerca de mí. Me dirigí directamente a la graciosa imagen de la diosa.

—Madre Divina —le pedí—, ¿no cambiarás la espiritualidad del esposo de mi hermana?

La hermosa imagen, hasta entonces silenciosa, habló por fin:

—Tu deseo será cumplido.

Gozosamente vi a Satish, quien instintivamente parecía darse cuenta de que algún poder espiritual estaba operándose en él; pero se levantó lleno de resentimiento de su asiento en el suelo, lo vi correr alrededor del templo y aproximarse a mí, amenazándome con el puño.

La sublime y amplia visión desapareció. Ya no pude ver a la gloriosa deidad; el majestuoso templo, ya sin transparencia, fue reducido a su tamaño ordinario. Y otra vez mi cuerpo sintió los sofocantes rayos solares. Corrí a cobijarme al lado de las columnas, hasta donde Satish me persiguió enojado. Vi mi reloj. Era la una; la Divina visión había durado una hora.

—Grandísimo loco —me espetó mi cuñado—, has estado con las piernas cruzadas y los ojos cerrados durante seis horas. Mientras, he ido y venido observándote. ¿Dónde está mi comida? Ahora el templo está cerrado, y a ti se te pasó notificar a sus autoridades; ahora nos hemos quedado sin comer.

La exaltación espiritual que había experimentado en la presencia de la diosa permanecía aún latente en mi corazón. Y me sentí fuerte y valiente para decir:

—La Madre Divina nos alimentará. Satish no se podía contener de ira.

—De una vez por todas —bramó—, me gustaría ver a tu Madre Divina dándonos de comer aquí sin previo arreglo.

Apenas acababa de pronunciar sus palabras, cuando un sacerdote del templo cruzó el patio y se acercó a nosotros.

—Hijo —me dijo—, he estado observando su faz serenamente iluminada durante sus horas de meditación. Yo presencié la llegada de su comitiva hoy por la mañana, y sentí el deseo de separar bastante comida para que ustedes coman. Aun cuando va contra las reglas proporcionar aliento a aquellos que no hacen su petición por anticipado, para ustedes he hecho una excepción.

Agradecido le di las gracias y clavé mi mirada en los ojos de Satish. Se ruborizó de emoción y bajó la mirada en señal de arrepentimiento. Luego fuimos servidos con una comida abundante y sustanciosa, e incluso con mangos fuera de estación. Noté que el apetito de mi cuñado era escaso. Estaba asombrado, profundizándose en un mar de pensamientos. En nuestro viaje de regreso a Calcuta, de vez en cuando me veía con suavizada expresión, y una que otra mirada humilde, como si quisiera disculparse. Pero no volvió a hablar una sola palabra desde el momento en que el sacerdote apareció para invitarnos a comer, como si hubiera sido la contestación inmediata a su reto.

Al día siguiente por la tarde, visité a mi hermana en su casa. Me recibió muy afectuosamente.

—Querido hermano —gritó feliz—, ¡qué milagro! Anoche mi esposo lloró abiertamente delante de mí. «Amada devi —me dijo—, me siento feliz más allá de toda expresión, de que la estratagema de tu hermano para reformarme haya surtido efecto. Voy a deshacer todo el mal que te he hecho. Desde esta noche usaremos nuestra recámara grande únicamente como lugar de adoración, y tu pequeño cuarto de meditación como dormitorio. Estoy sinceramente apenado por haber ofendido tanto a tu hermano. Por la forma vergonzosa en que he estado obrando, me castigaré no hablando a Mukunda en tanto no haya logrado algún progreso en el sendero espiritual. Con reverencia buscaré a la Madre Divina de hoy en adelante; y algún día, seguramente, la encontraré».

Años después visité a mi cuñado en Delhi. Gocé sobremanera al advertir que había adelantado grandemente en la senda de autorrealización, y al saber que había sido bendecido con la visión de la Madre Divina. Durante mi estancia con él, me di cuenta de que, secretamente, Satish pasaba la mayor parte de cada noche en meditación Divina, aun cuando estaba padeciendo de un mal bastante serio, y de que durante el día trabajaba en una oficina.

Me vino a la mente que la vida de mi cuñado no sería muy larga, Roma probablemente leyó mi pensamiento.

—Hermano querido —me dijo—, yo estoy sana, y mi esposo, enfermo. Sin embargo, deseo que sepas que, como abnegada esposa hindú, yo seré la primera en morir. No pasará mucho tiempo antes de que me vaya.

Desanimado por sus ominosas palabras, sin embargo, vi en ellas la punzante verdad. Yo estaba ya en América cuando mi hermana murió, un año después de su predicción. Mi hermano menor, Bishnu, me dio más tarde todos los detalles:

—Roma y Satish estaban en Calcuta, en la fecha de su muerte —me refirió Bishnu—; esa mañana se vistió ella con sus atavíos nupciales. «¿Por qué ese traje ahora?», le preguntó Satish. «Este es mi último día de servicio para ti en la Tierra», contestó Roma. Poco rato después tuvo un ataque al corazón, y cuando su hijo corría a traer ayuda, ella le dijo: «Hijo, no me dejes. Es inútil que vayas. Ya habré partido antes de que venga el doctor».

»Diez minutos después, deteniendo en sus manos los pies de su esposo, en reverencia, Roma dejó conscientemente su cuerpo, feliz y sin sufrimiento.

»Satish se volvió muy retraído después de la muerte de su esposa —prosiguió Bishnu—. Un día él y yo estábamos viendo un retrato grande, donde Roma aparecía sonriente. "¿Por qué te sonríes?", exclamó de pronto Satish, como si su esposa estuviera presente. "¿Tú crees que fuiste muy lista en arreglar todo para irte antes que yo? ¡Voy a probarte que no podrás por mucho tiempo permanecer separada de mí; pronto me reuniré contigo!".

»Aun cuando por este tiempo Satish estaba ya completamente restablecido de su mal y gozaba de inmejorable salud, murió sin causa aparente alguna, poco después de las extrañas observaciones que hizo ante la fotografía.

Así, proféticamente, se fueron mi amada hermana mayor, Roma, y su esposo, Satish, quien fuera transformado, en Darkshineswar, de un hombre mundano a un silencioso santo.

Capítulo 23
Recibo mi grado universitario

—Usted parece ignorar las asignaturas de los libros de texto sobre filosofía. Sin duda, confía en que la «intuición», poco laboriosa, sea la que le haga pasar los exámenes. Pero, a menos que se aplique usted y estudie formalmente, yo me encargaré de que no pase este curso.

El profesor D. C. Ghoshal, del Colegio de Serampore, se dirigía a mí en forma severa. Si yo no pasaba la prueba final por escrito, quedaba incapacitado para tomar parte en los exámenes finales. Estos son formulados por la Facultad de la Universidad de Calcuta, la cual cuenta entre sus afiliados al Colegio de Serampore. Un estudiante de las universidades indias que no es aprobado en alguna asignatura, en los exámenes finales, debe volver a presentar exámenes de todas las asignaturas al año siguiente.

Mis profesores en el Colegio de Serampore me trataban, generalmente, con una bondad no exenta de divertida tolerancia. «Mukunda está un poco mareado con la religión». Clasificándome así me evitaban, con gran tacto, el bochorno de las preguntas en la clase; ellos confiaban en las pruebas escritas finales para eliminarme de los estudiantes candidatos a obtener el grado de bachillerato. El juicio que de mí tenían mis compañeros se expresaba en el apodo que me endilgaron: «monje alucinado».

Adopté una ingeniosa medida para modificar la amenaza del profesor Ghoshal, de reprobarme en Filosofía. Cuando los resultados de las pruebas finales estaban a punto de ser anunciados públicamente, le supliqué a un compañero estudiante que me acompañara al estudio del profesor.

—Ven conmigo; necesito un testigo —le dije a mi compañero—. Sería una gran desilusión para mí si no pudiera frustrar las intenciones del profesor.

El profesor Ghoshal movió la cabeza cuando le pregunté qué calificación me correspondía.

—Tú no estás entre los que han pasado —dijo con aire de triunfo. Buscó en un montón de papeles sobre su escritorio—. Tu trabajo ni siquiera está aquí; has fallado, de todos modos, por no haberte presentado al examen.

Yo me reí.

—Señor, yo estuve en el examen; ¿me permite que busque entre el montón de papeles?

El profesor consintió, aunque no de buen grado. En seguida, encontré mi trabajo, en el cual, con toda intención, no había firma o marca de identificación alguna, salvo mi número de registro. Inadvertido él por la falta de «la bandera roja», señal de peligro, de mi nombre, el profesor había puesto una alta calificación a mis respuestas, aun cuando estas no estaban embellecidas con las citas de los libros de texto.

Notando el ardid del que me había valido, vociferó:

—¡Vaya! ¡Una suerte! —Y luego añadió—: Pero es seguro que fallarás en los exámenes finales.

Para la prueba de otras asignaturas, recibí la ayuda y particular preparación de mi querido amigo y primo Prabhas Chandra Ghose, hijo de mi tío Sarada. Yo me tambaleaba penosamente y obtuve calificaciones muy bajas; pero, afortunadamente, tuve éxito y pasé todas mis pruebas finales.

Ahora, después de cuatro años de colegio, tenía derecho a presentar los exámenes de bachillerato (A. B.). Sin embargo, ya casi no esperaba hacer uso del privilegio. Las pruebas finales del Serampore College eran juegos de niños comparadas con los duros y difíciles exámenes que debía presentar en la Universidad de Calcuta para obtener el grado de bachiller. Mi casi diaria visita a Sri Yukteswar no me dejaba sino muy poco tiempo para frecuentar aulas.

¡Allí, mi presencia, más que mi ausencia, era la que provocaba exclamaciones de asombro entre mis compañeros!

Mi rutina diaria consistía, por lo regular, en salir en mi bicicleta alrededor de las nueve y treinta de la mañana. En una mano solía llevar una ofrenda para mi maestro: algunas flores del jardín de la casa de huéspedes Panthi. Saludándome afablemente, mi gurú acostumbraba invitarme a comer. Yo aceptaba invariablemente su invitación, gustoso de tener pretexto para no ir al colegio en todo el día. Después de estar horas con Sri Yukteswar, escuchando el incomparable fluir de su sabiduría, y ayudando en los quehaceres de la ermita, partía desganadamente, alrededor de la medianoche, para el Panthi. Ocasionalmente, permanecía toda la noche con mi gurú, tan gratamente ensimismado en su conversación que apenas me daba cuenta de cuándo la oscuridad de la noche se convertía en el amanecer.

Una noche, alrededor de las once, cuando me estaba calzando, preparándome para regresar a la casa de huéspedes, mi maestro me preguntó gravemente:

—¿Cuándo principia tu examen de bachillerato?

—Dentro de cinco días, señor.

—Espero que estés preparado para sustentarlo.

Inmovilizado por la alarma, sostuve un zapato en el aire.

—Señor —protesté—, usted sabe que he pasado más días con usted que con los profesores. ¿Cómo puedo simular una farsa y comparecer para sustentar esos difíciles exámenes?

Los ojos de Sri Yukteswar se fijaron en los míos penetrantes, y me dijo:

—Debes presentarte.

El tono de su voz era perentorio.

—No debes permitir que tu padre ni tus demás parientes tengan oportunidad de criticarte por tu preferencia para la vida monástica de la ermita.

Prométeme tan solo que estarás presente en los exámenes finales y contestarás lo mejor que puedas.

Lágrimas incontrolables corrieron por mi rostro. Sentí que la orden de mi maestro no era razonable y que su interés era, para decir lo menos, tardío.

—Yo me presentaré si usted lo desea —le dije en medio de mis sollozos—. Pero ya no tengo tiempo para una preparación adecuada. —Y en voz baja murmuré—: Llenaré las hojas de los cuestionarios con sus enseñanzas, en contestación a las preguntas que allí se me hagan.

Cuando entré en la ermita, a la mañana siguiente, a mi hora acostumbrada, le presenté a Sri Yukteswar mi *bouquet* con cierta triste solemnidad. Sri Yukteswar se rio de mi aire afligido.

—Mukunda, ¿es que el Señor te ha defraudado alguna vez, en un examen o en otra cosa cualquiera?

—No, señor —le contesté animado. Gratos y vivificantes recuerdos afluyeron a mi memoria.

—No es la pereza, sino el ardiente celo de Dios lo que te ha impedido que busques honores en el colegio —dijo mi gurú amablemente. Después de un silencio, añadió—: Mas buscad primeramente el reino de Dios y su justicia, y todas estas cosas os serán añadidas.

Por la milésima vez, sentí aliviada mi carga en presencia de mi maestro.

Cuando terminamos nuestro almuerzo, me sugirió que regresara al Panthi.

—¿Vive todavía en la casa de huéspedes tu amigo Romesh Chandra Dutt?

—Sí, señor.

—Acércate a él; el Señor lo inspirará para que te ayude en tus exámenes.

—Muy bien, señor, aunque Romesh está generalmente demasiado ocupado. Es el estudiante de honor de nuestra clase y estudia mayor número de asignaturas que los demás.

Mi maestro no hizo caso de mis objeciones.

—Romesh hallará tiempo para ayudarte. Ahora, márchate.

Regresé en mi bicicleta al Panthi. La primera persona que encontré al llegar a la casa de huéspedes fue al estudioso Romesh. Como si tuviera todos sus días desocupados, accedió gentilmente a mi súplica.

—Por supuesto, estoy a tus órdenes. —Estuvo conmigo varias horas de esa tarde y de los días subsiguientes, aleccionándome en las diferentes asignaturas.

—Creo que muchas de las preguntas relativas a la literatura inglesa se referirán a la ruta de «Childe Harold» —me dijo—. Debemos conseguir un atlas inmediatamente.

Corrí a la casa de mi tío Sarada y le pedí prestado un atlas. Romesh marcó en el mapa de Europa los lugares visitados por el romántico viajero de Byron.

Algunos compañeros de clase se habían reunido en torno nuestro para escuchar las lecciones. Al final de la sesión, uno de ellos me dijo:

—Romesh no te está aleccionando bien. Por lo general, solo un cincuenta por ciento de las preguntas se refiere a los libros; la otra mitad trata de la vida de los autores.

Al día siguiente, cuando me presenté para ser examinado en literatura inglesa, una primera mirada al cuestionario me obligó a derramar lágrimas de gratitud, mojando con ellas el papel. El monitor de la clase se acercó a mi mesa y me interrogó con simpatía.

—Mi gurú me había anticipado que Romesh me ayudaría —expliqué—. Vea usted: ¡las mismas preguntas que me dictara Romesh están contenidas en el cuestionario! ¡Afortunadamente para mí, este año hay muy pocas preguntas sobre autores ingleses, cuyas vidas están envueltas en el más profundo misterio por lo que a mí toca!

La casa de huéspedes hervía en un gran alboroto cuando llegué. Los muchachos que habían estado criticando a Romesh y su manera de aleccionarme me miraban casi atemorizados y me ensordecían con sus felicitaciones. Durante la semana que duraron los exámenes, pasé muchas horas con Romesh, quien formulaba las preguntas que él creía escogerían los profesores. Día a día, las preguntas de Romesh aparecían casi en la misma forma en los cuestionarios.

Rápidamente, circuló por el colegio la noticia de que algo, semejante a un milagro, estaba ocurriendo y que el éxito era seguro para el distraído «monje alucinado». Yo, por mi parte, no traté de ocultar los hechos del caso. Los profesores locales estaban incapacitados para alterar las preguntas, las cuales habían sido preparadas por la Universidad de Calcuta.

Pensando en el examen de literatura inglesa, comprendí, una mañana, que había cometido un grave error. Una sección de las preguntas había sido dividida en dos partes, de A o B y de C o D. En vez de contestar cada una de estas secciones aparte, había contestado descuidadamente las preguntas del Grupo I sin tomar en cuenta el Grupo II. La mejor calificación que podría obtener en ese cuestionario sería de treinta y tres puntos, tres menos de los que se necesitaban para salir aprobado, ya que el mínimo era treinta y seis. Corrí inmediatamente a mi maestro y le conté mis dificultades.

—Señor, he cometido un error imperdonable. No merezco las bendiciones Divinas por conducto de Romesh. No soy merecedor de ellas.

—Anímate, Mukunda. —El tono de voz de Sri Yukteswar era ligero y despreocupado. Señalándome la bóveda azul del cielo, me dijo—: ¡Es más probable que el sol y la luna intercambien sus posiciones en el espacio que el que tú no salgas aprobado!

Salí de la ermita más tranquilo, aun cuando parecía matemáticamente imposible que yo pudiera aprobar esa materia. Más de una vez miré aprensivamente al cielo: ¡el Rey del Día parecía estar firmemente anclado en su órbita acostumbrada!

Cuando llegué al Panthi, oí casualmente la observación de un compañero: «Acabo de saber que este año, por primera vez, la calificación media requerida para pasar la asignatura de Literatura Inglesa ha sido bajada». Me precipité con tal ímpetu en el cuarto del compañero que esto decía que él me miró asombrado. Ansiosamente, lo interrogué.

—Monje de cabello largo —me dijo riendo—, ¿por qué este súbito interés en asuntos estudiantiles? ¿Por qué gritas en la hora undécima? Pues bien, es cierto que el mínimo de calificación ha sido bajado a treinta y tres puntos.

Dando saltos de alegría, llegué a mi cuarto, donde me arrodillé y alabé la perfección matemática de mi Padre Divino.

Todos los días me estremecía con la conciencia de una presencia espiritual que claramente sentía que me guiaba por conducto de Romesh.

Un curioso incidente tuvo lugar en relación con el examen de lengua bengalí. Romesh, que había estudiado esta asignatura ligeramente, me llamó una mañana cuando salí de la casa de huéspedes y me dirigía a la sala de exámenes.

—Te está llamando a gritos Romesh —me dijo un compañero impaciente—. No regreses porque llegaremos tarde a la sala.

—El examen de lengua bengalí es, por lo general, fácil de aprobar para los muchachos bengalíes —me dijo Romesh—. Pero tengo la corazonada de que este año los profesores han planeado destrozar a los estudiantes, haciéndoles preguntas sobre nuestra literatura antigua.

Luego, mi amigo me relató brevemente dos pasajes de la vida de Vidyasagar, un reconocido filántropo.

Le di las gracias a Romesh y, montando en mi bicicleta, me dirigí rápidamente hacia el colegio. El cuestionario del examen en lengua bengalí estaba dividido en dos partes. La primera pregunta era «Escriba dos ejemplos de las obras de caridad de Vidyasagar». Según trasladaba al papel los conocimientos tan recientemente adquiridos, susurraba unas palabras de gratitud por haber respondido a los llamados de Romesh a última hora. Si yo hubiera ignorado los beneficios hechos por Vidyasagar a la humanidad, incluyendo el que yo había recibido últimamente, no habría pasado mi examen en lengua bengalí. El reprobar una asignatura me obligaría a presentarlas todas de nuevo el año próximo. Semejante perspectiva era aborrecible.

La segunda pregunta del cuestionario era «Escriba en bengalí un ensayo sobre la vida del hombre que más le haya inspirado». Querido lector, no necesito decir a quién escogí para el tema de mi composición. Según llenaba página tras página con loas a mi gurú, sonreía al comprender que mi predicción se estaba llenando: «¡Llenaré las hojas del cuestionario con sus enseñanzas!».

No me sentí inclinado a preguntar a Romesh acerca de mi curso de Filosofía. Confiando en el largo entrenamiento al lado de Sri Yukteswar, ignoré las explicaciones del libro de texto. La calificación mayor que obtuve en todas las asignaturas fue la correspondiente a Filosofía. Mis calificaciones en las demás materias eran apenas un poco más altas que la calificación mínima para ser aprobado.

Es un placer para mí asentar que mi querido y penoso amigo Romesh recibió su grado con altos honores.

Mi padre prodigaba sonrisas el día de mi graduación.

—No creí que pasaras, Mukunda —confesó—. Pasabas tanto tiempo con tu gurú...

Mi maestro había intuido la silenciosa crítica de mi padre.

Durante años dudé que un día pudiera anteponer a mi nombre las iniciales A. B. (bachiller). Siempre que uso el título, pienso que fue un galardón Divino que se me concedió por razones no muy claras. De vez en cuando, oigo decir a los universitarios que son muy pocos los conocimientos que retienen después de la graduación. Esa aserción me consuela un poco de mis indudables deficiencias académicas.

El día que recibí mi grado de la Universidad de Calcuta, me arrodillé a los pies del maestro y le di las gracias por todas las bendiciones que su vida había vertido en la mía.

—De pie, Mukunda —me dijo indulgente—. El Señor ha considerado sencillamente de más conveniencia que tú te graduaras a que el sol y la luna cambiaran su derrotero.

Capítulo 24

Me ordeno monje de la Orden de los Swamis

—Maestro, mi padre está ansioso de que yo ocupe un puesto de responsabilidad en el ferrocarril de Bengala-Nagpur. Pero yo me he rehusado decididamente. —Y luego añadí, esperando—: Señor, ¿no podría usted hacerme monje de la Orden de los Swamis? —Con los ojos imploraba a mi maestro. En años anteriores, con objeto de probar el alcance de mi determinación, él no había querido oír mi súplica. Ahora, sin embargo, sonrió cariñosamente.

—Muy bien, mañana te iniciaré en la Orden de los Swamis. —Y prosiguió diciendo con calma—: Mucho me alegro de que hayas persistido en tu deseo para hacerte monje. Lahiri Mahasaya decía con frecuencia: «Si usted no invita a Dios para que sea huésped en verano, tampoco vendrá en el invierno de su vida».

—Querido maestro, yo nunca vacilaría en mis propósitos de llegar a pertenecer a la Orden de los Swamis como su reverencia misma. —Y le sonreí con profundo afecto.

«El soltero cuida de las cosas que pertenecen al Señor y cómo ha de agradar al Señor. Empero el casado cuida de las cosas que son del mundo y de cómo ha de agradar a su mujer». Yo he analizado la vida de muchos de mis amigos, quienes, después de seguir algún entrenamiento espiritual, se han casado. Lanzados en el torbellino de las responsabilidades mundanas, se han olvidado luego de su resolución de meditar profundamente.

El concederle a Dios un lugar secundario en la vida era para mí inconcebible. Aun cuando él es el único poseedor de todo el cosmos y silenciosamente reparte sus dones sobre nosotros, vida tras vida, una cosa hay que él no posee, y es que cada corazón humano tiene el poder de retener o dar libremente el amor de su dueño. El Creador, al adoptar infinitas precauciones para ocultar el misterio de su presencia en cada átomo de la creación, podría tener un solo motivo: el de que el hombre por sí solo, por su propia voluntad, lo busque. ¡Con qué guantes de terciopelo de pura humildad no ha dejado él de cubrir la mano de hierro de la omnipotencia!

El día siguiente fue el más memorable de mi vida. Recuerdo que era jueves, y lucía un sol resplandeciente; corría el mes de julio de 1914, y pocas semanas habían transcurrido desde que recibiera mi título universitario. En un balcón interior de la ermita de Serampore, mi maestro empapó una tira de seda, blanca y nueva, en una tintura ocre, el color tradicional de la Orden de los Swamis. Después de que la tela se secara, mi maestro me envolvió en ella; ahora lucía mi túnica de renunciación.

—Algún día irás a Occidente, en donde prefieren la seda —me dijo—. Como símbolo, he elegido para ti esta tela de seda en vez de emplear la de algodón que acostumbramos.

En la India, donde los monjes abrazan el ideal de la pobreza, un swami vestido con túnica de seda es cosa desusada. Sin embargo, muchos yoguis usan la ropa interior de seda, que preserva de ciertas corrientes sutiles del cuerpo mejor que el algodón.

—Yo soy enemigo de las ceremonias —me dijo Sri Yukteswar—. ¡Yo te haré swami en la forma *bidwat,* sin ceremonias!

El *bibidisa,* o iniciación pormenorizada para recibir el grado de swami, incluye una ceremonia del fuego, durante la cual se llevan a cabo ritos funerarios simbólicos. El cuerpo físico del discípulo se representa como muerto incinerado en las llamas de la sabiduría. Al nuevo swami, que recibe el grado, se le canta «Este *atma* es Brahma», o «Tú eres eso», o «Yo soy él».

Sri Yukteswar, sin embargo, en su amor por la sencillez, omitió todos los ritos formales y únicamente me pidió que escogiera un nuevo nombre.

—Te doy el privilegio de que tú mismo lo escojas —me dijo sonriendo.

—Yogananda —le contesté después de pensar un rato. El nombre quiere decir literalmente *ananda* ('felicidad'), a través de la unión Divina (yoga).

—¡Así sea! Abandonando tu nombre de familia, Mukunda Lal Ghosh, de aquí en adelante serás llamado Yogananda, de la rama de Giri de la Orden de los Swamis.

Cuando me arrodillé ante Sri Yukteswar, y le oí por primera vez pronunciar mi nombre, mi corazón se desbordaba de alegría. ¡Con cuánto amor y ternura había él trabajado sin descanso para que el muchacho Mukunda se transformara algún día en el monje Yogananda! Y gozosamente canté unos versos del largo canto sánscrito del señor Shankara:

> *Ni mente, ni intelecto, ni ego, ni sentimiento; ni cielo, ni tierra, ni metales soy yo.*
> *¡Yo soy él, yo soy él, Espíritu Bendito, yo soy él! Ni nacimiento, ni muerte, ni casta tengo.*
> *Padre y madre, no los tengo.*
> *¡Yo soy él, yo soy él, Espíritu Bendito, yo soy él! Más allá, de los vuelos de la fantasía, sin forma soy,*
> *¡permeando los miembros de toda vida.*
> *No temo las ataduras; soy libre, siempre libre, yo soy él, yo soy él, Espíritu Bendito, yo soy él!*

Los swamis pertenecen a la antigua orden monástica que fue fundada en su forma actual por Shankara.

A causa de ser una orden seria, con una línea ininterrumpida de santos representativos que han servido como jefes activos, ningún hombre puede darse a sí mismo el título de swami. Por derecho puede recibirlo únicamente de otro swami, de modo que todos los monjes de esta orden traen su linaje espiritual de un mismo y común gurú, que es el señor Shankara. Por sus votos de pobreza, castidad y obediencia al instructor espiritual, muchas de las órdenes monásticas católicocristianas tienen semejanza con la Orden de los Swamis.

Además de su nuevo nombre, generalmente terminado en -*ananda*, el swami toma un título que indica su conexión formal con una de las diez subdivisiones de la Orden de los Swamis. Estos *dasanamis* o divisas son diez, e incluyen el de Giri ('montaña'), al cual Sri Yukteswar y, por lo tanto, yo pertenecemos. Entre las otras ramas están las de Sagar ('mar'), Bharati ('tierra'), Aranya ('bosques'), Puri ('trecho-terreno-área'). Tirtha ('lugar de peregrinación') y Saraswati ('sabiduría de la naturaleza').

El nuevo nombre que recibe un swami tiene doble significado, y representa la obtención de la bendición suprema (*ananda*) por medio de una cualidad o estado Divino (amor, sabiduría, devoción, servicio, yoga), y a través de su armonía con la naturaleza, como se expresa en su infinita extensión de océanos, montañas, cielos.

El ideal de servicio desinteresado hacia toda la humanidad y de renunciación de lazos y ambiciones personales conduce a la mayoría de los swamis a tomar participación muy activa en obras de educación y humanitarismo en la India, y en algunas muy raras ocasiones en tierras lejanas a la India. Haciendo caso omiso de los prejuicios de casta, credo, clase, color, sexo o raza, un swami sigue los preceptos de una hermandad humana. Su meta es la unidad absoluta con el Espíritu. Inculcando en su conciencia, despierta o dormida, el pensamiento de «Yo soy él» transita tranquilamente por el mundo, pero sin pertenecer a él. Así solo tiene derecho de justificar su título de swami aquel que busca obtener su unión con el *Swa* o el Ser. Es ocioso agregar que no todos los formalmente llamados swamis tienen igual éxito para llegar a su alta meta.

Sri Yukteswar era ambas cosas: swami y yogui. Un swami, formalmente, un monje en virtud de sus conexiones con la antigua orden, no es siempre un yogui. Cualquiera que practique una técnica científica para establecer el contacto directo con Dios es un yogui, bien pueda ser casado o soltero, hombre mundano o de tendencias religiosas formales. Un swami puede seguir únicamente, si quiere, el sendero del árido razonamiento y de la fría renunciación; pero un yogui se ocupa, asimismo, de un definido procedimiento, por medio del cual la mente y el cuerpo son disciplinados paso por paso, y el alma, liberada. Sin presuponer ni dar nada por sentado en los terrenos emocionales, o por la fe, el yogui practica una serie de cuidadosos ejercicios que fueron originalmente delineados por los primeros *rishis*. El yoga ha producido, en todas las épocas de la India, hombres que han hallado la absoluta liberación, verdaderos yoguis-Cristos.

Lo mismo que cualquier otra ciencia, el yoga es aplicable a los individuos de todos los climas y tiempos. La teoría propalada por ciertos escritores ignorantes de que el yoga es inadaptable para la gente del mundo occidental es completamente falsa, y, desgraciadamente, este error ha impedido que muchos estudiantes sinceros no encuentren su verdadero estado de unificación espiritual. El yoga es un método que enseña a calmar, a restringir la turbulencia natural de los pensamientos, los que de otra manera impiden al hombre oriental y occidental obtener un vislumbre de la naturaleza de su propio ser o espíritu. El yoga no puede conocer ninguna barrera entre Oriente y Occidente, en la misma forma que la curación y la luz del sol no la reconocen. Mientras el hombre tenga una mente inquieta, tendrá necesidad de la enseñanza universal del yoga para obtener el control que necesita.

El antiguo *rishi* Patañjali define el yoga como el «control de las fluctuaciones de la materia de la mente».

Sus breves y maestras exposiciones, los *yoga sutras*, forman uno de los seis sistemas de filosofía hindú.

En contraposición a la filosofía occidental, los seis sistemas hindúes comprenden no solamente enseñanzas teóricas, sino también prácticas. Además de contar con todas las controversias ontológicas concebibles, estos seis sistemas formulan seis disciplinas definidas cuya misión es desterrar permanentemente el sufrimiento y alcanzar la bienaventuranza eterna.

El nexo común que une a los seis sistemas es la declaración de que ninguna libertad verdadera es posible en el hombre sin el conocimiento de la realidad última. Los *upanishads* consideran a los *yoga sutras*, entre los seis sistemas, como los que contienen los métodos más eficaces para alcanzar la percepción directa de la verdad. Por medio de las prácticas técnicas del yoga, el hombre abandona para siempre los reinos limitados de la especulación y conoce en experiencia la verdadera esencia.

El sistema yoga descrito por Patañjali es conocido como el Óctuple Sendero. Los primeros pasos o grados, 1) *yama* y 2) *niyama*, necesitan la observancia de diez moralidades negativas y positivas; evitar las ofensas a los demás, la falsedad, el hurto, la incontinencia, el recibir presentes (lo cual trae consigo obligaciones), pureza de cuerpo y mente, contento, autodisciplina, estudio y devoción a Dios.

Los siguientes pasos o grados son 3) *asana* ('postura correcta'), la columna espinal debe conservarse derecha y el cuerpo firme, en posición cómoda, para la meditación; 4) *pranayama* ('el control de *prana*, corrientes sutiles de vida'); y 5) *pratyahara* ('retiro de los sentidos de los objetos externos').

Los últimos pasos son propiamente las prácticas del verdadero y elevado yoga: 6) *dharana* ('concentración'), fijar la mente en un solo pensamiento; 7) *dhyana* ('meditación'); y 8) *samadhi* ('percepción superconsciente'). Este es el Óctuple Sendero del yoga que nos conduce cerca de la meta final de Kaivalya (el Absoluto), un término que puede ser más comprensible traducido como «Realización de la Verdad más allá de la comprensión intelectual».

«¿Cuál es más grande?», puede uno preguntarse, «¿un swami o un yogui?». Si la unión final con Dios es realizada, la diferencia de los diversos senderos desaparece. Sin embargo, el *Bhagavad-gītā* indica que los métodos del yoga todo lo abarcan. Sus técnicas no están indicadas únicamente para ciertos tipos y ciertos temperamentos, tales como aquellos pocos que se inclinan a la vida monástica; y el yoga no necesita ninguna formal alianza. Porque la ciencia yoguística satisface una necesidad universal y, por ello, tiene una natural y universal adaptabilidad.

Un verdadero yogui puede permanecer cumpliendo con sus deberes en el mundo; allí permanecerá como la mantequilla en el agua, y no como la fácilmente diluida leche de la indisciplinada humanidad. El llenar las responsabilidades de uno en la Tierra es, ciertamente, el mejor y más alto sendero, siempre y cuando el yogui, manteniendo una actitud completamente desinteresada respecto de los demás yoguistas, cumpla su parte como instrumento voluntario de Dios.

Hay un gran número de almas grandes en la actualidad, que viven en Europa o América, en otros cuerpos que no son hindúes, que aun cuando jamás han oído las palabras *yogui* o *swami* son, por cierto, verdaderos ejemplares de estos términos. A través de sus desinteresados servicios en pro de la humanidad, o a través del dominio de sus pasiones y pensamientos, por su sincero amor hacia Dios, o bien por sus grandes poderes de concentración, son, en cierto sentido, yoguis; se han fijado ellos mismos la meta del yoga, el dominio de sí mismos. Estos hombres podrían elevarse a mayores alturas si se les hubiera instruido en la ciencia definida del yoga, la cual hace posible una dirección más consciente de la mente y de la vida.

El yoga ha sido superficialmente mal comprendido por algunos escritores occidentales, pero sus críticos nunca han sido practicantes de esta ciencia. Entre los muchos serios tributos que se le han concedido a la ciencia del yoga, podemos mencionar uno: el del doctor C. G. Jung, el famoso psicólogo suizo.

«Cuando un método religioso se recomienda por sí solo como "científico", puede tener la seguridad de obtener público en Occidente. El yoga llena esta expectativa», dice el doctor Jung. «Independientemente del encanto de todo lo nuevo, y de la fascinación de lo entendido a medias, hay un buen margen para que la causa del yoga obtenga muchos partidarios. Ofrece la posibilidad de la experiencia gobernable, y así, satisface la necesidad científica de los "hechos", además de esto, por razones de su anchura y profundidad, su edad venerable, su doctrina y método, los cuales incluyen todas las fases de la vida, es promesa de posibilidades no soñadas».

«Toda religión o práctica religiosa presupone una disciplina psicológica, es decir, un método de higiene mental. Los múltiples procedimientos simplemente corpóreos del yoga significan también una higiene psicológica que es muy superior a la gimnasia ordinaria y a los ejercicios respiratorios comunes, ya que no es únicamente mecánica y científica, sino también filosófica; al entrenar las diferentes partes del cuerpo, las reúne en un todo espiritual, según se ve, por ejemplo, en los ejercicios del *pranayama*, en donde *prana* es ambas cosas: el aliento y la dinámica del cosmos».

«Cuando lo que el individuo se encuentra haciendo es también un evento de naturaleza cósmica, el efecto experimentado en el cuerpo (la inervación), se une con la emoción del espíritu (la Idea Universal), y con esto se desarrolla una unidad vital que ninguna técnica, no importa cuán científica, puede producir. Es inútil imaginar la práctica del yoga, que sería inefectiva, sin la aplicación de los conceptos en que está basado el yoga. Esto combina lo corporal y lo espiritual en forma completa y extraordinaria».

«En Oriente, en donde estas ideas y prácticas se han desarrollado, y en donde por algunos miles de años de tradición no interrumpida ha creado las bases espirituales necesarias, el yoga es, según creo, el método perfecto y apropiado para fundir mente y cuerpo, a fin de que formen una unidad incuestionable. Esta unidad cera una disposición psicológica que hace posible las intuiciones que trascienden la conciencia ordinaria».

Se aproxima para Occidente el día en que la ciencia interna del dominio de sí mismo sea tan necesaria como la conquista de la naturaleza exterior. Esta nueva Edad Atómica hallará la mente del hombre más sobria y ampliada por la ahora científicamente indisputable verdad de que la materia es, en realidad, energía concentrada. Otras fuerzas, aún más sutiles, de la mente humana pueden y deben liberar energías más grandes que aquellas que encontramos en piedras y metales, salvo que el gigante atómico material, nuevamente desencadenado, convierta al mundo en una pesadilla de destrucción desenfrenada.

Capítulo 25

Mi hermano Ananta y mi hermana Nalini

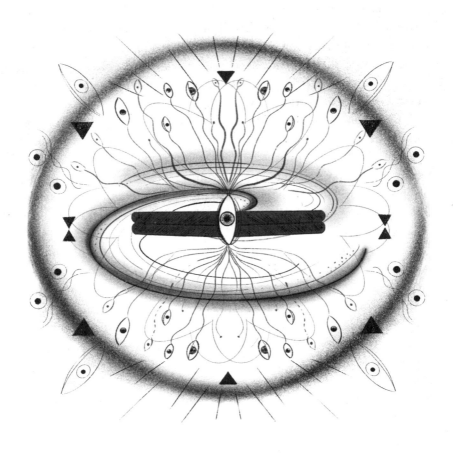

«Ananta ya no podrá vivir; las arenas de su karma en esta vida se han agotado». Estas palabras inexorables llegaron a mi conciencia interna una mañana, cuando estaba en profunda meditación. Poco tiempo después de haber recibido mi ordenamiento como swami, fui a visitar el lugar de mi nacimiento, Gorakhpur, como huésped de mi hermano mayor, Ananta. Una repentina enfermedad le obligó a guardar cama; yo lo cuidaba con cariño.

La premonición interna y solemne que había recibido con anticipación me llenó de pena y congoja, y sentí que no podría soportar el permanecer más tiempo en Gorakhpur, teniendo ante mis ojos a mi hermano enfermo, inhabilitado para poderlo ayudar. En medio de la incomprensiva crítica de mis familiares, salí de la India en el primer barco que pude tomar. La nave pasó Burma y el mar de China, con rumbo a Japón. Desembarqué en Kobe, en donde únicamente permanecí unos días. Mi corazón estaba demasiado abrumado para desear visitar otros lugares.

En mi viaje de regreso a la India, el barco se detuvo en Shanghái. Allí el doctor Misra, médico del barco, me condujo a varias tiendas de curiosidades donde escogí algunos presentes para Sri Yukteswar, para mi familia y para algunos amigos. Para Ananta compré una pieza grande de bambú, grabada. Al entregarme el artículo elegido el dependiente chino, y cuando apenas lo tocaban mis manos, se me cayó al suelo. Yo exclamé: «¡He comprado este recuerdo para mi hermano ya muerto!».

Una clara comprensión se apoderó de mí y sentí que su alma entraba, liberada, en lo Infinito, y en aquellos precisos instantes. La pieza de bambú se rajó simbólicamente al caer. En medio de reprimidos sollozos, escribí en la superficie del bambú: «Para mi querido Ananta, ahora que se ha ido».

Mi compañero, el doctor, observaba todos esos detalles con cierta sonrisa irónica de incredulidad.

—Guarde sus lágrimas —me dijo—. ¿Por qué derramarlas antes de tener la seguridad de su muerte?

Cuando nuestro barco llegó a Calcuta, el doctor Misra todavía me acompañaba.

Mi hermano menor Bishnu me esperaba en el muelle para saludarme.

—Ya sé que Ananta se ha marchado de esta vida —le dije a Bishnu antes de que él tuviera tiempo de hablar—. Por favor, dime, y lo mismo al doctor aquí presente, cuándo murió.

Bishnu nombró la fecha, que correspondía exactamente al día en que yo compraba los regalos en Shanghái.

El doctor Misra, sorprendido, me dijo:

—Óigame, que no se sepa una palabra de esto; de otra manera, los profesores añadirán un año más para el estudio de la telepatía mental en la carrera médica, que ya es bien larga.

Cuando entré en nuestra casa de Gurpar Road, mi padre me abrazó enternecido. «Ya has venido», me dijo, abrazándome cariñosamente, mientras caían de sus ojos dos gruesas lágrimas. Por lo general, no era demostrativo, y nunca antes me había dado muestras tan significativas de su gran afecto hacia mí. Exteriormente, era un padre adusto y serio, pero interiormente poseía el corazón dulce y amoroso de una madre. En todas sus relaciones con la familia, su doble papel de padre y madre era manifiesto.

Poco tiempo después de la muerte de mi hermano Ananta, mi hermana menor, Nalini, fue rescatada milagrosamente de la muerte por una curación Divina. Antes de contar los detalles de este suceso, referiré algunas fases de su niñez.

Las relaciones de infancia entre Nalini y yo no habían sido de las más cordiales. Yo era muy delgado, pero ella lo era mucho más. Debido a un motivo subconsciente o «complejo», que los psiquiatras no tendrán ninguna dificultad en localizar, yo me burlaba frecuentemente de lo que yo llamaba la «cadavérica figura» de mi hermana. Sus contestaciones eran igualmente francas, agudas, saturadas de ironía, como acostumbraban ser a esa edad. Algunas veces, mi madre me hacía terminar la disputa infantil con un tirón de orejas, quizás por ser yo mayor.

Pasó el tiempo. Nalini fue prometida para casarse con un joven médico de Calcuta, de nombre Panchanan Bose, quien recibió de mi padre una dote muy liberal. Bromeando, yo le decía a mi hermana que era en parte para compensar al novio por su suerte, por tener que cargar con un fideo humano.

A su debido tiempo se celebraron, como de costumbre, los elaborados ritos matrimoniales. En la noche de boda me reuní con el grande y alegre grupo de familiares en la amplia sala de nuestra casa de Calcuta. El novio estaba recostado en un inmenso cojín de brocado de oro; mi hermana Nalini se encontraba a su lado, vestida con un hermoso *sari*.

No obstante la belleza de la prenda, esta era incapaz de cubrir la delgadez de su figura. Yo me aproximé por detrás del cojín de mi nuevo cuñado, y le sonreí amigablemente; él nunca había visto a Nalini hasta el momento de la ceremonia nupcial, que fue cuando supo lo que había obtenido en la lotería del matrimonio.

El doctor Bose presintió mi simpatía y, señalando ostensiblemente a mi hermana, me preguntó al oído:

—Oye, ¿de qué te ríes?

—¡Cómo, doctor! ¿No lo sabe? —le contesté yo—. ¡Pues es un esqueleto para su estudio!

Congestionados de risa, mi cuñado y yo, tuvimos grandes dificultades para poder mantener nuestra seriedad en presencia de nuestros familiares.

Conforme los años pasaron, el doctor Bose se hizo querer por nuestra familia, la cual siempre le consultaba cuando ocurría algún caso de enfermedad; él y yo intimamos mucho y fuimos grandes amigos; nos chanceábamos mutuamente y casi siempre nuestras pullas eran para mi hermana Nalini.

Un día mi cuñado me dijo, hablando de ella, que era «una curiosidad médica». «He hecho cuantas pruebas han sido posibles con tu flacucha hermana; aceite de hígado de bacalao, mantequilla, malta, miel, pescado, carne, huevos, toda clase de tónicos, en fin, todo cuanto conozco, y ella no se ensancha ni siquiera un centésimo de pulgada». Ambos reímos.

Algunos días después visité en su casa a mi cuñado. Lo que a ella me llevaba solo me tomó unos minutos; ya salía creyendo que Nalini no me había visto, pero, cuando llegaba a la puerta, escuché su voz, atenta pero imperativa.

—Hermano, ven acá; en esta ocasión no te me escapas, quiero hablarte.

Subí las escaleras para llegar a su cuarto. Con gran sorpresa, vi que estaba llorando.

—Querido hermano —me dijo—, vamos a olvidar nuestras antiguas y tontas rencillas. Ya veo que tus pies están firmemente asentados en el sendero espiritual, y quiero ser como tú en todos tus aspectos. —Y añadió, con tono de esperanza—: En apariencia, tú estás ahora robusto, ¿puedes ayudarme? Mi esposo no se acerca a mí, y yo lo amo mucho. Pero, más que eso, quiero progresar en la realización de Dios, aun cuando tenga que permanecer delgada y sin atractivos.

Su súplica me enterneció y llegó a lo más profundo de mi corazón. Nuestra nueva amistad progresaba rápidamente; un día ella me pidió que la aceptara como mi discípula.

—Entréname en la forma que tú desees. Yo pondré mi fe en Dios en vez de tenerla en los tónicos. —Tomó un montón de medicinas y lo tiró por el tubo de desagüe.

Como una prueba de su fe, le pedí que eliminara por completo de su comida la carne, el pescado y los huevos.

Después de unos meses, durante los cuales Nalini había seguido estrictamente las indicaciones que yo le había hecho y se había adherido a su dieta vegetariana, pese a las grandes dificultades que esto le ocasionaba, le hice una visita.

—Hermanita, tú has estado observando conscientemente las indicaciones espirituales; pronto tendrás tu recompensa. —Y sonriéndome maliciosamente, le pregunté—: ¿Cómo quieres estar? ¿Tan gorda como mi tía Ana, quien no se ha visto los pies durante años?

—¡Oh, no!, pero sí me gustaría estar tan gorda como tú.

Con tono solemne le contesté:

—Por la gracia de Dios, como siempre ha hablado con la verdad, yo ahora hablo con esa verdad: por medio de las bendiciones Divinas, tu cuerpo empezará a cambiar desde ahora, dentro de un mes tendrá el mismo peso que el mío.

Estas palabras, pronunciadas desde el fondo de mi corazón, se realizaron. En treinta días, el peso de Nalini igualó al mío. La gordura le dio belleza, y su esposo se enamoró profundamente; se tornó luego idealmente feliz.

A mi regreso de Japón supe que, durante mi ausencia, Nalini había sido atacada por la fiebre tifoidea. Corrí a su casa y me quedé estupefacto: había quedado reducida a un mero esqueleto y se encontraba en estado de coma.

—Antes de que su mente hubiera sido perturbada por la enfermedad —me contó mi cuñado—, ella decía: «Si mi hermano Mukunda estuviera aquí, yo no estaría pasando por esto». —Luego, desesperado, agregó—: Ni los demás médicos ni yo tenemos ya esperanza. La disentería, con pérdidas de sangre, se ha presentado, después del largo ataque de la tifoidea.

Yo empecé a remover cielo y tierra con mis oraciones. Contraté los servicios de una enfermera anglo-india, quien me ayudó en todo. Le apliqué a mi hermana varias técnicas de curación yoguísticas. La disentería desapareció, pero el doctor Bose movió la cabeza con profunda tristeza.

—Ya no tiene más sangre que arrojar.

—Ella sanará —contesté enfáticamente—. Dentro de siete días la fiebre la habrá dejado.

Una semana después me emocioné grandemente al ver que Nalini abría los ojos y me miraba con amoroso reconocimiento. A partir de ese día, su alivio fue más rápido. Y aun cuando volvió a ganar su peso anterior, tuvo que sufrir una grave consecuencia de la terrible enfermedad: sus piernas estaban paralizadas. Tanto los especialistas como los ingleses habían pronunciado su veredicto de que permanecería paralítica para siempre.

La incesante lucha que tuve que sostener para salvar su vida y mis largas oraciones me habían agotado. Fui a Serampore a pedir a Sri Yukteswar su ayuda. Sus ojos expresaron profunda simpatía por el caso de Nalini.

—Las piernas de tu hermana serán otra vez normales al fin de mes —dijo, y luego agregó—: Dile que use, pegada a la piel, una cinta con una perla no perforada, de dos quilates, sujeta por medio de broches.

Yo me postré a sus pies, lleno de gozoso alivio.

—Señor, usted es un maestro; su palabra para la curación de mi hermana es suficiente; pero si usted insiste, inmediatamente adquiriré la perla para ella.

Mi gurú asintió con la cabeza.

—Sí, hazlo.

Luego describió exactamente las características físicas y mentales de Nalini, a quien él nunca había visto.

—Señor —le pregunté—, ¿se trata de un análisis astrológico? Usted no conoce ni la fecha ni la hora de su nacimiento.

Sri Yukteswar sonrió.

—Hay una astrología más profunda, y que no depende del testimonio de los calendarios y de los relojes; cada hombre es una parte del Creador, o del Hombre Cósmico; él tiene un cuerpo celestial, así como tiene otro en la Tierra. Los ojos humanos ven la forma física, pero el ojo interno penetra más profundamente, hasta el patrón universal, del cual cada hombre es una íntegra e individual parte.

Regresé a Calcuta y compré la perla para Nalini. Un mes después, sus piernas paralizadas estuvieron completamente sanas.

Mi hermana me suplicó que le diera a mi gurú las gracias más expresivas y que le expresara su inmensa gratitud por lo que había hecho por ella. Mi maestro escuchó el mensaje de mi hermana en silencio. Pero, cuando ya me despedía de él, me hizo un importante comentario:

—A tu hermana le han dicho los médicos que ella nunca podrá tener hijos. Asegúrale que dentro de pocos años tendrá dos niñas.

Algunos años después, con todo el regocijo de Nalini, nació una niña, a quien años después siguió otra.

—Tu maestro ha bendecido nuestro hogar y a toda nuestra familia —me dijo mi hermana—. La presencia de un hombre así es una bendición para toda la India. Querido hermano, por favor, dile a Sri Yukteswar que, por conducto tuyo, me cuente humildemente como una de sus discípulas de *Kriyā yoga*.

Capítulo 26
La ciencia del *Kriyā yoga*

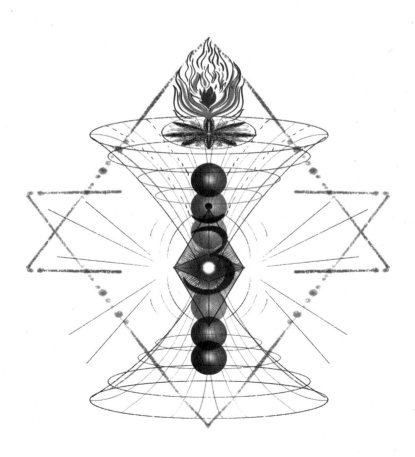

La ciencia del *Kriyā yoga*, mencionada con tanta frecuencia en estas páginas, llegó a ser ampliamente conocida en la India moderna a través de las prácticas y enseñanzas de Lahiri Mahasaya, gurú de mi gurú. La raíz sánscrita de *Kriyā* es *kri*, que quiere decir 'hacer', 'actuar', 'reaccionar'; encontramos la misma raíz en la palabra *karma*, o sea, el principio natural de causa y efecto. Así, «Kriyā yoga» significa «unión (yoga) con el Infinito por medio de cierta acción o rito». El yogui que sigue fielmente esta técnica se ve gradualmente liberado de su karma, o sea, de la cadena universal de la causación.

Debido a ciertas antiguas restricciones yoguísticas, no me es posible ofrecer una explicación del todo explícita en las páginas de un libro abierto, escrito para el público en general. La técnica debe ser aprendida de un *kriyāvan* o *kriyā yogui* (el que practica el *Kriyā yoga*), de modo que, en estas páginas, nos concretaremos a exponer una descripción general.

El *Kriyā yoga* es un simple método psicofisiológico por medio del cual la sangre humana se descarboniza y vuelve a cargarse de oxígeno. Los átomos de este extraoxígeno son transmutados en corriente de vida para rejuvenecer el cerebro y los centro o chakras en la columna vertebral. Suspendiendo la acumulación de sangre venosa, el yogui se hace capaz de aminorar o prevenir el desgaste de los tejidos. El yogui ya experimentado trasmuta sus células en energía pura. Elías, Jesús, Kabir y otros profetas fueron maestros en el uso del *Kriyā*, o, por lo menos, de una técnica semejante o parecida, por medio de la cual ellos hacían que sus cuerpos se desmaterializaran a voluntad.

El *Kriyā* es una ciencia antigua. Lahiri Mahasaya la recibió de su gurú, Babaji, quien la redescubrió, simplificó y purificó en su técnica, después de haber estado perdida desde épocas muy remotas.

Babaji le dijo a Lahiri Mahasaya:

—El *Kriyā yoga* que estoy ofreciendo al mundo por conducto tuyo, en este siglo XIX, es el resurgimiento de la misma ciencia que Krishna dio a Arjuna hace miles de años, y la cual fue reconocida posteriormente por Patañjali, Cristo, San Juan, San Pablo y otros discípulos.

Krishna, el profeta más grande de la India, habla sobre el *Kriyā yoga* en una estrofa del *Bhagavad-gītā*: «Ofreciendo aliento inhalado en aquel aliento que se exhala, y ofreciendo el aliento que se exhala en aquel que se inhala, el yogui neutraliza estos dos alientos; de este modo libera la fuerza de vida del corazón y la pone bajo su control». Su interpretación es esta: «El yogui previene el desgaste del cuerpo por medio de una adición de fuerza de vida y previene las mutaciones de crecimiento en el cuerpo por medio de *apana* (corriente eliminadora). De este modo, neutraliza el desgaste y crecimiento; aquietando el corazón, el yogui aprende a controlar la vida».

Krishna dice también que él fue quien, en anterior encarnación, comunicó el indestructible yoga a un antiguo iluminado llamado Vivasvat, quien luego lo pasó a Manú, el gran legislador. Este, a su vez, instruyó a Ikshvaku, el padre del guerrero de la dinastía solar de la India. Pasando así de uno a otro, el *raja yoga* fue guardado por los *rishis* hasta la llegada de la era materialista. Entonces, debido a la reserva sacerdotal y a la indiferencia de los hombres, el conocimiento sagrado gradualmente llegó a ser inaccesible.

El *Kriyā yoga* es mencionado dos veces por el antiguo sabio maestro Patañjali, el mejor y más grande entre los exponentes del yoga, quien escribió: «El *Kriyā yoga* consiste en la disciplina física, el control mental y en meditar sobre AUM». Patañjali habla de Dios como el Sonido Real Cósmico de AUM escuchado en la meditación. AUM es el Verbo Creador, el sonido del Motor Vibratorio. Aun el principiante en yoga escucha muy pronto en su interior el maravilloso sonido de AUM. Recibiendo este bendito aliento espiritual, el devoto se encuentra seguro de que está en verdadero contacto con los reinos de la Divinidad.

Patañjali se refiere por segunda vez al control de vida, o técnica de *Kriyā*, de esta manera: «La liberación puede ser obtenida por medio del *pranayama*, que se obtiene disociando el curso de la inspiración y expiración».

San Pablo conoció el *Kriyā yoga* —o una técnica similar—, por medio del cual podía desconectar la corriente de vida de los sentidos, a voluntad, y por ello decía: «En verdad, en verdad os digo, por la fe que tengo en Cristo, que yo muero diariamente». Retirando diariamente de su cuerpo la fuerza vital, la unía por medio del yoga ('unión') con la felicidad eterna de la conciencia de Cristo. En ese estado de bienaventuranza, tenía perfecta conciencia de hallarse muerto para los sentidos ilusorios del mundo.

En el estado inicial del contacto con Dios (*savikalpa samadhi*), la conciencia del devoto se funde con el Espíritu Cósmico; su fuerza de vida se retira del cuerpo, el que aparece como muerto, rígido y sin movimiento. El yogui está completamente consciente de la condición de suspensión de la vida animada en él. Conforme va progresando a estados más elevados del espíritu (*nirvikalpa samadhi*), comulga con Dios sin la rigidez del cuerpo, conservando, no obstante, la conciencia activa de la vida y aun hallándose en medio del torbellino de sus deberes mundanos.

«*Kriyā yoga* es un instrumento por medio del cual la evolución humana puede ser acelerada y favorecida», solía decir a sus discípulos Sri Yukteswar, y luego añadía: «Los antiguos yoguis descubrieron que el secreto de la conciencia cósmica está íntimamente ligado con el dominio de la respiración. Esta es una contribución inmortal e insólita que la India ofrece al caudal de los conocimientos humanos. La fuerza vital, que generalmente es absorbida para mantener el bombeo continuo del corazón, debe ser liberada en favor de actividades superiores, empleando el método de calmar y silenciar las demandas ininterrumpidas de la respiración».

El *Kriyā yoga* hace que el estudiante dirija mentalmente su energía vital, haciéndola obrar hacia arriba y hacia abajo, alrededor de los seis centros, chakras o plexos (medular, cervical, dorsal, lumbar, sacral y coccígeo), los cuales corresponden a los doce signos del Zodiaco, el Hombre Cósmico simbólico. Con medio minuto que la energía revolucione alrededor del sensitivo cordón de la espina dorsal del hombre, se efectúan grandes y sutiles cambios en su evolución; ese medio minuto de *Kriyā* equivale a un año de desarrollo espiritual natural.

El sistema astral de un ser humano, con seis (doce por polaridad) constelaciones internas revolucionando alrededor del sol del ojo espiritual omnisciente, está entrelazado con el sol físico y con los doce signos del Zodiaco. Así, todos los hombres están afectados por un universo externo y otro interno. Los antiguos *rishis* descubrieron que el medio ambiente del hombre, tanto en la tierra como en el cielo, en ciclos de doce años, lo impulsa hacia adelante en su sendero natural.

Las Escrituras aseguran que el hombre necesita un millón de años de vida normal de evolución para perfeccionar lo suficiente su cerebro humano a fin de expresar y manifestar la conciencia cósmica.

Mil *kriyās* practicadas en un lapso de ocho horas le ofrecen al yogui en un día el equivalente de mil años de evolución natural; 365 000 años de evolución en un año. En tres años, un *kriyā yogui* puede completar, por medio de un autoesfuerzo inteligente, eficaz y esmerado, los mismos resultados que la naturaleza alcanza al cabo de un millón de años. El sendero abreviado del *Kriyā yoga* puede, por supuesto, ser tomado únicamente por los yoguis debidamente preparados y avanzados en sus estudios. Con ayuda de un gurú, los yoguis preparan cuidadosamente sus cuerpos y cerebros para recibir el poder que las intensas prácticas efectuadas han creado en ellos.

El principiante de *Kriyā yoga* hace estos ejercicios solo de catorce a veintiocho veces, dos veces por día. Algunos yoguis completan su emancipación en seis, doce, veinticuatro o veintiocho años. El yogui que muere antes de obtener la completa realización lleva consigo el buen karma de su esfuerzo anterior de *Kriyā* y en su próxima vida estará guiado armoniosamente hacia su meta de Infinito.

El cuerpo de la persona común y corriente es semejante a una lámpara de cincuenta vatios, imposibilitada para recibir la descarga del billón que se genera por la práctica intensa del *Kriyā*. A través de un gradual y regular aumento en la práctica del *Kriyā*, el cuerpo del individuo se transforma astralmente día por día, hasta que finalmente está capacitado para expresar y manifestar la potencialidad infinita de la energía cósmica, la primera expresión activo-material del Espíritu.

El *Kriyā yoga* no tiene nada de común con los métodos anticientíficos de ejercicios de la respiración enseñados por allí por ciertos pseudoconocedores de estas cuestiones. Sus enormes y exagerados esfuerzos para retener el aire en los pulmones, no solo son antinaturales, sino decididamente inconvenientes. Por el contrario, el *Kriyā*, desde un principio, está acompañado de una sensación de paz de una arrobadora tranquilidad y de efectos regenerativos en la columna vertebral.

La antigua técnica yogui convierte la respiración en mente. Por medio del desarrollo espiritual, nos capacitamos para reconocer como un acto de la mente a la respiración, como, por ejemplo, un sueño.

Muchos ejemplos pueden darse de la relación matemática que existe entre la respiración del hombre y su ratio de variación en sus diferentes estados de conciencia. Una persona cuya atención esté completamente enfocada en el proceso de un argumento intelectual, cuyo desarrollo sigue, o tratando de ejecutar una acción de tipo físico, delicada o difícil, respira, de modo automático, lentamente. La fijación de la atención descansa en una respiración lenta; en cambio, las respiraciones rápidas y violentas van acompañadas siempre por estados emocionales dañinos, como el temor, la ira, la concupiscencia, etcétera. El inquieto mono respira a un promedio de treinta y dos veces por minuto, en contraste con el hombre, quien, por término medio, respira dieciocho. El elefante, la tortuga, la víbora y otros animales notables por su longevidad tienen una ratio de respiración mucho menor que la del hombre. La tortuga, por ejemplo, que puede alcanzar la edad de 300 años, respira únicamente cuatro veces por minuto.

El efecto rejuvenecedor del sueño se debe a que el hombre pierde temporalmente la conciencia de su respiración y de su cuerpo. Cuando duerme, el hombre se convierte en yogui; inconscientemente, celebra noche a noche el ritual yoguístico de liberarse a sí mismo de la identificación con su cuerpo y de fundir su fuerza vital con las corrientes salutíferas en la región principal del cerebro y los seis subdínamos de los seis centros de la espina dorsal. El que duerme extrae de la fuente de energía cósmica la energía de la que depende toda vida.

El yogui voluntario ejecuta un simple y natural proceso, pero conscientemente, no con la inconsciencia y la lentitud del durmiente. El *kriyā yogui* emplea su técnica para saturar y alimentar todas sus células físicas con una luz que no le permite degenerar y que las conserva en un estado magnetizado. Científicamente, hace la respiración innecesaria, sin que en él se produzcan los estados de sueño subconsciente o de inconsciencia.

Por medio del *Kriyā*, la fuerza vital expulsada no se desperdicia ni sobrealimenta, ni excita los sentidos, sino que se ve obligada a unirse a las energías sutiles de la espina dorsal. Por medio de semejante refuerzo de energía vital, el cuerpo del yogui y sus células cerebrales se ven electrizadas con el elixir espiritual. Y, de este modo, se ve liberado de la obligada observancia de las leyes naturales, las cuales solo pueden llevarlo por medios penosos y largos desarrollos, y aun así, con la alimentación apropiada, luz solar y pensamiento armoniosos, a una meta que se encuentra a una distancia de un millón de años. Se requieren doce años de vida normal y saludable para que se efectúe un pequeño y perceptible cambio en la estructura del cerebro, y un millón de años solares son necesarios para que este órgano se afine y capacite lo suficiente, de modo que pueda comprender y manifestar la conciencia cósmica.

Desatando el cordón de la respiración que ata el alma al cuerpo, *Kriyā* sirve para prolongar la vida y expandir la conciencia hacia lo infinito. El método yogui logra superar la perpetua batalla que existe entre la mente y los sentidos atados a la materia, liberando al devoto y permitiéndole reintegrarse nuevamente a su reino eterno. Él sabe que su naturaleza real no está circunscrita a su prisión física ni siquiera por la respiración, símbolo de su mortal esclavitud al aire, elemento obligado de la naturaleza.

La introspección, o «entrar en silencio», es un método que nada tiene de científico cuando se trata de separar la mente y los sentidos atados por la corriente de vida. La mente contemplativa, tratando de regresar a la Divinidad, está arrastrada constantemente hacia los sentidos por las corrientes de vida. *Kriyā*, controlando la mente directamente por medio de la energía vital, es el más fácil, científico y efectivo sendero para alcanzar el infinito. En contraposición al lento camino teológico para alcanzar a Dios, que puede compararse con una carreta, puede con justicia considerarse como la ruta del aeroplano que conduce a Dios.

La ciencia del yoga está basada en la consideración empírica de todos los ejercicios de concentración y meditación. Yoga le facilita al devoto el medio directo para conectar o desconectar a voluntad la corriente de vida de los cinco teléfonos sensoriales: de la vista, el sonido, el olfato, el gusto y el tacto. Obteniendo este poder de desarrollar los sentidos, es para el yogui sumamente fácil unir a voluntad su mente con los reinos de la Divinidad o con el mundo material. Ya no es atraído involuntariamente, por medio de la fuerza de vida, a la esfera mundana de sensaciones y de pensamientos inquietos. Amo y señor de su mente y su cuerpo, el *kriyā yogui* alcanza finalmente la victoria sobre su «último enemigo»: la muerte.

«Debes alimentarte de la muerte, que se alimenta de los hombres; y una vez muerta la muerte, cesará de morir».

La vida de un *kriyā yogui* evolucionado ya no está influida por los efectos de sus pasadas acciones, sino solo por las direcciones de su alma.

De este modo, el devoto evita los monitores evolutivos de los hechos egoístas, buenos o malos, de la vida común, trocando la lenta marcha de la oruga por el vuelo rápido del águila.

El método superior de vivir en el alma libera al yogui de la prisión de su ego y le hace probar el aire profundo de la omnipresencia. La esclavitud de la vida natural es, en contraste, de un paso humillante. Conformando su vida al orden evolutivo, un hombre no puede exigir o mandar un aceleramiento de los procesos naturales; pero aun viviendo sin error en contra de las leyes de su herencia física y mental, necesita alrededor de un millón de años de reencarnaciones para conocer su emancipación final.

El método telescópico de los yoguis consiste en disociarse ellos mismos de la identificación tanto física como mental, en beneficio de la individualización del alma; de este modo se adelantan a aquellos que tendrán que evolucionar aún un millón de años. Esta periferia numérica se alarga más aún para aquellos hombres ordinarios que no viven en armonía con la naturaleza, abandonando prácticamente su alma y, por ende, siguiendo complejos antinaturales, ofendiendo a su cuerpo y a sus pensamientos; para tales personas, dos millones de años apenas bastarían para obtener su liberación.

El hombre ordinario rara vez o nunca se da cuenta de que su cuerpo es un reino regido por el emperador Alma, en el trono del cráneo, con regentes auxiliares en los seis centros o esferas de conciencia, localizados en la espina dorsal. Esta teocracia se extiende sobre una multitud de súbditos obediente —algo así como 27 billones de células, dotadas de una inteligencia segura, si bien algo automática, por medio de la cual ejecutan todos los deberes del cuerpo, como crecimiento, transformaciones y disoluciones—, y 50 millones de pensamientos, emociones y variaciones substratales, de diferentes fases, alternantes en la conciencia del hombre, durante una vida, por término medio, dura sesenta años. Cualquier insurrección aparente de las células del cuerpo o del cerebro hacia el emperador Alma, manifestándose como enfermedad o como depresión, se debe no a la falta de fidelidad entre sus humildes súbditos, sino al mal uso que, ya sea en el pasado o el presente, el hombre ha hecho de ella por medio de su individualidad o libre albedrío, que le fue dada simultáneamente con un alma a la que no puede renunciar.

Identificándose con un ego mezquino, el hombre da por sentado que es él quien piensa, siente, digiere los alimentos y se conserva en vida, sin admitir nunca por medio de la reflexión (un poco de ella bastaría) que en su vida ordinaria no es más que un muñeco, un autómata de sus pasadas acciones (karma), de la naturaleza y de su medio ambiente. Las reacciones intelectuales, sentimientos, modo y hábitos de cada individuo están circunscritos por los efectos de causas pretéritas, y sea de esta vida o de otra anterior. Afortunadamente, por encima de todas estas influencias está el alma. Atravesando las verdades y libertades transitorias, el *Kriyā yoga* pasa más allá de este espejismo hacia su verdadero ser imperturbable. Todas las Escrituras establecen que el hombre no es un cuerpo corruptible, sino un alma viviente, y el *Kriyā* le ofrece el medio para que pruebe y satisfaga esta verdad de las Escrituras.

Shankara, en su famoso libro *Cien aforismos*, dice: «El ritual externo no puede destruir la ignorancia, porque no son mutuamente contradictorios. Únicamente el conocimiento directo destruye la ignorancia... El conocimiento no puede surgir por otro medio que no sea la investigación. ¿Quién soy? ¿Cómo se formó el mundo? ¿Quién lo hizo? ¿Cuál es su causa material? Esta es la clase de investigación referida». El intelecto no tiene respuesta para estas preguntas; de aquí que los *rishis* evolucionaron el yoga como sistema técnico-espiritual informativo.

Kriyā yoga es el verdadero «Rito del Fuego», mencionado con frecuencia en el *Bhagavad-gītā*. El fuego purificador del yoga lleva en sí la eterna iluminación y, por ello, se diferencia mucho de las externas y nada efectivas ceremonias religiosas del fuego, donde a menudo la percepción de la verdad es quemada con cantos de acompañamiento e incienso.

El yogui evolucionado, controlando su mente, su voluntad y sus sentimientos de falsas identificaciones con los deseos corporales, uniendo su mente con las fuerzas superconscientes en los nichos espirituales de la espina dorsal, vive en el mundo como Dios lo ha dispuesto, no impelido por los caprichos del pasado ni por nuevos impulsos, motivos o causas humanas. Así, el yogui recibe la realización de su deseo supremo, a salvo en el cielo supremo de su inextinguible espíritu.

El yogui ofrece el laberinto de sus deseos a un fuego monoteístico dedicado al Dios incomparable. Esta es la realidad, una verdadera ceremonia yoguística del fuego, en la cual los deseos pasados y presentes son el combustible que alimenta el amor Divino. La Última Llama recibe el sacrificio de todas las debilidades humanas, y el hombre es por entero purificado. Sus huesos están descarnados de todo deseo carnal, y su esqueleto kármico, blanqueado en el antiséptico sol de la sabiduría, está, por fin, limpio, inofensivo ante el hombre y el Hacedor.

Refiriéndose el señor Krishna a la segura y metódica eficacia del yoga, solía comentarla con las siguientes palabras: «El yogui es más grande que los ascetas que disciplinan su cuerpo; más grande aún que los que siguen el sendero de la sabiduría (*jnana yoga*) o el sendero de la acción (*karma yoga*); sé tú, ¡oh, discípulo Arjuna, un yogui!».

Capítulo 27
La fundación de una escuela de yoga en Ranchi

—¿Por qué le tienes aversión al trabajo organizador? La pregunta de mi maestro me conmovió un poco. Sí, cierto que mi convicción privada en aquel entonces era la de que las organizaciones son como los avisperos.

—Es una tarea ingrata, señor —le contesté—. No importa lo que el jefe haga o deje de hacer; siempre resulta incomprendido y criticado.

—¿Quieres la *channa* Divina ('cuajada') para ti únicamente? —La respuesta de mi maestro estuvo acompañada por una mirada de serio reproche—. ¿Podrías tú o cualquier otra persona adquirir el contacto Divino de Dios por medio del yoga, si no hubiera habido una pléyade de maestros generosos y desinteresados que voluntariamente hubieran consentido en trasmitir su conocimiento a otros? —Y agregó—: Dios es la miel, las organizaciones son los panales; ambos son necesarios. Cualquier forma es inútil, desde luego, sin el Espíritu, pero ¿por qué no podrías iniciar panales ocupados, llenos de néctar espiritual?

Su consejo me preocupó profundamente. Aun cuando no le hice réplica alguna, una firme resolución se elevó en mi pecho: «Yo compartiré con mis compañeros, tanto como me sea posible, las verdades inamovibles que he aprendido a los pies de mi maestro». «Señor, que tu amor brille para siempre en el santuario de mi devoción, y que yo pueda despertar ese amor en otros corazones», oré.

En cierta ocasión, antes de unirme a la orden monástica, Sri Yukteswar había hecho la más inesperada observación:

—¡Cuánto echarás de menos la compañía de una esposa cuando seas viejo! —me había dicho—. ¿No estás de acuerdo en que el hombre de familia, ocupado en el útil trabajo de mantener a su mujer e hijos, juega un papel meritorio a los ojos de Dios?

—¡Señor! —protesté alarmado—. ¡Tú sabes bien que mi deseo en esta vida es desposarme únicamente con el Amado Cósmico!

Mi maestro se rio de tan buena gana, que yo comprendí en seguida que su observación había sido hecha únicamente para probar mi fe.

—Recuerda —me dijo lentamente— que aquel que desecha sus deberes mundanos únicamente puede justificarse a sí mismo aceptando cierta responsabilidad hacia una familia mucho más grande.

El ideal de una educación amplia y multiforme para la juventud siempre había estado en mi corazón. Yo había presenciado los áridos resultados de una instrucción ordinaria, propuesta solo al desarrollo del cuerpo y del intelecto. Los valores morales y espirituales, sin cuyo aprecio ningún hombre puede encontrar la felicidad, estaban haciendo falta en la circulación común. Determiné entonces fundar una escuela en donde los niños pudieran desarrollar su plena estatura humana. Mi primer intento en ese sentido fue realizado con siete niños en Dihika, una pequeña región sita en Bengala.

Un año después, en 1918, debido a la generosidad de Sri Manindra Chandra Nundy, *maharajá* de Kasimbazar, pude transportar mi creciente grupo a Ranchi. Esta población del Bihar, a doscientas millas de Calcuta, está bendecida por uno de los climas más saludables de la India. El palacio de Kasimbazar, en Ranchi, fue transformado en la sede central de la nueva escuela, a la que llamé Brahmacharya Vidyalaya, de acuerdo con las ideas educacionales de los *rishis*. Sus ermitas en los bosques habían sido antiguos asientos de cultura y aprendizaje secular y Divino para la juventud en la India.

En Ranchi, organicé un programa educacional, tanto para primarias como para secundarias. Incluía materias agrícolas, industriales, de comercio y temas académicos. A los estudiantes se les enseñaba la concentración yoguística y la meditación, y el único sistema de desarrollo físico, el Yogoda, cuyos principios descubrí en 1916.

Habiéndome dado cuenta de que el cuerpo del hombre es como una batería eléctrica, razoné luego que esta podría ser cargada de energía por la agencia directa de la voluntad humana. Como que no hay ninguna acción, pequeña o grande, que sea posible sin la voluntad, el hombre puede obtener por sí mismo de su primer motor la voluntad de renovar sus tejidos corpóreos sin la ayuda de intrincados aparatos o ejercicios mecánicos. Por eso, enseñé, en Ranchi, a mis estudiantes las sencillas técnicas de Yogoda, por lo cual la fuerza de vida, centralizada en la médula oblongada, puede ser consciente e instantáneamente recargada de la fuente ilimitada de energía cósmica.

Los niños correspondieron a este entrenamiento de una manera asombrosa, desarrollando una habilidad extraordinaria para cambiar la energía de una parte del cuerpo a otra, y para permanecer sentados con perfecta comodidad en las más difíciles posturas. Ellos lograron alcanzar habilidades y fuerzas que muchos adultos fuertes no podrían igualar. Mi hermano más joven, Bishnu Charan Ghosh, entró a la escuela de Ranchi, y fue después un profesor distinguido de gimnasia en Bengala. Él y uno de sus estudiantes viajaron por Europa y América, dando exhibiciones de fuerza y destreza que asombraron a los sabios de las universidades, incluyendo a los de la Universidad de Columbia, en Nueva York.

Al finalizar el primer año en Ranchi, las solicitudes de admisión llegaron a 2000. Pero la escuela, que en aquella época era solamente para estudiantes internos, podía alojar únicamente a unos cien niños. En vista de esto, pronto se agregó la instrucción para estudiantes diurnos externos.

En la Vidyalaya, yo tenía que hacer el papel de padre y madre para los niños pequeños, y, además, enfrentarme a muchas dificultades de organización. Con frecuencia recordaba las palabras de Cristo: «De cierto os digo que ninguno hay que haya dejado casa o hermanos, o hermanas o padre, o madre o mujer, o hijos o posesiones, por mi causa y la Verdad, que no reciba cien tantos, ahora, en este tiempo, de casas, hermanos, hermanas y madres, e hijos y heredades, con persecuciones; y en el mundo venidero, vida eterna».

Sri Yukteswar había interpretado estas palabras en esta forma: «El devoto que renuncia a las experiencias de matrimonio y familia, y cambia los problemas de su jefatura de hogar y sus limitadas actividades por las más grandes responsabilidades de servicio a la sociedad en general, emprende una tarea que a menudo está acompañada por la persecución de un mundo incomprensivo, pero también por un interior contentamiento».

Un día mi padre llegó a Ranchi para otorgarme la bendición, que por largo tiempo yo esperaba, porque yo le había herido al no aceptar un puesto en el ferrocarril Bengala-Nagpur.

—Hijo —me dijo—, ya estoy reconciliado por la elección que has hecho de tu vida. Me da mucho gusto al verte en medio de estos felices y dispuestos niños; tú perteneces más a este medio que al de las cifras sin vida de los itinerarios del ferrocarril. —Y volviéndose a un grupo de doce escolares que me pisaban los talones—. Yo tuve solamente ocho niños —dijo, guiñándome los ojos—, pero puedo compartir esto contigo.

Con una huerta y veinticinco acres de terreno fértil a nuestra disposición, los estudiantes, maestros y yo mismo gozábamos de muchas horas felices en nuestras tareas campestres, al aire libre, en medio de aquellos alrededores ideales. Teníamos muchos animales domésticos, entre ellos un pequeño cervatillo, que era tiernamente adorado por los niños. Yo también lo amaba, al grado de permitirle dormir en mi propia habitación. Al amanecer, el pequeño animal se acercaba a mi cama para recibir la caricia de la mañana.

Un día alimenté al venadito más temprano que de costumbre, porque tenía que salir a la población de Ranchi a atender algunos asuntos. Aun cuando les advertí a los muchachos que no fueran a alimentar al cervatillo hasta que yo regresara, uno de ellos desobedeció y le dio al animalito una gran cantidad de leche; cuando regresé, por la noche, malas nuevas me esperaban. El venadito estaba casi muerto por sobrealimentación.

Llorando, coloqué sobre mis piernas al animalito, aparentemente sin vida. Oré piadosamente a Dios que le conservara la vida. Horas después la pequeña criatura abrió los ojos, se paró y empezó a caminar tambaleándose.

Todos los muchachos de la escuela gritaron de alegría.

Pero esa noche aprendí una gran lección, una que no podré nunca olvidar. Estuve con el animalito hasta las dos de la mañana, y cuando me dormí, el venadito se me apareció en el sueño y me dijo:

—Usted me está reteniendo. ¡Por favor, déjeme que me marché, deje que me vaya!

—Está bien —contesté en el sueño.

Desperté inmediatamente y grité:

—¡Muchachos, muchachos, el venadito se está muriendo!

Todos se ubicaron a mi lado. Me fui al rincón donde había colocado al venadito. Este hizo su último esfuerzo para levantarse, cayó de bruces ante mí y quedó muerto.

De acuerdo con el karma grupal de los animales, que guía y regula su destino, el plazo de vida del venado ya había fenecido, y ya estaba listo para progresar hacia una forma más alta. Pero, debido a mi apego por él, que después consideré como egoísta, y por mis fervorosas plegarias, yo había conseguido retenerlo en los límites de su forma animal, de la cual estaba el alma haciendo esfuerzos por librarse. El alma del venadito hizo su súplica en el sueño, porque sin mi amante consentimiento no podía ni debía irse. Y tan pronto como yo consentí, él partió.

Toda tristeza desapareció y evidenció que Dios quiere que sus hijos lo amen todo como partes de él mismo, y que no sientan engañosamente que en la muerte acaba todo. El hombre ignorante ve solo el muro insuperable de la muerte, que parece esconder para siempre a sus amigos queridos. Pero el hombre que no tiene apegos, aquel que ama a los demás como expresiones del Señor entiende que a su muerte los seres queridos únicamente han vuelto solo para tomar un respiro de alegría de él.

La escuela de Ranchi creció desde una pequeña y sencilla institución a lo que es ahora, una organización bien conocida en toda la India. Muchos de los departamentos de las escuelas están sostenidos por la contribución voluntaria de aquellos que gozan en perpetuar los ideales educativos de los *rishis*. Bajo el título general de Yogoda Satsanga, otras escuelas filiales de esta han sido establecidas en Midnapore, Lakshmanpur y Puri.

La sede central de Ranchi tiene un Departamento Médico en donde tanto las medicinas como el servicio son suministrados sin costo alguno a los pobres de la localidad. El número de personas atendidas asciende a un promedio de 18 000 por año. El Vidyalaya ha sido también notable en las competencias de deportes, así como en el campo intelectual, en el que muchos alumnos de la escuela de Ranchi se han distinguido en su vida universitaria posterior.

La escuela, ahora en su vigésimo octavo año, es el centro de muchas actividades y ha sido honrada por la visita de eminentes personas del Este y del Oeste. Una de las figuras más notables que fue a inspeccionar la Vidyalaya en sus primeros años fue el Swami Pranavananda, de Benarés, el «Santo con Dos Cuerpos». Cuando el gran maestro vio las pintorescas clases al aire libre, debajo de los árboles, y por la tarde a los muchachos sentados, inmóviles por horas enteras en meditación yoguística, se conmovió profundamente.

—El corazón se me llena de alegría —dijo—, al ver que los ideales de Lahiri Mahasaya sobre un apropiado entrenamiento de la juventud está llevándose a cabo en esta institución. Que las bendiciones de mi maestro sean con ella.

Un jovencito que se sentaba a mi lado se aventuró a hacer una pregunta al gran yogui:

—Señor —le dijo—, ¿llegaré a ser un monje? ¿Es mi vida solo para Dios?

Aun cuando el Swami Pranavananda sonrió gentilmente, sus ojos andaban penetrando el futuro.

—Criatura —le dijo—, cuando tú crezcas, habrá una bonita novia esperándote.

Efectivamente, el muchacho se casó, después de haber planeado durante años entrar en la Orden de los Swamis.

Algún tiempo después de que el Swami Pranavananda había visitado Ranchi, acompañé a mi padre a la casa de Calcuta donde el yogui estaba hospedado temporalmente. Las predicciones de Pranavananda, hechas muchos años antes, se agolparon luego en mi mente: «Yo te veré, junto con tu padre, algo más tarde».

Cuando mi padre entró a la habitación del swami, el gran yogui se levantó de su asiento y lo abrazó con cariñoso respeto.

—Bhagabati —le dijo—, ¿qué estás haciendo por ti mismo? ¿No te das cuenta de que tu hijo vuela hacia el Infinito? —Yo me sonrojé al oír tal alabanza delante de mi padre. El swami siguió diciendo—: ¿No recuerdas con cuánta frecuencia nuestro amado maestro acostumbraba decir: «*Banat, banat, ban jai*»? Así es que sigue con el *Kriyā yoga* sin cesar y llega a los portales Divinos pronto.

El cuerpo de Pranavananda, que había aparecido tan bien y fuerte a mi primera y asombrosa visita que le hice en Benarés, ahora mostraba señales inequívocas de la edad, aun cuando su postura era admirablemente erecta.

—*Swamiji* —le pregunté, mirándole fijamente a los ojos—, por favor, dígame la verdad: ¿no siente usted todavía el avance de la edad? ¿Conforme su cuerpo se debilita, sus percepciones de Dios sufren alguna disminución?

Él sonrió angelicalmente.

—El Amado está ahora más que nunca conmigo. —Su absoluta convicción colmó mi mente y mi alma—. Todavía sigo disfrutando de las dos pensiones: una de Bhagabati, aquí presente, y la otra de arriba. —Y al señalar con un dedo al cielo, el santo entró en éxtasis y su faz lució con luz Divina: tal fue la amplia contestación a mi pregunta.

Viendo que en la habitación de Pranavananda había muchas plantas y paquetes de semillas, le pregunté cuál era su objeto.

—He abandonado Benarés definitivamente —me dijo—, y ahora estoy en camino de los Himalayas. Allí abriré una ermita para mis discípulos. Estas semillas producirán espinacas y algunas otras verduras. Mis queridos discípulos vivirán una vida sencilla, pasando el tiempo en unión y bienaventuranza con Dios. Nada más es necesario.

Mi padre le preguntó a su hermano discípulo cuándo regresaría a Calcuta.

—Nunca más —contestó el santo—. Este es el año en que según me dijo Lahiri Mahasaya debo abandonar para siempre a mi querido Benarés para ir a los Himalayas, para dejar allí mi forma material.

Mis ojos se llenaron de lágrimas al escucharlo, pero el swami sonrió con tranquilidad. Me recordaba a un niño celestial sentado en paz en el regazo de la Madre Divina. La carga de los años no tiene ningún efecto en los grandes y verdaderos yoguis que están en posesión de los supremos poderes espirituales. Este es apto para renovar su cuerpo a voluntad; sin embargo, algunas veces no quieren retardar el proceso de la edad, sino que permiten que su karma siga su curso natural en el plano físico, utilizando su viejo cuerpo como un medio de ahorro y excluir así la necesidad de eliminar el mismo karma en una nueva encarnación.

Meses después me encontré con un antiguo amigo, Sanandam, que fuera uno de los más cercanos discípulos de Pranavananda. Él me dijo llorando:

> Mi adorable gurú se ha ido. El estableció una ermita cerca de Rishikesh, y nos dio a todos un entrenamiento encantador. Cuando estábamos ya bien establecidos y haciendo rápidos progresos en su compañía, se propuso un día agasajar a una multitud de Rishikesh; yo le pregunté por qué quería tan grande número.
>
> —Esta es mi última fiesta ceremonial —me dijo, pero yo no entendí entonces el pleno sentido de sus palabras.
>
> Pranavanandaji ayudó a cocinar gran cantidad de alimentos. Dimos de comer como a 2000 personas. Después de la fiesta, se sentó en una alta plataforma y nos dijo un sermón muy inspirado y hermoso sobre el Infinito. Al final, ante la mirada de miles de personas, se volvió hacia mí, mientras me sentaba a su lado en las losas, y habló con una voz muy fuerte, poco usual en él.

—Sanandam, hijo, prepárate, voy a darle un puntapié al marco.

Después de un silencio profundo, yo le grité desesperadamente:

—¡Maestro, no hagas eso! ¡Por favor, por favor, no lo hagas!

La multitud estaba muda de emoción, observándonos curiosamente. Mi gurú me sonrió, pero su mirada estaba ya fija definitivamente en la Eternidad.

—No seas egoísta —me dijo—, no estés triste por mí. Por largo tiempo os he servido gustosamente; ahora, regocijaos y deseadme un raudo viaje hacia Dios. Voy a ver a mi Amado Cósmico. —Con un susurro, Pranavananda añadió—: Volveré a nacer pronto. Después de gozar un corto periodo de bienaventuranza infinita, regresaré a la Tierra para unirme con Babaji. Pronto sabrás cuándo y en dónde mi alma ha sido enjaulada en un nuevo cuerpo.

Luego volvió a gritar:

—¡Sanandam, aquí repudio mi cuerpo por la segunda *Kriyā yoga*!

En seguida, miró hacia aquel mar de rostros y dio su bendición. Dirigiendo su mirada interna hacia el ojo espiritual, quedó inmóvil. Mientras la asombrada muchedumbre creía que estaba meditando en estado de éxtasis, él ya había dejado el tabernáculo de carne y hueso y su alma ascendía hacia la inmensidad cósmica.

Los discípulos tocaron su cuerpo, sentado en la postura de loto, pero ya no tenía el calor de la carne. Solamente su cuerpo vacío y rígido quedaba; su ocupante había volado a la ribera inmortal.

Yo le pregunté en dónde habría de volver a nacer Pranavananda.

—Ese es un secreto que yo no puedo revelar a nadie —me contestó Sanandam—. Probablemente tú puedas saberlo de otra manera.

Años más tarde supe, por el Swami Keshavananda, que Pranavananda, tiempo después de su nacimiento en un nuevo cuerpo, había partido para Badrinarayan, en los Himalayas, y allí se había unido al grupo de santos que rodean al gran Babaji.

Capítulo 28
Kashi renace y es vuelto a encontrar

—Por favor, no entren en el agua; bañémonos con el agua que saquemos con nuestros cuencos.

Me dirigía de esta manera a los estudiantes de Ranchi, que me acompañaban en una excursión a pie, de ocho millas, en los alrededores. La laguna que estaba ante nuestros ojos era atrayente, pero por alguna causa no me agradó para que nos bañáramos en ella. El grupo de muchachos que estaba más cerca de mí siguió mi ejemplo, bañándose con el agua que sacaban de la laguna con los cuencos, pero algunos de los estudiantes no pudieron resistir a la tentación de sumergirse en las refrescantes aguas. Ni bien habían entrado en ellas, un gran número de culebras de agua se arremolinó en torno suyo. Los desobedientes salieron del estanque con una velocidad casi cómica.

Disfrutamos de un almuerzo al aire libre cuando llegamos a nuestro destino. Me senté bajo un árbol, rodeado por un grupo de estudiantes. Encontrándome en un momento de inspiración, me asediaron con sus interminables preguntas.

Uno de ellos me dijo:

—Por favor, señor, dígame si yo estaré siempre con usted en el sendero de la renunciación...

—No —le contesté—; por la fuerza serás sacado de aquí para llevarte a tu casa, y después te casarás...

Incrédulo, formuló en seguida su protesta:

—Solamente muerto me podrán sacar de aquí.

Pero pocos meses después sus padres llegaron para llevárselo, no obstante sus llantos y lamentos; años más tarde se casó.

Después de que había yo contestado a un gran número de preguntas, un jovencito llamado Kashi se dirigió a mí: tenía unos doce años, era un estudiante inteligente, estudioso y muy querido por todos sus compañeros.

—Señor —me dijo—, ¿cuál será mi suerte?

—Pronto morirás. —La contestación vino a mis labios con una fuerza irresistible.

La inesperada aserción me sorprendió, causándome una pena tan grande como a todos los que la escucharon. Silenciosamente, me reprendí y me rehusé a contestar más preguntas.

Cuando regresamos a la escuela, Kashi vino a mi habitación.

—Señor, si muero, ¿me encontrará usted cuando vuelva a nacer y me conducirá por el sendero espiritual? —me preguntó, sollozando.

Yo me vi obligado a rehusar esta responsabilidad, bien difícil, por cierto. Pero (durante) semanas Kashi estuvo insistiendo sobre el mismo particular con una tenacidad inaudita. Viéndole consternado hasta la desesperación, le consolé, por fin, y le dije:

—Sí, te lo prometo; si el Padre Celestial me presta su ayuda, yo haré cuanto sea necesario para encontrarte.

Durante las vacaciones de verano, salí en un corto viaje. Sintiendo no poder llevar a Kashi conmigo, lo llamé a mi habitación antes de partir, y le aconsejé que no saliera de la escuela por ningún motivo, y que no se dejara persuadir para lo que hiciera. En alguna forma, presentía que, si él no iba a su casa, probablemente evitaría la calamidad que le amenazaba.

No bien había yo salido de Ranchi cuando el padre de Kashi llegó a la escuela. Durante quince días estuvo tratando de romper la obstinada voluntad de su hijo, diciéndole que lo único que deseaba de él era que fuera a Calcuta por solo cuatro días, para que viera a su madre, y luego podría regresar. Kashi rehusó con persistencia.

El padre, por fin, declaró que se lo llevaría, si él no iba por su propia voluntad, con la ayuda de la policía. Esa amenaza conturbó a Kashi, quien no quería ser la causa de alguna publicidad desfavorable para la escuela, y no tuvo más remedio que irse.

Yo regresé a Ranchi unos días después, y cuando me enteré de la forma en que Kashi había sido llevado, tomé inmediatamente el tren para Calcuta. Allí alquilé un coche de caballos, y cosa rara, cuando el coche había pasado un poco más allá del puente de Howrah, sobre el río Ganges, vi al padre de Kashi y otros parientes vestidos de luto. Gritándole al cochero que se detuviera, corrí hacia el infortunado padre y, echando chispas por los ojos, le grité absurdamente:

—¡Señor asesino! ¡Usted ha matado a mi muchacho!

El padre ya se había dado cuenta del mal que había acusado a Kashi por haberlo traído a Calcuta contra su voluntad. Durante los pocos días que el muchacho estuvo allí, y a causa de algún alimento contaminado, contrajo el terrible cólera y murió casi en seguida.

Mi amor por Kashi y mi promesa de encontrarlo después de su muerte me perseguía de noche y de día. No importa a dónde fuera, siempre veía ante mí su rostro. E inicié una búsqueda interminable semejante a la que hacía mucho había llevado a cabo para hallar a mi madre.

Yo sentía que, si Dios me había dado la facultad de razonar, debería utilizarla y emplear todos mis poderes a su máxima capacidad para descubrir las leyes sutiles por medio de las cuales pudiera saber el paradero astral de Kashi. «Era un alma que brillaba con deseos aún no realizados —me dije—; un núcleo de luz flotando en algún lugar en el espacio, en medio de millones de almas luminosas en las regiones astrales». ¿Cómo era posible que yo me pusiera en contacto con él, en medio de las luces vibratorias de otras tantas almas?

Usando cierta técnica del yoga, radié mi amor hacia el alma de Kashi a través del micrófono del ojo espiritual, el punto medio entre las dos cejas. Con la antena de las manos y los dedos elevados, me movía y daba vueltas y más vueltas, tratando de localizar la dirección en que él habría renacido en forma de embrión. Esperaba recibir contestación de él en el radio sintonizado de mi corazón.

Intuitivamente, sentía que Kashi regresaría pronto a la Tierra, y que, si yo seguía radiando sin cesar mi llamada, su alma me respondería. Yo sabía que el más tenue impulso enviado por Kashi sería sentido por mis dedos, manos, brazos, espina dorsal y nervios.

Sin disminuir mi celo, practiqué el método yoguístico durante los seis meses que siguieron a la muerte de Kashi. Caminando con unos amigos una mañana, en la populosa sección de Bowbazar de Calcuta, levanté mis manos en la forma acostumbrada. Por primera vez sentí una respuesta. Me emocioné al notar cosquilleos que bajaban por mis dedos y por las palmas de mis manos. Estas corrientes se traducían en un poderoso pensamiento que brotaba de mi conciencia: «¡Yo soy Kashi; yo soy Kashi; venga hacia mí!».

El pensamiento se hizo casi perceptible al oído cuando me concentré en el radio de mi corazón. En el característico, ligeramente ronco, murmullo de Kashi, escuché sus llamadas una y otra vez. Tomé del brazo a uno de mis compañeros, Prokash Das, y le sonreí alegremente.

—¡Parece que he localizado a Kashi! —le dije.

Empecé a dar vueltas y más vueltas, provocando una manifiesta diversión a mis compañeros y a los transeúntes. Los impulsos eléctricos cosquilleaban a través de mis dedos solo cuando daba frente a una callejuela contigua conocida con el nombre de «Serpentine». Las corrientes astrales desaparecían cuando me volvía a otra dirección.

—¡Ah! —exclamé—. ¡El alma de Kashi debe encontrarse en la matriz de una madre cuya casa está en este callejón!

Mis compañeros y yo nos aproximamos más al callejón; las vibraciones en mis brazos levantados se hicieron más fuertes; como si fuera atraído por un imán, me veía arrastrado hacia el lado derecho del callejón. Cuando llegué a la entrada de una casa, yo mismo me sorprendí al atreverme a llamar a la puerta. En medio de una gran excitación y reteniendo el aliento, sentí que había coronado con el éxito mi ardua y extraña búsqueda. La puerta fue abierta por un criado, quien me dijo que su amo estaba adentro. Este bajó las escaleras del segundo piso y me sonrió, como inquiriendo qué deseaba yo. Casi no sabía cómo formular mi pregunta, que era, al mismo tiempo, pertinente e impertinente.

—Por favor, dígame, señor, si usted y su esposa esperan el nacimiento de un niño desde hace unos seis meses.

—Sí, así es. —Viendo él que yo era un swami, hombre de renunciación, vestido con la túnica tradicional de color anaranjado, agregó correctamente—: Sírvase usted decirme, ¿cómo es que está enterado de estos mis asuntos?

Cuando él supo de Kashi y de la promesa que yo le había hecho, creyó, atónito, mi relato.

—Un niño varón de tez blanca les nacerá —le dije—; tendrá un rostro ancho, con un remolino de cabello encima de la frente. Será de un temperamento muy espiritual. —Yo tenía la seguridad de que el niño tendría todos los parecidos y características de Kashi.

Algún tiempo después visité al niño; sus padres le habían dado el antiguo nombre de Kashi. Aun en su más tierna infancia, tenía un gran parecido con mi querido estudiante de Ranchi, Kashi. El pequeño sintió inmediatamente un gran afecto hacia mí; la atracción del pasado se despertó en él con redoblada intensidad.

Años más tarde, cuando Kashi tenía diez años, me escribió durante mi estancia en América. Expresaba sus grandes deseos para seguir el sendero de la renunciación. Yo lo envié a un maestro, en los Himalayas, el mismo que hasta la fecha guía al renacido Kashi.

Capítulo 29
Rabindranath Tagore y yo comparamos sistemas de enseñanzas

«Rabindranath Tagore nos enseñó a cantar en una forma natural de expresión, como lo hacen los pájaros».

Bhola Nath, un muchacho de mi escuela, muy inteligente, de catorce años, me dio esta explicación una mañana después de haberlo felicitado yo por sus cantos espontáneos y melodiosos. Con o sin motivo, este muchacho echaba al viento sus armoniosas canciones. Anteriormente, había concurrido a la famosa escuela de Rabindranath Tagore, conocida por Santiniketan (Puerto de Paz) en Bolpur.

—Los cantos de Rabindranath han estado en mis labios desde mi juventud —le dije a mi compañero—. En toda Bengala, aun el más inculto campesino, se recrea en su suave verso.

Bhola y yo cantamos juntos algunos cánticos de Tagore, quien ha musicalizado ya millares de poemas indios, algunos originales y otros de la antigüedad.

—Conocí a Rabindranath poco después de haber recibido él el Premio Nobel de Literatura —dije después de nuestro cántico—. Y me propuse visitarlo, porque admiré en él valor nada diplomático para deshacerse de sus críticos literarios —agregué ironizado.

Con gran curiosidad, Bhola me pidió que le contara lo sucedido.

—Los estereotipados críticos flagelaron con rudeza a Tagore por introducir un nuevo estilo en la poesía bengalí —le dije—. Él mezclaba el coloquio y las expresiones clásicas, haciendo caso omiso de todas las prescritas limitaciones, tan apreciadas por los corazones de los *panditas*. Sus canciones comprendían profundas verdades filosóficas en términos rogativos muy emocionales, sin hacer mucho caso de las formas literarias aceptadas.

»Cierto influyente crítico se refería a Rabindranath como un poeta de poca monta que vendía cada ejemplar de sus versos por una rupia. Pero la revancha de Tagore pronto estuvo en su mano; todo el mundo occidental le rindió homenaje poco después de que fue traducido al inglés su *Gitanjali* (*Oraciones líricas*). Un tren cargado de *panditas*, incluyendo aquellos que en un tiempo fueron sus críticos más mordaces, fueron a Santiniketan para hacerle patente sus felicitaciones.

»Rabindranath recibió a sus huéspedes después de obligarlos a una larga e intencionada espera, y luego escuchó sus alabanzas en un silencio estoico. Finalmente, les volvió a ellos sus armas habituales de crítica.

»"Caballeros los fragantes honores que me rendís están incongruentemente mezclados con los olores pútridos de vuestra anterior censura. ¿Hay alguna conexión entre el Premio Nobel ahora ganado y vuestra repentina agudeza apreciativa? Yo soy el mismo poeta que antes tanto os disgustaba, cuando humildemente ofrendé mis primeras flores en el altar de Bengala[1], les dijo.

»Los periódicos publicaron un relato de este enérgico castigo de Tagore; y yo admiré las palabras viriles de un hombre que no se dejaba hipnotizar por la adulación —añadí—. Fui presentado a Rabindranath en Calcuta por su secretario, el señor C. F. Andrews, que estaba sencillamente vestido con el *dhoti* bengalí. Este hablaba amorosamente de Tagore y se refería a él como a su *gurudeva*.

»Rabindranath me recibió amablemente. Irradiaba de él una apacible aura de encanto, de cultura y de cortesía. Contestando a mis preguntas con respecto a las bases de su literatura, Tagore me dijo que una de sus fuentes de inspiración, además de nuestros épicos religiosos, había sido el antiguo poeta clásico Bidyapati.

Inspirado por estos recuerdos, empecé a cantar la versión de Tagore de una canción antigua en bengalí: «Enciende la lámpara de tu amor». Bhola y yo cantamos regocijados, mientras caminábamos por los terrenos de Vidyalaya.

Dos años después de fundar la escuela de Ranchi, recibí una invitación de Rabindranath para visitarle en Santiniketan, con el objeto de cambiar puntos de vista sobre nuestros ideales educacionales. Acepté con gusto su invitación. El poeta estaba sentado en su estudio cuando yo entré; y pensé entonces, como en mi primera visita, que era un admirable ejemplo de virilidad, lo mejor y más hermoso que un pintor pudiera desear. Su hermoso rostro de noble patricio estaba enmarcado por su largo y flotante cabello y por una abundante barba. De grandes ojos dulces, de sonrisa angelical y con una voz dulcemente timbrada como notas de flauta, que lo hacían doblemente encantador. Fuerte, alto y serio, todo esto mezclado con una ternura casi femenina y la espontaneidad de un niño. Ningún concepto idealizado sobre un poeta podría encontrar más digno representante que este gentil y noble poeta.

Tagore y yo nos enfrascamos pronto en un estudio comparativo de nuestras escuelas, ambas fundadas lejos de los cánones ortodoxos conocidos. Encontramos en nuestras escuelas muchos puntos homogéneos: instrucción al aire libre, sencillez y amplitud de criterio para el desarrollo creador del estudiante. Rabindranath, sin embargo, ponía considerable énfasis en el estudio de la literatura y la poesía, y en la propia expresión por medio de la música y el canto, lo que yo ya había notado en el caso de mi discípulo Bhola. En Santiniketan, los niños observaban sus periodos de silencio, pero no se les daba un entrenamiento especial de yoga.

El poeta escuchó con grata atención mis descripciones de los ejercicios vigorizantes y «energetizantes» de mi sistema Yogoda, y de la concentración yoguística, técnica que cuidadosamente enseñaba yo a los estudiantes de Ranchi.

Tagore me contó de sus primeros esfuerzos para educarse. «Yo me escapé de la escuela después del quinto año», me dijo riéndose.

Yo comprendí fácilmente cómo su innata delicadeza poética habría sido ultrajada por la tediosa monotonía disciplinaria de un salón de clases.

«Es por eso que abrí Santiniketan bajo las sombras de los árboles y las glorias del cielo». Y se volvió para mostrarme de una manera elocuente a un pequeño grupo que estudiaba en medio de un hermoso jardín. «Un niño está en medio de su ambiente natural entre flores y pájaros cantores; solamente así puede expresar por entero los tesoros escondidos de su individualidad. La verdadera educación nunca puede ser inculcada como por bombeo, de afuera hacia adentro; por el contrario, debe ayudarse a su espontánea extracción de adentro hacia afuera, desde los infinitos recursos de la sabiduría interna».

Yo estuve conforme con él. La inclinación de los niños al idealismo, a la adoración, a lo heroico, muere en una dieta exclusiva de estadísticas y cronologías.

El poeta hablaba amorosamente de su padre, Devendranath, quien le había inspirado los principios de Santiniketan.

«Mi padre me regaló esta exuberante tierra, en donde él ya había construido una casa para huéspedes y un templo —me decía Rabindranath—. Yo principié mi ensayo educativo aquí, en 1901, con solamente diez niños; las 8000 libras que me llegaron por el Premio Nobel se fueron todas en el sostenimiento y mantenimiento de la escuela».

El padre de Tagore, Devendranath, fue ampliamente conocido como Maharishi; era un hombre notable, como puede saberse por su autobiografía. Dos años de su juventud los dedicó a la meditación en los Himalayas. A la vez, su padre, Dwarkanath Tagore, había sido altamente alabado a través de Bengala por su munificencia y grandes obras benefactoras. De este ilustre árbol ha surgido una familia de genios. No solo Rabindranath, sino todos sus familiares se han distinguido en expresiones creadoras.

Sus hermanos Gogonendra y Abanindra se encuentran entre los mejores artistas de la India.

Otro hermano, Dwijendra, es un insigne filósofo de gran profundidad, a cuyo suave y gentil llamado acuden los pájaros y las criaturas vivientes de los bosques.

Rabindranath me invitó a que pasara la noche como su huésped. Era realmente un espectáculo encantador ver por la noche al poeta, sentado a mitad del patio, rodeado de un grupo de discípulos. Reminiscencias del pasado se agolpaban a mi mente: la escena ante mí era semejante a las de las ermitas antiguas; el alegre cantor rodeado de sus devotos y todos aureolados por el amor Divino. Tagore tejía cada lazo con las cuerdas de la armonía. Jamás concluyente, cautivaba el corazón con su irresistible magnetismo. Rara flor de poesía, floreciendo en el jardín del Señor, atrayendo a los otros por una fragancia natural.

Con su voz melodiosa, Rabindranath nos leyó algunos de sus exquisitos poemas que había escrito recientemente. La mayor parte de sus cantos y demás obras fueron escritos para el solaz de sus estudiantes, allí mismo, en Santiniketan. La belleza de sus líneas, para mí, descansa en el arte de referirse a Dios en cada estrofa, a pesar de que rara vez menciona el nombre sagrado. «Embriagado con la felicidad de cantar», escribió. «Me olvidé de mí mismo y te llamé amigo a ti, ¡que eres mi Señor!».

Al día siguiente, después de la comida, me despedí con pena del gran poeta.

Mucho gusto me da de que su pequeña escuela haya llegado a ser una universidad internacional, Visva-Bharati, en donde los eruditos de todas partes han encontrado un escenario ideal.

Donde la mente está sin miedo y la cabeza se conserva alta;
donde el conocimiento es libre;
donde el mundo no se ha roto en pedazos por estrechas paredes domésticas;
donde la mente es guiada adelante de ti en la constante
donde las palabras vienen del fondo de la verdad;

donde los incansables empeñosos extienden sus brazos hacia la perfección;
donde la límpida corriente de la razón no ha perdido su senda, en las estériles arenas del hábito;
donde la mente es guiada adelante de ti en la constante amplitud del pensamiento y de la acción.
En este cielo de libertad, oh, Padre mío, ¡deja a mi patria levantarse!

Rabindranath Tagore

Capítulo 30
La ley de los milagros

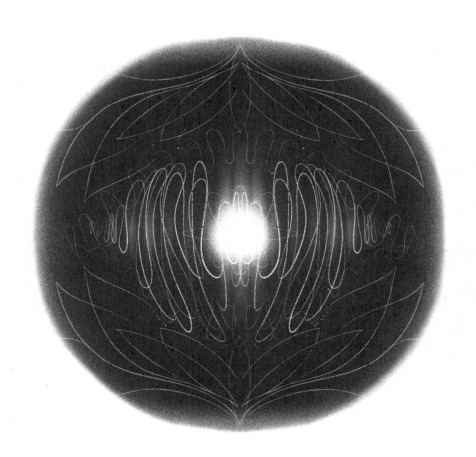

El gran novelista León Tolstói escribió una deliciosa historia llamada «Los tres ermitaños»; su amigo Nikolái Roerich la ha resumido como sigue:

> En una isla vivían tres viejos ermitaños. Eran tan sencillos, que su única oración era: «Somos tres, tú eres tres; ten misericordia de nosotros». Grandes milagros fueron manifestados gracias a esta sencilla oración.
>
> El obispo supo de los tres monjes y de su inadmisible oración, y decidió visitarlos para enseñarles las invocaciones canónicas. Llegó a la isla y dijo a los ermitaños que su petición celestial era inadecuada, enseñándoles muchas oraciones usuales. Después el obispo partió en su barco. A poco, vio una luz radiante que venía tras la nave, y cuando aquella se acercó más, se dio cuenta de que eran los tres ermitaños que, tomados de la mano, y caminando sobre las olas, hacían grandes esfuerzos para alcanzar el barco.
>
> —Hemos olvidado las oraciones que nos enseñaste —gritaron al obispo cuando alcanzaron la embarcación—, y hemos venido a pedirte que nos las repitas.
>
> El asombrado obispo les dijo con humildad:
>
> —Continuad viviendo con vuestra antigua oración...

¿Cómo fue que los tres santos caminaron sobre el agua?
¿Cómo fue que Cristo resucitó su cuerpo crucificado?
¿Cómo fue que Lahiri Mahasaya y Sri Yukteswar hicieron posibles sus milagros?

La ciencia moderna no tiene aún respuesta, a pesar de que con el advenimiento de la bomba atómica y las maravillas del radar, la perspectiva de la mente mundial ha sido prodigiosamente ensanchada. La palabra *imposible* se hace cada día menos prominente en el vocabulario científico.

Las antiguas Escrituras védicas declaran que el mundo físico opera bajo la ley fundamental de *maya*, el principio de relatividad y dualidad. Dios, la Única Vida, es una Absoluta Unidad. Él no puede aparecer como las diversas y separadas manifestaciones de una creación excepto bajo un falso o irreal velo. Esa ilusión cósmica es *maya*. Cada gran descubrimiento científico de los tiempos modernos ha servido de confirmación a esta sencilla aseveración de los *rishis*.

La ley del movimiento, de Newton, es una ley de *maya*. «Para cada acción hay siempre una reacción igual y contraria; la mutua acción de cualquiera de dos cuerpos es siempre igual y opuestamente dirigida». La acción y la reacción son entonces exactamente iguales. El tener una sola fuerza es imposible. Debe haber siempre, como en efecto la hay, un par de fuerzas iguales y opuestas. Las actividades fundamentales naturales evidencian todas su origen «máyico». Por ejemplo, la electricidad es un fenómeno de repulsión y atracción; sus electrones y protones son opuestos eléctricos. Otro ejemplo: el átomo o partícula final de la materia es, como la Tierra misma, un magneto con sus polos negativo y positivo. Todo el mundo fenomenal está bajo la inexorable causa de la polaridad; ninguna ley física ni química o de cualquiera otra ciencia se halla jamás libre de sus inherentes opuestos o principios contrarios.

La ciencia física no puede entonces formular leyes fuera de *maya*, la verdadera textura y estructura de la creación. La naturaleza misma es *maya*; la ciencia material debe forzosamente tropezar con su ineludible acertijo. En su propio dominio, es eterna e inagotable; los científicos del futuro no podrán hacer más que probar un aspecto tras otro de su variada infinitud. Así, la ciencia permanece en perpetuo flujo, imposibilitada para alcanzar su finalidad, aunque ciertamente apta para formular las leyes de un existente y funcional cosmos, pero sin poder para descubrir al Hacedor de la Ley y Único Operador. Las majestuosas manifestaciones de la gravedad y la electricidad son ya conocidas, pero qué son la gravedad y la electricidad, ningún mortal puede saberlo.

Sobrepasar *maya* fue la tarea asignada a la raza humana por los profetas milenarios. Elevarse sobre la dualidad de la creación y percibir la unidad del Creador fue considerado como la meta más elevada del hombre. Aquellos que se aferran a la ilusión cósmica deben aceptar su ley esencial de polaridad, flujo y reflujo, elevación y caída, día y noche, placer y dolor, bien y mal, nacimiento y muerte. Este modelo cíclico asume cierta monotonía angustiosa; pero, después de que el hombre ha pasado por unos cuantos millares de nacimientos humanos, entonces principia a echar una mirada de esperanza más allá de las compulsiones de *maya*.

Rasgar el velo de *maya* es penetrar en el secreto de la creación. El yogui que así desnuda el universo es el único monoteísta verdadero. Todos los demás están adorando imágenes paganas. Mientras el hombre permanezca en la ilusión dualística de la naturaleza, el doble rostro de *maya*, como el de Jano, será su dios, y no podrá conocer la única verdad de Dios.

La ilusión del mundo *maya*, individualmente, se llama *avidya*, que literalmente significa 'no-conocimiento', 'ignorancia', 'ilusión'. *Maya* o *avidya* no puede ser destruido por medio de la convicción intelectual o por medio del análisis, sino únicamente mediante el estado interno de *nirvikalpa samadhi*. Los profetas del Antiguo Testamento y los videntes de todos los países, y de todas las épocas, hablaron desde ese estado de conciencia.

Ezequiel dijo: «Y llevóme a la puerta, a la puerta que mira hacia el Oriente. Y he aquí la gloria del Dios de Israel, que venía desde el Oriente; y su sonido era como el sonido de muchas aguas, y la tierra resplandecía a causa de su gloria» (43:2).

A través del ojo Divino en la frente (el este), el yogui lanza su conciencia en la omnipresencia, oyendo la Palabra o AUM, sonido Divino de muchas aguas o vibraciones, que es la única realidad de la creación.

Entre el trillón de misterios del cosmos, el más fenomenal es el de la luz, que no necesita, como las ondas sonoras para su transmisión, aire y otro medio, pues las ondas de luz pasan libremente por el vacío del espacio interestelar. Aun el hipotético éter, considerado como el medio interplanetario de la luz en la teoría ondulatoria, puede ser descartado según la teoría einsteniana que afirma que las propiedades geométricas del espacio hacen a la otra innecesaria. Bajo cualquiera de estas hipótesis, la luz permanece como la más sutil, la más libre de toda dependencia material, de las demás manifestaciones naturales.

En la gigantesca concepción de Einstein, la velocidad de la luz (300 000 kilómetros por segundo) domina enteramente la teoría de la relatividad. Él demuestra matemáticamente que la velocidad de la luz es, tan lejos como lo permite la capacidad de la mente finita, la única constante en un universo de inestable flujo. En esta sola y absoluta velocidad de la luz descansan todos los *standards* humanos de tiempo y espacio. No siendo abstractos y eternos, como hasta ahora fueron considerados, el tiempo y el espacio son factores relativos y finitos, derivando su valor de medida solo con referencia al patrón de la velocidad de la luz. Al unirse al espacio como una relatividad dimensional, el tiempo ha rendido su viejo reclamo de un valor incambiable. El tiempo está hoy reducido a su propia naturaleza: ¡a una simple esencia de ambigüedad! Con unos cuantos golpes ecuacionales de su pluma, Einstein ha desvanecido del cosmos toda realidad fija, excepto la de la luz.

En un desarrollo posterior de su teoría del campo unificado, el gran físico comprende en una fórmula matemática las leyes de la gravitación y del electromagnetismo. Reduciendo la estructura cósmica a variaciones de una sola ley, Einstein llega a través de las edades hasta los *rishis*, que proclamaron una sola textura de la creación: la de una proteica *maya*.

En la época de la teoría de la relatividad se han levantado las posibilidades matemáticas de explorar el átomo ultérrimo. Grandes hombres de ciencia están ahora afirmando abiertamente que no solo el átomo es energía en vez de materia, sino que la energía atómica es esencialmente «substancia mental».

«La franca realización de que la ciencia física está relacionada con un mundo de sombras es uno de los adelantos más significativos», escribió Sir Arthur Stanley Eddington, en *La naturaleza del mundo físico*. «En el mundo de la física, observamos cómo el funcionamiento de un umbrógrafo representa el drama cotidiano de la vida. La sombra de mi codo permanece sobre la sombra de la mesa, así como la sombra de la tinta fluye sobre la sombra del papel. Todo esto es simbólico; y como un símbolo le dejan los físicos. Luego viene el alquimista Mental, que trasmuta los símbolos... Para poner la conclusión final en términos crudos, la substancia del mundo es substancia mental... La substancia realística y los campos de fuerza de la antigua teoría física son del todo inoperantes excepto en lo que se refiere a la substancia de la mente, que por sí misma ha hecho surgir estas imágenes... Así, el mundo externo se ha convertido en un mundo de sombras. Al remover nuestras ilusiones, hemos removido la substancia, porque, sin duda, hemos visto que la substancia es una de nuestras más grandes ilusiones».

Con el reciente descubrimiento del microscopio electrónico se obtuvo una prueba definitiva de la esencia de la luz en el átomo y de la ineludible dualidad de la naturaleza. El *New York Times* hizo, en 1937, el siguiente comentario con respecto a la demostración del microscopio electrónico, ante una asamblea de la Asociación Americana para el adelanto de la ciencia:

> La estructura cristalina del tungsteno, hasta aquí conocida indirectamente por medio de los rayos X, se fija claramente en una pancentro. Los átomos, en la retícula cristalina del tungsteno, aparecieron en una pantalla fluorescente como puntitos de luz arreglados en forma geométrica. Contra este cubo de cristal de

luz, las moléculas bombardeadoras de aire podían observarse como puntos danzantes de luz, parecidos a los puntos de luz solar que se balancean en las aguas movedizas.

El principio del microscopio electrónico fue descubierto en 1927, por los doctores Clinton J. Davisson y Lester H. Germer, de los laboratorios de la Bell Telephone Co. de la ciudad de Nueva York, quienes encontraron que el electrón tenía una personalidad dual que participaba de las características de una partícula y de una onda. La «cualidad onda» dio al electrón la característica de la luz, y así se emprendió la empresa de hallar medios para localizar electrones en forma similar a la usada para localizar la luz con auxilio de lentes.

Por su descubrimiento de la cualidad «Jekyll-Hyde» del electrón, que vino a corroborar la predicción hecha en 1924 por De Broglie, francés que obtuvo el Premio Nobel de Física, quien mostró que todo el reino de la naturaleza física tenía personalidad dual, el doctor Davisson recibió este mismo premio.

La corriente de Conocimiento —dice Sir James Jeans en *El universo misterioso*— se dirige hacia una realidad que no es mecánica; el universo empieza a parecerse más a un gran pensamiento que a una gran máquina. Así, la ciencia del siglo XX va semejándose a una página de los vetustos Vedas.

De la ciencia, entonces, si así debe ser, debe dejarse al hombre aprender la verdad filosófica de que no hay universo material; que su trama y urdimbre es *maya*, 'ilusión'. Su espejismo de realidad se desvanece bajo el análisis. Así como las propiedades confortables de un cosmos físico se desmoronan ante él, el hombre percibe oscuramente la idolatría de sus apegos y su antigua transgresión del mandamiento Divino: «No tendrás otros dioses delante de mí».

En su famosa ecuación en que señala la equivalencia de las masas y la energía, Einstein probó que la energía en cualquier partícula de materia es igual a su masa o peso, multiplicado por el cuadrado de la velocidad de la luz. La liberación de la energía atómica se ha conseguido por medio de la aniquilación de las partículas de materia. La «muerte» de la materia ha sido el «nacimiento» de la Edad Atómica.

La velocidad de la luz es un *standard* matemático o constante, no porque tenga un valor absoluto en sus 300 000 kilómetros por segundo, sino porque ningún cuerpo material cuya masa aumente con su velocidad puede llegar a obtener la velocidad de la luz.

Esta concepción nos conduce a la ley de los milagros.

Los maestros que pueden materializar o desmaterializar sus cuerpos, o cualquier otro objeto, y moverse con la velocidad de la luz, y empezar a utilizar los rayos de luz creadora para poner en visibilidad instantánea cualquier manifestación física, han llenado las condiciones necesarias descritas por el gran sabio Einstein: su masa es infinita.

La conciencia de un yogui perfecto es sin esfuerzo identificada, no con un cuerpo confinado, sino con la estructura universal. La gravedad, ya sea la fuerza de Newton o la manifestación de la inercia de Einstein, no tiene poder para obligar a un maestro a exhibir las propiedades de «peso», que forman la distintiva condición gravitacional de todos los objetos materiales. Aquel que se conoce a sí mismo como Espíritu omnipresente ya no está sujeto a la rigidez de su cuerpo en el tiempo y en el espacio. Sus encarcelados anillos del «No hay más allá» han cedido al más solvente «Yo soy él».

«*Fiat Lux*, y la luz fue hecha». El primer mandato a su creación ordenada (Gen. I. 3) puso en existencia la única realidad atómica: la luz. En los fulgores de este medio inmaterial ocurrieron todas las Divinas manifestaciones. Los devotos de todas las épocas dieron testimonio de la aparición de Dios como de una llama. «El Rey de reyes y Señor de señores, Único, que posee inmortalidad, que habita en la luz a donde hombre alguno no puede llegar».

El yogui que a través de la meditación perfecta ha fundido su conocimiento con el Creador percibe la esencia cósmica como luz; para él no existe diferencia entre los rayos que componen el agua y los rayos que componen la tierra. Libre de la conciencia de materia, libre de las tres dimensiones del espacio y de la cuarta dimensión del tiempo, un maestro transporta su cuerpo de luz con igual facilidad sobre la luz de la tierra que por el agua, el fuego o el aire. La larga y profunda concentración sobre el ojo espiritual liberador ha capacitado al yogui para destruir todas las ilusiones relativas a la materia y a su peso gravitacional, y por lo mismo ve el universo esencialmente como una indiferenciada masa de luz.

«Las imágenes ópticas —dice el doctor L. T. Troland, de la Universidad de Harvard— son constituidas bajo el mismo principio que los grabados de medio tono; es decir, están hechas de puntitos diminutos o rayitas demasiado pequeñas para ser sorprendidas por el ojo. La sensibilidad de la retina es tan grande que la sensación visual puede ser producida por relativamente pocos Quanta del mismo género de la luz». Con el auxilio del conocimiento Divino de un maestro sobre la luz fenomenal, se pueden proyectar en manifestación perceptible estos ubicuos átomos de luz. La forma actual de proyección, ya se trate de un árbol, una medicina, un cuerpo humano, está de acuerdo con los poderes de fuerza de voluntad y de visualización de un yogui.

En la conciencia del hombre que sueña, en donde ha perdido su enlace con las limitaciones egoístas que diariamente lo atenazan, la omnipotencia de su mente tiene una demostración nocturna. ¡Ah! Allí en el sueño están los amigos largamente desaparecidos, los más remotos continentes, las escenas resurrectas de la niñez. Con esa libre e incondicional conciencia conocida por todos los hombres en el fenómeno de los sueños, el maestro armonizado con Dios ha forjado un eslabón que nunca más se romperá. Inocente de todos los motivos personales, y utilizando su poder creador concedido por el Señor, el yogui reacondiciona los átomos de luz del universo para satisfacer la plegaria sincera del devoto. Para este objeto, el hombre y la creación fueron hechos; para que él pudiera elevarse como un maestro de *maya*, y conociese su dominio sobre el cosmos.

«Y dijo Dios: "Hagamos al hombre a nuestra imagen, conforme a la nuestra; y démosle dominio sobre los peces del mar, y de las aves del cielo, y de las bestias, y sobre todo animal que se arrastra y repta sobre la Tierra"».

En el año 1915, poco después de que había entrado en la Orden de los Swamis, obtuve una visión de contraste violento: en ella, la relatividad de la conciencia humana estaba claramente establecida; percibí la unidad de la luz eterna detrás de las dolorosas dualidades de *maya*. La visión se presentó a mí mientras estaba sentado, una mañana, en mi pequeña buhardilla en la casa de mi padre, en Gurpar Road.

Hacía meses que la Primera Guerra Mundial había principiado a destrozar a Europa, y tristemente reflexionaba sobre la enorme matanza.

Cuando cerré los ojos en meditación, mi conciencia fue súbitamente transportada al cuerpo de un capitán que mandaba un barco de guerra. Oí el rugido de los cañones, de los tiros que se cruzaban entre una batería de tierra y los cañones del barco. Una enorme granada dio en la Santa Bárbara y despedazó mi navío. Me tiré al agua junto con unos cuantos marinos que habían sobrevivido a la explosión.

Con el corazón angustiado, llegué a la orilla sano y salvo. Pero, ¡ay!, una bala perdida puso fin a su vuelo, incrustándose en mi pecho. Gimiendo, caí sobre la tierra. Todo mi cuerpo estaba paralizado; y, sin embargo, tenía conciencia de poseerlo, como cuando se siente que una pierna se ha dormido.

«Por último, el misterioso paso de la muerte me alcanzó», pensé. Con un suspiro final, iba a sumergirme en la inconciencia cuando, ¡oh, sorpresa!, me encontré sentado en la postura meditativa del loto, en mi cuartito de la casa de Gurpar Road.

Lágrimas de histerismo brotaban de mis ojos, y gozoso pegaba y pellizcaba mi rescatada posesión; un cuerpo libre, sin ningún agujero de bala en el pecho. Miré de un lado a otro, inhalando para asegurarme de que realmente estaba vivo. En medio de las propias congratulaciones otra vez mi conciencia fue transportada al cuerpo del capitán, muerto por la batería de la costa. Una confusión se apoderó de mi mente.

—¡Señor! —oraba—. ¿Estoy muerto o vivo?

Un cegador juego de luces llenó pronto todo el horizonte. Y un suave vibrante zumbido se moduló en palabras:

«¿Qué tienen que ver la vida o la muerte con la Luz? A imagen de mi Luz te he hecho. Las relatividades de vida y muerte pertenecen al sueño cósmico. Contempla tu ser sin sueños. ¡Hijo mío, despierta!».

Como los pasos que el hombre da al despertar, el Señor inspira a los científicos a descubrir, en su debido tiempo y lugar, los secretos de su creación. Muchos descubrimientos modernos ayudan al hombre a comprender el cosmos como una variada expresión de un poder: la luz guiada por una inteligencia Divina. Las maravillas del cinematógrafo, de la radio, de la televisión, del radar, de la célula fotoeléctrica, el omnividente ojo eléctrico, la energía atómica, todas están basadas en el fenómeno electromagnético de la luz.

El arte cinematográfico puede realizar cualquier milagro. Desde el punto de vista visual impresivo, ninguna maravilla pude detener a la fotografía. El transparente cuerpo astral de un hombre puede ser visto mientras sale de su denso cuerpo físico; puede caminar sobre el agua, resucitar a un muerto, revestir la secuencia natural de su desarrollo y hacer toda clase de jugarretas por lo que respecta al tiempo y al espacio. Acomodando las imágenes de luz como desee, el fotógrafo capta maravillas ópticas que un maestro verdadero produce con rayos reales de luz.

Las imágenes vivientes del cinematógrafo ilustran muchas verdades concernientes a la creación. El Director Cósmico ha escrito sus propias obras y ha colocado tremenda cantidad de personajes y autores en el aparato escénico a través de los siglos. Del recinto oscuro de la eternidad, él pone su rayo creador a través de las películas de edades sucesivas, y las fotografías son lanzadas en la pantalla del espacio. De la misma manera que las imágenes de un cinematógrafo aparecen como reales, aun cuando no son más que combinaciones de luz y sombras, así es la variedad universal de ilusiones y parecidos. Las esferas planetarias, con sus innumerables formas de vida, no son más que figuras en un cinematógrafo cósmico, temporalmente cierto a la percepción de los cinco sentidos, conforme las escenas son proyectadas sobre la pantalla en la conciencia del hombre por el infinito rayo creador.

El auditorio de un cine puede ver y darse cuenta de que todas las imágenes que aparecen en la pantalla surgen a través del instrumento de un rayo de luz sin imágenes. El colorido del drama universal es igualmente emitido de una sencilla luz blanca, de una fuente o procedencia cósmica. Con inconcebible ingenuidad, Dios está operando un entretenimiento para sus niños humanos, haciéndoles a la vez actores, así como unidades del auditorio en su teatro planetario.

Cierto día entré en un cine para presenciar una película de los campos de guerra europeos. La Primera Guerra Mundial seguía sus destrozos en el frente occidental; la película registraba la escena de una matanza con tanto realismo que salí del teatro con el corazón contristado. «¡Señor! —oraba— ¿Por qué permites tú tal sufrimiento?».

Con gran sorpresa de mi parte, recibí la contestación inmediata, en la forma de una visión real de las batallas en los campos de guerra europeos. El horror de la lucha, llena de los muertos y los moribundos, sobrepasaba lejos en ferocidad a cualquier representación de cualquier cine.

«Fíjate atentamente —me susurraba una voz suave en mi conciencia interna—; tú verás que estas escenas que ahora pasan en Francia no son más que puro juego de claroscuro. Son las películas del cinematógrafo cósmico; tan reales e irreales como la película que en el teatro acabas de presenciar; un juego dentro de otro juego».

Mi corazón aún no estaba tranquilo. La voz Divina seguía diciendo: «La creación es luz y sombra a la vez; de otra manera, la cinta no sería posible. El bien y el mal de *maya* deben alternar siempre en supremacía. Si el gozo fuera continuo aquí en este mundo, ¿buscaría el hombre algún otro? Sin sufrimientos difícilmente se ocuparía de recordar su eterno hogar. El dolor es un aguijón al recuerdo. El medio de escape es la sabiduría. La tragedia de la muerte es irreal; aquellos que tiemblan ante ella son como un actor ignorante que muere de miedo en el escenario, cuando solamente un cartucho vacío le ha sido disparado. Mis hijos son los hijos de la luz; ellos no dormirán para siempre en la ilusión».

Aun cuando yo había leído relatos de las Escrituras sobre *maya*, no me habían proporcionado la profunda visión interna que se adquiere de las visiones personales y el acompañamiento de sus palabras de consuelo. La noción de los propios valores es profundamente cambiada cuando por fin está uno convencido de que la creación es solo un inmenso cinematógrafo, y que nada dentro de él, sino más allá de él, está su propia realidad.

Cuando terminaba de escribir este capítulo, me senté en mi cama en la postura meditativa de loto. Mi habitación estaba tenuemente iluminada por dos lámparas de pedestal. Levantando la vista, noté que el techo de la habitación estaba punteado con pequeños puntitos de luces de color mostaza, cintilando y parpadeando como si fueran destellos de radio. Miríadas de rayitas como de lápiz, como hojas de lluvia, se juntaban a través de un conducto transparente y se vaciaban silenciosamente sobre mí.

Inmediatamente, mi cuerpo perdió su pesadez y se metamorfoseó en una textura astral. Sentí una sensación como de flotación cuando, tocando apenas la cama, mi cuerpo sin peso se mecía alternativamente de izquierda a derecha. Veía alrededor del cuarto: ¡los muebles y las paredes permanecían como de costumbre, pero la pequeña masa de luz se había multiplicado de tal manera que el techo de la habitación era invisible! Yo estaba maravillado.

«Este es el mecanismo del cinematógrafo cósmico». Una voz hablaba como dentro de la misma luz. «Lanzando sus rayos sobre la pantalla de las sábanas de tu cama, está produciendo la película de tu cuerpo. ¡Mira, tu forma no es nada más que luz!».

Me miré los brazos y los moví de un lado a otro; y, sin embargo, no pude sentir su peso. El gozo me extasiaba sobremanera. Este tallo cósmico de luz que había sustituido mi cuerpo parecía una réplica de los rayos de luz que salen de la cabina de proyección de un cinematógrafo, y que se manifiestan en las escenas que vemos en la pantalla.

Por largo tiempo experimenté esta filmación de mi cuerpo en el teatro ligeramente iluminado de mi propio dormitorio. No obstante las muchas visiones que he tenido, ninguna hasta entonces había sido tan singular. Como la ilusión de mi cuerpo sólido se había disipado completamente, y mi realización había descubierto que la esencia de todos los objetos es la luz, volví a mirar la corriente palpitante de vitatrones y dije suplicante:

—¡Luz Divina, por favor, dirige esta humilde y corporal imagen hacia ti misma, tal como Elías fue ascendido al cielo por medio de una llama!

Esta oración era evidentemente primeriza; el centelleo de luz desapareció. Mi cuerpo volvió a tomar su peso normal, y se sumió en la cama; el enjambre de luces cintilantes del techo se atenuó y, al fin, desapareció. Mi tiempo para abandonar esta tierra aún no había llegado. «Además —pensé filosóficamente—, el profeta Elías podría haberse disgustado de mi presunción».

Capítulo 31
Una entrevista con la santa madre

—Reverenda madre, yo fui bautizado en la infancia por tu esposo profeta. Él era el gurú de mis padres y de mi propio gurú, Sir Yukteswarji. ¿Podrías concederme el privilegio de oír algunos incidentes de tu sagrada vida?

Mis palabras eran dirigidas a Srimati Kashi Moni, quien fuera compañera de Lahiri Mahasaya. Encontrábame en Benarés, en una corta visita, y estaba cumpliendo un deseo que hacía mucho había acariciado: el de visitar a la venerable señora.

Ella me recibió amablemente en la antigua casa-hogar de Lahiri, en la sección de Garudeswar Mohulla, en Benarés. Aunque entrada en años, florecía como flor de loto, emanando una dulce y espiritual fragancia. Era de talla mediana, de cuello delgado y de piel clara. Grandes y brillantes ojos suavizaban su cara maternal.

—Hijo, eres bien recibido; sube conmigo.

Kashi Moni me condujo a una pequeña habitación, en donde había vivido por algún tiempo con su marido. Me sentí muy honrado de ser testigo del santuario en el que el incomparable maestro había condescendido a representar el drama del matrimonio. La gentil dama me indicó un asiento de cojines, sentándose a mi lado. Y comenzó a contar:

Pasaron muchos años para que yo llegara a comprender la realidad de la estatura Divina de mi esposo. Una noche, precisamente en esta habitación, tuve un vívido sueño. Ángeles gloriosos flotaban con gracia inimaginable por encima de mí. Fue tan real la visión que desperté; la habitación estaba extrañamente envuelta en una luz deslumbrante. Mi esposo, en la postura meditativa del loto, se encontraba suspendido a mitad de la habitación, rodeado de ángeles que lo reverenciaban con una actitud de dignidad suplicante, con las palmas de las manos plegadas. Sorprendida sobremanera, creí que aún estaba soñando.

—Mujer —dijo Lahiri Mahasaya—, no estás soñando; olvida tu sueño para siempre jamás.

A medida que él descendía al suelo lentamente me postré a sus pies.

—Maestro —exclamé una y otra vez—, yo te reverencio. ¿Podrás perdonarme el que te haya considerado como mi esposo? Muero de vergüenza al comprender que había estado sumida en la ignorancia, sin saber que vivía al lado de quien ha despertado en la Divinidad. Desde este momento, no eres ya mi esposo, sino mi gurú. ¿Quieres aceptar la insignificancia de mi ser como tu discípula?

El maestro me tocó suavemente.

—Alma sagrada, levántate, estás aceptada. —E indicándome a los santos, me dijo—: Reverencia a su vez a cada uno de estos santos.

Cuando hube terminado mi humilde genuflexión, las voces de los santos varones sonaron juntas como el coro de una antigua escritura.

—Consorte de la Divinidad Uno, bendita seas. Te saludamos. —Ellos se inclinaron a mis pies y, ¡oh!, las refulgentes formas se desvanecieron. La habitación se sumió en tinieblas.

Mi gurú me preguntó si quería recibir la iniciación del *Kriyā yoga*.

—Por supuesto que sí —le repliqué—. Siento mucho no haber recibido tu bendición mucho antes en mi vida.

—No había llegado tu hora —dijo Lahiri Mahasaya, consolándome—. Silenciosamente, te he ayudado a agotar mucho tu karma. Ahora tienes voluntad y estás preparada.

Él me tocó en la frente y vertiginosas masas de luz se me aparecieron. Gradualmente, la irradiación se transformó en el Ojo Espiritual, azul opalino, circundado por un aro dorado y en el centro una estrella pentagonal blanca.

—Introduce tu conciencia a través de la estrella en el reino del Infinito. —La voz de mi gurú tenía un nuevo timbre, suave como la cadencia de una música lejana.

Una visión tras otra se quebraba como la superficie del océano en las playas de mi alma. Las panorámicas esferas se fundieron finalmente en un océano de bendición, y yo me perdí en un mar de bienaventuranza. Cuando algunas horas más tarde volví a la conciencia de este mundo, el maestro me enseñó la técnica del *Kriyā yoga*.

A partir de aquella noche, Lahiri Mahasaya no durmió más en mi habitación. No volvió a dormir nunca. Permaneció en la habitación principal de la planta baja, en compañía de sus discípulos, tanto de día como de noche.

La ilustre señora guardó silencio. Realizando la unidad de su relación con el sublime yogui, me aventuré, finalmente, a pedirle otras reminiscencias.

«Hijo, eres insaciable; sin embargo, te contaré una más», sonrió tímidamente y continuó su relato:

Te contaré un pecado que cometí en contra de mi gurú-esposo. Algunos meses después de mi iniciación, empecé a sentirme abandonada y olvidada. Una mañana, Lahiri Mahasaya entró en esta pequeña habitación a buscar algo. Yo le seguí rápidamente y, cegada por una violenta desilusión, me dirigí a él severamente:

—Gastas todo tu tiempo con los discípulos. ¿Qué ocurre con tus responsabilidades hacia tu mujer e hijo? Lamento que no te intereses en mejores medios de vida para la familia.

El maestro me miró por un momento, y después, ¡oh, había desaparecido! Amedrentada y asustada, oí una voz que resonaba por todo el interior de la habitación. «¿No ves que todo es nada? ¿Cómo es posible que una nada como yo puede producir riqueza para ti?».

—*Guruji* —exclamé yo—, imploro tu perdón un millón de veces. Mis ojos pecadores no pueden verte, hazme el favor de aparecer en tu forma sagrada.

—Estoy aquí.

Esta respuesta la hizo desde arriba de mí. Alcé la vista y vi al maestro materializado en el aire; su cabeza estaba tocando el cielo raso y sus ojos eran semejantes a llamas cegadoras. Fuera de mí, y llena de temor, me arrojé llorando a sus pies. Cuando descendió al suelo, me dijo:

—Mujer, busca la Divina riqueza y no el mezquino oropel de la tierra. Después de que hayas adquirido el tesoro interno, verás que todo el abastecimiento externo vendrá. —Y agregó—: Uno de mis hijos espirituales te abastecerá.

Naturalmente que las palabras de mi gurú se hicieron verdad. Un discípulo dejó una suma considerable para nuestra familia.

Agradecí a Kashi Moni por haberme hecho partícipe de algunas de sus sorprendentes experiencias.

Al día siguiente volví a su casa y pasé varias horas en agradables discusiones filosóficas con Tincouri y Ducouri Lahiri. Estos dos hijos santos del gran yogui de la India le siguieron muy de cerca sus pasos. Ambos eran de tez clara, bien parecidos, altos, fuertes, con espesa barba, con voces suaves y de antiguos, y encantadores modales.

No fue su mujer la única discípula de Lahiri Mahasaya; había centenares, incluyendo mi madre. Una mujer *chela* pidió una fotografía del gurú. Él le dio una estampa, diciéndole: «Si tú la consideras como una protección, así será; de otra manera, solamente será una estampa».

Algunos días después, mientras esta mujer y la nuera de Lahiri Mahasaya estaban estudiando el *Bhagavad-gītā*, en una mesa tras la cual colgaba una fotografía del gurú, se desató una tormenta eléctrica con gran furia: «Lahiri Mahasaya, protégenos». Las mujeres reverenciaron el retrato. Un rayo cayó sobre el libro que ambas estaban leyendo, pero ellas resultaron ilesas.

Una de estas *chelas* decía: «Sentí como si una coraza de hielo hubiera sido puesta sobre toda mi persona, para protegerme del fuego abrasador».

Lahiri Mahasaya realizó dos milagros en relación con una discípula suya: Abhoya. Ella y su esposo, un abogado de Calcuta, partieron un día para Benarés a visitar a su gurú. Su coche se retardó en el camino por causa del intenso tránsito. Llegaron a la estación de Howrah al tiempo de oír el silbato del tren que salía.

Cerca de la oficina de boletos, Abhoya permanecía quieta. «Lahiri Mahasaya, yo te ruego que detengas el tren», oraba ella silenciosamente. «No puedo sufrir el tormento de esperar un día más sin verte».

Las ruedas del rugiente tren seguían moviéndose sobre sus ejes, pero el tren no marchaba. El maquinista y los pasajeros descendieron a la plataforma para presenciar el fenómeno. Un guardia inglés, empleado del ferrocarril, se acercó a Abhoya y a su esposo y, en contra de todos los preceptos establecidos, les ofreció sus servicios.

—Babu —les dijo—, dadme el dinero y yo compraré los boletos mientras ustedes abordan el tren.

Tan pronto como la pareja se acomodó y recibió sus boletos, el tren comenzó a caminar lentamente. El maquinista y los pasajeros volvieron a subir a sus lugares, ignorando la causa de la detención y de la extraña reanudación de la marcha.

Al llegar a la casa de Lahiri Mahasaya, en Benarés, Abhoya se postró silenciosamente a los pies del maestro y trató de tocarlos.

—¡Compórtate, Abhoya! ¡Cómo te gusta importunarme! ¡Como si no hubieses podido llegar por el próximo tren!

En otra ocasión memorable, Abhoya visitó la casa de Lahiri Mahasaya. Esta vez no pidió ella la intervención del maestro para tomar un tren, sino para que ayudara a la cigüeña.

—Yo te ruego que mi noveno hijo pueda vivir —imploraba—. Ocho hijos me han nacido, pero todos mueren poco tiempo después. —El maestro sonrió, compadecido.

—Tu próximo niño vivirá, pero sigue cuidadosamente mis instrucciones. La criatura será una niña y nacerá a medianoche. Cuida de que tu lámpara permanezca encendida hasta el amanecer. No te vayas a dormir y de esta manera dejas que se apague la luz.

La criatura de Abhoya fue una niña, nacida a medianoche, exactamente como lo había predicho el omnisciente gurú. La madre recomendó a la enfermera que conservara la lámpara llena de aceite. Ambas mujeres velaron hasta despuntar la aurora, pero, finalmente, ambas se durmieron. Cuando ya se agotaba el aceite de la lámpara y la llama estaba a punto de apagarse, la puerta de la alcoba se abrió con estrépito. Las asustadas mujeres se despertaron y sus asombrados ojos contemplaron la forma de Lahiri Mahasaya.

—Abhoya, ve que la llama va a extinguirse. —El gurú señalaba la lámpara. La enfermera se precipitó a alimentarla. Tan pronto como la llama ardió brillantemente, la figura del maestro desapareció. La puerta se cerró y el pestillo se corrió sin ningún intermedio visible.

El noveno hijo de Abhoya sobrevivió. En el año de 1935, cuando yo inquirí acerca de él, supe que aún vivía.

Uno de los discípulos de Lahiri Mahasaya, el venerable Kali Kumar Roy, me refirió fascinantes detalles de la vida de su maestro:

Con frecuencia, yo era huésped durante varias semanas en su casa de Benarés. Observé muchas santificadas, muchos swamis llegaban en la quietud de la noche para sentarse a los pies del gurú. Algunas veces, se enfrascaban en discusiones sobre temas de meditación o filosofía. Al amanecer, los huéspedes se marchaban. Me di cuenta de que, durante mis visitas, Lahiri Mahasaya no se acostó una sola vez para dormir.

Al principio de mi asociación con el maestro, yo tenía que soportar la oposición de mi jefe —seguía diciendo Roy—. Él estaba imbuido en el materialismo.

—Yo no quiero fanáticos religiosos entre mi personal —solía decir con sarcasmo—. Si llego a encontrar a tu charlatán gurú, le diré algunas palabras que siempre recordará.

Esta alarmante amenaza no me hizo interrumpir mi programa regular. Yo seguía pasando casi toda la noche en presencia de mi gurú. Una noche, mi jefe me siguió y bruscamente se abalanzó dentro de la sala. Seguramente estaba a punto de pulverizarnos con sus amenazas. Pero ni bien se había sentado cuando Lahiri Mahasaya se dirigió al pequeño grupo, formado de doce discípulos, y dijo:

—¿Les gustaría a ustedes ver algo de cine?

—Cuando nosotros asentimos, él nos pidió que oscureciéramos la habitación.

—Siéntense en círculo, uno detrás de otro —nos dijo—, y coloquen sus manos sobre los ojos de la persona que esté delante de ustedes.

No me sorprendió el ver que mi jefe siguió también las instrucciones, aunque no de muy buen grado. En unos cuantos minutos, Lahiri Mahasaya nos preguntó qué estábamos viendo.

—Señor —le contesté yo—, veo a una hermosa mujer, que usa un *sari* ('chal') ribeteado de rojo, y está de pie cerca de una planta de «orejas de elefante». Todos los demás discípulos dieron la misma descripción. El maestro se dirigió entonces a mi jefe.

—¿Reconoce usted a esa mujer?

—Sí. —Evidentemente, mi jefe luchaba con emociones completamente nuevas para su naturaleza—. He sido un necio en gastar tontamente mi dinero en ella, teniendo, como tengo, una buena esposa. Lo siento mucho y me avergüenzo de los motivos que me trajeron aquí. ¿Me perdona usted y puede recibirme como uno de sus discípulos?

—Sí; si usted se conduce moralmente bien durante seis meses, lo aceptaré —dijo el maestro—; de otra manera, tendré que rehusarme a iniciarlo.

Durante tres meses, mi jefe se reprimió de la tentación; luego reanudó sus antiguas relaciones con la mujer. Dos meses después murió. Así vino a comprender la velada profecía de mi gurú acerca de la improbabilidad de la iniciación de ese hombre.

Lahiri Mahasaya tenía un amigo famoso, el Swami Trailanga, a quien se le atribuían más de trescientos años de vida. Los dos yoguis frecuentemente se sentaban juntos en sus meditaciones. La fama de Trailanga está tan ampliamente extendida, que muy pocos hindúes negarán la posibilidad real de cualquier historia que de él se cuente y de sus sorprendentes milagros. Si Cristo volviera a la Tierra y caminara por las calles de Nueva York, desplegando sus divinos poderes, produciría la misma excitación que produjo Trailanga hace algunas décadas, cuando paseaba por las calles de Benarés.

En muchas ocasiones, el swami fue visto tomar, sin efectos nocivos para él, los más poderosos venenos. Millares de personas, incluyendo a algunas que aún viven, han visto a Trailanga flotando en el Ganges. Durante días enteros se le podía ver sentado sobre el agua, o sumergido durante largo tiempo bajo las olas. Un panorama común en los baños *ghats* de Benarés era ver el cuerpo inmóvil sobre las flamantes lozas, completamente expuesto a los rayos candentes del sol de la India. Por estos medios, Trailanga trataba de enseñar que la vida de un yogui no depende del oxígeno, ni de otras condiciones consideradas imprescindibles. Ya fuera que él estuviera encima o debajo del agua, que su cuerpo estuviera expuesto a la fuerza de los rayos solares, el maestro probó que vivía de la conciencia Divina; la muerte no le podía herir.

El yogui era grande no solo espiritual, sino también físicamente. Su peso excedía las trescientas libras, una libra por cada año de existencia de su vida. Como comía rara vez, el misterio se acentuaba aún más. Sin embargo, un maestro puede prescindir de las reglas usuales de salud cuando desea hacerlo así por alguna causa especial, a menudo por una causa sutil solo conocida de él. Los grandes santos que han despertado del sueño mágico cósmico y realizado su mundo como una idea de la Mente Divina pueden hacer lo que desean con su cuerpo, conociendo que es solo una forma manipulable de energía condensada. Aunque los físicos comprenden ahora que la materia no es sino energía congelada, los maestros iluminados pasaron hace tiempo de la teoría a la práctica en este campo.

Trailanga se presentaba siempre completamente desnudo. Para la policía de Benarés, este era un problema desconcertante. El swami, natural como el primitivo Adán, era del todo inconsciente de su desnudez. La policía tenía completa conciencia de ello y, sin embargo, lo encarcelaron sin ceremonia. Con asombro general, pronto el enorme cuerpo de Trailanga se vio sobre las azoteas de la prisión. Su celda permanecía cerrada de manera segura y nunca se encontró ningún indicio de cómo pudo salir.

Los oficiales de la ley, descorazonados, ejercieron su deber una vez más. En esta ocasión, se apostó un centinela delante de la puerta de la celda. A pesar de todo, Trailanga fue visto paseando despreocupadamente sobre el techo de la prisión. La justicia es ciega; los burlados policías decidieron seguir su ejemplo.

El gran yogui conservaba su silencio habitual. A pesar de su cara redonda, y su enorme estómago semejante a un barril, Trailanga comía pocas veces. En ocasiones permaneció varias semanas sin tomar alimentos, para luego romper su prolongado ayuno bebiendo grandes baldes de leche cuajada que le eran ofrecidos por los devotos. Cierta vez, un escéptico quiso ponerlo en evidencia como un charlatán y puso delante de él un balde con una mezcla de cal de la que se usa generalmente para blanquear las paredes, y le dijo con fingida reverencia:

—Maestro, le he traído este cubo de leche cuajada; bébalo usted.

Trailanga, sin titubear, se bebió hasta la última gota del ardiente contenido.

Pocos minutos después, el malhechor caía al suelo, sufriendo terribles dolores.

—Sálveme, swami; sálveme de este fuego interior que me consume y perdone mi malvada prueba.

El gran yogui rompió su silencio habitual y le dijo:

—¡Burlón! No te diste cuenta al ofrecerme el veneno de que mi vida es una con la tuya propia. Si no fuera por el conocimiento que tengo de Dios, que está presente en mi estómago, así como en cada átomo de la creación, la cal me hubiera matado. Ahora que ya conoces la ley del talión Divino, nunca más hagas maldades a los demás.

El bien castigado pecador, curado con las palabras de Trailanga, se escurrió sumisa y calladamente.

La trasmisión del dolor no se debió a ninguna volición del maestro, sino que se operó a través de la aplicación de la ley infalible de justicia que sostiene todas las cosas del universo.

En los hombres de realización completa, como Trailanga, la ley Divina permite su operación instantáneamente, ya que ellos han desvanecido para siempre las corrientes cruzadas del ego.

El automático ajuste de la rectitud a menudo es pagado con una moneda inesperada y, como en el caso de Trailanga y su frustrado asesino, mitiga nuestra indignación en las injusticias humanas.

«Mía es la venganza: yo pagaré, dice el Señor» (Romanos XII, 19). Lo que el hombre merece o necesita, el universo lo retribuye debidamente. Las mentes torpes, desacreditan la posibilidad de la justicia Divina: amor, omnisciencia, inmortalidad. Este punto de vista insensible, sin respeto ni temor ante el espectáculo cósmico, provoca, en su conjunto, acontecimientos que le traen su propio despertar.

La omnipotencia de la ley espiritual fue referida por Cristo en ocasión de su entrada triunfal a Jerusalén. Mientras sus discípulos y la multitud gritaban con alegrías: «¡Paz en el cielo, y gloria en lo altísimo!». Entonces algunos de los fariseos de la compañía le dijeron: «Maestro, reprende a tus discípulos».

Y él respondiendo les dijo: «Os digo que, si estos callaren, las piedras clamarán» (Lucas XIX, 3840).

En esta reprimenda a los fariseos, Cristo indicaba que la justicia Divina no es una abstracción imaginada, y que un hombre de paz, aun cuando la lengua le sea arrancada de raíz, encontrará su habla y su defensa en el lecho de la creación, la orden universal de sí mismo.

«¿Piensan ustedes —decía Jesús— callar a los hombres de paz? Tal vez crean poder callar la voz de Dios, cuyas verdades cantan hasta las piedras. Su gloria y su omnipresencia. ¿Podríase pedir que el hombre no celebrase en honor de la paz, en el cielo, sino que únicamente se reúnan en multitudes para gritar por la guerra sobre la tierra? Entonces, preparaos, ¡oh!, fariseos, a dominar los cimientos del mundo; porque no es solo para los gentiles, sino que las piedras y la tierra, el agua, el fuego y el aire se levantarán en contra de vosotros para dar testimonio de su equilibrada armonía».

La gracia del yogui-Cristo, Trailanga, fue otorgada a mi tío, quien vio al maestro rodeado de una multitud de devotos en un *ghat* de Benarés.

Mi tío se esforzó por encontrar la manera de acercarse a Trailanga, cuyos pies tocó reverentemente y se sorprendió de quedar instantáneamente sanado de una crónica y dolorosa enfermedad.

El único discípulo aún vivo del gran yogui es una mujer, Shankari Mai Jiew, hija de uno de los discípulos de Trailanga. Ella recibió su entrenamiento como swami desde la niñez. Vivió durante cuarenta años en una serie de cuevas solitarias de los Himalayas, cerca de Badrinath, Kedarnath, Amarnath y Pasupatinath.

La *brahmacharini* ('mujer ascética') nació en el año 1826, y, actualmente, está bien entrada en el siglo. No se ve anciana en apariencia, pues ha conservado su pelo negro, brillantes dientes y una energía envidiable. Sale de su retiro cada año para estar presente en las *melas* ('ferias religiosas').

Esta santa mujer visitaba con frecuencia a Lahiri Mahasaya, y cuenta que en cierta ocasión, en la sección de Barackpur, cerca de Calcuta, mientras estaba sentada al lado de Lahiri Mahasaya, su Gran Gurú Babaji entró calladamente en la habitación en que ellos estaban y conversó con los dos.

Cierta vez, su maestro Trailanga, olvidando su silencio usual, honró a Lahiri Mahasaya de una manera muy ostensible en público. Un discípulo de Benarés le reclamó:

—Señor —le dijo—, ¿por qué usted, un swami que ha renunciado a todo, muestra tal distinción a un hombre de hogar?

—Hijo mío —le contestó Trailanga—, Lahiri Mahasaya es como un gatito Divino, que se queda dondequiera que la Madre Cósmica lo coloca. Mientras cumple con su deber como hombre de mundo, ha recibido la perfecta realización de sí mismo, por la cual yo he renunciado aun a mis entrepiernas.

Capítulo 32
Rama es resucitado

«Estaba entonces enfermo un hombre llamado Lázaro...». Cuando Jesús oyó eso, dijo: «Esta enfermedad no es para muerte, sino para gloria de Dios, para que el Hijo de Dios sea glorificado por ella».

Sri Yukteswar estaba explicando las Escrituras cristianas una hermosa mañana de verano en el balcón de la ermita en Serampore. Además de otros discípulos del maestro, yo estaba con un pequeño grupo de mis estudiantes de la escuela de Ranchi.

—En este pasaje, Jesús se llamó a sí mismo el Hijo de Dios, aun cuando él, en realidad, estaba unido a él. El significado de esta expresión tiene un profundo e impersonal alcance —explicó mi maestro—. El Hijo de Dios es el Cristo o la Conciencia Divina en el hombre. Ningún mortal puede glorificar a Dios. El único honor que el hombre puede pagar a su Creador es el de buscarlo. El hombre no puede glorificar una abstracción que él no conoce. La «gloria», o nimbo alrededor de la cabeza de los santos, es el testigo simbólico de su capacidad de rendir homenaje Divino.

Sri Yukteswar siguió leyendo la maravillosa historia de la resurrección de Lázaro. Al terminar, el maestro guardó un profundo silencio, con el libro sagrado abierto sobre sus rodillas.

—Yo también tuve el privilegio de contemplar un milagro parecido —habló, por fin, con solemne unción, mi gurú—. Lahiri Mahasaya rescató a uno de mis amigos de la muerte.

Todos los chiquillos sentados cerca de mí sonrieron con avivado interés. Todavía había mucho de niño en mí para gozar no solo de la filosofía, sino particularmente de cualquier historia o sucedido que Sri Yukteswar relatara acerca de sus maravillosas experiencias con su gurú.

Mi amigo Rama y yo éramos inseparables. En vista de que él era tímido e introspectivo, prefería visitar a Lahiri Mahasaya únicamente durante las horas de medianoche, al amanecer, cuando la multitud de los discípulos diurnos se había marchado. Como el amigo más íntimo de Rama, yo era una especie de escape espiritual por la cual él vertía la riqueza de sus percepciones. Encontré siempre inspiración en su compañía ideal. —El rostro de mi maestro se suavizó con los recuerdos y continuó—: Inesperadamente, Rama fue sometido a una prueba muy dura. Había contraído la enfermedad del cólera asiático. Como mi maestro nunca objetaba los servicios de los médicos en casos de enfermedades graves, fueron llamados especialistas. En medio del frenético ajetreo de ayudar al enfermo, yo estaba orando fervorosamente a Lahiri Mahasaya; e implorando su ayuda, me precipité a su casa y, entre sollozos, le conté lo sucedido. «Los doctores están atendiendo a Rama. Pronto estará bien», me dijo mi maestro jovialmente.

Regresé entonces algo más confortado al lado de la cama de mi amigo, solo para encontrarlo ya en estado agónico.

—No puede durar más de una o dos horas —me dijo uno de los doctores con un gesto de desesperación.

Una vez más corrí al lado de Lahiri Mahasaya.

—Los doctores saben lo que hacen. Tengo la seguridad de que Rama sanará. —El maestro me despidió jovialmente.

Al volver al lado de Rama, me encontré con que los médicos ya se habían marchado. Uno de ellos había dejado una nota: «Hemos hecho todo lo que pudimos, pero este es un caso perdido».

Mi amigo era la imagen fiel de un hombre en agonía. Yo no podía explicarme cómo las palabras de Lahiri Mahasaya podían haber dejado de ser ciertas; sin embargo, a la vista de los estertores agónicos y de aquel cuerpo del cual la vida se ausentaba, mi mente se decía: «Ahora ya todo ha terminado», pasando de esta manera de los mares de la fe a las dudas aprensivas. Yo cuidaba de mi amigo con toda mi habilidad posible. De pronto se enderezó para decirme: «Yukteswar, corre y dile al maestro que ya me fui. Pídele que bendiga mi cuerpo antes de someterlo a los últimos ritos». Con estas palabras, Rama suspiró profundamente y entregó su alma.

Lloré por más de una hora ante su amada forma. El amante de la quietud había adquirido ahora la del alma ultérrima, la quietud de la muerte. A poco tiempo, otro discípulo llegó; le pedí que permaneciera en la casa hasta que yo regresara. Anonadado regresé prontamente a la casa de mi gurú.

—¿Cómo está ahora Rama? —El rostro de Lahiri Mahasaya sonreía en medio de una aureola.

—Señor, pronto verá usted cómo está —contesté, lleno de emoción—. Dentro de pocas horas verá usted su cuerpo antes de ser conducido a la cremación. —Y prorrumpí abiertamente en sollozos.

—Yukteswar, contrólate. Siéntate calmadamente y medita. —Mi gurú entró luego en éxtasis. La tarde y la noche se pasaron en un ininterrumpido silencio, yo luchaba infructuosamente por ganar mi calma interior.

Al amanecer, Lahiri Mahasaya me miró consoladoramente.

—Veo que estás todavía intranquilo. ¿Por qué no me explicaste que lo que tú querías era que yo diera a Rama una ayuda tangible en forma de alguna medicina? —El maestro me señaló una lámpara en forma de copa, cubierta por una pantalla, que contenía aceite de castor crudo—. Llena una botellita de la lámpara y pon siete gotas en la boca de Rama.

—Señor —le repliqué—, él está muerto desde ayer a mediodía.

—No importa; haz como yo te digo.

La actitud sonriente de Lahiri Mahasaya era incomprensible. Yo me encontraba sin poder mitigar mi pena por la pérdida de Rama. Vertiendo una pequeña cantidad de la lámpara salí para la casa de Rama.

Encontré el cuerpo de mi amigo frío ya con la rigidez de la muerte. Sin reparar en su cadavérico aspecto, abrí sus labios con el índice de mi mano derecha y me di maña con la mano izquierda y la ayuda de un corcho para introducir, gota a gota, el aceite a través de sus trabados dientes.

Tan pronto como la séptima gota tocó sus fríos labios, Rama tembló violentamente. Todos sus músculos vibraron de la cabeza hasta los pies, mientras se sentó maravillado.

—He visto a Lahiri Mahasaya en medio de un halo de luz —gritó—. ¡Brillaba como un sol! «Levántate, abandona tu sueño», me ordenó. «Ven con Yukteswar a verme».

Apenas si podía dar crédito a mis ojos, mientras Rama se vestía y contemplaba el vigor con que caminaba hacia la casa de nuestro gurú, después de la fatal enfermedad. Allí se postró Rama a los pies de Lahiri Mahasaya con abundantes lágrimas de gratitud.

El maestro se mostraba sonriente y alegre. Sus ojos me hicieron un guiño malicioso.

—Yukteswar —me dijo—, seguramente que de aquí en adelante no dejarás de llevar contigo una botellita de aceite de castor. Dondequiera que veas un muerto, sencillamente le administras el aceite. Pues ya ves que siete gotas de aceite de lámpara sirven para contrarrestar el poder de Yama.

—*Guruji*, usted se burla de mí. ¿Por qué? Indíqueme la naturaleza de mi error.

—Yo te dije dos veces que Rama sanaría; sin embargo, no pudiste creerme completamente —decía el maestro—; yo no quise decir que los doctores pudieran curarlo; únicamente observé que ellos lo estaban atendiendo. No existe ninguna conexión causal entre mis dos aserciones. Yo no quise intervenir en la labor de los doctores, pues ellos también tienen que vivir. —Y con voz que resonaba de regocijo, mi gurú agregó—: Recuerda siempre que el inagotable *Paramātman* puede curar cualquier paciente, haya o no doctores.

—Ya veo mi error —confesé con cierto remordimiento—. Ahora sé que tu simple palabra está atada a todo el cosmos.

Cuando Sri Yukteswar terminó esta asombrosa historia, uno de los sorprendidos oyentes aventuró una pregunta que desde el punto de vista de un niño era lógica:

—Señor —dijo el niño—, ¿por qué su gurú usó el aceite de castor?

—Criatura, el suministro de aceite no tenía ningún significado, únicamente que, como yo esperaba alguna ayuda material, Lahiri Mahasaya escogió lo que tenía más a la mano como símbolo objetivo para despertar mi fe. El maestro le permitió a Rama que muriera, porque yo, parcialmente, había dudado, pero el Divino gurú sabía que el discípulo sanaría; y así, la curación debía efectuarse, aun cuando él tuviera que salvar a Rama de la muerte, enfermedad que usualmente es la final.

Sri Yukteswar despidió al pequeño grupo y me indicó que me sentara sobre un cobertor a sus pies.

—Yogananda —me dijo con una gravedad nada usual en él—, tú has estado rodeado desde tu nacimiento por discípulos directos de Lahiri Mahasaya. El gran maestro vivió su vida sublime en un retiro parcial y con tesón rehusó permitir a sus feligreses que formaran organización alguna alrededor de sus enseñanzas. Sin embargo, hizo una muy significativa predicción: «Cincuenta años después de mi muerte, mi vida será escrita por el gran interés que en el Occidente se manifestará por el yoga. El mensaje yoguístico circundará todo el globo y ayudará a establecer la hermandad del hombre, la cual resulta de la comprensión directa del Único Padre».

»Hijo mío, Yogananda —prosiguió Sri Yukteswar—, tú debes hacer tu parte difundiendo el mensaje y escribiendo esa vida sagrada.

Cincuenta años después de la desaparición de Lahiri Mahasaya, ocurrida en el año 1895, en 1945 fue terminado el presente libro. Y no pude menos que admirarme por la coincidencia de que en el año de 1945 fue la entrada a una nueva era, la era revolucionaria de la energía atómica. Todas las mentes pensadoras, ahora más que nunca, se vuelven a los problemas urgentes de la paz y de la hermandad, salvo que el continuado uso de la fuerza física haga desaparecer a todos los hombres junto con sus problemas.

Cuando la raza humana y sus trabajos desaparecen sin dejar huellas, ya sea por el tiempo a la bomba atómica, el sol no alterará su curso, las estrellas continuarán su vigía invariable. La ley cósmica no puede ser detenida ni cambiada, y el hombre hará perfectamente bien en ponerse en armonía con ella. Si el cosmos está contra el poder, y si el sol no entra en guerra con los planetas, sino que se retira a su debido tiempo para dejar a las estrellas su camino, ¿de qué sirve nuestro puño cerrado? ¿Puede alguna paz venir ciertamente de él? No la crueldad, sino la buena voluntad arma la energía universal; una humildad en paz conocerá los innumerables frutos de la victoria, más dulces al paladar que cualquier otra que se haya nutrido en el terreno de la sangre.

La efectiva Liga de las Naciones será un medio natural y sin títulos llamativos en los corazones humanos. Las amplias simpatías y el discernimiento interior urgentes para la curación de las penas humanas no pueden fluir de meras consideraciones intelectuales, sino del conocimiento de la unidad del hombre, de su parentesco con Dios. Hacia la realización del más alto ideal del mundo, la paz por medio de la fraternidad, podrá el yoga, la ciencia del contacto personal con lo Divino, difundirse en el tiempo entre todos los hombres de todos los países.

Aun cuando la civilización de la India es más antigua que cualquier otra, pocos historiadores han notado que el hecho de su supervivencia nacional no es meramente cosa de accidente, sino un resultado lógico de su devoción a las verdades eternas, verdades que la India ha ofrecido a través de sus mejores hombres en cada generación. Por su celosa continuidad de ser, por su intransitividad ante las edades (¿pueden los eruditos decirnos ciertamente cuántas?), la India ha dado una respuesta más valiosa que cualquier otro pueblo al reto del tiempo.

La historia bíblica nos habla de la súplica de Abraham al Señor para que la ciudad de Sodoma fuera perdonada, si diez hombres justos se hallasen en ella, y la contestación Divina fue «No la destruiré, por la suerte de los diez». Tal cosa adquiere nuevo significado a la luz de la India, que escapó del fracaso de Babilonia, Egipto y otras poderosas naciones que en un tiempo fueron sus contemporáneas. La contestación del Señor claramente muestra que una tierra no vive por sus hazañas o proezas materiales, sino por los supremos modelos de sus hombres.

Hagamos que las Divinas palabras vuelvan a ser oídas en este siglo XX, ya bañado dos veces en un mar de sangre. Ninguna nación que produzca diez hombres grandes ante los ojos del Incorruptible Juez podrá ser extinguida. Escuchando tales persuasiones, la India se ha probado a sí misma ser fuerte contra las argucias del tiempo. Maestros autorrealizados en cada siglo han santificado su tierra; modernos y crísticos sabios como Lahiri Mahasaya y su discípulo Sri Yukteswar se levantan para proclamar que la ciencia del yoga es más vital que cualquier adelanto material para la felicidad del hombre y la longevidad de las naciones.

Muy poca información acerca de la vida de Lahiri Mahasaya y su doctrina universal ha aparecido en letras de molde. Por tres décadas, en la India, América y Europa, he encontrado profundo y sincero interés en su mensaje del yoga libertador; una relación escrita de la vida del maestro, así como él la predijo, es ahora necesaria en Occidente, en donde las vidas de grandes yoguis modernos son poco conocidas.

Apenas uno o dos folletos en inglés han sido escritos sobre la vida del gurú. Una biografía en bengalí, *Sri Shyama Charan Lahiri Mahasaya*, apareció en 1941. Fue escrita por mi discípulo el Swami Satyananda, quien durante muchos años ha sido el *acharya* ('preceptor espiritual') en nuestra Vidyalaya de Ranchi. He traducido algunos pasajes de su libro y los he incorporado en esta parte dedicada a Lahiri Mahasaya:

> Perteneció a una familia de *brahmines* de rancio linaje. Lahiri Mahasaya nació el 30 de septiembre de 1828. El lugar de su nacimiento fue la villa de Ghurni, en el distrito de Nadia, cerca de Krishnanagar, Bengala. Fue el hijo menor de Muktakashi, la segunda esposa del estimado Gaur Mohan Lahiri. (Su primera mujer, después del nacimiento del tercer hijo, murió durante una peregrinación). La madre de Lahiri murió cuando este era niño. Muy poco se sabe de ella, excepto el hecho relevante de que era una ardiente devota del señor Shiva, designado en las Escrituras como el «Rey de los Yoguis».
>
> El niño Lahiri, a quien se le dio el nombre de Shyama Charan, pasó los primeros años en su casa ancestral de Nadia. A la edad de tres o cuatro años se le veía con frecuencia sentado en las arenas en la postura yogui, con el cuerpo oculto, excepto la cabeza.
>
> El hogar de Lahiri fue destruido en el invierno de 1833, cuando el cercano río Jalangi cambió de curso y desapareció en las profundidades del Ganges. Uno de los templos de Shiva fundado por los Lahiri fue destruido por el río, junto con la casa de habitación. Un devoto salvó la imagen de piedra de Shiva de las furiosas aguas y la colocó en un nuevo templo, hoy bien conocido como el lugar de Ghurni Shiva.
>
> Gaur Mohan Lahiri y su familia abandonaron Nadia y se hicieron residentes de Benarés, en donde el padre inmediatamente erigió un templo a Shiva. Él conducía su hogar con la observancia general de la disciplina védica, con los actos usuales

de las ceremonias de adoración, actos de caridad y estudio de las Escrituras. Justo y de amplio criterio, no ignoraba, sin embargo, la corriente benéfica de las ideas modernas.

El niño Lahiri tomó lecciones de hindú y urdu entre grupos de estudiosos en Benarés. Asistió a una escuela dirigida por Joy Narayan Ghosal y recibió instrucción en sánscrito, bengalí, francés e inglés. Aplicándose al estudio detallado de los Vedas, el pequeño yogui escuchaba con avidez las disertaciones que sobre las Escrituras daban ilustrados *brahmines*, incluyendo a Marhatta Pandita, llamado Nag Bhatta.

Shyama Charan era bondadoso, gentil y valiente, querido por todos sus compañeros. Con un bien proporcionado y robusto cuerpo, fue notable en natación y en otras actividades de destreza.

En el año de 1846, Shyama Charan Lahiri se casó con Srimati Kashi Moni, hija de Sri Debnarayan Sanyal. Verdadero modelo de la esposa india, Kashi Moni llevaba alegremente los deberes del hogar y las obligaciones tradicionales del ama de casa, entre ellas la de servir y atender a los huéspedes y a los pobres. Dos hijos santos, Tincouri y Ducouri, bendijeron esta unión.

A la edad de veintitrés años, en 1851, Lahiri Mahasaya tomó el puesto de contador en el Departamento Militar de Ingeniería del Gobierno inglés. Durante su servicio recibió muchos ascensos. Así, no solo era un maestro ante los ojos de Dios, sino también un hombre de éxito en el pequeño drama humano en que jugó su papel de empleado de oficina.

Como las oficinas del Departamento del Ejército fueron trasladadas, Lahiri Mahasaya fue transferido a Ghazipur, Mirzapur, Danapur, Nainital, Benarés y otros lugares. Después de la muerte de su padre, Lahiri tenía que tomar la completa responsabilidad de su familia, para lo cual compró una tranquila residencia en Garudeswar Mohulla, en los alrededores de Benarés.

Fue a los treinta y tres años cuando Lahiri Mahasaya vio el cumplimiento del propósito para el cual había sido reencarnado en la Tierra. El rescoldo cubierto por las cenizas pronto se avivó y tuvo la oportunidad de surgir en brillante llama. Un decreto Divino, posado más allá de las miradas humanas, trabaja misteriosamente para sacar todas las cosas a una exterior manifestación a su debido tiempo.

Y entonces halló a su gran maestro Babaji, cerca de Ranikhet, y fue iniciado por él en *Kriyā yoga*.

Este auspiciador evento no fue solo para él, sino que fue un momento afortunado para toda la raza humana, parte de la cual tuvo el privilegio de recibir el galardón del despertar del alma por medio de *Kriyā*. El perdido o largamente olvidado arte, el más elevado del yoga, fue traído otra vez a la luz. Muchos hombres y mujeres espiritualmente sedientos encontraron por fin el sendero en las refrescantes aguas del *Kriyā yoga*. Así como en la leyenda hindú la Madre Ganges ofrece su Divino trago al sediento devoto Bhagirath, así la inundación celestial de *Kriyā* se deslizó de las secretas laderas del Himalaya hasta las polvorientas moradas de los hombres.

Capítulo 33
Babaji, el yogui-Cristo de la India moderna

Los desfiladeros de los Himalayas, cerca de Badrinarayan, son todavía bendecidos por la presencia viviente de Babaji, el gurú de Lahiri Mahasaya. El aislado maestro ha retenido su forma física por siglos, quizá por milenios. El inmortal Babaji es un *avatara*. En sánscrito quiere decir 'descender': sus raíces son *ava*, 'bajo', 'abajo', y *tri*, 'pasar'. En las Escrituras hindúes, *avatara* significa 'el descenso de la Divinidad al cuerpo físico'.

«El estado espiritual de Babaji está mucho más allá de toda comprensión humana —según me explicó Sri Yukteswar—. La raquítica visión del hombre no puede penetrar a través de su estrella trascendental. Uno trata en vano de imaginar siquiera el alcance de un avatar. Pero es inconcebible».

Los *upanishads* han clasificado minuciosamente cada etapa o paso del desenvolvimiento espiritual. Un *siddha* ('ser perfeccionado') ha progresado del estado de *jivanmukta* ('liberado mientras vive') al de un *paramukta* ('supremamente liberado', 'poder completo sobre la muerte'); el último ha escapado completamente a la esclavitud del engranaje máyico de las reencarnaciones. El *paramukta*, por lo tanto, rara vez regresa a un cuerpo físico; si lo hace, entonces es un avatar, un medio escogido por la Divinidad para atraer supremas bendiciones sobre el mundo.

Un avatar no está sujeto a la economía universal; su cuerpo puro, visible como una imagen de luz, está libre de cualquier deuda para con la naturaleza; una mirada superficial no notará nada de extraordinario en la forma de un avatar, pero este no proyecta ninguna sombra, ni deja huellas sobre la tierra al caminar. Estas son pruebas externas simbólicas de la falta interna de oscuridad y de ataduras materiales. Solo uno de estos seres Divinos conoce la verdad que se halla tras las relatividades de la vida y de la muerte. Omar Khayyam, tan mal comprendido, cantó a este hombre así liberado en su poema inmortal, el «Rubaiyat»:

> Ah, Luna de mi deleite, que no conoces menguante,
> la Luna del cielo, se eleva una vez más;
> ¡cuántas veces, en lo sucesivo, al elevarse, me buscarás,
> en vano, por este mismo jardín!

La «Luna del deleite» es Dios, eterna estrella polar, nunca anacrónica. La «Luna del cielo» es el cosmos exterior, encadenado a la ley de periodos de reaparición. Sus cadenas han sido disueltas para siempre por el vidente persa, por medio de su propia autorrealización. «¡Cuántas veces en lo sucesivo, al elevarse, me buscarás en vano por este mismo jardín!». ¡Qué fracaso en la búsqueda de un frenético universo por una omisión absoluta!

Cristo expresó su libertad de otra manera: «Y llegóse un escriba y díjole: "Maestro, he de seguirte a donde quiera que fueres". Y Jesús le dijo: "Las zorras tienen cavernas, y las aves del cielo, nidos; mas el Hijo del Hombre no tiene dónde reposar su cabeza"».

Lleno de omnipresencia, ¿podía, acaso, Cristo ser seguido salvo por el ilimitado Espíritu?

Krishna, Budha, Rama y Patañjali se cuentan entre los antiguos avatares de la India. Gran cantidad de literatura poética, en Tamil, se ha desarrollado alrededor de Agastia, un avatar de la India del sur. Obró muchos milagros durante los siglos que precedieron y siguieron a la era cristiana, y aún en nuestros días se considera que retiene su cuerpo físico.

La misión de Babaji en la India ha sido la de ayudar a los profetas a llevar a cabo lo que se les ha encomendado. Así, se le puede calificar de lo que en las Escrituras se llama «Mahavatar» ('Gran Avatar'). Él ha afirmado que fue él quien dio la iniciación en el yoga a Shankara, antiguo fundador de la Orden de los Swamis, y a Kabir, famoso santo medieval. Y su principal discípulo en el siglo XIX fue, como ya sabemos, Lahiri Mahasaya, revivalista del casi perdido arte del *Kriyā*.

El Mahavatar se encuentra en comunicación constante con Cristo; juntos, mandan sus vibraciones de redención y han planeado la técnica espiritual de salvación para esta era. La obra de estos dos grandes iluminados maestros, uno con cuerpo y el otro sin él, es la de inspirar a las naciones a desterrar las guerras suicidas, los odios raciales, los sectarismos religiosos y los males de *boomerang* del materialismo. Babaji está perfectamente enterado de las tendencias de los tiempos modernos, especialmente de las influencias y complejidades de la civilización occidental, y subviene a las necesidades de difundir la autorrealización por el yoga lo mismo en el Oeste que en el Este.

El hecho de que no existan referencias históricas acerca de Babaji no debe sorprendernos. El Gran Gurú nunca ha aparecido ostensiblemente en ningún siglo; el equívoco brillo de la publicidad no ha tenido lugar en sus planes milenarios. Como el Creador, el único aunque silencioso poder, Babaji labora en una oscura humildad.

Los grandes profetas, como Cristo y Krishna, vinieron a la Tierra con un propósito específico y espectacular y se marcharon luego de que fue cumplido. Otros avatares, como Babaji, asumen ciertas obras relacionadas más con el lento progreso evolucionario del hombre durante siglos, que con cierto hecho sobresaliente en la historia. Tales maestros escapan siempre de las miradas groseras de la masa, teniendo el poder de hacerse invisibles a voluntad. Por estas razones, y porque generalmente instruyen a sus discípulos para que mantengan silencio respecto a ellos, un número de grandes figuras espirituales permanecen desconocidas para el mundo. Simplemente, quiero ofrecer, en estas páginas, algunas indicaciones acerca de la vida de

Babaji: únicamente unos cuantos hechos que él ha considerado convenientes para que sirvan de estímulo y ayuda.

No se han descubierto datos concretos acerca de la familia de Babaji o del lugar de su nacimiento, datos tan caros para el analéctico. Babaji habla, generalmente, en hindi, pero puede conversar con facilidad en cualquier otro idioma. Él no ha adoptado el sencillo nombre de Babaji ('reverendo padre'); otros títulos de respeto que le han dado los discípulos de Lahiri Mahasaya son Mahamuni Babaji Maharaj ('supremo santo extático'), Maha Yogui ('el más grande de los yoguis'), Trambak Baba y Shiva Baba (títulos de avatares de Shiva). ¿Tiene acaso importancia que no conozcamos el patronímico de un maestro liberado del mundo?

«En donde quiera que alguien pronuncie con reverencia el nombre de Babaji —decía Lahiri Mahasaya—, el devoto atrae una instantánea bendición espiritual».

El inmortal gurú no muestra señales de edad en su cuerpo; parece no ser mayor que un joven de veinticinco años. Es de tez clara y estatura y complexión medianas. El hermoso y fuerte cuerpo de Babaji irradia un brillo perceptible. Sus ojos son oscuros, tiernos y serenos; su largo y lustroso cabello es cobrizo. Un hecho sumamente extraño es que Babaji tiene un parecido exacto con su discípulo Lahiri Mahasaya. La similitud es tan sorprendente que, en sus últimos años, Lahiri Mahasaya podría haber pasado por el padre del, en apariencia, joven Babaji.

Swami Kebalananda, mi santo instructor de sánscrito, pasó algún tiempo con Babaji en los Himalayas. Él me contó:

El incomparable maestro se mueve con su grupo de uno a otro lugar en las montañas. Su pequeño grupo cuenta con dos aventajados discípulos americanos. Después de que Babaji ha estado en determinado lugar durante algún tiempo, dice: «*Dera danda uthao*» ('Levantemos nuestro campamento y nuestro báculo'). Él lleva consigo el simbólico *danda* ('báculo' o 'bastón de bambú'). Sus palabras son la señal que da al grupo para marcharse instantáneamente a otro lugar. No siempre emplea el método del viaje astral; algunas veces camina a pie de cumbre a cumbre en las montañas.

Babaji puede ser visto o reconocido por otros solo cuando él así lo desea. Se sabe que ha aparecido en muchas formas, aunque las variantes son pequeñas, a muchos devotos, en ocasiones con barba y bigote, y en otras sin ellos. Como su cuerpo no es corruptible ni requiere alimento, el maestro rarísima vez come. Como una cortesía cuando visita a algún discípulo, ocasionalmente acepta frutas o arroz cocido con leche y mantequilla clarificada.

Dos asombrosos incidentes de la vida de Babaji me son conocidos. Una noche, sus discípulos estaban sentados alrededor de un gran fuego que ardía para la celebración de una ceremonia védica sagrada. El maestro agarró rápidamente un leño ardiendo, y golpeó ligeramente el hombro de un *chela* cercano al fuego.

—Señor, ¡qué crueldad! —Lahiri Mahasaya, que estaba presente, fue quien hizo esta reconvención.

—¿Qué?, ¿prefieres verle arder hasta las cenizas, ante tus propios ojos, de acuerdo con lo decretado por su karma pasado?

Así diciendo, Babaji puso su milagrosa mano sobre el hombro desfigurado del *chela*.

—Hoy te he liberado de una muerte dolorosa. La ley kármica ha quedado satisfecha con el pequeño sufrimiento que has tenido por el fuego.

En otra ocasión, el grupo sagrado de Babaji fue conturbado por la llegada de un desconocido.

Había ascendido con habilidad y arrojo inauditos los casi inaccesibles desfiladeros cerca de donde estaba el campamento del maestro.

—Señor, usted debe ser el gran Babaji. —El rostro del hombre brillaba con inexpresable reverencia—. Durante meses he mantenido una búsqueda incesante a través de estos inaccesibles despeñaderos. Yo le imploro que se sirva aceptarme como su discípulo.

Como el Gran Gurú no hizo ademán de responder, el hombre, señalando el precipicio que se abría a sus pies, le dijo:

—Si usted me rechaza, me tiraré de esta montaña. La vida no tendrá para mí ningún valor si no puedo obtener su guía para alcanzar la Divinidad.

—Entonces, ¡salta! —le dijo Babaji sin inmutarse—. No puedo aceptarte en tu estado actual de desenvolvimiento espiritual.

El hombre se tiró al abismo inmediatamente. Babaji dio instrucciones a sus asombrados discípulos para que subieran el cuerpo del hombre. Cuando regresaron con el destrozado cadáver, el maestro colocó su Divina mano sobre el cuerpo y se hizo el milagro; el desconocido abrió los ojos y con humildad se prosternó a los pies del omnipotente.

—Ahora ya estás listo para el aprendizaje —dijo Babaji sonriendo a su resucitado *chela*—. Valientemente has pasado la difícil prueba. La muerte no volverá a tocarte; ahora eres uno de los inmortales de nuestro rebaño. —Luego pronunció sus palabras acostumbradas de partida—: *Dera danda uthao.* —Todo el grupo desapareció de las montañas.

Un avatar vive en el Espíritu omnipresente; para él no existe la distancia inversa del cuadrado. Únicamente, una razón puede ser causa de que Babaji mantenga su forma física de siglo en siglo: el deseo de ofrecer a la humanidad un ejemplo concreto de sus propias posibilidades. Si no se le concediera al hombre vislumbrar nunca destellos de la Divinidad encarnada, permanecería siempre atado a la pesada ilusión de Maya y pensaría que jamás podría trascender a la inmortalidad.

Jesús conoció desde un principio la secuencia de su vida; pasó a través de cada evento, no por él ni por el pago de ninguna deuda kármica, sino solo en pro de la elevación de los seres humanos reflexivos. Sus cuatro cronistas y discípulos (Mateo, Marcos, Lucas y Juan) escribieron el drama inefable para beneficio de las generaciones futuras.

Asimismo, para Babaji no existe tampoco la relatividad del pasado, presente y futuro; desde el principio, él ha sabido y conocido todas las fases de su vida. Sin embargo, acomodándose al limitado entendimiento del hombre, ha llevado a cabo muchos actos de su Divina vida en la presencia de uno o más testigos. De este modo fue posible que un discípulo de Lahiri Mahasaya estuviera presente cuando Babaji consideró que el tiempo había llegado para que él proclamara las posibilidades de la inmortalidad corporal. Él pronunció esta promesa en presencia de Ram Gopal Muzumdar, para que finalmente fuera conocida y sirviera de inspiración a otros corazones que buscan la verdad. Los grandes hablan y participan del natural curso de los acontecimientos únicamente para beneficio del hombre, como Cristo lo dijo: «Padre, sé que siempre me has escuchado: mas por causa del pueblo que está en torno, le dije, para que crean, que tú me has enviado».

Durante mi visita a Banbajpur con Ram Gopal, el «Santo que no Duerme», me contó la asombrosa historia de su primer encuentro con Babaji:

> Algunas veces dejaba mi solitaria cueva para ir a sentarme a los pies de Lahiri Mahasaya en Benarés. Cierta noche, mientras meditaba con un grupo de sus discípulos, el maestro me hizo una súplica sorprendente.
>
> —Ram Gopal —me dijo—, ve inmediatamente al *ghat* de Dasamedh.
>
> Pronto llegué al lugar solitario. La noche estaba muy clara, gracias a la luz de la luna y las estrellas. Después de que estuve sentado en paciente silencio por algún rato, mi atención se fijó en una losa grande, situada cerca de mis pies. Lentamente, la piedra se levantó, revelando una cueva subterránea. Según la piedra permanecía balanceándose en forma inexplicable, la forma vestida de una hermosa y dulce mujer fue «levitada» de la cueva hasta cierta altura en el aire. Rodeada por un tenue halo, descendió lentamente frente a mí y permaneció inmóvil, sumida en un estado de profundo éxtasis. Al fin se movió y habló con suavidad:
>
> —Yo soy Mataji, la hermana de Babaji. Le he pedido a él y a Lahiri Mahasaya que vinieran a mi cueva esta noche para discutir un asunto de gran importancia.

Una luz nebulosa vióse flotando rápidamente sobre el Ganges; la extraña luminosidad se reflejaba sobre las opacas aguas. Se aproximó más y más, hasta que, con un reflejo deslumbrador, apareció al lado de Mataji y se condensó instantáneamente en la forma humana de Lahiri Mahasaya. Él se postró con humildad a los pies de la santa mujer.

Antes de que saliera de mi asombro, fui nuevamente maravillado al contemplar una masa circular de luz mística que viajaba por el cielo. Descendiendo con rapidez, el llameante torbellino se acercó a nuestro grupo y se materializó en el cuerpo de un hermoso joven, quien, como desde luego comprendí, era Babaji. Se parecía a Lahiri Mahasaya; la única diferencia era que Babaji parecía mucho más joven y tenía el cabello largo y brillante.

Lahiri Mahasaya, Mataji y yo nos arrodillamos a los pies del gurú. Una sensación de beatífica gloria excitó todas las fibras de mi ser cuando toqué su Divina carne.

—Bendita hermana —dijo Babaji—, estoy pensando abandonar mi forma y sumergirme en la Corriente Infinita.

—Ya había yo vislumbrado tu plan, querido maestro. Y quiero discutirlo contigo esta noche. ¿Por qué deseas abandonar tu cuerpo? —La gloriosa mujer le miraba con gesto implorante.

—¿Qué diferencia hay si utilizo una onda visible u otra invisible en el océano de mi espíritu?

Mataji contestó con un raro relámpago de ingenio:

—Inmortal gurú, si no hay ninguna diferencia, entonces, por favor, no abandones nunca tu forma.

—Así sea —dijo Babaji solemnemente—. Nunca abandonaré mi cuerpo físico. Permaneceré siempre visible, cuando menos a un pequeño grupo de personas en este mundo. El Señor ha expresado sus deseos a través de tus labios.

Como yo escuchaba atemorizado la conversación entre estos seres excelsos, el Gran Gurú se volvió a mí con un gesto benigno.

—No temas, Ram Gopal —me dijo—, ha sido para ti una bendición el ser testigo de la escena de esta promesa inmortal.

Según la dulce y melódica voz de Babaji se desvanecía, su forma y la de Lahiri Mahasaya se elevaron lentamente, regresando por encima del Ganges. Una aureola de deslumbrante luz envolvía sus cuerpos según estos se desvanecían en el cielo de la noche. La forma de Mataji flotó hacia la cueva y descendió; la laja de piedra cerró la entrada, como si esta operara movida por algún mecanismo.

Infinitamente inspirado, tomé el camino de regreso a la casa de Lahiri Mahasaya. Cuando me incliné ante él, al amanecer, mi maestro me sonrió comprensivamente.

—Estoy contento por ti, Ram Gopal —me dijo—. El deseo que con frecuencia me has expresado de conocer a Babaji y Mataji ha tenido, finalmente, una sagrada realización.

Mis condiscípulos me informaron que Lahiri Mahasaya no se había movido de su lado desde hora temprana de la noche anterior.

—Nos ofreció una maravillosa disertación sobre la inmortalidad después de que tú partiste para el *ghat* de Desasamedh —me dijo uno de los *chelas*. Por primera vez, me di cabal cuenta de la verdad de los versos de las Escrituras, según los cuales un hombre que ha alcanzado la autorrealización puede aparecer en diferentes lugares y al mismo tiempo en dos o más cuerpos a la vez.

Lahiri Mahasaya me explicó más tarde muchos puntos metafísicos concernientes al secreto plan Divino destinado a esta tierra. Babaji ha sido escogido por Dios para permanecer en su cuerpo durante la duración de este ciclo particular del mundo. Las edades vienen y van; sin embargo, el maestro inmortal que contempla el drama de los siglos estará siempre presente en esta escena terrestre.

Capítulo 34
Materialización de un palacio en los Himalayas

«El primer encuentro de Babaji con Lahiri Mahasaya constituye una historia realmente avasalladora, y es una de las pocas que nos ofrece una vislumbre detallada del inmortal gurú».

Estas palabras sirvieron de preámbulo al Swami Kebalananda para relatarnos un cuento maravilloso. La primera vez que lo refirió, yo estaba literalmente hechizado. En muchas otras ocasiones, induje a mi gentil instructor de sánscrito a repetir la historia que más tarde me fue relatada, substancialmente en las mismas palabras, por Sri Yukteswar. Ambos discípulos de Lahiri Mahasaya habían escuchado el un poco terrorífico cuento de labios de su gurú:

> Mi primer encuentro con Babaji tuvo lugar cuando yo tenía treinta y tres años. —Había dicho Lahiri Mahasaya—. En el otoño de 1861, yo me encontraba residiendo en Danapur, como contador del Gobierno, en el Departamento de Ingeniería Militar. Una mañana, el gerente me mandó llamar.
>
> —Lahiri —dijo—, acabamos de recibir un telegrama de nuestras oficinas principales. Se te traslada a Ranikhet, donde una base militar está siendo establecida.

En compañía de un sirviente, inicié el viaje de quinientas millas. Viajando a caballo y en carruaje, alcanzamos, después de treinta días, el sitio de los Himalayas denominado Ranikhet.

Mis labores en la oficina no eran severas, y yo podía gastar muchas horas vagando por las magníficas colinas. Cierta vez, me llegó el rumor de que varios y muy grandes santos bendecían la región con su presencia; yo experimenté un fuerte deseo de ir a verlos. Durante un paseo, cierta tarde quedé asombrado al escuchar una voz muy lejana que me llamaba por mi nombre. Yo continué mi vigorosa ascensión por la montaña de Drongiri. Una ligera inquietud se apoderó de mí al pensamiento de que tal vez no me iba a ser posible regresar antes de que la oscuridad envolviera la selva.

Finalmente, alcancé un claro de dimensiones reducidas a cuyos lados se abrían varias cavernas. En uno de los bordes rocosos estaba de pie un joven que sonreía y me alargaba la mano en señal de bienvenida. Noté con asombro que, a excepción hecha de su cabello, de un color rojizo como el del cobre, el joven era en extremo parecido a mí.

—Lahiri, ¡has venido! —El santo me hablaba afectuosamente en la lengua hindi—. Descansa en esta cueva; fui yo quien te llamó.

Entré a una pequeña gruta que contenía varias mantas de lana y algunos *kamandulus* ('cuencos de mendigo').

—Lahiri, ¿no recuerdas ese asiento? —El yogui señaló una manta doblada que se hallaba en un rincón.

—No, señor. —Algo turbado por lo extraño de mi aventura, agregué—: Debo irme antes de que caiga la noche. Tengo que hacer mañana en la oficina.

El misterioso santo replicó, en inglés:

—La oficina fue traída para ti, y no tú para la oficina.

Me asombré de que este asceta del bosque no solamente hablara el inglés, sino que supiera parafrasear las palabras de Cristo.

—Veo que mi telegrama surtió efecto. —La observación del yogui era incomprensible para mí; le pregunté por su significado—. Me refiero al telegrama que te trajo a estas desoladas regiones. Fui yo quien silenciosamente sugirió en la mente de tu superior que fueras trasladado a Ranikhet. Cuando uno siente su unidad con los hombres, todas las mentes se convierten en estaciones transmisoras a través de las cuales es posible trabajar a voluntad. —Luego, el santo agregó gentilmente—: Lahiri, ¿estás seguro de que esta caverna no te es de ningún modo familiar?

Mientras yo guardaba silencio, el santo se acercó y me dio un breve golpe en la frente. Bajo este toque magnético, una caudalosa corriente atravesó mi cerebro, liberando los dulces recuerdos de mi existencia anterior.

—¡Ahora recuerdo! —Mi voz estaba casi ahogada por los sollozos de alegría—. ¡Es usted mi gurú Babaji, que desde siempre me ha pertenecido! Muchas escenas del pasado se presentan en mi mente; aquí mismo, en esta caverna, pasé muchos años de mi pasada encarnación. —Mientras me abrumaban las inefables memorias, abracé, con los ojos llenos de lágrimas, los pies de mi maestro.

—¡Durante más de tres décadas he esperado aquí a que vinieras, a que volvieras a mí! —La voz de Babaji estaba henchida de amor celestial—. Tú te desvaneciste en las olas tumultuosas de la vida más allá de la muerte. La varita mágica de tu karma te tocó y desapareciste. Pero aun cuando tú me perdiste de vista, yo jamás dejé de verte a ti. Te perseguí a través del luminoso mar astral, donde navegan los ángeles. A través de tinieblas, tormentas, mareas y luz, te seguí. Lo mismo que un ave que cuida a su hijuelo. Cuando viviste tu término humano de existencia intrauterina, lo mismo que cuando saliste a la luz en la forma de un niño, mis ojos no se separaban de ti. Cuando tu diminuta forma adoptó la postura del loto, cubierta por las arenas de Nadia, durante tu infancia, yo estaba invisiblemente presente, esperando siempre el advenimiento de este día perfecto. Ahora, ya estás conmigo; ¡ea!, pues, aquí tienes tu cueva, la misma que tanto amaste antaño. Siempre la he mantenido limpia y lista para ti. Aquí tienes tu manta para la *asana*, sobre la cual acostumbrabas sentarte diariamente para henchir tu corazón con Dios. ¡Mira, allí tienes tu cuenco, el mismo del que solías tomar el néctar por mí preparado! ¡Mira cómo he mantenido el bronce bien pulido, a fin de que puedas beber en él otra vez! ¿Entiendes ahora, amado mío?

—Mi gurú, ¿qué puedo decir? —murmuré, con la voz temblorosa—. ¿Dónde ha oído nadie semejante amor inmortal? —Largo tiempo contemplé, extático, mi tesoro eterno, mi gurú en la vida y en la muerte.

—Lahiri, necesitas purificación. Bebe el aceite de este cuenco y recuéstate a la orilla del río. —Con una rápida sonrisa de reminiscencia, reflexioné en lo certero y siempre pronto que era el conocimiento práctico de Babaji.

Obedecí sus instrucciones. Aun cuando la helada noche de los Himalayas comenzaba a descender sobre nosotros, yo sentí en cada célula de mi cuerpo pulsar un grato calor, una radiación interior. Me encontraba maravillado.

¿Estaba este aceite desconocido impregnado de un calor cósmico?

En la oscuridad, fieros vientos se arremolinaban en torno de mí, gritándome agudos y terribles retos. Las frías aguas del río Gogash golpeaban a intervalos contra mi cuerpo, tendido en el banco recoso. Escuchaba el grito de los tigres, que rondaban no lejos de allí, pero no había miedo en mi corazón. La radiante fuerza recientemente generada en mí se traducía en un sentimiento de inexpugnable protección. Varias horas pasaron con prontitud; las memorias desvanecidas de existencias pasadas se entretejieron en la brillante forma presente que asumió mi reunión con mi gurú.

Mis solitarias meditaciones fueron interrumpidas por el ruido de unos pasos que se acercaban. En la oscuridad, sentí que la mano de un hombre me ayudaba gentilmente a ponerme de pie y me daba ropas secas.

—Ven, hermano —dijo el recién llegado—. El maestro te espera.

Él me guio a través del bosque. La sombría noche fue súbitamente iluminada por un resplandor distante.

—¿Es eso la aurora? —pregunté—. Con seguridad, no ha pasado ya la noche...

—Es exactamente la medianoche —rio mi compañero—. Aquella luz es el resplandor de un palacio de oro, materializado aquí y esta noche por nuestro incomparable Babaji. En las oscuridades del pasado, tú expresaste cierta vez el deseo de disfrutar de la belleza de un palacio. Nuestro maestro acaba de satisfacer tus deseos, liberándote así de los lazos de tu karma. —Luego, mi guía añadió—: El magnífico palacio será la escena de tu iniciación en el *Kriyā yoga* esta noche. Todos tus hermanos aquí presentes se unen en el gozo de darte la bienvenida y en el regocijo del fin de tu largo exilio. ¡Mira!

Un vasto palacio de oro deslumbrador se levantaba ante nosotros. Decorado con incontables joyas y situado en medio de bellísimos jardines, presentaba un aspecto de grandeza sin igual. Muchos santos de angélico continente se hallaban estacionados junto a las resplandecientes puertas y casi se veían rojizos a causa del brillo de los rubíes. Numerosos diamantes, perlas, zafiros y esmeraldas de gran tamaño y de extraordinario lustre veíanse empotrados en los arcos decorativos.

Seguí a mi compañero a través de un espacioso vestíbulo de recepciones. El olor del incienso y de las rosas flotaba en el aire; varias lámparas, delicadamente veladas, dejaban escapar resplandores multicolores. Pequeños grupos de devotos, algunos rubios, otros de piel oscura, cantaban o se encontraban sentados en la posición meditativa, sumidos en su paz interior. Una vibrante alegría saturaba la atmósfera.

—Festeja tus ojos; disfruta de los esplendores artísticos de este lugar, pues ha sido creado exclusivamente en tu honor. —Mi guía sonrió comprensivamente cuando me oyó proferir varias frases de asombro.

—¡Hermano! —dije—, la belleza de esta estructura sobrepasa los límites de la imaginación humana. Por favor, explícame el misterio de su origen.

—Te lo aclararé con gusto —replicó mi compañero, en tanto que sus ojos brillaban con sabiduría—; en realidad, no hay nada inexplicable en esta materialización. Todo el cosmos es un pensamiento materializado del Creador. Esta misma tierra, este planeta flotando en el espacio, es un sueño de Dios. Él creó todas las cosas de su conciencia; lo mismo que el hombre, en la conciencia de su sueño, reproduce y vivifica una creación con todo y sus criaturas.

»Primeramente, Dios creó la Tierra como una idea. Luego, aceleró su proceso y los átomos de la energía fueron creados. Él coordinó los átomos en la forma de esta esfera sólida. Todas sus moléculas están unidas por la voluntad de Dios. Cuando él así lo desee, la Tierra volverá a desintegrarse en su energía. La energía se disolverá a su vez en conciencia. La idea Tierra desaparecerá de la objetividad.

»La substancia de un sueño se mantiene materializada gracias al pensamiento subconsciente del soñador. Cuando el pensamiento cohesivo desaparece por el despertar, el sueño y sus elementos se disuelven. Un hombre cierra los ojos y erige una creación de sueños que, al despertar, desmaterializa sin esfuerzo alguno de su parte. De este modo, sigue el patrón arquetípico Divino. Similarmente, cuando despierta a la conciencia cósmica, desmaterializará sin esfuerzo las ilusiones del sueño cósmico.

»Siendo uno con la todopoderosa voluntad, Babaji puede mandar los átomos elementales a combinarse y manifestarse asumiendo cualquier forma. Este palacio de oro, creado instantáneamente, es real, tan real como la Tierra misma. Babaji creó esta mansión con su mente y mantiene juntos los átomos por el poder de su voluntad, así como Dios creó esta Tierra y la mantiene intacta. —Luego mi guía añadió—: Cuando esta estructura haya cumplido su propósito, Babaji la desmaterializará de nuevo.

Mientras yo permanecía silencioso y empavorecido, mi guía hizo un amplio gesto descriptivo.

—Este palacio tan bello, tan soberbiamente decorado de joyas, no ha sido construido por el esfuerzo del hombre, ni con oro o gemas laboriosamente extraídas de las minas. Se yergue sólidamente como un reto monumental al hombre. Quienquiera que comprenda que él es un hijo de Dios, como lo ha hecho Babaji, puede alcanzar cualquier meta por medio de los poderes que existen latentes en él. Una simple piedra encierra en sí misma el secreto de una prodigiosa energía atómica; del mismo modo, un mortal encierra en sí, almacenada, la Divinidad.

El sabio tomó de una mesa cercana un gracioso vaso adornado con resplandecientes diamantes.

—Nuestro Gran Gurú creó este palacio solidificando miríadas de rayos cósmicos libres —continuó el guía—. Toca este vaso y estos diamantes; satisfechas serán todas las pruebas de experiencias sensorias a las que quieras someterles.

Yo examiné el vaso y pasé la mano sobre la suave superficie de las paredes del cuarto, engrosadas con el rutilante oro que las cubría. Cada una de las joyas que por todas partes se veían repartidas era digna de la colección de un rey. Una gran satisfacción embargó mi mente. Un deseo sumergido, escondido en mi subconsciencia desde vidas ya idas para siempre, pareció ser simultáneamente gratificado y extinguido.

Mi majestuoso compañero me condujo a través de arcos de ornato y corredores hasta el interior de varias cámaras ricamente amuebladas a estilo de un palacio imperial. Penetramos en un inmenso vestíbulo. En el centro veíase un trono de oro todo incrustado con piedras preciosas que brillaban con los más diversos tonos. Y allí, en la postura del loto, estaba sentado el supremo Babaji. Me arrodillé en el brillante suelo, ante él.

—Lahiri, ¿aún alimentas tus sueños con el deseo de un palacio de oro? —Los ojos de mi gurú brillaban como los zafiros—. ¡Despierta! Todos tus deseos terrenos están a punto de desvanecerse para siempre. —Murmuró algunas palabras místicas de bendición—. Hijo mío, levántate. Recibe tu iniciación en el reino de Dios por medio del *Kriyā yoga*.

Babaji me tendió la mano; un fuego de homa (fuego artificial) apareció súbitamente, rodeado de frutos y flores. Yo recibí la técnica yogui de liberación ante ese ardiente altar.

Los ritos fueron completados cuando comenzaba a nacer el día. Yo no experimentaba ninguna necesidad de dormir en mi estado de éxtasis; y vagaba por el palacio, lleno por todos lados de tesoros y de inapreciables objetos de arte. Descendiendo a los fascinadores jardines descubrí, cerca, las mismas cavernas y las mismas mesetas rocosas que el día anterior no tenían adyacencia con ningún palacio ni con ninguna florida terraza.

Penetrando de nuevo en el palacio, que relucía fabulosamente bajo el frío sol de los Himalayas, busqué la presencia de mi maestro. Él se encontraba aún en el trono, rodeado de varios discípulos silenciosos.

—Lahiri, tú tienes hambre —dijo Babaji—. ¡Cierra los ojos!

Cuando, después de obedecerle, los abrí de nuevo, el palacio encantador y sus pintorescos jardines habían desaparecido. Mi propio cuerpo y las formas de Babaji y del grupo de discípulos estaban sentados en la tierra desnuda en el sitio exacto del desvanecido palacio, no lejos de las entradas de las grutas iluminadas por el sol. Recordé que mi guía me había advertido que el palacio sería desmaterializado y sus átomos cautivos liberados de nuevo a las esencias de pensamiento de las cuales habían brotado. Aún algo sorprendido, miré confiadamente a mi maestro. Ya no sabía qué iba a ser lo próximo que viera en este día de milagros.

—El propósito para el cual fue creado el palacio ha sido servido —explicó Babaji. Levantó del suelo una vasija de barro y me dijo—: Pon allí la mano y recibe la comida que desees.

Tan pronto como toqué el ancho y vacío recipiente, este se vio lleno de *luchis* fritos en mantequilla, curry y frutas y confituras. Yo me serví, observando que la vasija permanecía siempre llena. Cuando terminó la comida, busqué a mi alrededor el agua. El gurú señaló la vasija colocada ante mí, y ¡he aquí la comida desvanecerse! En su lugar, apareció el agua apetecida, fresca y clara, como proveniente de los manantiales de la montaña.

—Pocos son los mortales que comprenden que el reino de Dios incluye el reino de las satisfacciones mundanas —observó Babaji—. El reino Divino se extiende al terrenal, pero este último, siendo ilusorio, no puede incluir la esencia de la realidad.

—¡Amado gurú, anoche me demostraste el eslabón de belleza que une la tierra con los cielos! —Sonreí al recordar cosas referentes al desvanecido palacio; ¡es seguro que jamás un simple yogui recibió la iniciación en medio de un lujo tan impresionante! Miré con tranquilidad el contraste que la escena actual representaba. El áspero suelo, el techo formado por el propio cielo, las cuevas ofreciendo su primitivo cobijo; todo parecía de un gracioso ambiente natural, especialmente construido para los seráficos santos que me rodeaban.

Esa tarde me senté en mi manta, santificado por la asociación de realizaciones de existencias pasadas. Mi Divino gurú se acercó y pasó la mano sobre mi cabeza. Yo entré en el estado de *nirvikalpa samadhi* y permanecí en su feliz seno por espacio de siete días. Cruzando los estrados sucesivos del autoconocimiento, penetré en los inmortales reinos de la realidad. Todas las limitaciones ilusorias fueron desechadas, mi alma fue por entero establecida en el altar eterno del Espíritu Cósmico. Al octavo día caí a los pies de mi gurú y le imploré que me retuviera para siempre a su lado en esa sagrada soledad.

—Hijo mío —dijo Babaji, abrazándome—, tu papel en esta encarnación debe desarrollarse en un escenario externo. Bendecido desde antes de tu nacimiento por muchas vidas de meditación solitaria, debes ahora mezclarte en el mundo de los demás hombres.

»Un profundo propósito descansa bajo el hecho de que tú no me hayas encontrado sino hasta ser un hombre casado y con modestas responsabilidades mundanas que cumplir. Debes hacer a un lado tus pensamientos de unirte a nuestro grupo secreto de los Himalayas; tu vida está en los populosos mercados y servirá de ejemplo como el yogui, jefe de familia ideal.

»Los gritos de muchos seres mundanos, perdidos y desconcertados, nunca han dejado de ser oídos por los Grandes —continuó mi maestro—. Has sido elegido para brindar solaz espiritual, por medio del *Kriyā yoga*, a muchos seres que buscan sinceramente la verdad. Los millones de seres que se encuentran maniatados a causa de los lazos de familia y por las pesadas labores del mundo encontrarán nuevos ánimos con tu ayuda; de ti, que eres, asimismo, un jefe de familia como ellos. Debes elevarles al convencimiento de que los más altos logros del yoga no están vedados al hombre de familia. Aun dentro del mundo, el yogui que cumple con sus responsabilidades lleno de fe, sin miras personales ni apasionamiento alguno, sigue el verdadero camino del conocimiento.

»Ninguna necesidad hay de que quieras abandonar el mundo, ya que interiormente has vencido todos los lazos del karma. Sin ser de este mundo, debes, no obstante, permanecer en él. Faltan todavía muchos años, durante los cuales debes cumplir con tus deberes familiares, con tus negocios, con tus obligaciones cívicas y con tus deberes espirituales. Un dulce y nuevo aliento de Divina esperanza penetrará los corazones de los hombres mundanos. Observando tu equilibrada vida, ellos comprenderán que la liberación depende más del renunciamiento interior que del exterior.

¡Qué remotos me parecían mi familia, la oficina, el mundo entero, según escuchaba a mi maestro en las solitarias alturas de los Himalayas! No obstante, la verdad impregnaba todas sus palabras; yo convine, con humildad, en abandonar este cielo de bendita paz. Babaji me instruyó en las antiguas y rígidas reglas que gobiernan la transmisión del arte del yoga de gurú a discípulo.

—Instruye en las claves del *Kriyā* solo a *chelas* capaces —dijo Babaji—. Aquel que jura sacrificarlo todo en favor de la Divinidad está preparado para descubrir los misterios finales de la vida por medio de la ciencia de la meditación.

—Angélico gurú, ya que has favorecido a la humanidad resucitando el perdido arte del *Kriyā*, ¿no aumentarías ese beneficio suavizando un poco los estrictos requerimientos para la aceptación de discípulos? —pregunté yo, mirando a Babaji con aire suplicante—. Te ruego que me permitas instruir en el *Kriyā* a todos los que busquen la verdad, aun cuando al principio no sean capaces de conseguir por completo la renunciación interior. Los atormentados hombres y mujeres del mundo, perseguidos por el triple sufrimiento, necesitan especial aliento. Tal vez nunca inicien el camino de la liberación si les es vedada la iniciación en el *Kriyā*.

—Así sea. Los deseos de la Divinidad se han expresado a través de ti. —Con estas simples palabras, el piadoso gurú eliminó las rigurosas disciplinas que habían mantenido oculto al *Kriyā* durante edades—. Ofrece el *Kriyā* libremente a todo aquel que solicite con humildad el auxilio espiritual.

Después de un silencio, Babaji agregó:

—Repite a todos y cada uno de tus discípulos esta majestuosa promesa del *Bhagavad-gītā*: «*Swalpamasya dharmasya, trayata mahoto bhoyat*» ('Aun una pequeña parte de la práctica de esta religión os salvará de horrorosos temores y de colosales sufrimientos').

Cuando, a la mañana siguiente, me arrodillé a los pies de mi gurú para recibir su bendición de despedida, él sintió mi recóndita inconformidad de abandonarle.

—No hay separación entre nosotros, hijo mío. —Tocó mi hombro afectuosamente—. Estés donde estés y me llames cuando me llames, estaré contigo instantáneamente.

Consolado por su maravillosa promesa, y enriquecido con el oro recién hallado del conocimiento de Dios, descendí de la montaña. En la oficina fui recibido por mis compañeros de labores, quienes, por espacio de diez días, me creyeron perdido en las selvas del Himalaya. Muy pronto llegó una carta de la oficina principal: «Lahiri debe regresar a las oficinas de Danapur. Su traslado a Ranikhet se debe a un error. Es a otra persona a quien cumple desempeñar el trabajo en Ranikhet».

Yo sonreí, reflexionando en las oscuras y encontradas corrientes de los hechos que me habían conducido a este remoto punto de la India.

Antes de regresar a Danapur pasé unos días con una familia bengalí en Moradabad. Un grupo de seis amigos se reunió para saludarme. Según yo llevaba la conversación a los asuntos espirituales, mi anfitrión observó sobriamente:

—¡Oh, en estos tiempos ya no existen santos en la India!

—Babu —protesté con calor—, ¡claro que aún hay grandes maestros en esta tierra!

En un estado de ánimo de exaltado fervor, me sentí impelido a relatar mis milagrosas experiencias en los Himalayas. La pequeña concurrencia se mostraba educadamente incrédula.

—Lahiri —díjome uno de los del grupo, con calma—, su mente debe haberse hallado bajo una gran tensión en el aire rarificado de esas montañas. Posiblemente se trata de un sueño...

Ardiendo con el entusiasmo de la verdad, hablé sin la debida reflexión:

—Si yo lo llamo, mi gurú aparecerá aquí mismo, en esta casa.

El interés apareció en todos los ojos; no era de admirarse que el grupo entero se mostrara ansioso de ver a un santo materializarse de modo tan extraño. No muy de buen grado, pedí una habitación tranquila y dos mantas nuevas, de lana.

—El maestro se materializará del éter —dije—. Permaneced en silencio fuera de la puerta; yo os llamaré después.

Me sumí en el estado de meditación, llamando humildemente a mi gurú. Muy pronto, la habitación oscurecida se iluminó con una débil luz, semejante a la que proyecta la luna; la luminosa figura de Babaji apareció ante mí.

—Lahiri, ¿es que me llamas por una *bagatela*? —La mirada del maestro era severa—. La verdad es para los buscadores sinceros, no para quienes son movidos solo por una vana curiosidad. Es muy fácil creer cuando uno ve; entonces nada hay que negar. La verdad supersensual se reserva y es descubierta por quienes logran vencer su natural escepticismo materialista. —Luego añadió gravemente—: ¡Déjame ir!

Yo me arrojé a sus pies.

—Santo gurú, comprendo mi grave error; humildemente, te pido perdón. Fue para crear la fe en estas mentes espiritualmente ciegas por lo que me atreví a llamarte, y ya que tan generosamente has aparecido en respuesta a mi plegaria, por favor, no partas sin antes haber bendecido a mis amigos. Escépticos como son tratan, al menos, de investigar la verdad de mis extrañas afirmaciones.

—Muy bien; permaneceré un rato más. No quiero ver tu palabra desacreditada en presencia de tus amigos. —El rostro de Babaji se había suavizado, pero añadió dulcemente—: De ahora en adelante, hijo mío, vendré cuando me necesites, no cuando me llames.

Un silencio lleno de tensión reinaba en el reducido grupo cuando yo abrí la puerta. Como si no pudieran dar crédito a sus sentidos, mis amigos miraban la luminosa figura sentada en la manta.

—¡Esto es hipnotismo colectivo! —rio uno de los presentes—. ¡Nadie hubiera podido entrar en este cuarto sin que nosotros lo viéramos!

Babaji avanzó sonriente y se movió entre los circunstantes para que estos pudieran tocar la tibia y sólida carne de su cuerpo. Las dudas se desvanecieron y mis amigos se postraron en el suelo, con espantado arrepentimiento.

«Que se prepare *halua*». Fue el propio Babaji quien hizo la petición. Y, según sé, lo hizo con el fin de que los presentes terminaran de convencerse de su realidad física. Mientras el conocimiento hervía, el Divino gurú charlaba afablemente. Grande fue la metamorfosis de estos incrédulos «Tomases», que se convirtieron instantáneamente en «Pablos» devotos. Después de que comimos, Babaji bendijo a cada uno de nosotros por turno. Hubo de pronto un relámpago repentino; todos fuimos testigos de la instantánea descomposición de los elementos electrónicos del cuerpo de Babaji, el cual se transformó en una luz vaporosa que se difundió por la estancia. El poder de la voluntad del maestro, armonizada con la Divina, había soltado su presión sobre los átomos etéreos que momentos antes constituyeran su cuerpo; los trillones de diminutos vitatrones se desvanecieron en el reservorio infinito.

—Con mis propios ojos he visto al conquistador de la muerte. —Maitra, uno de los del grupo, habló reverentemente. Su rostro se encontraba transfigurado con la alegría de su reciente despertar—. El supremo gurú jugó con el tiempo y con el espacio del mismo modo que un niño juega con burbujas de jabón. He conocido a uno que posee las llaves del Cielo y las de la Tierra.

Muy pronto regresé a Danapur. Firmemente anclado en el Espíritu reasumí las diversas obligaciones familiares y las de mis negocios, como un buen jefe de familia.

Lahiri Mahasaya relató, asimismo, al Swami Kebalananda y a Sri Yukteswar la historia de otro encuentro con Babaji, ocurrido bajo circunstancias que recuerdan la promesa del gurú: «Vendré siempre que me necesites». Lahiri Mahasaya dijo a sus discípulos:

La escena fue una Kumbhamela en Allahabad. Yo me encontraba allí disfrutando de unas breves vacaciones de mis deberes en la oficina. Mientras me encontraba vagando por entre la multitud de monjes y *sadhus* que habían venido desde muy lejos para asistir al sagrado festival, noté a un asceta, untado de cenizas, que sostenía un cuenco de mendigo. En mi mente apareció el pensamiento de que el tal hombre era un hipócrita, ya que usaba los símbolos exteriores de la renunciación sin una gracia interior correspondiente.

No bien había dejado atrás al asceta, cuando mis asombrados ojos se fijaron en Babaji. Se encontraba arrodillado frente a un anacoreta de ensortijados cabellos.

—¡*Guruji*! —exclamé, apresurándome a acudir a su lado—. ¡Señor! ¿Qué hacéis aquí?

—Estoy lavando los pies de este, que ha renunciado a todo; luego, lavaré sus utensilios de cocina. —Babaji se sonrió como un niño; yo sabía que lo que él quería decirme era que yo no debía criticar nunca a nadie, sino ver siempre al Señor residiendo en todos los hombres, en el templo del cuerpo de cada uno de ellos, ya sea que se tratase de superiores o de inferiores. El Gran Gurú añadió—: Sirviendo a los *sadhus* ignorantes, tanto como a los sabios, aprendo las mayores virtudes, la mayor de todas y la que más agrada a Dios: la humildad.

Capítulo 35
La vida crística de Lahiri Mahasaya

«Deja ahora, porque así nos conviene cumplir toda justicia». En estas palabras a Juan el Bautista, y al pedirle a Juan que lo bautizara, Jesús reconocía los derechos Divinos de su gurú.

Basado en un estudio reverente de la Biblia, desde el punto de vista oriental y de percepción intuicional, estoy convencido de que Juan el Bautista fue, en vidas pasadas, el gurú de Jesucristo. Existen numerosos pasajes en la Biblia que infieren que Juan y Jesús, en su última encarnación, eran, respectivamente, Elijah y su discípulo Elisha. (Tal es su pronunciación en el Antiguo Testamento. Los traductores griegos lo deletrearon como Elías y Eliseo, y aparecen en el Nuevo Testamento en esta última forma).

El verdadero fin del Antiguo Testamento es la predicción de Elías y Eliseo: «He aquí que yo os envió a Elías el Profeta, antes de que venga el día de Jehová, grande y terrible». Así Juan (Elías), «antes de la venida del Señor», había nacido con alguna anticipación para servir de heraldo a Cristo. Un ángel se le apareció a Zacarías, el padre, para dar testimonio de que su hijo venidero, Juan, no sería otro que Elías (Elijah). «Mas el ángel le dijo a Zacarías: "No temas, porque tu oración ha sido oída, y tu mujer Elisabeth te parirá un hijo, y le llamarás de nombre Juan... y muchos de los hijos de Israel se volverán hacia el Señor su Dios; porque irá delante de él el espíritu y virtud de Elías, para orientar los corazones de los padres a los hijos, y los rebeldes a la prudencia de los justos, para aparejar al Señor un pueblo perfecto"».

Jesús, inequívocamente, identificó dos veces a Elías como Juan: «Mas os digo, que ya vino Elías, y no lo conocieron...». Los discípulos entendieron entonces que les hablaba de Juan el Bautista. Otra vez Jesús dijo: «Porque todos los profetas, y la ley, hasta Juan profetizaron. Y si queréis recibirlo, él es aquel Elías que había de venir».

Cuando Juan negó que él fuera Elías, quiso decir que, en la modesta vestidura de Juan, ya no venía con la alta investidura exterior de Elías (Elijah), el Gran Gurú. En su encarnación anterior ya él le había dado el «manto» de su gloria y su riqueza espiritual a su discípulo Eliseo (Elisha). «Y Eliseo dijo: "Ruégote que las dos partes de tu espíritu sean sobre mí". Y él le dijo: "Cosa difícil has pedido; sin embargo, si me vieres cuando fuere quitado de ti, serte ha hechos así". Y tomó el manto de Elías, que se le había caído...».

Los papeles se habían cambiado, porque Elías-Juan ya no necesitaba ostensiblemente ser el gurú de Eliseo-Jesús, entonces perfecto en realización Divina.

Cuando Cristo fue transfigurado en la montaña, fue a su gurú Elías y a Moisés a quienes vio... Una vez más, en su hora postrera, en la cruz, Jesús pronunció el nombre Divino: «Eli, Eli, ¿*lama sabachthani*?»; es decir, «Dios mío, Dios mío, ¿por qué me has desamparado?». Algunos de los que estaban allí cerca, cuando oyeron esto, dijeron: «Este hombre invoca a Elías... veamos si vendrá Elías a librarle».

El eterno lazo entre gurú y discípulo que existía entre Juan y Jesús estaba igualmente presente entre Babaji y Lahiri Mahasaya. Con tierna solicitud, el inmortal gurú cruzó las turbulentas aguas del Leteo, que separara las dos últimas vidas de su *chela*, y guio los pasos sucesivos seguidos luego por el niño y más tarde por el hombre Lahiri Mahasaya. No fue sino hasta que el discípulo había llegado a sus treinta y tres años cuando Babaji consideró que había llegado el tiempo para que de una manera abierta restableciera el nunca roto lazo. Luego, después de su breve encuentro cerca de Ranikhet, el maestro separó a su tiernamente amado discípulo del pequeño grupo de la montaña, libertándolo para una misión mundana ostensible. «Hijo mío, yo vendré cuando tú me necesites». ¿Qué amante mortal puede conceder esa promesa infinita?

Desconocido para la sociedad en general, un gran renacimiento espiritual principió a fluir de una remota parte de Benarés. Tal como la fragancia de las flores no puede ser suprimida, así Lahiri Mahasaya, viviendo quieta y tranquilamente como un hombre ideal de hogar, no podía ocultar su innata gloria. Poco a poco, de todas las regiones de la India, como las abejas, los devotos buscaron el néctar Divino del maestro liberado.

El superintendente inglés de la oficina fue uno de los primeros en notar el trascendental cambio de su empleado, a quien él llamaba con cariño «Extático Babu».

—Señor, parece usted triste, ¿qué le pasa? —Lahiri Mahasaya le hizo esta compadecida pregunta a su jefe, una mañana.

—Mi esposa, en Inglaterra, está gravemente enferma y me destroza la ansiedad.

—Yo le traeré a usted algún recado de ella.

Lahiri Mahasaya abandonó la oficina y se sentó por corto tiempo en un lugar apartado. A su regreso, sonrió consoladoramente:

—Su esposa está aliviándose; ahora le está escribiendo a usted una carta. —El yogui omnisciente le citó algunas de las frases de la carta.

—¡Señor Extático, ya sé que usted no es un hombre común y corriente; y, sin embargo, no puedo creer que por su propia voluntad pueda usted suprimir el tiempo y el espacio...!

Por fin, llegó la anunciada carta. El sorprendido superintendente encontró que no solo contenía las buenas nuevas del restablecimiento de su esposa, sino también las mismas frases que semanas antes le había citado Lahiri Mahasaya.

La esposa vino a la India unos meses más tarde. Visitó la oficina, en la cual estaba tranquilamente sentado, en su escritorio, Lahiri Mahasaya. La señora se acercó a él reverentemente.

—¡Señor —le dijo—, era su forma, nimbada con un halo de luz gloriosa, la que yo contemplé hace unos meses al lado de mi cama de enferma, en Londres! En aquel instante fui inmediatamente curada. ¡Poco tiempo después estuve en condiciones para hacer el largo viaje por mar a la India!

Días tras día, uno o dos devotos buscaban al sublime gurú para recibir la iniciación de *Kriyā*. Además de estos deberes espirituales, así como sus negocios y vida familiar, el gran maestro asumió siempre un entusiasta interés por el problema educativo. Organizó muchos grupos de estudio y jugó un papel muy importante en el desarrollo de una gran escuela de cursos secundarios en Bengalitola, una parte de la ciudad de Benarés. Sus pláticas diarias sobre tópicos de las Escrituras fueron tan importantes que se las llamó la «Asamblea del Gita», la cual era ávidamente atendida por muchos entusiastas buscadores de la verdad.

Por medio de estas múltiples actividades, Lahiri Mahasaya trató de contestar al reto común: «Después de efectuar mis negocios y deberes sociales, ¿dónde está el tiempo para la meditación devocional?». La armoniosa y bien equilibrada vida del gran hombre de hogar fue la inspirada y silenciosa contestación para millares de corazones ávidos de la verdad. Ganando un modesto sueldo, llevando una vida de sobria economía y carente de toda ostentación, vivía armoniosa y felizmente cumpliendo con todos sus deberes mundanos.

Aunque encumbrado en el corazón del Maestro Supremo, Lahiri Mahasaya mostraba, sin embargo, su reverencia a todos los hombres, independientemente de sus diferentes méritos. Con la humildad de un niño, el maestro tocaba con frecuencia los pies de otras personas, pero raramente consentía que a él se los tocaran, para hacerle una distinción que es costumbre establecida en el Oriente y que se le rinde a todo gurú.

Un hecho significativo en la vida de Lahiri Mahasaya fue la de impartir la iniciación de *Kriyā* a personas de todas las religiones, sin concretarse únicamente a los hindúes, ya que tanto musulmanes como cristianos eran sus discípulos destacados. Monistas y dualistas, y aun aquellas sectas no organizadas o reconocidas, todas por igual e imparcialmente eran instruidas por el Gran Gurú universal. Uno de sus más aventajados *chelas* era Abdul Gufoor Khan, un mahometano.

Lahiri Mahasaya mostró con valentía que, no obstante haber nacido en la elevada casta de los *brahmines*, hizo cuanto pudo en su época para abolir el formulismo y fanatismo absurdo y rígido de las castas. Todos, sin excepción, pese a las diferencias sociales, encontraron cobijo y amparo bajo las alas protectoras del Gran Gurú, quien, como todos los profetas inspirados por Dios, siempre dio nuevas esperanzas a los abandonados y desamparados de la sociedad.

—Recordad siempre que no pertenecéis a nadie, y que nadie os pertenece. Reflexionad en que algún día, inesperadamente, tendréis que dejar todo lo de este mundo; así, estableced el contacto con Dios desde ahora —decía el Gran Gurú a sus discípulos—. Preparaos para el viaje astral de la muerte que viene, elevándonos cada día en el globo de la percepción de Dios. Debido a la ilusión, vosotros pensáis que sois un mazo de carne y hueso, el cual no es más que un nido de dificultades. Meditad incesantemente para que pronto podáis contemplaros a vosotros mismos como la esencia del Infinito, libres de toda miseria humana. Dejad de ser prisioneros del cuerpo; usando la llave secreta de *Kriyā*, aprended a escapar hacia el Espíritu.

El Gran Gurú aconsejaba a muchos estudiantes que se unieran a las buenas disciplinas de sus propias religiones o creencias. Haciendo hincapié en que todas estaban incluidas en la técnica práctica de *Kriyā* para su liberación, Lahiri Mahasaya daba libertad a sus *chelas* para que vivieran sus vidas de conformidad con el medio ambiente y costumbres establecidas antaño.

«Un musulmán debe efectuar su *namaj* cuatro veces diarias —indicaba el maestro—. Cuatro veces durante el día, el hindú debe sentarse a meditar. Un cristiano debe arrodillarse cuatro veces al día, orando a Dios y luego leyendo la Biblia».

Con sabio discernimiento, el gurú guiaba a sus feligreses en los senderos de devoción (*bhakti*), de acción (karma), de sabiduría (*jnana*) o raja (real o completa yoga), de acuerdo con las tendencias naturales de cada devoto. El maestro era lento en otorgar su permiso para que los devotos entraran en el sendero formal del monasterio; siempre les hacía presente que deberían de reflexionar en las austeridades de una vida monástica.

El gurú enseñó a sus discípulos a evitar las discusiones teóricas de las Escrituras: «Es únicamente sabio aquel que se dedica a realizar, no solamente a leer las antiguas revelaciones». Decía: «Resolved vuestros problemas a través de la meditación. Cambiad las especulaciones religiosas, sin ningún provecho, por el contacto real y verdadero de Dios. Limpiad vuestras mentes de las basuras de los dogmas teologales y dejad que penetren las aguas curativas de la percepción directa. Armonizaos vosotros mismos con la activa guía interna; la Voz Divina tiene contestación para cada dilema de la vida. Aun cuando la ingenuidad del hombre para meterse en toda clase de dificultades parece sin fin, el Auxiliador Infinito no tiene menos recursos».

La omnipresencia del maestro fue demostrada un día ante un grupo de discípulos que lo escuchaban en sus explicaciones del *Bhagavad-gītā* . Conforme él explicaba el significado de «*Kutastha Chaitanya*» o Conciencia Crística, vibrando en toda la creación, súbitamente, como si agonizara, gritó: «¡Me estoy ahogando en los cuerpos de muchas almas, cerca de las costas del Japón!».

A la mañana siguiente, sus *chelas* leyeron en los periódicos la relación sobre la muerte de muchos pasajeros cuyo barco había zozobrado el día anterior cerca del Japón.

Discípulos distantes de Lahiri Mahasaya se daban con frecuencia cuenta clara de la presencia manifiesta de él. «Yo estoy siempre con aquellos que practican *Kriyā* —decía, consolando a aquellos *chelas* que no podían permanecer cerca de él—. Yo los guiaré al Hogar Cósmico a través de sus amplias percepciones».

El Swami Satyananda —según referencia de uno de sus devotos— no podía ir a Benarés, y recibió la iniciación precisa de *Kriyā* durante un sueño. Lahiri Mahasaya se le apareció al *chela* para dar contestación a sus repetidas oraciones.

Si alguno de los discípulos descuidaba alguna de sus obligaciones mundanas, el maestro suave y amablemente lo corregía y disciplinaba.

«Las palabras de Lahiri Mahasaya siempre eran suaves y tiernas, aun cuando se viera obligado a hablar abiertamente de las faltas de algún *chela* —me decía mi maestro Sri Yukteswar, y agregaba maliciosamente—: Ningún discípulo escapó de las barbas del maestro». No pude menos que reírme, pero sinceramente le aseguré a Sri Yukteswar que, punzantes o no, sus palabras eran música para mis oídos.

Lahiri Mahasaya había dividido cuidadosamente el *Kriyā* en cuatro progresivas iniciaciones. Concedía las tres técnicas más elevadas únicamente a los devotos que habían manifestado un definido progreso espiritual. Un día, cierto *chela*, considerando que no se le había apreciado en su verdadero valor, manifestó ostensiblemente su descontento.

—Maestro —le dijo—, seguramente estoy listo para la segunda iniciación. En ese momento se abrió la puerta y entró un modesto discípulo, Brinda Bhagad, que era un cartero en la ciudad de Benarés.

—Brindaba, siéntate cerca de mí. —El gran maestro sonrió amablemente —. Dime, ¿estás ya listo para recibir la segunda técnica de *Kriyā*?

El pequeño cartero trenzó las manos en ademán suplicante:

—¡*Gurudeva*! —dijo con temor—, por favor, no más iniciaciones. ¿Cómo podría yo asimilar una técnica más elevada? ¡He venido hoy para pedirte tus bendiciones, porque la primera parte del *Kriyā* Divino me ha embriagado tanto que ya no puedo entregar mis cartas! Ya Brinda nada en el océano del Espíritu. —A estas palabras de Lahiri Mahasaya, el otro discípulo dobló la cabeza.

—Maestro —le dijo—, ya veo que he sido un pobre obrero que ha fallado con sus herramientas.

El cartero, que era un hombre sin cultura, desarrolló más tarde su intuición a través del *Kriyā*, a tal grado que hasta catedráticos le buscaban ocasionalmente para obtener de él la interpretación de algunos puntos intrincados de las Escrituras. Inocente por igual de pecado y sintaxis, el pequeño Brinda ganó renombre en los demonios de los ilustrados *panditas*.

Además de los numerosos discípulos de Lahiri Mahasaya en Benarés, cientos de ellos venían de diferentes partes de la India.

Él mismo viajó algunas veces a través de Bengala, visitando a los suegros de sus dos hijos. Así que, con su presencia, bendijo a Bengala; y ese lugar fue un panal formado por grupos de estudiantes de *Kriyā*. Especialmente en los distritos de Krishnagar y Bishnupur, muchos devotos silenciosos han continuado hasta estos días la fluida corriente de la meditación espiritual.

Entre los muchos santos que recibieron *Kriyā* de manos de Lahiri Mahasaya debe de mencionarse al ilustre Swami Vhaskarananada Saraswati, de Benarés, y a Deogarh, el ascético de gran estatura. Balananda Brahmachari. Por algún tiempo, Lahiri Mahasaya fue tutor privado del hijo del *maharajá* Iswari Narayan Sinha Bahadur, de Benarés. Reconociendo tanto el *maharajá* como su hijo la alta espiritualidad del maestro, ambos buscaron la iniciación en *Kriyā*, como lo había hecho el *maharajá* Jotindra Hohan Thakur.

Algunos discípulos de influencia por sus altos puestos en el mundo deseaban extender el círculo de *Kriyā* por medio de la publicidad. El maestro les negó su permiso. Un *chela*, el médico real del Lord de Benarés, empezó a organizar una sociedad para la difusión del nombre del maestro como el de «Kashi Baba» («El Gran Exaltado de Benarés»). Una vez más lo impidió el maestro.

«Dejen que la fragancia de la flor de *Kriyā* se desparrame naturalmente sin ostentación —decía él—. Sus semillas enraizarán en el terreno de los corazones espiritualmente fértiles».

Aun cuando el maestro no adoptó ningún sistema de prédica a través de los métodos modernos de una organización o mediante la prensa, sabía que el poder de su mensaje se desbordaría como un torrente incontenible inundando por su propia fuerza las riberas de las mentes humanas. El cambio y purificación de las vidas de los devotos eran la única garantía de la vitalidad inmortal de *Kriyā*.

En 1886, veinticinco años después de su iniciación en Ranikhet, Lahiri Mahasaya se retiró pensionado. Con su tiempo disponible durante el día, lo buscaban sus discípulos en número siempre creciente. El Gran Gurú se sentaba entonces, en silencio, la mayor parte del tiempo, en su tranquila postura de loto. Rara vez abandonaba su salita, ni siquiera para visitar otra parte de la casa. Una corriente de *chelas* llegaba casi sin cesar por un *darshan* ('vistazo sagrado') del Gran Gurú.

Ante el asombro de todos los que le trataban, el estado fisiológico de Lahiri Mahasaya exhibía las características sobrehumanas de la suspensión del aliento, la ausencia del sueño, la cesación del pulso y de los latidos del corazón, ojos tranquilos sin parpadeos por horas, y una profunda aura de paz. Ningún visitante se marchaba sin experimentar la elevación espiritual de su ser; todos sabían que habían recibido la silenciosa bendición de un verdadero hombre de Dios.

El maestro le permitió a su discípulo Panchanan Bhattacharya abrir un Instituto Misión Arya en Calcuta. Allí el discípulo santificó difundió el mensaje de *Kriyā yoga* y preparó para el beneficio público ciertas yoguísticas hierbas medicinales.

De acuerdo con la antigua costumbre el maestro daba a la gente, por lo general, aceite de *neem* para la curación de diversas enfermedades.

Cuando el gurú le pedía algún discípulo que le destilara aceite, con facilidad cumplía el encargo. Si cualquier otro trataba de hacerlo, se encontraba con innumerables dificultades, pues el aceite medicinal se evaporaba casi todo, después de pasar por el proceso de destilación requerido. Evidentemente, las bendiciones del maestro eran un ingrediente indispensable.

El Instituto Misión Arya emprendió la tarea de publicar muchos comentarios de las escrituras hechos por el gurú. Como Jesús y otros profetas, Lahiri Mahasaya tampoco escribió libros, pero sus interpretaciones fueron registradas y arregladas por varios de sus discípulos. Algunos de estos amanuenses voluntarios tenían mayor discernimiento que otros para interpretar correctamente la profunda visión interna del gurú; y puede considerarse que sus esfuerzos en conjunto tuvieron éxito. Debido a su celo, el mundo posee, actualmente, una colección de comentarios sin precedente, hechos por Lahiri Mahasaya, sobre veintiséis antiguas Escrituras.

Sri Ananda Mohan Lahiri, nieto del maestro, ha escrito un interesante folleto sobre *Kriyā*. «El texto del *Bhagavad-gītā* es una parte del poema épico del *Mahābhārata*, que posee varios puntos claves (*vyas-kutas*) —escribió Sri Ananda—. Dejad estos puntos-claves sin preguntar y no encontramos nada, sino cuentos místicos de un tipo peculiar y fácilmente mal entendido. Dejad estos puntos-claves sin exponer y habremos perdido una ciencia que el Este ha preservado con paciencia sobrehumana después de una milenaria prueba experimental». Fueron los comentarios de Lahiri Mahasaya los que trajeron a la luz alegrías claras de la verdadera ciencia de la religión, que habían sido astutamente ocultadas en los acertijos de letras e imaginerías de las Escrituras. Ya no más aquella ininteligible jerigonza; la adoración de fórmulas védicas ha sido expuesta por el maestro con un valor científico de verdadera significación...

> Nosotros sabemos que el hombre es, generalmente, incapaz de ir contra el atrayente abismo de las malas pasiones; pero estas se hacen inofensivas y el hombre no encuentra motivos en su indulgencia cuando nace en él una conciencia superior y una bienaventuranza perdurable a través de la práctica de *Kriyā*. Aquí acaba la negación de las bajas pasiones y se sincroniza la elevación del estado de beatitud. Sin tales cursos, cientos de máximas morales que corren son meros negativos sin utilidad para nosotros.
>
> Nuestra ansiedad para actividades mundanas mata en nosotros el sentido del reconocimiento espiritual. No podemos comprender la Gran Vida detrás de todos los nombres y formas solo porque la ciencia nos trae a la casa el secreto de usar los poderes de la naturaleza; esta familiaridad ha hecho nacer cierto desprecio hacia sus ultérrimos secretos. Nuestra relación con la naturaleza es de carácter práctico. Nos burlamos de ella, por decirlo así, al saber cómo puede ser usada para servir a nuestros objetivos, y hacemos uso de energías cuya fuente permanece ignorada. En la ciencia, nuestra relación con la naturaleza es como la que

existe entre amo y sirviente; en sentido filosófico, es como una testigo en el banco de los acusados. Nosotros la examinamos y la volvemos a examinar, la retamos y minuciosamente pesamos sus evidencias en las escalas humanas, que no pueden medir sus valores ocultos. De toda manera, cuando el ego, el ser, está en comunión con el poder superior, la naturaleza automáticamente obedece sin esfuerzos ni tirones a la voluntad del hombre. Este mandato sin esfuerzo sobre la naturaleza es llamado «milagro» por el materialista incomprensivo.

La vida de Lahiri Mahasaya estableció un ejemplo que cambió el conocimiento erróneo de que el yoga es una práctica misteriosa. Cada hombre puede encontrar su camino hacia *Kriyā* para entender su propia relación con la naturaleza, y sentir reverencia espiritual por todo fenómeno, ya sea místico o de diarios acontecimientos, no obstante el imperativo de los hechos de la ciencia física. Debemos recordar que lo que fue místico hace mil años ahora no lo es, y lo que ahora es misterioso será de uso corriente dentro de cien años. Es el Infinito, el Poder Oceánico que está detrás de toda manifestación.

La ley de *Kriyā yoga* es eterna. Tan cierta como las matemáticas, como las simples reglas de suma y resta, la ley de *Kriyā* no puede ser destruida nunca. Quemad hasta las cenizas todos los libros de matemáticas; el pensamiento lógico podrá siempre redescubrir tales verdades; destruid todos los libros sagrados sobre yoga y sus leyes fundamentales volverán a surgir tan pronto como aparezca un yogui que tenga dentro de sí la devoción y consiguientemente un conocimiento puro.

Así como Babaji es entre los más grandes avatares un Mahavatar; y Sri Yukteswar, un Jnanavatar o Encarnación de la Sabiduría; así Lahiri Mahasaya puede ser llamado con justicia un Yogavatar o Encarnación del Yoga. Por los medios cualitativos y cuantitativos del bien, él elevó el nivel espiritual de la sociedad. Por su poder de alzar a sus más cercanos discípulos a la estatura de hombres como Cristo y por su amplia diseminación de la verdad entre las masas, Lahiri Mahasaya figura entre los servidores de la humanidad.

Su singularidad como profeta descansa en su esfuerzo práctico para establecer un método definitivo de *Kriyā*, que abre por primera vez las puertas de la libertad de yoga a todos los hombres. Aparte de los milagros de su propia vida, seguramente, el Yogavatar llegó al cenit de todas las maravillas al reducir las antiguas complejidades del yoga a una efectiva simplicidad, no más allá de la comprensión ordinaria.

Con relación a milagros, Lahiri Mahasaya solía decir con frecuencia: «La operación de las leyes sutiles que son desconocidas para la gente en general no deben de ser públicamente discutidas o publicadas sin una discriminación cuidadosa». Si en estas páginas parece que no he hecho caso de sus palabras de cautela, es porque él me ha dado la interna seguridad para hacerlo así. Pero, al registrar las vidas de Babaji, Lahiri Mahasaya y Sri Yukteswar, he considerado preferible omitir muchas historias milagrosas, las cuales no podrían incluirse sin escribir también un volumen explicativo de la más abstrusa filosofía.

¡Nueva esperanza para nuevos hombres! «La Unión Divina —proclama el Yogavatar— es posible por medio del propio esfuerzo y sin depender de creencias teológicas o sobre la voluntad arbitraria de un Dictador Cósmico».

Por medio de la llave de *Kriyā*, personas que no pueden creer en la Divinidad de ningún hombre reconocerán al fin la completa Divinidad de sus propios seres.

Capítulo 36
El interés de Babaji por Occidente

—Maestro, ¿conoció usted a Babaji?

Era una tranquila noche de verano en Serampore, y yo me hallaba sentado al lado de Sri Yukteswar, en el balcón del segundo piso de la ermita, mientras las grandes estrellas de los trópicos brillaban sobre nuestras cabezas.

—Sí. —Mi maestro sonrió ante mi directa pregunta; sus ojos brillaron animados por la reverencia—. Tres veces he sido bendecido a la vista del gurú inmortal. Nuestra primera entrevista tuvo lugar en Allahabad, en la Kumbhamela.

Las ferias religiosas que se verifican en la India desde tiempo inmemorial son conocidas con el nombre de Kumbhamela; estas festividades aún conservan metas espirituales ante la vista constante de las multitudes. Los devotos hindúes se congregan cada seis años, a millones, para conocer a miles de *sadhus*, yoguis, swamis y ascetas de todas las clases. Muchos son eremitas que nunca han dejado sus apartados y ocultos retiros, excepto para asistir a las *melas* y otorgar sus bendiciones a hombres y mujeres mundanos. Mi maestro me contó:

Yo no era un swami en la época en que conocí a Babaji. Pero ya había recibido la iniciación en el *Kriyā* por Lahiri Mahasaya. Él me alentó a concurrir a la *mela* que debía celebrarse en enero de 1894, en Allhabad. Era la primera vez que yo concurría a una *kumbha*; me sentí algo mareado por el clamor y el oleaje de la multitud. Con las miradas investigadoras que a todas partes dirigía, no descubrí el rostro iluminado de un solo maestro. Al cruzar un puente a través del banco del Ganges, me fijé en un conocido que estaba no lejos de allí con su cuenco de limosna extendido. «Oh, esta feria no es más que un caos de ruidos y limosneros», pensé con desilusión. «Tal vez los científicos occidentales, que tan pacientemente ensanchan el reino de sus conocimientos para el bien práctico de la humanidad, serán más gratos a Dios que estas gentes que profesan la religión, pero que se concentran en las limosnas».

Mis mordaces reflexiones sobre las reformas sociales fueron interrumpidas por la voz de un *sannyasin* alto, que se detuvo ante mí.

—Señor —me dijo—, un santo lo llama.

—¿Quién es él?

—Venga y véalo usted mismo.

Algo vacilante, seguí al lacónico mensajero y pronto me encontré cerca de un árbol cuyas ramas daban sombra a un gurú y a su atractivo grupo de discípulos. El gurú, de una presencia excepcional brillante, tenía ojos oscuros y resplandecientes; se levantó a mi llegada y me abrazó.

—Bienvenido, *swamiji* —me dijo afectuosamente.

—Señor —le contesté con énfasis—, yo no soy swami.

—Aquellos a quienes la Divinidad me señala para otorgarles el título de «Swami» nunca se lo quitan. —El santo se dirigía a mí con sencillez, pero sus palabras resonaban con profunda convicción; en un instante me vi envuelto en una ola de bendición. Sonriendo por mi súbita elevación a la antigua orden monástica, me incliné reverentemente ante aquel angélico y gran ser en forma humana que me había honrado de esa manera.

Babaji, pues era él, me instó a sentarme a su lado bajo el árbol. Era fuerte y joven y se parecía mucho a Lahiri Mahasaya;

sin embargo, ese parecido no me sorprendió; aun cuando con frecuencia había oído de la extraordinaria semejanza entre los dos maestros. Babaji posee un poder por medio del cual puede evitar que un pensamiento específico surja en la mente de una persona. Sin duda, el Gran Gurú quería que yo estuviera perfectamente tranquilo en su presencia, y no me sorprendiera demasiado al saber quién era él.

—¿Qué piensa usted de la Kumbhamela?

—He estado grandemente desilusionado, señor. —Y luego agregué rápidamente—: Hasta el momento de encontrarlo a usted, me parece que los santos y este torbellino no son cosas que deban estar juntas.

—Hijo —me dijo el maestro, aun cuando aparentemente yo tenía doble edad de la que él representaba—, por las faltas de muchos no juzgues un todo. Todas las cosas en la Tierra son de un carácter mixto, como una mezcla de azúcar y arena. Sé como la inteligente hormiga, que únicamente escoge los granos de azúcar sin tocar los de arena. Aun cuando muchos *sadhus* de los que están aquí navegan aún en la ilusión, la *mela* es bendecida por algunos hombres que han alcanzado su realización en Dios.

En vista de mi propio encuentro con un grande y exaltado maestro, asentí rápidamente a su observación.

—Señor —le dije—, he estado pensando en los hombres científicos de Occidente; son más grandes en inteligencia que la mayoría de la gente que está aquí congregada, aun viviendo en la lejana Europa y en América, y profesando diferentes credos, así ignoren el valor real de las *melas*, por ejemplo, esta. Aquellos son hombres que podrían beneficiarse grandemente si se relacionaran con los maestros de la India. Pero, aunque elevados en sus dotes intelectuales, muchos occidentales están atados a su puro materialismo. Otros, famosos en ciencia y filosofía, no reconocen la unidad esencia en la religión. Sus credos son como barreras inaccesibles que amenazan con separarnos a nosotros de ellos para siempre.

—Ya veo que tú estás tan interesado en Occidente como en Oriente. —El rostro de Babaji se iluminó con la luz de la aprobación y agregó—:

Siento las angustias de tu corazón con igual amplitud para todos los hombres, ya sean de Oriente u Occidente. Es por esto que te he hecho venir aquí.

»Oriente y Occidente deben establecer un verdadero sendero dorado de actividad y espiritualidad combinados —continuó diciendo—. La India tiene mucho que aprender de Occidente en desarrollo material; a su vez, la India puede enseñar los métodos universales por medio de los cuales el Occidente puede fundar o establecer sus creencias religiosas en el inconmovible cimiento de la ciencia del yoga.

»Tú, swami, tienes que representar tu parte para lograr una futura armonía entre Oriente y Occidente. Dentro de algunos años te enviaré a un discípulo en yoga para la difusión de esta enseñanza en Occidente. Las vibraciones de muchas almas de allá, que espiritualmente buscan esto, llegan hasta mí. Yo percibí santos potenciales en América y en Europa que esperan únicamente ser despertados.

En esta parte de su relato, Sri Yukteswar se volvió hacia mí, viéndome de lleno. «Mi hijo —continuó sonriente bajo los rayos de la luna—, tú eres el discípulo que hace años prometió Babaji enviarme».

Mucho gusto me dio el saber que Babaji había dirigido mis pasos hacia Sri Yukteswar; sin embargo, era muy difícil para mí visualizar mi presencia en el lejano Occidente, lejos de mi amado maestro y de la paz sencilla y apacible de la ermita. Sri Yukteswar prosiguió:

Babaji me habló luego del Bhagavad-gītā. Con sorpresa de mi parte, Babaji me indicó, por medio de algunos cumplidos, que él sabía que yo había escrito unas interpretaciones de varios capítulos del Gita.

—A mi súplica, *swamiji*, hazme el favor de asumir otra tarea —me dijo el gran maestro—. ¿No querrías escribir un breve libro señalando los fundamentales principios de unidad entre las Escrituras cristianas e hindúes? Muestra en él con paralelas referencias que los inspirados hijos de Dios han hablado de la misma verdad, ahora oscurecida por las diferencias sectarias de los hombres.

—*Maharaji* —le contesté tímidamente—, ¡qué mandato! ¿Podré cumplirlo?

Babaji se rio dulcemente.

—¿Por qué dudas, hijo mío? —me dijo resueltamente—. En verdad, dime, ¿de quién es todo este trabajo, y quién es el hacedor de todas las acciones? Todo aquello que el Señor me ha dicho que diga debe de materializarse en la verdad.

Yo me consideré entonces con poder, gracias a las bendiciones del santo, y consentí en escribir el libro. Sintiendo con tristeza que la hora de la partida estaba próxima, me levanté de mi asiento.

—¿Conoces a Lahiri? —me preguntó el maestro—. Es una gran alma, ¿verdad? Infórmale de nuestra entrevista. —Luego me dio un mensaje para Lahiri Mahasaya.

Después de que yo me había inclinado con reverencia como despedida, el santo me sonrió lleno de benignidad.

—Cuando tu libro esté terminado, te volveré a ver —me prometió—. Por ahora, hasta luego.

Al día siguiente abandoné Allahabad, tomando luego el tren para Benarés. Cuando llegué a casa de mi maestro, le conté toda la historia de lo sucedido con el maravilloso santo en la Kumbhamela.

—Oh, ¿y tú no lo reconociste? —me preguntó Lahiri Mahasaya, bailándole en los ojos la risa—. Ah, ya veo que no podías, porque él te lo impidió. ¡Él es mi incomparable gurú, el celestial Babaji!

—¡Babaji! —repetí asombrado—. ¡El Cristo-yogui Babaji! ¡El invisible visible salvador Babaji! ¡Oh, si yo pudiera hacer volver al pasado para estar una vez más en su presencia y demostrar mi devoción a sus santos pies de loto...!

—No importa —me dijo Lahiri Mahasaya, consolándome—. Él ha prometido que te volvería a ver.

—*Gurudeva*, el maestro Divino me dio un recado para usted. «Dígale a Lahiri —me dijo— que el poder almacenado para esta vida ya está corto, casi se está terminando».

Al pronunciar estas palabras, para mí enigmáticas, el cuerpo de Lahiri Mahasaya tembló como si hubiera sido tocado por una corriente eléctrica. En un instante, todo a su alrededor era un silencio absoluto; su continente sonriente se tronó increíblemente austero. Como una estatua de madera, sombrío e inconmovible en su asiento, su cuerpo perdió todo el color que tenía. Yo estaba alarmado y asombrado. Nunca en mi vida había visto a esta alma siempre gozosa manifestar tan severa gravedad. Los otros discípulos presentes estaban también cohibidos.

Pasaron tres horas en completó silencio. Luego, Lahiri Mahasaya reasumió su natural y alegre manera, y nos habló cariñosamente a cada uno de los *chelas*. Todos suspiramos con gran alivio.

Yo me di cuenta por la reacción de mi maestro al escuchar el mensaje de Babaji de que esta había sido una señal inequívoca por medio de la cual Lahiri Mahasaya comprendió que su cuerpo sería pronto desocupado. Su pavoroso silencio probó que mi maestro había instantáneamente controlado su ser, cortando el último hilo de apego al mundo material, volando hacia su siempre existente identidad con el Espíritu. La observación de Babaji quería decir: «Siempre estaré contigo».

Aun cuando Babaji y Lahiri Mahasaya eran omniscientes y no tenían necesidad de comunicarse por mi conducto o algún otro intermediario, los grandes maestros con frecuencia condescienden a tomar parte en el drama humano. De vez en cuando transmiten sus profecías a través de mensajeros comunes, con objeto de que sus palabras infundan mayor fe entre el vasto círculo humano que más tarde se entera de la historia.

Tan pronto como dejé Benarés, me puse a trabajar en Serampore en el trabajo sobre las Escrituras que me había pedido Babaji —siguió diciéndome Sri Yukteswar—. No bien había principiado mi obra, cuando ya pude componer un poema dedicado al inmortal gurú. Las líneas melodiosas afluían a mi pluma sin ningún esfuerzo, aun cuando nunca antes había intentado escribir algo de poesía sánscrita.

En la quietud de la noche me ocupé sobre la comparación de la Biblia y las Escrituras de Sanatan Dharma.

Citando las palabras de Jesús, mostré que sus enseñanzas eran en esencia lo mismo que las revelaciones de los Vedas. Para mi tranquilidad, el libro fue terminado pronto, y luego me di cuenta de que esta rápida tarea fue debida a la bendición de mi Param-Gurú-Maharaj. Los capítulos aparecieron primero en el diario *Sadhusambad*; más tarde fueron privadamente impresos en forma de libro por uno de mis discípulos de Kidderpore.

A la mañana siguiente de haber dado fin a mi esfuerzo literario —me decía mi maestro— me fui a Rai Ghat para darme un baño en el Ganges. El *ghat* estaba solo y allí me quedé tranquilamente un rato, gozando de la inefable paz del soleado lugar. Después de mi chapuzón en el río, emprendí el regreso a la casa. El único ruido que se oía en medio de aquel silencio era el chapoteo de mis ropas empapadas al dar cada paso. Cuando pasaba enfrente de un árbol de plátano, cerca de la margen del río, un fuerte impulso me hizo voltear hacia atrás. Allí, bajo la sombra de un árbol, y rodeado de algunos discípulos, estaba sentado Babaji.

—¡Salud, *swamiji*! —La hermosa voz del maestro sonó en mis oídos como demostración de que no estaba soñando—. ¡Ah!, veo que has terminado con todo éxito tu libro. Como te lo prometí, aquí estoy para darte las gracias.

Con acelerados latidos en mi corazón, me prosterné a sus pies.

—*Param-guruji* —le dije, implorando—. ¿No quiere usted y sus *chelas* honrar mi casa, aquí cercana, con su presencia?

El supremo gurú declinó mi invitación, sonriendo.

—No, hijo, somos gentes que amamos más el abrigo de los árboles; este sitio es bastante cómodo.

—Por favor, aguarda un instante, maestro —lo miré, suplicándole—; regreso en un instante con unas frutas secas especiales.

Cuando regresé, a los pocos minutos, con un platón de golosinas, ¡ay!, el árbol de plátano ya no cobijaba con su sombra a la comparsa celestial. Los busqué infructuosamente por los alrededores del baño, pero en mi corazón sentía que la pequeña comitiva había desaparecido volando con etéreas alas.

Yo me sentía profundamente lastimado. «Aun cuando los vuelva a encontrar, no les hablaré», me decía. «Él fue poco considerado en abandonarme de una manera tan repentina». Esto era, por supuesto, un arrebato de amor y nada más.

Unos meses después visitaba yo a Lahiri Mahasaya en Benarés. Cuando penetraba en su pequeña salita, mi gurú sonrió, saludándome.

—Bienvenido, Yukteswar —dijo—, ¿al entrar no te encontraste con Babaji, que acaba de salir de aquí?

—No, no lo vi —le contesté sorprendido.

—Ve acá. —Lahiri Mahasaya me tocó ligeramente la frente; inmediatamente contemplé a Babaji cerca de la puerta, bello y puro como un loto.

Luego me acordé de mi antiguo resentimiento, y no le reverencié. Lahiri Mahasaya me vio, sorprendido.

El Divino gurú me vio con sus hermosos ojos insondables.

—¡Qué! ¿Estás enojado conmigo?

—Señor, ¿cómo no he de estarlo? —le contesté—. Del aire desciende usted con su mágico grupo, y en el sutil aire desaparece de nuevo.

—Yo te había dicho que te volvería a ver, pero no te dije cuánto tiempo estaría contigo. —Babaji sonrió suavemente—. Tú estabas excitado, y puedo asegurarte que ya casi me había extinguido en el éter por las ráfagas de tu inquietud.

Instantáneamente quedé satisfecho con esta nada lisonjera explicación. Me arrodillé a sus pies y el gurú supremo me dio amables palmaditas en el hombro.

—Hijo, tú debes meditar más —me dijo—. Tu mirada no es todavía perfecta; no pudiste verme cuando me escondía detrás de los rayos solares. —Con estas palabras, como con el sonido de una flauta celestial, Babaji desapareció en medio de la oculta radiación.

Esa fue una de las últimas visitas a mi gurú en Benarés. —Concluyó Sri Yukteswar—. Tal como Babaji lo había predicho en la Kumbhamela, la encarnación de Lahiri Mahasaya como jefe de hogar estaba llegando a su fin. Durante el verano de 1895 se desarrolló en su sagrado cuerpo un pequeño carbunclo, en la espalda. Él no quería que lo extirparan; de seguro estaba trabajando en su propio cuero el mal karma de alguno de sus discípulos. Por fin, algunos de sus *chelas* insistieron demasiado, y el maestro les respondió enigmático: «El cuerpo tiene que encontrar alguna causa para disolverse; pero, bien, estoy conforme con lo que ustedes quieran que se haga».

Poco tiempo después, el incomparable gurú abandonó su cuerpo en Benarés. Ya no necesito ir a buscarlo a su salita, pues encuentro todos los días de mi vida bendecidos por su omnipresente guía.

Años más tarde, de los labios del Swami Keshavananda, un discípulo adelantado, supe muchos datos maravillosos acerca de la partida de Lahiri Mahasaya.

Unos días antes de que mi gurú abandonara su cuerpo, él se materializó ante mis ojos, mientras yo estaba sentado en mi ermita en Hardwar. «Ven a Benarés en seguida». Tras estas palabras, desapareció Lahiri Mahasaya.

Inmediatamente tomé el tren para Benarés. En la casa de mi gurú encontré a muchos discípulos reunidos. Durante horas, en ese mismo día, el maestro explicó maravillosamente el Gita y luego nos dijo con sencillez:

—Me voy a mi casa.

Sollozos de angustias prorrumpieron de todos los pechos como un torrente irresistible.

—Cálmense, yo regresaré. —Después de decir eso, Lahiri Mahasaya, por tres veces, hizo girar su cuerpo en un círculo, y dando la cara al norte, en la postura del loto, gloriosamente entró en el final *mahasamadhi*.

El hermoso cuerpo de Lahiri Mahasaya, tan querido de sus devotos, fue incinerado con los solemnes ritos que se les hace a los yoguis de hogar, en Manikarnika Ghat, a las orillas del santo río Ganges. Al día siguiente, a las diez de la mañana, mientras yo estaba todavía en Benarés, mi habitación se inundó de una gran luz; ante mí, en carne y hueso, estaba Lahiri Mahasaya. Se veía exactamente igual que en su cuerpo anterior; únicamente parecía un poco más joven y más radiante. Mi divino gurú me habló:

—Keshavananda —me dijo—, soy yo. De los desintegrados átomos de mi cuerpo incinerado, he resucitado en una nueva forma. Mi trabajo como hombre de hogar en el mundo ha terminado; pero no abandono la Tierra completamente. De aquí en adelante, pasaré una temporada con Babaji en los Himalayas, y con Babaji en el cosmos.

Con unas cuantas palabras de bendición para mí, el maestro trascendental desapareció. Hermosa y maravillosa inspiración llenó mi cuerpo, y fue elevado en Espíritu, así como lo fueron los discípulos de Cristo Kabir cuando vieron a su gurú tras su muerte.

Cuando regresé a mi aislada ermita en Hardwar, me llevé conmigo las sagradas cenizas de mi maestro. Yo sabía que él había escapado de la cárcel del espacio y tiempo; el pájaro de la omnipresencia está libre. Sin embargo, me confortaba el corazón el conservar en un nicho sus santos restos.

Otro discípulo que fue bendecido por la visita de su resucitado maestro fue el santo Panchanan Bhattacharya, fundador del Instituto de la Misión Arya de Calcuta.

Visité a Panchanan en su casa de Calcuta, y escuché con deleite los relatos de sus muchos años con el maestro. Ya, para terminar, me narró el más maravilloso caso de su vida: «Aquí en Calcuta, a las diez de la mañana, al día siguiente de su incineración, Lahiri Mahasaya se me apareció aquí en toda su viviente gloria».

Swami Pranavananda, el «Santo con Dos Cuerpos», también me contó los detalles de su propia suprema experiencia:

> Unos días antes de que Lahiri Mahasaya abandonara su cuerpo —me dijo Pranavananda— fue a visitarme en mi escuela de Ranchi. Yo había recibido una carta de él suplicándome que fuera en seguida a Benarés. Sin embargo, me retardé y no pude salir inmediatamente. Cuando estaba a la mitad de mis preparativos de viaje, cerca de las diez de la mañana, contemplé, sorprendido y lleno de gozo, la figura radiante de mi gurú, aparecido de pronto.
>
> —¿Para qué te das tanta prisa para ir a Benarés? —me dijo Lahiri Mahasaya, sonriendo—. Ya no me encontrarás allí.
>
> Lloré desconsoladamente, creyendo que estaba viéndolo únicamente en visión.
>
> El maestro se acercó a mí, consolándome me dijo:
>
> —Vamos, toca mi cuerpo. Estoy tan vivo como siempre. No llores, ¿acaso no estoy para siempre contigo?

De los labios de estos tres grandes discípulos una historia de maravillosas verdades ha surgido; a las diez de la mañana, al día siguiente de que el cuerpo de Lahiri Mahasaya fuera consagrado a las llamas, el maestro, resurrecto en un cuerpo transfigurado, aparecióseles a cada uno de ellos a la misma hora y en ciudades diferentes.

«Y cuando esto corruptible fuera vestido de corrupción, y esto mortal fuere vestido de inmortalidad, entonces será cumplida la palabra que está escrita: ¡la muerte es tragada por la victoria! ¿Dónde está, oh, muerte, tu aguijón? ¿Dónde está, oh, sepulcro, tu victoria?».

Capítulo 37
Voy a América

«¡América! ¡Estas gentes son americanas!». Este era mi pensamiento, según se desarrollaba ante mis ojos la visión panorámica de personajes de Occidente.

Sumergido en meditación, estaba sentado detrás de unas polvorientas cajas en las bodegas de la escuela de Ranchi. ¡Un retiro privado era difícil de encontrar en esos primeros meses de organización y adaptación en medio de los nuevos educandos!

La visión continuaba; una vasta multitud que me miraba con insistencia pasaba como nube de actores por el escenario de mi conciencia.

La puerta de la bodega se abrió; como de costumbre, uno de los chiquillos había descubierto mi lugar de retiro.

—Ven acá, Bimal —le dije con cierta alegría—. Tengo unas nuevas para ti; ¡el Señor me llama a América!

—¿América? —El muchacho articuló aquellas palabras como si yo le hubiera dicho «a la Luna».

—Sí, salgo para descubrir América, como Cristóbal Colón. —Él pensó que había descubierto la India; ¡seguramente existe un eslabón kármico entre estas dos tierras!

Bimal echó a correr; pronto, toda la escuela fue informada por el periódico de dos piernas. Reuní a toda la asombrada facultad y dejé la escuela en sus manos.

—Yo sé que ustedes conservarán y seguirán los ideales yoguis de Lahiri Mahasaya hasta el fin y para siempre —les dije—. Les escribiré con frecuencia y, con la voluntad de Dios, regresaré algún día.

Las lágrimas asomaban a mis ojos cuando lancé una mirada a los niños y a los soleados terrenos de Ranchi. Una época definida de mi vida acababa de cerrarse. A partir de entonces, viviría en tierras lejanas. Pocas horas después de mi visión, tomé el tren para Calcuta. Al día siguiente recibí una invitación para figurar como delegado en un Congreso Internacional de Religiones Liberales, en América. Ese año tendría su reunión en Boston, bajo los auspicios de la Asociación Americana Unitaria.

Con la cabeza convertida en un verdadero remolino, busqué a Sri Yukteswar en Serampore.

—*Guruji*, acabo de ser invitado a un congreso de religiones en América, ¿debo ir?

—Tienes abiertas todas las puertas —dijo con sencillez mi maestro—. Ahora o nunca.

—Pero, señor —dije yo, desalentado—, ¿qué sé yo de oratoria? Raras veces he dado conferencias y nunca en inglés.

—Inglés o no inglés, tus palabras sobre el yoga serán oídas en Occidente. —Me reí.

—¡Bueno, querido *guruji*, creo difícil que los americanos vayan a aprender bengalí! Por favor, bendígame y ayúdeme en el trance difícil del idioma inglés.

Cuando le comuniqué a mi padre mis planes, este quedó sobrecogido de desconsuelo. Para él, América era un país terriblemente remoto y temía no volver a verme.

—¿Cómo vas a ir? —me preguntó con seriedad—. ¿Quién va a financiar tu viaje? —Como él había siempre sufragado cariñosamente todos los gastos de mi educación y manutención, sin duda creyó que con su pregunta podría dar a mis proyectos un alto en seco.

—El Señor me financiará, seguramente. —Cuando formulé esta réplica, pensé en una contestación similar que había dado hacía mucho tiempo a mi hermano Ananta en Agra. Sin mucha malicia agregué luego—: Padre, es probable que Dios ponga en tu mente el deseo de que me ayudes.

—No, nunca —contestó, viéndome con tristeza.

Por eso, cuando al día siguiente mi padre me dio un cheque donde leí una gran cantidad, me sorprendí sobremanera.

—Te doy este dinero —me dijo—, no en mi condición de padre, sino como discípulo fiel de Lahiri Mahasaya. Marcha, pues, a las tierras de Occidente y distribuye allí las enseñanzas sin dogmas de Lahiri Mahasaya, sobre *Kriyā yoga*.

Me conmoví hondamente al ver el desinterés tan grande que mi padre había mostrado, haciendo caso omiso de sus deseos personales. La justa comprensión la obtuvo la noche anterior, después de haberme dado su negativa, convencido de que no era solo el afán de viajar el que motivaba mi viaje.

—Quizá no nos volvamos a ver más en esta vida —me dijo mi padre con tristeza; en aquel entonces contaba con sesenta y siete años.

Una convicción intuitiva me hizo decir:

—Es seguro que el Señor nos volverá a juntar una vez más.

Según llevaba a cabo los preparativos para abandonar a mi maestro y a mi tierra natal con rumbo a las desconocidas costas de América, no dejaba de sentir cierta inquietud. Había escuchado muchos relatos de la atmósfera materialista de los occidentales, tan diferente del ambiente espiritual de la India, saturada con el aura secular de los santos. «¡Un instructor oriental que desafíe los aires occidentales —pensaba— debe resistir pruebas más duras que los peores fríos de los Himalayas!».

Una mañana, temprano, empecé a orar con la firme determinación de seguir orando, y aun morir en la oración, hasta que oyera la voz de Dios. Yo quería sus bendiciones y la seguridad de que no me perdería en las nieblas del utilitarismo moderno. Ya me había hecho el propósito de ir a América, pero aún más fuerte era mi resolución de escuchar el solaz del permiso Divino.

Oré y oré conteniendo mis sollozos. No obtuve respuesta. Mi silenciosa petición fue creciendo, hasta que, al mediodía, ya había alcanzado su cénit; mi cerebro no podía resistir por más tiempo la presión de mi agonía. Si volvía a clamar al cielo, con ahínco de nuevo incrementado, mi cerebro se partiría. En ese instante, alguien llamó a la puerta exterior del vestíbulo adjunto al cuarto de mi casa de Grupar Road, donde me hallaba. Abriendo la puerta, vi a un joven vestido con la escasa indumentaria usada por quienes siguen las prácticas de renunciación. Entró, cerró la puerta tras sí, y, rehusando el ofrecimiento que le hice de sentarse, me indicó con un ademán que deseaba permanecer de pies mientras hablaba.

«Debe de ser Babaji», pensé yo, deslumbrado, pues el hombre que estaba ante mí se parecía mucho, aunque más joven, a Lahiri Mahasaya.

Él contestó a mi pensamiento:

—Sí, soy Babaji. —Hablaba melodiosamente—. Nuestro Padre Celestial ha escuchado tu oración, y él me envía para que te diga: «Sigue el mandato de tu gurú y viaja a América. No temas, estás protegido».

Después de una pausa, Babaji me dirigió otra vez la palabra:

—Tú eres el que he escogido para difundir el mensaje del *Kriyā yoga* en Occidente. Hace mucho tiempo conocí a tu gurú Yukteswar, en una Kumbhamela; fue cuando le dije que iba a enviarte a ti para que te preparara.

Yo no podía articular palabra, casi ahogado por una devoción rayana en el terror, y profundamente agradecido de oír de sus propios labios que había sido él quien me guiara a Sri Yukteswar. Me prosterné a los pies del inmortal gurú. Graciosamente, hizo que me levantara del suelo. Diciéndome muchas cosas acerca de mi vida, me dio a continuación ciertas instrucciones personales y expresó profecías secretas.

Finalmente, me dijo con solemnidad:

—El *Kriyā yoga*, la técnica científica de realización para conocer a Dios, terminará por difundirse en todos los países, ayudando a armonizar a las naciones por medio de la percepción personal y trascendental que el hombre obtendrá del Padre Infinito.

Con una mirada de majestuoso poder, el maestro me electrizó con un atisbo de su conciencia cósmica.

Poco después se encaminó hacia la puerta.

—No trates de seguirme —me dijo—. No podrás hacerlo.

—¡Por favor, Babaji, no os vayáis! —grité repentinamente—. ¡Llevadme con vos!

Volviéndose para verme, dijo:

—Ahora, no; en otra ocasión.

Abrumado por la emoción, hice caso omiso de su advertencia, y cuando trataba de seguirlo, mis pies no obedecieron; parecían estar firmemente clavados en el suelo. Desde la puerta, Babaji me lanzó una última mirada cariñosa. Levantó su mano en señal de bendición y salió; mis ojos le siguieron fijamente, añorándolo.

Después de algunos minutos, mis pies estuvieron en libertad. Me senté y de nuevo comencé a meditar, cada vez más agradecido a Dios, no solamente por haberme respondido a mis oraciones, sino por haberme bendecido con tal encuentro con Babaji. Todo mi cuerpo parecía estar santificado por el contacto con el antiguo pero siempre joven maestro. Por largo tiempo había deseado encontrarme un día en su presencia.

Hasta ahora, a nadie he contado mi encuentro con Babaji. Considerándola como la más sagrada de mis experiencias, la he conservado oculta en mi corazón. Pero me ha venido el pensamiento de que los lectores de esta biografía estarían más inclinados a creer en la realidad del solitario Babaji, y en su interés por los asuntos del mundo, si yo narro que lo vi con mis propios ojos.

La víspera de mi partida para los Estados Unidos me halló en la santa presencia de Sri Yukteswar.

—Olvida que has nacido hindú y no seas tampoco americano. Toma lo mejor de ambos —me dijo mi maestro con su serena y sabia manera—. Sé tú mismo, tu verdadero ser, un hijo de Dios. Busca e incorpora a tu ser las mejores cualidades de todos tus hermanos, diseminados en todos los lugares de la Tierra en las diversas razas.

Luego me bendijo:

—Todos aquellos que vengan a ti con fe, buscando a Dios, serán ayudados. Según los veas, la corriente espiritual que emana de tus ojos penetrará en sus cerebros y cambiará sus hábitos materiales, haciéndolos más conscientes de Dios.

Prosiguió diciéndome:

—Tienes mucha facilidad para atraer almas sinceras. A donde quieras que vayas, aun en los lugares más desiertos, encontrarás amigos.

Todas sus bendiciones han sido ampliamente demostradas. Vine solo a América, a estas inmensidades, sin un solo amigo; pero allí los encontré a millares, listos para recibir las imperecederas enseñanzas del alma.

Salí de la India en agosto de 1920, a bordo del vapor The City of Sparta, el primer barco de pasajeros que salía para América después de la Primera Guerra Mundial. Pude conseguir que se me registrara como pasajero después de haber vencido, a veces de manera milagrosa, un sinnúmero de dificultades, sobre todo las relativas a conseguir pasaporte.

Durante el viaje por mar, que duraría dos meses, un compañero de viaje supo que yo era el delegado hindú al Congreso de Boston.

—Swami Yogananda —me dijo, con el primer de los innúmeros acentos que después escucharía en América cuando pronunciaran mi nombre—. Por favor, ¿no quiere usted dirigir la palabra a sus compañeros de viaje el próximo jueves por la noche? Yo creo que todos saldremos grandemente beneficiados si usted nos dice algo sobre «la batalla de la vida y cómo hay que pelearla».

¡Ay!, por lo pronto, yo era quien tenía que pelear la batalla de mi vida, según lo descubrí el miércoles. Después de tratar desesperadamente de coordinar mis ideas para componer una conferencia en inglés, decidí abandonar toda clase de preparación; mis pensamientos, como potro salvaje que prevé el sufrimiento de la silla, rehusaban en lo absoluto cualquiera idea de ayuda en la gramática inglesa. Confiando, no obstante, y por completo, en las seguridades que me había dado mi maestro, me presenté ante el auditorio congregado en el salón del barco el jueves. No acudió la elocuencia a mis labios; sin poder articular palabra, me mantuve delante del auditorio. Este lapso de silencio duró diez minutos, al cabo de los cuales el auditorio, dándose cuenta de mis dificultades, comenzó a reír.

Para mí, la situación no tenía nada de graciosa en aquellos momentos.

Indignado, envié a mi maestro una oración silenciosa.

«¡Tú puedes hablar!», sonó su voz instantáneamente en mi conciencia.

Mis pensamientos asumieron de inmediato una relación amistosa con la lengua inglesa. Cuarenta y cinco minutos después, la concurrencia estaba atenta todavía. Mi plática me proporcionó algunas invitaciones para dar conferencias ante diferentes organizaciones americanas.

Nunca pude recordar, después, una sola palabra de lo que había dicho. Informándome discretamente, supe por varios viajeros: «Usted ha ofrecido una conferencia inspirada y substanciosa en un inglés perfecto». Al escuchar estas deliciosas noticias, humildemente di gracias a mi gurú por su oportuna ayuda, comprendiendo, una vez más, que él estaba siempre conmigo, suprimiendo las duras barreras del tiempo y del espacio.

De vez en cuando, durante el resto del viaje, sentí ciertos aprensivos escrúpulos acerca del ordenamiento de la conferencia en inglés para el congreso de Boston.

«Señor —recé—, ¡deja que mi inspiración sea la tuya, y no una vez más los estallidos de risa del auditorio!».

The City of Sparta atracó cerca de Boston a fines de septiembre. El 6 de octubre ofrecí al Congreso mi primer discurso en América. Este fue bien recibido, y yo respiré con tranquilidad. El magnánimo secretario de la American Unitarian Association escribió el siguiente comentario en un informe público del Congreso.

El Swami Yogananda, delegado del Brahmacharya Ashram de Ranchi, India, trajo los saludos de su asociación a este Congreso. En fluido inglés y convincentes conceptos, nos ofreció una disertación de carácter filosófico sobre la ciencia de la religión, que se ha impreso en forma de folleto para una más amplia distribución. La religión es universal y sola. No es posible que podamos universalizar costumbres y convicciones particulares, pero el elemento común de la religión puede ser universalizado y a todos podremos pedir que la sigan y obedezcan.

Debido a la generosa donación de mi padre, pude permanecer en América después de que terminó el Congreso. Cuatro años felices fueron pasados en Boston, en humildes circunstancias. Daba conferencias, enseñaba y escribía un libro de poemas, *Cantos del alma*, con un prefacio del doctor Frederick B. Robinson, presidente del colegio de la ciudad de Nueva York.

En el verano de 1924, inicié un viaje transcontinental. Hablé ante miles de personas en las principales ciudades y terminé mi viaje con unas vacaciones en la parte norte del territorio de Alaska.

Con la ayuda de generosos estudiantes, a fines del año de 1925, ya tenía establecida la Sede Central Americana de Mount Washington en la ciudad de Los Ángeles, California. El edificio es el mismo que, en años anteriores, había contemplado durante una visión en Cachemira. Me apresuré a enviar a Sri Yukteswar fotografías de estas distantes actividades en América.

Él me contestó con una tarjeta postal en Bengalí, que aquí traduzco:

11 de agosto de 1926

Hijo de mi corazón, ¡oh, Yogananda!:
  Viendo las fotografías de tu escuela y tus estudiantes, ¡qué gran regocijo llena mi vida!
  No lo puedo expresar en palabras. Me estoy recreando en el gozo de ver a tus estudiantes de yoga en las diferentes ciudades. Contemplando tus métodos en el cántico de las afirmaciones, vibraciones y oraciones Divinas de curación, no puedo menos que darte las gracias desde el fondo de mi corazón. Viendo la entrada, el camino ascendente en espiral, y la hermosas vista que

se contempla desde lo alto de Mount Washington, ansío verlas con mis propios ojos.

Aquí todo marcha bien. Por la gracia de Dios, que siempre estés en bendición.

Sri Yukteswar Giri

Los años pasaron con rapidez. Ofrecí conferencias en cada parte de mi nueva tierra, y dirigí la palabra a cientos de clubes, colegios y grupos de todas las denominaciones. Docenas de miles de americanos recibieron la iniciación en el yoga. A ellos les dediqué mi nuevo libro de pensamiento para la oración, en el año de 1929, *Murmullos de la eternidad*, con un prefacio de Amelita Galli-Curci.

En seguida ofrezco de este libro un poema intitulado «¡Dios!, ¡Dios!, ¡Dios!», compuesto una noche mientras estaba en el foro de conferencias.

De las profundidades del sueño,
según asciende la escala espiritual de la vigilia,
murmuro:
¡Dios!, ¡Dios!, ¡Dios!
Tú eres el alimento, y cuando rompo la dieta de mi nocturna separación de ti,
te saboreo y mentalmente digo:
¡Dios!, ¡Dios!, ¡Dios!
No importa adónde vaya; los fanales de mi mente se dirigen siempre a Ti;
y en la batalla de la actividad mi silencioso grito es siempre:
¡Dios!, ¡Dios!, ¡Dios!
Cuando las ruidosas tormentas de la dura prueba gritan, y cuando
las preocupaciones se apoderan de mí,
ahogo su clamor cantando en alta voz:
¡Dios!, ¡Dios!, ¡Dios! Cuando mi mente teje sueños con hilos del
recuerdo,
entonces, en la mágica tela, encuentro escrito:

> ¡Dios!, ¡Dios!, ¡Dios!
> Cada noche, cuando el sueño es más profundo,
> mi paz sueña y exclama: ¡Alegría, alegría, alegría! Y. mi alegría viene, cantando siempre:
> ¡Dios!, ¡Dios!, ¡Dios!
> En la vigilia, al comer, al trabajar, al soñar, al dormir, al servir, al cantar, al meditar, amando divinamente
> mi alma murmura constantemente, sin que nadie la oiga:
> ¡Dios!, ¡Dios!, ¡Dios!

Algunas veces, generalmente cuando a principios de mes, las cuentas por pagar, debidas a los gastos de sostenimiento de Mount Washington y otros centros de autorrealización se apilan en mi mesa, pienso con añoranza en la paz simple de la India. Pero todos los días veo un entendimiento cada vez más amplio entre Oriente y Occidente, y mi alma se llena de alegría.

He hallado el gran corazón de América expresado en las maravillosas líneas de Emma Lazarus, grabadas en la base de la Estatua de la Libertad, la «Madre de los Exiliados»:

> En la antorcha de su mano
> brilla la bienvenida universal; sus dulces ojos dominan la bahía, ¡cuna de dos ciudades!
> «¡Conservad, viejas tierras, vuestra amontonada pompa!», clama ella, con silenciosos labios. «Enviadme a vuestros seres
> fatigados, a vuestros pobres, a vuestras numerosas multitudes, que buscan ser libres, y respirar la libertad y el desecho infeliz de vuestras orillas aglomeradas; enviadme a quienes carecen de hogar, enviádmelos en una tempestad:
> ¡Yo levanto mi lámpara a las doradas puertas!».

Capítulo 38
Lutero Burbank, un santo entre las rosas

«El secreto de mejorar el cultivo de las plantas es, aparte del conocimiento científico, el amor». Fue Lutero Burbank quien exteriorizó esta sabia frase cuando yo caminaba a su lado en sus jardines de Santa Rosa. Nos detuvimos cerca de un macizo de cactus comestibles.

—Mientras llevaba a cabo experimentos destinados a producir una especie de cactus sin espinas —continuó—, solía hablar a las plantas a fin de crear una vibración de amor. «No tenéis nada que temer —les decía—. Para nada necesitaréis vuestras espinas defensivas. Yo os protegeré». Gradualmente, la útil planta de los desiertos produjo una variedad sin espinas.

Yo estaba encantado ante este milagro.

—Por favor, querido Lutero, deme usted algunas hojas de cactus para plantarlas en mis jardines de Mount Washington.

Un trabajador, que se encontraba cerca de nosotros, hizo ademán de arrancar unas hojas, pero Burbank lo detuvo.

—Yo mismo las cortaré para el swami.

A continuación me tendió tres hojas, que yo planté más tarde y que vi, regocijado, crecer considerablemente.

El gran horticultor me dijo que su primer triunfo notable fue la gran variedad de patata que se conoce con su nombre. Con la perseverancia del genio, presentó al mundo, sucesivamente, cientos de cruces y variedades de los productos naturales, mejorados por su labor; entre ellas, las variedades Burbank de tomate, maíz, calabaza, cereza, ciruela, mandarinas, fresas, amapolas, lilas y rosas.

Yo preparé mi máquina fotográfica cuando Lutero me condujo ante el famoso nogal por medio del cual había probado que la evolución natural puede ser enormemente acelerada.

—En solo dieciséis años —dijo—, este nogal llegó a producir nueces en una abundancia que, de no ser ayudado, hubiera alcanzado solo después de dos veces ese tiempo.

La pequeña hija adoptiva de Burbank llegó retozando al jardín, en compañía de su perro.

—Ella es mi planta humana —dijo Burbank, mientras saludaba afectuosamente a la pequeña, agitando la mano—. He llegado a ver a la humanidad como a una gran planta que requiere para sus más altos logros solo amor, las bendiciones naturales del aire libre y el contacto con la naturaleza, cruces y selecciones inteligentes. Durante mi propia vida he observado progresos tan maravillosos en la evolución de las plantas que miro al futuro optimistamente, creyendo en un mundo sano y feliz con solo que a sus hijos se les enseñen los principios de una vida simple y racional. Debemos retornar a la naturaleza, y la naturaleza es Dios.

—Lutero, a usted le encantaría mi escuela de Ranchi, con sus clases al aire libre y con su atmósfera de alegría y simplicidad.

Mis palabras tocaron la cuerda más próxima al corazón de Burbank: la educación infantil. Me hizo varias preguntas, mientras el interés brillaba en sus ojos serenos y profundos.

—*Swamiji* —dijo finalmente—, escuelas como la de usted son las que constituyen la única esperanza para un milenio futuro. Estoy contra todos los sistemas educativos de nuestro tiempo, segregados de la naturaleza y carentes de toda individualidad. En cuerpo y alma comparto sus ideales prácticos en materia de educación.

Mientras me despedía del amable sabio, él me obsequió un pequeño volumen autografiado.

—Aquí tiene usted mi libro sobre la educación de la planta humana —dijo—. Se requieren nuevos tipos de instrucción: experimentos valerosos.

A veces, las más atrevidas experiencias han tenido éxito para hacer surgir lo mejor en materia de flores y frutos. Las innovaciones educativas en relación con los niños deben, asimismo, ser más numerosas, más valientes.

Esa misma noche leí el librito, poseído de vivo interés. El sabio, cuyos ojos entreveían un glorioso futuro para la raza humana, había escrito:

> La cosa viviente más obcecada de este mundo, la más difícil de desviar o modificar, es una planta que ha sido fijada en ciertos hábitos... Recuérdese que esta planta ha preservado su individualidad a través de las edades; tal vez se trate de una planta que puede buscase en el pasado, a través de eones de tiempo, aferrada a las rocas mismas, y que jamás ha variado gran cosa durante esos periodos.
>
> ¿Puede pensarse que, después de todas estas edades de repetición, la planta no llegue a verse poseída de una voluntad, si así podemos llamarla, de tenacidad sin paralelo? Ciertamente, existen algunas plantas, como una de las variedades de la palma, tan persistentes que todos los esfuerzos humanos para modificarlas han sido vanos. La voluntad humana es débil comparada con la voluntad de una planta. Pero observemos cómo la terquedad ancestral de esta planta se rompe simplemente con ligarla a una nueva vida, consiguiendo, por medio del cruce, un completo y poderoso cambio en su vida. Luego, cuando el rompimiento sobreviene y se fija durante generaciones de paciente supervisión y selección, la planta se establece definitivamente en su nuevo género de vida y jamás regresa al antiguo; su tenaz voluntad ha sido, al fin, rota y modificada.
>
> Cuando se trata de algo tan sensitivo y maleable como es la naturaleza de un niño, el problema es mucho más fácil.

Magnéticamente atraído por este gran norteamericano, lo visité una y otra vez. Una mañana, llegué a verle al mismo tiempo que el cartero, quien depositó en el estudio de Burbank algo así como un millar de cartas. Los horticultores solían escribirle de todas partes del mundo.

—*Swamiji*, su presencia es justamente lo que necesito como excusa para salir al jardín —dijo Lutero alegremente. Abrió una gran gaveta de su escritorio, que contenía cientos de cuaderno de viaje.

—Vea usted —dijo—, así es cómo viajo. Atado por mis plantas y por la correspondencia, satisfago mis deseos de conocer otros países, mirando de vez en vez los grabados de estos cuadernos.

Mi automóvil se encontraba estacionado ante las verjas; Lutero y yo viajamos por las calles de la pequeña ciudad, que engalanaba sus jardines con las variedades de rosas Peachblow, Santa Rosa y Burbank.

—Mi amigo Henry Ford y yo creemos en la antigua teoría de la reencarnación —me dijo Lutero—. Arroja luz sobre algunos aspectos de la vida que, de otro modo, son inexplicables. La memoria no siempre prueba la verdad; el hecho de que el hombre no pueda recordar sus vidas pasadas no prueba que no las tuvo. ¡La memoria del hombre se encuentra en blanco en lo que respecta al periodo intrauterino y a una parte de la infancia, pero probablemente ha pasado por ellos! —finalizó riendo.

El gran sabio había recibido la iniciación en *Kriyā*, durante una de mis primeras visitas.

—Practico la técnica con toda devoción, *swamiji* —dijo. Después de muchas y profundas preguntas relativas a diversos asuntos del yoga, Lutero observó con lentitud.

»En verdad, el Oriente posee inmensos tesoros de conocimientos que Occidente apenas comienza a descubrir.

La íntima comunión con la naturaleza, la cual le había revelado muchos de sus más celosamente guardados secretos, había otorgado a Burbank una reverencia espiritual sin límites.

—En ocasiones me siento muy cerca del Poder Infinito —me confió tímidamente. Su rostro sensitivo y bellamente modelado se iluminó con los recuerdos—. En esas ocasiones he sido capaz de curar enfermos cercanos a mí, lo mismo que a las plantas.

Me habló de su madre, una cristiana de corazón.

—Muchas veces, después de su muerte —dijo Lutero—, he sido bendecido por ella, que se me ha aparecido en visiones; me ha hablado.

Con bastante desgano regresamos hacia su casa, donde aguardaban aquellas mil cartas...

—Lutero —dije—, el mes próximo comenzaré a publicar una revista destinada a presentar los ofrecimientos de la verdad de Oriente y de Occidente. Le suplico que me ayude a decidir un buen nombre para esa publicación.

Discutimos los títulos durante un momento y finalmente convenimos en llamar la revista *East-West* («Oriente-Occidente»). Cuando volvimos a entrar en su estudio, Burbank me dio un artículo que había escrito sobre ciencia y civilización.

—Esto será publicado en el primer número de la revista —dije agradecido.

Según nuestra amistad iba siendo más estrecha, yo llamé a Burbank mi «santo norteamericano». «He aquí un hombre —cité— en quien no existe engaño». Su corazón era insondablemente profundo, desde tiempo identificado con la humildad, la paciencia, el sacrificio. Su pequeña casa, situada entre las rosas, era austeramente sencilla; él sabía que el lujo nada vale y conocía la alegría que acarrean unas cuantas posesiones queridas. La modestia con la que sobrellevaba su fama científica me recordaba repetidamente los árboles que inclinan al suelo sus ramajes repletos de frutos maduros, pues es el árbol vacío el que eleva su cabeza en un alarde hueco.

Fue en Nueva York donde, en 1926, mi querido amigo murió. Con los ojos arrasados por las lágrimas, pensé: «Oh, de buena gana caminaría desde aquí hasta Santa Rosa si pudiera verle un día más». Aislándome de visitantes y secretarios, pasé recluido las veinticuatro horas siguientes.

Al día siguiente, llevé a cabo un rito conmemorativo védico en derredor de un gran retrato de Lutero. Un grupo de mis estudiantes norteamericanos, luciendo ropas hindúes de ceremonia, cantaron los antiguos himnos, en tanto que se hacía una ofrenda de flores, agua y fuego: símbolos de los elementos del cuerpo y de su liberación en la Fuente Infinita.

Aun cuando la forma de Burbank yace en Santa Rosa, bajo un cedro del líbano que él mismo plantó hace años en su jardín, por mí su alma se encuentra en el santuario de todas y cada una de las flores que se abren a lo largo del camino. Sumido durante un tiempo en el espacioso espíritu de la naturaleza, ¿no era acaso Lutero quien murmuraba en sus vientos, quien marchaba a través de sus auroras?

Su nombre ha llegado a ser herencia del lenguaje común. Incluyendo la palabra *burbank* como verbo transitivo, el diccionario *Webster's New International* la define así: «Cruzar o injertar (una planta). Así, de modo figurado, mejorar (cualquier cosa, se trate de un proceso o de una institución) por medio de la selección de buenas características y de la eliminación de las malas, o añadiendo buenas características».

«Amado Burbank —grité, después de leer la definición—, ¡tu propio nombre es ahora sinónimo de bondad!».

Luther Burbank[3], Santa Rosa, California,
E. U. A. Diciembre 22 de 1924.

He examinado el sistema Yogoda del Swami Yogananda y, en mi opinión, es ideal para entrenar y armonizar las naturalezas física, mental y espiritual del hombre. El objetivo del swami es establecer escuelas donde se enseñe cómo vivir en todo el mundo; centros en donde la educación no se limite tan solo al desarrollo del intelecto, sino se extienda también al cuerpo, la voluntad y los sentimientos. Por medio del sistema Yogoda de desarrollo físico, mental y espiritual, empleando métodos sencillos y científicos de concentración y meditación, la mayoría de los complejos problemas de la existencia pueden ser resueltos y la paz y la buena voluntad reinar en la Tierra. La idea del swami sobre una verdadera educación está basada sobre el simple sentido común,

---

3 Traducción del facsímil de una carta de Lutero Burbank al Swami Yogananda.

libre de todo misticismo y de todo bagaje impracticable; de otro modo, no obtendría mi aprobación.

Me complace contar con esta oportunidad de unirme sinceramente al swami en su intento de crear las escuelas internacionales del arte de vivir, las cuales, de establecerse, auguran un futuro mejor que cuanta cosa conozco.

Firmado

Luther Burbank

Capítulo 39
Teresa Neumann, la católica con estigmas

«Regresa a la India. Te he esperado pacientemente durante quince años. Pronto abandonaré este cuerpo para pasar al "resplandeciente domicilio" del más allá. Yogananda, ven».

La voz de Sri Yukteswar sonó en mi asombrado oído interno mientras yo estaba en meditación en la sede central de Mount Washington. Atravesando 10 000 millas en un abrir y cerrar de ojos, su mensaje penetró en lo más profundo de mi ser como un rayo de luz.

«¡Quince años! Sí —reflexioné—, estamos en 1935; he pasado quince años difundiendo las enseñanzas de mi gurú en América. Ahora, él me llama».

Esa misma tarde conté mi experiencia a un discípulo que me visitaba. Su desarrollo espiritual, alcanzado por la técnica de *Kriyā yoga*, era tan notable que con frecuencia yo lo llamaba «santo», recordando la profecía de Babaji acerca de que en América también se producirían hombres y mujeres de realización Divina gracias al antiguo sendero de los yoguis.

Este discípulo y algunos otros insistieron generosamente en hacer una donación para que yo realizara el viaje. De esta manera, el problema financiero fue resuelto e hice arreglos para embarcar hacia la India, vía Europa. ¡Semanas de intensa preparación en Mount

Washington! En marzo de 1935 organicé, bajo las leyes del estado de California, la Asociación de Autorrealización, definiéndola como un organismo sin miras de lucro. A esta institución educativa van todas las donaciones hechas por el público, así como los ingresos por la venta de mis libros, revistas, cursos por correspondencia, cuota por clases y toda otra fuente de ingresos.

—Regresaré —dije a mis estudiantes—. Y nunca podré olvidar a América.

Un grupo de buenos y cariñosos amigos me dieron un banquete de despedida en Los Ángeles; yo veía con insistencia sus rostros y pensaba, agradecido: «Señor, a aquel que te recuerda como el Único Dador nunca le faltarán las dulzuras de la amistad entre los mortales».

El 9 de junio de 1935, me embarqué en Nueva York, en el vapor Europa. Dos estudiantes me acompañaban: mi secretario, el señor C. Richard Wright, y una dama de mediana edad, de Cincinnati, la señorita Ettie Bletch. Disfrutamos los días venturosos de la tranquilidad del océano, quietud bien recibida y apreciada después de las largas semanas de prisas y trabajos. Sin embargo, nuestro periodo de descanso fue bien corto; la velocidad de los barcos modernos tiene sus desventajas.

Como cualquier grupo de turistas, caminamos por la antigua y enorme ciudad de Londres. Al día siguiente se me invitó a hablar ante una gran audiencia en Caxton Hall, donde fui presentado al público de Londres por Sir Francis Younghusband. Nuestra comitiva pasó un día muy agradable como huésped de Sir Harry Lauder en su quinta de escocia. Pronto cruzamos el Canal con rumbo al continente, pues yo deseaba llevar a cabo una peregrinación especial a Baviera. Yo sentía que esta sería mi única oportunidad de visitar a la gran mística católica Teresa Neumann, de Konnersreuth.

Hacía años había leído una asombrosa información acerca de Teresa Neumann y los datos principales del artículo eran los siguientes.

- Teresa nació en 1898; a la edad de veinte años sufrió un accidente y quedó ciega y paralítica.

- Milagrosamente, recobró la vista en 1923, gracias a sus fervorosas oraciones a Santa Teresita, «La Florecilla». Poco tiempo después, los miembros paralizados de Teresa Neumann fueron curados instantáneamente.
- Desde 1923 hasta la fecha, Teresa se ha abstenido completamente de comer y beber, con excepción de una pequeña ostia consagrada, que toma todas las mañanas.
- Los estigmas, o heridas sagradas de Cristo, aparecieron en el año 1926 en la cabeza, el pecho, las manos y los pies de Teresa. Desde entonces, el viernes de cada semana ella sufre la pasión de Cristo, padeciendo en su propio cuerpo todas las históricas agonías del Salvador.
- Conociendo únicamente la sencilla lengua germánica que se habla en su pueblo, los viernes, mientras está en trance, Teresa pronuncia palabras que los eruditos han identificado como pertenecientes al antiguo aramaico. En ciertos momentos de su visión habla en hebreo o en griego.
- Por permiso eclesiástico, Teresa ha sido sometida en varias ocasiones a la observación científica. El doctor Fritz Gerlick, editor de un periódico protestante alemán, fue a Konnersreuth para «desenmascarar el fraude católico». Pero terminó escribiendo reverentemente su biografía.

Como siempre, ya sea en Oriente o en Occidente, yo estaba ansioso de conocer a una santa. Por ello, me regocijé grandemente cuando, el día 16 de julio, nuestra comitiva hacía su entrada a la curiosa villa de Konnersreuth. Los campesinos bávaros mostraban gran interés por nuestro automóvil Ford (que habíamos traído desde América), y por el extraño y dispar grupo que lo tripulaba: un joven americano, una dama ya entrada en años y un oriental de piel aceitunada y con los largos cabellos metidos bajo el cuello del saco.

La pequeña casa de Teresa, limpia y pulcra, llena de geranios en flor que crecían junto a un pozo primitivo, estaba cerrada y silenciosa. Ni los vecinos ni el cartero del pueblo, que acertó a pasar, nos pudieron dar ninguna información. Comenzó a llover; mis acompañantes sugirieron que nos marcháramos.

—No —dije obstinadamente—, permaneceré aquí hasta que descubra un indicio que me conduzca a Teresa.

Dos horas más tarde, aún estábamos sentados en nuestro auto en medio de la lluvia. «Señor —suspiré, quejándome—, ¿por qué me has conducido hasta aquí si ella ha desaparecido?».

Un hombre que hablaba inglés se detuvo a nuestro lado y cortésmente nos ofreció su ayuda.

—Yo no sé de cierto dónde está teresa —nos dijo—, pero con frecuencia visita la casa del profesor Wurz, un maestro de seminario de Eichstatt, a ochenta millas de aquí.

A la mañana siguiente, nuestra comitiva marchó a la quieta villa de Eichstatt, entrando en sus callejuelas estrechas y empedradas. El doctor Wurz nos saludó cordialmente cuando llegamos a su casa.

—Sí, Teresa está aquí. —Mandó enterarla de nuestra presencia y pronto el mensajero apareció con su respuesta.

—Aun cuando el obispo me ha pedido que no vea a nadie sin su consentimiento, yo recibiré al hombre de Dios de la India.

Profundamente agradecido por estas palabras, seguí al doctor Wurz a una salita del segundo piso. Teresa entró inmediatamente, irradiando un aura de paz y ventura. Llevaba un vestido negro y un tocado inmaculadamente blanco sobre la cabeza. Aun cuando su edad era de treinta y siete años en esa época, parecía mucho más joven, poseía la lozanía y el encanto de una niña.

Llena de salud, bien formada, de mejillas sonrosadas y siempre alegre: ¡así es esta santa que no come!

Teresa me saludó amablemente con un gentil apretón de manos. Ambos entramos en silenciosa comunión, reconociéndonos uno al otro como amantes de Dios.

El doctor Wurz se ofreció gentilmente a servirnos de intérprete. Cuando nos sentamos, noté que Teresa me miraba con ingenua curiosidad; evidentemente, los hindúes han sido raros en Baviera.

—¿No come usted nada? —Yo deseaba oír la respuesta de sus propios labios.

—No, excepto una ostia consagrada, hecha de harina, que tomo diariamente a las seis de la mañana.

—¿De qué tamaño es la ostia?

—Tan delgada como un papel y del tamaño de una moneda pequeña.

—Luego agregó—: La tomo por razones sacramentales; si no está consagrada, soy incapaz de tragarla.

—Pero, seguramente, usted no ha vivido de ese único alimento durante los doce últimos años.

—Vivo de la luz de Dios. —¡Qué sencilla fue su respuesta, qué einsteiniana!

—Ya veo que usted sabe que la energía fluye a su cuerpo proveniente del éter, del sol y del aire.

Una dulce sonrisa se dibujó en sus labios.

—Me da mucho gusto saber que usted comprende cómo es que vivo yo.

—Su vida sagrada es una constante y diaria demostración de la verdad pronunciada por Cristo: «No solo de pan vivirá el hombre; más con toda palabra que sale de la boca de Dios».

De nuevo ella expresó alegría por mi explicación.

—Es ciertamente así, y una de las razones por las que estoy en la Tierra actualmente es para probar que el hombre puede vivir por la luz invisible de Dios y no únicamente de alimento.

—¿Puede usted enseñar a otros cómo vivir sin alimentos? —Ella pareció un poco confusa.

—Yo no puedo hacer eso; Dios no lo desea.

Cuando mi mirada cayó sobre sus fuertes y graciosas manos, Teresa me mostró una pequeña herida, cuadrada, recientemente cicatrizada, en cada una de las palmas. En el dorso de cada mano me señaló una herida más pequeña, en forma de media luna, y, asimismo, recientemente cicatrizada. Cada herida atravesaba completamente la mano. Esto trajo a mi mente el distante recuerdo de los clavos cuadrados con punta en forma de media luna que aún se emplean en Oriente, pero que yo no recuerdo haber visto en Occidente.

La santa me contó algo de sus trances semanales.

—Como observador indefenso, contemplo toda la pasión de Cristo.
—Todas las semanas, desde la medianoche del jueves hasta la una de la tarde del viernes, sus heridas se abren y sangran, y ella pierde 10 libras de su peso ordinario de ciento veintiuna. Sufriendo intensamente en su piadoso amor, Teresa espera, no obstante, con regocijo estas visiones semanales de su Señor.

Inmediatamente me di cuenta de que su extraña vida ha sido decretada así por Dios para convencer a todos los cristianos de la autenticidad histórica de la vida y crucifixión de Jesús, según está escrita en el Nuevo Testamento, y para demostrar dramáticamente el lazo viviente entre el Maestro de Galilea y sus devotos.

El profesor Wurz relató algunas de sus experiencias con la santa.

—Algunos de nosotros, incluyendo a Teresa, viajamos con frecuencia días enteros, y por el placer de excursionar, a través de diferentes regiones de Alemania —me dijo—. Es un notable contraste el que, mientras nosotros tomamos tres comidas al día, Teresa no come nada y permanece tan fresca y fragante como una rosa, no siendo tocada por la fatiga que los viajes nos ocasionan a todos; y mientras a nosotros nos acosa el hambre y buscamos ansiosamente las posadas del camino, ella ríe alegremente.

El profesor agregó algunos datos fisiológicos de interés.

—Como Teresa no toma alimento, su estómago se ha contraído. No tiene excreciones, pero sus glándulas sudoríparas funcionan normalmente y su piel es siempre suave y firme.

En el momento de partir, manifesté a Teresa mi deseo de verla en uno de sus trances.

Ella me dijo graciosamente:

—Por favor, vaya usted el próximo viernes a Konnersreuth. El obispo le dará un permiso. He tenido mucho gusto en que usted haya venido hasta Eichstatt para verme.

Teresa nos despidió con cariñosos y repetidos apretones de manos y nos acompañó hasta la puerta. El señor Wright hizo funcionar el aparato de radio del automóvil y la santa lo examinó riendo y dando muestras de admiración, pero, como una gran cantidad de chiquillos nos rodeara, Teresa entró de nuevo en la casa. La vimos asomada a una ventana, desde donde nos observaba con curiosidad infantil y nos despedía agitando la mano.

Por una conversación que tuvimos al día siguiente con dos de los hermanos de Teresa, muy amables por cierto, nos enteramos de que la santa duerme únicamente una o dos horas, por la noche. No obstante las muchas heridas de su cuerpo, es activa y está llena de energía. Le gustan los pájaros, cuida un acuario de peces, y con frecuencia trabaja en su jardín. Su correspondencia es muy grande; los devotos católicos le escriben pidiéndole sus oraciones para curación y bendiciones. Muchos enfermos han sido curados de serias enfermedades por su intervención.

Su hermano Ferdinand, de unos veintitrés años de edad, nos explicó que su hermana Teresa tenía, por medio de la oración, el poder de traspasar a su propio cuerpo muchos de los males que otros sufrían. La abstinencia de alimentos de la santa data de la fecha en que ella pidió que una enfermedad de la garganta que sufría un joven de su parroquia, quien ya se preparaba para recibir las santas órdenes, le fuera traspasada a su propia garganta.

El jueves por la tarde, nuestra comitiva se dirigió a la casa del obispo, quien veía mis flotantes cabellos con alguna sorpresa. Extendió inmediatamente el permiso. No había nada que pagar; se trataba solo de un requisito establecido por la Iglesia para proteger a Teresa de la inmoderada avalancha de turistas ocasionales, los cuales, en años anteriores, inundaban por millares la casa de la santa los viernes.

Llegamos a Konnersreuth el viernes por la mañana, alrededor de las nueve y treinta. Observé que la pequeña casa de Teresa tenía en el techo un tragaluz especial para facilitar un abundante acceso de luz. Nos dio gusto el ver que en esta ocasión las puertas no se hallaban cerradas, sino, por el contrario, acogedoramente abiertas. Había una hilera de unos veinticinco visitantes amparados por sus permisos respectivos; muchos de ellos habían viajado grandes distancias para observar el trance místico.

Teresa ya había pasado mi primera prueba en la casa del profesor, demostrándome, por medio de su conocimiento intuitivo, que sabía que yo quería verla por razones espirituales y no para satisfacer una vana curiosidad.

Mi segunda prueba estaba relacionada con el hecho de que, antes de subir las escaleras a la habitación donde estaba la santa, yo me sumí en un trance yoguístico, con objeto de ser uno con ella en el ámbito telepático. Entré en la habitación, que ya estaba llena de visitantes; ella estaba acostada, cubierta con una túnica blanca. Con el señor Wright siguiéndome de muy cerca, me detuve en el umbral de la puerta, sobrecogido por el extraño y aterrorizador espectáculo.

Hilos de sangre, de una pulgada de anchura, fluían continuamente de los párpados de Teresa. Su mirada estaba dirigida hacia arriba, en dirección al ojo espiritual, entre las dos cejas. La tela que envolvía su cabeza estaba empapada con la sangre que brotaba de las heridas estigmatizadas de la corona de espinas. La túnica blanca estaba manchada con la sangre de la herida del costado, en el mismo sitio donde la padeciera Cristo, hace tanto tiempo, al sufrir la indignidad final de la lanzada del soldado. Las manos de teresa estaban extendidas en un ademán de súplica maternal; su rostro mostraba una expresión tanto de tortura como de extravió Divino. Aparecía algo más delgada, cambiada tanto en la forma externa como en la interna. Murmuraba palabras en una lengua extranjera, hablando con labios temblorosos a personas visibles solo a su vista interna.

Como yo me había puesto espiritualmente a tono con ella, principié a ver las escenas de su visión. Ella veía cómo Jesús llevaba la cruz en medio de las burlas de la multitud. Luego, súbitamente, levantó la cabeza, consternada: el Señor había caído bajo el peso cruel de la cruz. La visión desapareció. Exhausta en su férvida piedad, Teresa dejó caer la cabeza en la almohada, pesadamente.

En ese momento, oí tras de mí un fuerte y sordo golpe. Volviendo rápidamente la cabeza, durante un instante, vi que dos hombres transportaban un cuerpo inanimado. Pero como apenas estaba volviendo de mi estado de superconsciencia, no reconocí inmediatamente la persona que había caído. Una vez más fijé mis ojos en la cara de Teresa, que, si bien tenía una palidez de muerta bajo las sombras de la sangre, aparecía calmada, radiante de pureza y santidad. Volví la cabeza y vi al señor Wright de pie, apretándose una mejilla sangrante con una mano.

—Dick —le pregunté ansiosamente—, ¿fuiste tú quien cayó?

—Sí, me desmayé al presenciar este terrorífico espectáculo.

—Bueno —le dije, consolándole—, de todos modos, eres valiente al regresar y contemplar de nuevo a la santa.

Recordando a los demás visitantes que esperaban pacientemente, el señor Wright y yo nos despedimos silenciosamente de Teresa y nos retiramos de su presencia sagrada.

Al día siguiente, nuestra pequeña comitiva se dirigió hacia el sur en automóvil, agradecidos de no tener que depender de trenes para viajar, sino que podíamos detener nuestro Ford donde así lo quisiéramos. Disfrutamos de cada minuto de nuestros viajes a través de Alemania, Holanda, Francia y los Alpes suizos.

En Italia, hicimos un viaje especial a Asís, a rendir pleitesía al apóstol de la humildad, San Francisco de Asís. Nuestro viaje europeo terminó en Grecia, donde visitamos los templos atenienses y vimos la prisión en la cual el gentil Sócrates bebió la cicuta. Uno se llena de admiración por el arte con que los griegos trabajaron todas sus fantasías en alabastro.

Tomamos el barco en el soleado Mediterráneo y desembarcamos en Palestina. Recorriendo durante días la Tierra Santa, más que nunca me convencí del valor de los peregrinajes. El espíritu de Cristo todo lo impregna en Palestina; reverentemente, caminé a su lado en Belén, Getsemaní, el Calvario, el sagrado Monte de los Olivos, el río Jordán y el mar de Galilea.

Nuestra pequeña comitiva visitó el pesebre del nacimiento, el taller de carpintería de José, la tumba de Lázaro, la casa de Marta y María, el salón de la última cena. La historia antigua se desenvolvía ante nosotros, y escena por escena vi el Divino drama que Cristo viviera una vez, para memoria de los siglos.

Después nos dirigimos a Egipto, con su moderna El Cairo y sus antiguas pirámides. Luego, en barco, a través del estrecho mar Rojo y el vasto mar Arábigo, y luego, ¡oh, Gloria!, ¡a la India!

Capítulo 40
Mi regreso a la India

Con verdadera satisfacción y agradecimiento respiraba el bendito aire de la India. Nuestro barco, el Rajputana, atracó en el grande y hermoso puerto de Bombay el 22 de agosto de 1935. Este primer día fuera del barco fue una prueba anticipada de lo que sería todo el año: doce meses de continua actividad. Mis amigos se congregaron en el muelle, saludándonos y luciendo guirnaldas de bienvenida. A nuestros departamentos del hotel Taj Mahal llegó muy pronto una fila interminable de reporteros y fotógrafos.

Bombay era una ciudad nueva para mí. La encontré vigorosamente modernizada, con muchas innovaciones occidentales. Hileras de palmas flanqueaban los grandes bulevares; los espléndidos edificios del Gobierno contrastaban con los templos antiguos. Muy poco tiempo tuve para visitar los alrededores, pues estaba impaciente y ansioso de ver a mi amado gurú y a los demás seres queridos. Consignamos nuestro Ford por flete de carga, y nuestra comitiva pronto estuvo en marcha hacia el este, por tren, rumbo a Calcuta.

A nuestra llegada a la estación de Howrah encontramos tal cantidad de gente congregada para felicitarnos, que durante un buen rato no pudimos descender del tren. El joven *maharajá* de Kasimbazar y mi hermano Bishnu encabezaban el grupo de bienvenida; yo no estaba preparado para el cálido y magno recibimiento que se nos tributaba.

Precedidos por una hilera de automóviles y motocicletas, y en medio del regocijo, del batir de tambores y el ronco sonido de los caracoles, la señorita Bletch, el señor Wright y yo, engalanados con guirnaldas de flores de pies a cabeza, caminamos lentamente hacia la casa de mi padre.

Mi anciano progenitor me abrazó como si regresara del otro mundo; nos miramos larga y fijamente sin pronunciar palabra, emocionados por el hondo regocijo. Mis hermanos, hermanas, tías, primos, estudiantes y amigos de años pasados, todos se agrupaban a mi alrededor; no había entre ellos uno que tuviera los ojos secos. Repasando ahora el archivo de mi memoria, la escena de ese feliz momento perdura vívida e inolvidable en mi corazón.

Por lo que respecta a mi encuentro con Sri Yukteswar, las palabras me faltan para expresarlo, pero dejemos que la descripción de mi secretario proporcione una idea. El señor Wright asentaba en su diario de viaje:

> El día de hoy, lleno de grandes acontecimientos, conduje a Yoganandaji de Calcuta a Serampore. Pasamos por una simpática tienda, el lugar favorito de Yogananda para sus comidas cuando estaba en el colegio; finalmente entramos en una callejuela angosta. Después de un súbito viraje a la izquierda apareció el sencillo e inspirador *ashram* de dos pisos, con sus balcones al estilo español abriéndose en el segundo piso. Un ambiente de paz y soledad parecía irradiar de él.
>
> Con gran humildad caminaba yo detrás de Yoganandaji, hacia el patio interior de la ermita. Con el corazón latiéndonos fuertemente subimos los peldaños de cemento de la escalera, desgastados por miles de buscadores de la verdad. La tensión se hacía más intensa según subíamos. Ante nosotros, al final de ella, apareció el gran maestro, Swami Sri Yukteswarji, de pies, en toda su grandeza de sabio.

De mi corazón se descargó un gran peso el sentirme bendecido por el privilegio de hallarme ante la sublime presencia del maestro. Los ojos se me inundaron de lágrimas cuando contemplé a Yogananda arrodillado a sus pies, mientras que con la cabeza inclinada ofrecía la gratitud de su alma y tocaba los pies de su maestro en humilde homenaje. Después se levantó y fue abrazado en ambos lados del pecho por Sir Yukteswar.

No se pronunció palabra en un principio, pero el sentimiento más intenso se expresaba por las mudas frases del alma. ¡Cómo brillaban sus ojos bajo el ardiente calor de la renovada comunión espiritual! ¡Una suave vibración se sintió a través del tranquilo patio, y hasta el sol desgarró las nubes para añadir gloria a la escena!

Con la rodilla doblada ante el maestro, le ofrecí en silencio mi amor y mis agradecimientos, tocando reverentemente sus pies cansados por el tiempo y el servicio, y recibí su bendición. Luego me levanté y contemplé sus hermosos y radiantes ojos, ardientes de introspección, pero llenos de brillante alegría. Pasamos a la salita, donde se abría el balcón.

Sri Yukteswar se apoyó en su sofá muy usado, sentándose luego sobre una estera extendida en el piso de cemento. Yogananda y yo nos sentamos a sus pies, recostados en cojines de color anaranjado, a fin de facilitar nuestro descanso sobre la estera.

Me esforzaba una y otra vez por penetrar la conversación en bengalí entre los dos *swamijis*, porque el inglés es absolutamente nulo para ellos cuando están juntos, aun cuando el *swamiji* Maharaj, como el Gran Gurú es llamado por otros, puede hablarlo y con frecuencia lo hace. Pero yo percibí la grandeza del Grande Uno a través de su cálida y cariñosa sonrisa y por el centellear de sus ojos. Una cualidad fácilmente discernible en su alegre y grave conversación es el decidido positivismo de sus fundamentos. El signo del hombre sabio, que sabe porque conoce a Dios. Su gran sabiduría, la energía de propósitos y la determinación están de manifiesto en cada uno de sus actos y en su expresión.

Contemplándolo reverentemente, pude observar que es alto, robusto, de complexión atlética, endurecido por las pruebas y sacrificios de la renunciación. Su continente es majestuoso. Su frente amplia y despejada, un tanto inclinada hacia atrás, como si buscara las alturas del cielo, característica que domina especialmente su continente. Su nariz es grande ya algo abultada, y con ella juguetea, rascándola o moviéndola con los dedos en sus ratos de distracción, como un chiquillo. Sus poderosos ojos oscuros están rodeados de una anillo etéreo y azul. Sus cabellos, partidos por el medio, son en la raíz ensortijados y plateados, para volverse, hacia atrás, dorados y negros, y tenderse graciosamente sobre los hombros. Su barba y su bigote no son muy abundantes, y esto acrecienta en su fisonomía y su carácter una expresión profunda y ligera a la vez.

Posee una risa jovial y fuerte, que viene de lo profundo de su pecho, lo que hace que se sacuda y se mueva todo su cuerpo cuando ríe; es muy ameno y sincero. Su rostro y su estatura son admirables en su poder, como lo son sus musculados dedos. Camina con paso majestuoso y lleva su cuerpo erguido.

Iba vestido con el usual *dhoti* y una camisa, ambas prendas teñidas alguna vez de color anaranjado y ahora algo desteñidas. Mirando a mi alrededor, me di cuenta de que la salita, un tanto abandonada, le sugiere al observador que su propietario no tiene ningún apego a las comodidades materiales. Las blancas paredes de la habitación, manchadas por los años, estaban pintadas de un azul ya descolorido. En un extremo de la sala colgaba una fotografía de Lahiri Mahasaya, adornada con una sencilla guirnalda. Había también una vieja fotografía de Yogananda, que databa de la época en que llegó a Boston, y en donde aparece con otros delegados al Congreso de Religiones.

Asimismo, me di cuenta de la amalgama de lo antiguo y lo moderno. Un enorme candil de cristal cortado estaba cubierto de telas de araña, debido a la falta de uso, mientras que en la pared aparecía un brillante calendario moderno con la fecha del día. La habitación irradiaba una sensación de paz y tranquilidad. Más allá, mirando a través del balcón, contemplé altos cocoteros que alzaban sus palmas por encima de la ermita, en silenciosa protección.

Es curioso observar que el gran maestro solo tiene que dar una palmada para que, aun antes de terminarla, sea servido o atendido por alguno de sus pequeños discípulos. Yo me encariñé mucho con uno de ellos, con Prafulla, un muchachito delgado, de largos cabellos hasta los hombros, con un par de ojos negros inmensos, penetrantes y vivos, de sonrisa franca, como estrellas brillando a la media luz de la luna en creciente.

La alegría de Sri Yukteswar era obvia e intensa ante el regreso de su «producto» (y hasta parece algo inquisitivo acerca del «producto de su producto»). Sin embargo, el predominio en él del Eterno Uno opaca sensiblemente la expresión externa de su sentimiento.

Yogananda se presentó con algunos regalos, como es costumbre cuando el discípulo regresa a ver a su maestro. Más tarde nos sentamos a comer una sencilla pero bien sazonada comida. Todos los platillos eran de vegetales y combinaciones de arroz. Sri Yukteswar se mostró muy satisfecho con mi adaptación a algunas costumbres indias, como, por ejemplo, la de comer con los dedos.

Después de algunas horas de intercambio de frases en bengalí, de cálidas sonrisas y miradas de regocijo, rendimos otra vez pleitesía a sus pies con el habitual saludo de *pronam* y partimos para Calcuta con un imborrable recuerdo de la visita sagrada. Aun cuando describo principalmente mis impresiones externas, siempre estuve consciente de la verdadera base del santo: su gloria espiritual. Yo sentí su poder, y siempre llevaré ese sentimiento como una bendición Divina.

Desde América, Europa y Palestina, había llevado yo muchos regalos para Sri Yukteswar. Él los recibió sonriente, pero sin exclamaciones de asombro. Para mi uso particular, había comprado en Alemania una combinación de bastón y paraguas. Cuando llegué a la India decidí regalárselo también a mi maestro.

—Aprecio sobremanera este regalo. —Los ojos de mi gurú me miraron en afectuosa comprensión, mientras hacía el comentario anterior. De todos los regalos, aquel bastón era el que él escogía para mostrarlo a los visitantes.

—Maestro, permítame que traiga una nueva alfombra para la sala. —Me había fijado que la piel de tigre que Sri Yukteswar usaba estaba colocada sobre una alfombra rota.

—Hazlo, si así te place. —La voz de mi maestro no mostraba ninguna señal de agrado o entusiasmo—. Fíjate, mi piel de tigre está buena y es limpia. Yo soy un monarca en mi propio reino. Más allá de él se halla el vasto mundo interesado únicamente en exterioridades.

Según él pronunciaba estas palabras, yo sentía que los años retrocedían y que otra vez era el joven discípulo purificado en el fuego diario del castigo.

Tan pronto como pude, abandoné Serampore y Calcuta, y partí con el señor Wright para Ranchi. ¡Qué bienvenida aquella! ¡Una verdadera ovación! Con los ojos anegados en lágrimas abrazaba yo a los desinteresados profesores que habían mantenido erguido el pendón de la escuela durante los quince años de mi ausencia. Los alegres rostros y las felices sonrisas de los estudiantes internos y externos ofrecían un amplio testimonio del valor de la polifacética enseñanza y del entrenamiento yogui.

Pero, ¡ay!, la institución de Ranchi estaba en un periodo crítico de dificultades financieras. Sir Manindra Chandra Nundy, el viejo *maharajá* cuyo palacio de Kasimbazar había sido convertido en el edificio central de la escuela, y que había hecho tantas donaciones magníficas, había muerto. Muchos servicios de índole beneficiaria de la escuela estaban ahora en gran peligro, por la falta de una cooperación pública más efectiva.

Pero no en vano había pasado algunos años en América aprendiendo algo de sus sabias prácticas y de su indomable espíritu ante las dificultades. Durante una semana permanecí en Ranchi, luchando con los críticos problemas de la escuela. Luego, siguieron entrevistas en Calcuta con los educadores más conspicuos, una larga conversación con el joven *maharajá* de Kasimbazar, una súplica financiera a mi padre y, ¡oh, satisfacción!, las tambaleantes bases de Ranchi principiaron a consolidarse. Muchas donaciones, incluso un importante cheque, llegaron, en el momento más crítico, enviadas por mis estudiantes americanos.

Pocos meses después de mi llegada a la India, tuve el gusto de ver la escuela de Ranchi legalmente incorporada. El anhelado sueño de mi vida, el de tener una escuela de yoga bien dotada y permanente, quedó satisfecho. Tal propósito comenzó a guiarme desde los humildes comienzos en 1917, con un grupo de siete muchachos.

En una década, desde 1935, la escuela de Ranchi ha ensanchado sus actividades mucho más allá de las de una simple escuela para niños. Grandes actividades humanitarias se llevan actualmente a cabo con toda amplitud por la misión de Shyama Charan Lahiri Mahasaya.

La escuela, o Yogoda Satsanga y Brahmacharya Vidyalaya, imparte enseñanza externa de gramática y materias de la instrucción secundaria.

Los estudiantes internos y los externos reciben entrenamiento vocacional de carácter vario. Los mismos muchachos regularizan la mayor parte de sus actividades por medio de comités autónomos. Muy temprano en mi carrera como educador, descubrí que los muchachos que traviesamente se desviven por burlar la disciplina del instructor aceptan con gusto los castigos disciplinarios establecidos por leyes o reglas que ellos mismos imponen y dictan. Como ya se sabe, yo nunca fui un modelo de estudiante, pero siempre sentí una gran simpatía por todos los problemas y conflictos juveniles.

Los deportes y juegos son estimulados; los campos de juego resuenan con las prácticas de *hockey* y *football*. Con frecuencia los estudiantes de Ranchi ganan copas y trofeos en diferentes eventos deportivos. El gimnasio al aire libre es bien conocido en sus alrededores y más allá de ellos. El ejercicio de cargar los músculos por medio de la fuerza de la voluntad es una característica de Yogoda, con la dirección mental de la energía a cualquier parte del cuerpo. A los muchachos también se les enseñan las *asanas* ('posturas'), esgrima, el juego del *lathi* y el *jiu-jitsu*. A las exhibiciones de salud Yogoda, de la escuela de Ranchi Vidyalaya, han concurrido millares de personas.

La instrucción primaria se da en hindú a los kols, santales y mundas, tribus aborígenes de la provincia. Las clases para niñas se han organizado solo para las aldeas cercanas.

El propósito esencial de la escuela de Ranchi es la iniciación en *Kriyā yoga*. Los muchachos practican diariamente este ejercicio espiritual, cantan el Gita y se les enseña por medio del precepto y el ejemplo las virtudes de la sencillez, la abnegación, el honor y la verdad. Se les señala que el mal es la causa de todas las miserias, y que el bien conduce a las acciones que producen la verdadera felicidad. El mal puede ser comparado a la miel envenenada, que es tentadora, pero que conduce a la muerte.

El dominio de la inquietud del cuerpo y de la mente por medio de la concentración ha logrado sorprendentes resultados; no es raro ver en Ranchi a muchachos de nueve a once años sentados en una sola postura durante más de una hora en inmovilidad inalterada, con los ojos fijos y dirigidos hacia el ojo espiritual. Con frecuencia, el recuerdo de estos estudiantes de Ranchi ha venido a mi mente al observar estudiantes de otras escuelas del mundo, quienes son incapaces de permanecer quietos durante el corto lapso de una clase.

Ranchi se encuentra situada a dos mil pies sobre el nivel del mar; su clima es templado y uniforme. Su terreno de veinticinco acres, ante una gran laguna propia para bañarse, incluye, además, una de las mejores huertas de la India, con quinientos árboles frutales, tales como mangos, guayabas, litchi, jacarinas y dátiles. Los muchachos siembran y cultivan sus propias verduras e hilan en sus charkas.

Una casa de huéspedes está siempre dispuesta para recibir a los visitantes occidentales. La biblioteca de Ranchi contiene muchas revistas ilustradas y cerca de mil libros en bengalí e inglés, provenientes de donaciones efectuadas tanto por Occidente como por Oriente. Posee también una gran colección de todas las Escrituras del mundo. Un buen museo muestra clasificadamente especímenes de arqueología, geología y antropología, así como una gran cantidad de trofeos, traídos de mis viajes por la hermosa y extensa tierra del Señor.

El hospital y dispensario de caridad de la Misión de Lahiri Mahasaya, con numerosas ramificaciones filiales en poblados distantes, ha suministrado servicios a más de 150 000 personas menesterosas de la India.

Los estudiantes de Ranchi están entrenados para prestar servicios de emergencia, y ofrecen su valiosa cooperación en momentos difíciles, como hambres, incendios, etcétera.

En la huerta hay un templo de Shiva y una estatua del bendito maestro Lahiri Mahasaya. Oraciones y clases diarias sobre las Escrituras se celebran diariamente en el jardín, bajo las ramas de los mangos.

Otros ramales de escuela superiores, con internados y programas de yoga, han sido abiertos y hoy se hallan en pleno florecimiento. Entre estos figuran el Yogoda Sant-Sanga Vidyapith, escuela para niños en Lakshmanpur, en Bihar, y la Yogoda Satsanga, escuela secundaria y ermita de Ejmalichak, en Midhapore.

Una magnífica Yogoda Math fue inaugurada en el año de 1939, en Dakshineswar, frente al Ganges. Hallándose solo a unas cuantas millas al norte de Calcuta, la nueva ermita proporciona un puerto de paz a los habitantes de la ciudad. Tiene cómodo hospedaje para los visitantes occidentales, y muy particularmente para los investigadores que dedican su vida a la realización espiritual. Las labores del Yogoda Math incluyen el envío de las enseñanzas de la Asociación de Autorrealización (Self-Realization Fellowship) a todos los estudiantes en diferentes partes de la India.

Es innecesario decir que toda esta obra humanitaria y educacional ha necesitado del propio sacrificio, del servicio y de la devoción de muchos maestros y trabajadores. No hago mención de ellos aquí porque son muy numerosos, pero en mi corazón tiene cada uno de ellos su nicho perenne.

Inspirados por las palabras de Lahiri Mahasaya, estos instructores han desechado y abandonado posiciones de relieve y de remuneración importante para servir humildemente y dar más.

El señor Wright se hizo de muchos y buenos amigos entre los muchachos de Ranchi. Vestido con el simple *dhoti*, ha vivido con ellos bastante tiempo. En Ranchi, en Calcuta, en Serampore, a donde quiera que fue, mi secretario, que posee el don de la descripción, llenó pronto su diario con el registro de sus aventuras.

Más tarde le pregunté:

—Dick, ¿cuál es su impresión de la India?

—De paz —expresó pensativo—. «Su aura racial es de paz».

Capítulo 41
«Pastoral» en la India meridional

—Usted es el primer occidental, Dick, que ha entrado en ese santuario; muchos otros lo han intentado en vano.

Al oír mis palabras, el señor Wright pareció sorprendido y luego agradado. Acabábamos de dejar el bello templo de Chamundi, situado en los montes que dominan Mysore, en la India meridional. Allí nos habíamos inclinado ante los altares de oro y plata de la diosa Chamundi, patrona de la familia del *maharajá* reinante.

—Como recuerdo de este singular honor —dijo el señor Wright, guardando cuidadosamente algunos pétalos de rosa benditos—, conservaré siempre esta flor, rociada por el sacerdote con agua de rosas.

Mi compañero y yo pasábamos el mes de noviembre de 1935 como huéspedes del estado de Mysore. El *maharajá* H. H. Sri Krishnaraja Wadiyar IV es un príncipe modelo lleno de inteligente devoción por su pueblo. Un piadoso hindú como fue siempre, el *maharajá* había nombrado a un mahometano, el competente Mirza Ismail, como su *dewan* o primer ministro. A los siete millones de habitantes de Mysore se les da representación popular tanto en una Asamblea como en el Consejo Legislativo.

El heredero del *maharajá*, el Yuvarajá, H. H. Sir Sri Krishna Narasingharaj Wadiyar, me había invitado, en compañía de mi secretario, a que visitara su progresista y culto reino. La noche anterior yo me había dirigido a miles de ciudadanos de Mysore, así como a los estudiantes, en el Ayuntamiento, el Colegio del Maharajá, la Escuela Médica Universitaria, con tres reuniones de masas en Bangalore, en la Escuela Secundaria Nacional, el Intermediate College y el Ayuntamiento de Chetty, donde más de tres mil personas se encontraban reunidas. El que los atentos oyentes hayan dado crédito a la viva pintura que les hice de América es cosa que ignoro, pero los aplausos fueron siempre más fuertes y graneados cuando hablé de los beneficios mutuos que podrían surgir de un intercambio de las mejores aportaciones a la cultura y la ciencia, entre Oriente y Occidente.

El señor Wright y yo nos encontrábamos ahora descansando en la paz del trópico. Su diario de viaje nos ofrece el siguiente resumen de sus impresiones de Mysore:

> Campos de arroz de un verde brillante, alternados con verdaderos bordados de plantío de caña de azúcar, anidaban bajo la protección de los montes rocosos —montes que manchaban el panorama de esmeralda como excrecencias de piedra negra— y el juego de colores se realzaba con la súbita y dramática desaparición del sol, cuando el astro busca reposo tras las solemnes montañas.
>
> Se han gastado muchos momentos en contemplar con arrobamiento y casi fuera de sí el siempre cambiante cuadro de Dios, extendido a través del firmamento, pues solo su mano puede producir colores que vibren con la misma frescura de la vida. Esa juventud de los colores se pierde cuando el hombre trata de imitarlos por medio de simples pigmentos, pues el Señor recurre a un medio más simple y efectivo: pinturas que no son ni aceite ni pigmentos, sino rayos de luz. Lanza una mancha de luz aquí, y, de inmediato, se refleja el rojo. Él agita de nuevo la brocha, y el color se transforma gradualmente en naranja y en oro; luego, con un golpe que atraviesa las nubes, las deja rezumando púrpura, con un anillo escarlata en los bordes; y así, sucesivamente. Sin descanso, tanto en la mañana

como por la tarde, él pinta, siempre cambiante, siempre nuevo, siempre fresco; sin emplear modelos, ni duplicados; sin repetir jamás el mismo color. La belleza de los cambios del día a la noche que se observa en la India no tiene paralelo en ninguna parte del mundo. A menudo, el cielo luce como si Dios hubiera tomado todos los colores de su paleta y hubiera transformado el firmamento en un gigantesco calidoscopio.

Debo describir el esplendor de un crepúsculo durante una visita a la gran represa de Krishnaraja Sagar, construida a doce millas de Mysore, Yoganandaji y yo abordamos un pequeño autobús y, acompañados por un muchacho ayudante de mecánico, avanzamos por un suave camino de tierra en los momentos en que el sol se hundía en el horizonte y se asemejaba a un inmenso tomate en trance de ser exprimido.

Nuestro camino atravesaba los siempre presentes campos rectangulares de arroz, por entre una agradable fila de árboles vanilla y por entre bosquecillos de palmas de vegetación tan apretada como la que se observa en plena selva, y, finalmente, al aproximarnos a la cima de un monte, nos encontramos cara a cara con un inmenso lago artificial, que reflejaba las estrellas y estaba bordeado de palmas y otros árboles; lo rodeaban asimismo bellísimos jardines en forma de terrazas y una hilera de luces eléctricas centelleaba en la orilla de la represa.

Bajo estas luces, nuestros ojos vieron, maravillados, un fantástico espectáculo de rayos de colores jugando en fuentes semejantes a *geiser*; parecía que se estaba vertiendo tinta brillante y de diversos colores: cascadas de un maravilloso tono azul, cataratas rojas, chorros y surtidores amarillos y verdes, figuras de elefantes que escupían el agua, algo así como una miniatura de la Feria Mundial de Chicago, y, no obstante, sobresaliendo modernamente en este país antiguo de campos de arroz y gente sencilla, la cual nos dio tan cariñosa bienvenida, que muchas veces temía que iba a necesitarse más que mi persuasión para hacer que Yoganandaji retornara a América conmigo.

Otro raro privilegio: mi primera cabalgata en elefante. Ayer, Yuvarajá nos invitó a su palacio de verano para disfrutar de un paseo a lomos de uno de sus elefantes, una bestia enorme. Subí una escalerilla dispuesta para alcanzar el honda, o silla, que se encuentra revestida de seda y tiene la forma de una caja; y después ¡a rodar, mecerse, tambalearse y a descender en barrancos, demasiado emocionado para preocuparme o exteriorizar exclamaciones, pero agarrándome con todas mis fuerzas para no perder la vida!

La India meridional, rica en ruinas históricas y arqueológicas, es una tierra de encantos sin igual y, a la vez, indefinibles. Al norte de Mysore se encuentra el Estado nativo más grande de la India, Hyderabad, un pintoresco valle cortado por el gran río Godavari. Existen allí grandes llanuras fértiles, las bellas Nilgiris o «Montañas Azules», y regiones de montes estériles de granito o piedra caliza. La historia de Hyderabad es larga y llena de colorido; se inicia hace tres mil años, bajo los reyes Andhra, y continúa bajo dinastías hindúes hasta el año 1924 de nuestra era, en que pasa al dominio de una línea de gobernantes musulmanes que reinan hasta nuestros días.

Las más asombrosas muestras de arquitectura, escultura y pintura de toda la india se encuentran en Hyderabad, en las antiguas cavernas de roca esculpida de Ellora y Ajanta. El Kailasa, en Ellora, un enorme templo monolítico, posee figuras talladas de dioses, hombres y bestias, en las estupendas proporciones de un Miguel Ángel. Ajanta es el lugar donde se encuentran cinco catedrales y veinticinco monasterios, todos excavados en la roca viva y sostenidos por ciclópeas columnas pintadas al fresco, sobre las cuales los pintores y escultores han inmortalizado su genio.

La ciudad de Hyderabad cuenta con la Universidad Osmania y con la mezquita Mecca Masjid, donde 10 000 mahometanos pueden reunirse para orar.

También el estado de Mysore es un país de maravillas escénicas. Se encuentra a 3000 pies sobre el nivel del mar y abunda en densos bosques tropicales, hogar de elefantes salvajes, osos, panteras y tigres. Sus dos ciudades principales, Mysore y Bangalore, son limpias y atractivas, con muchos jardines y parques públicos.

La arquitectura y la escultura hindúes alcanzaron su mayor perfección en Mysore, bajo el patronato de los reyes hindúes de los siglos XI-XV. El templo de Belur, una obra maestra del siglo XI, completada durante el reinado del rey Vishnuvardhana, no tiene paralelo en el mundo por su delicadeza de detalle y su exuberante imaginaría.

Los pilares de roca hallados al norte de Mysore datan del siglo III a. C. y conmemoran al rey Asoka, quien fue exaltado al trono de la dinastía Maurya, entonces en vigor. Su imperio incluyó casi toda la India moderna, y lo que en la actualidad es el Afganistán y el Beluchistán. Este ilustre emperador, considerado hasta por los historiadores occidentales como un gobernante incomparable, ha dejado la siguiente muestra de sabiduría en una piedra conmemorativa:

> Esta inscripción religiosa ha sido grabada a fin de que nuestros hijos y nuestros nietos no piensen que es necesaria una nueva conquista, que no piensen que la conquista que se obtiene por la espada merece el hombre de conquista; que no vean en ella más que la destrucción y la violencia; que no consideren nada como verdadera conquista, salvo la conquista de la religión. Esta conquista vale en este mundo y en el otro.

Asoka era nieta del formidable Chandragupta Maurya (conocido por los griegos como Sandrocottus), quien, en su juventud, había conocido a Alejandro el Grande. Más tarde, Chandragupta destruyó las guarniciones dejadas por los macedonios en la India, derrotó al ejército invasor griego de Seleuco, en el Punjab, y luego recibió en su corte de Patna al embajador heleno Megasthenes.

Historias de gran interés han sido recopiladas por los griegos y por otros que acompañaron o siguieron a Alejandro en su expedición a la india. Los relatos de Arriano, Diodoro, Plutarco y el geógrafo Estrabón han sido traducidos por el doctor J. W. M. Crindle y han servido para arrojar un rayo de luz en la historia antigua de la India. La más admirable característica de la fracasada invasión de Alejandro fue el profundo interés que el conquistador demostró en la filosofía de la India y en los yoguis y santos que encontraba de vez en vez y cuya compañía solía buscar ansiosamente. Pero después de que el guerrero griego llegara a Taxila, en la India septentrional, envió un mensajero, Onesikritos, discípulo de la escuela helénica de Diónges, para buscar a un maestro hindú, Dandamis, un gran *sannyasin* de Taxila.

—Salud, ¡oh, maestro de *brahamanes*! —dijo Onesikritos, una vez que halló a Dandamis en su retiro de los bosques—. El hijo del gran dios Zeus, Alejandro, Señor Soberano de todos los hombres, desea que vayáis a su lado, y si acudís, os colmará de regalos, pero si rehusáis, ¡os cortará la cabeza!

El yogui recibió la altanera invitación con toda calma, y «apenas si hizo más que levantar la cabeza de su lecho de hojas».

—Yo soy también hijo de Zeus, si Alejandro es tal —comentó—. No deseo nada de lo que posee Alejandro, pues estoy contento con lo que tengo, en tanto que a él le veo errante con sus hombres, a través de los mares y las tierras, y sin ningún beneficio; y jamás llegarán a término sus viajes.

»Id y decid a Alejandro que Dios, el Supremo Rey, jamás es el autor de errores insolentes, sino el Creador de la luz, de la paz, de la vida, del agua, del cuerpo y el alma del hombre. Él recibe a todos los hombres cuando estos se liberan por medio de la muerte, y no está sujeto por ningún medio al mal. Él solo es el Dios de mis homenajes; él, que aborrece el asesinato, las matanzas, y que jamás instiga las guerras.

»Alejandro no es ningún dios, ya que debe morir —continuó el sabio con serena ironía—. ¿Cómo puede ser él el amo del mundo si no ha conseguido instalarse en un trono de dominio interior universal? Ni ha entrado todavía en el Hades, ni conoce el curso del sol a través de las regiones centrales de la Tierra, en tanto que las naciones circundadas por su ambición apenas si han oído su nombre.

Después de este castigo, sin duda el más cáustico que jamás fuera enviado a los oídos del «Señor Soberano de todos los hombres», el sabio añadió irónicamente:

—Si los actuales dominios de Alejandro no bastan a satisfacer sus deseos, dejadle cruzar el río Ganges; ahí encontrará una región capaz de proporcionar sustento a todos sus hombres, si las regiones de este lado del río son demasiado estrechas para él.

»Sabed, sin embargo, que lo que Alejandro me ofrece y los regalos que me promete, son para mí cosas por entero inútiles; las cosas que yo aprecio y encuentro de verdadera utilidad y valor son estas hojas que constituyen mi hogar; estas plantas en floración, que proporcionan el diario, y el agua, que es mi bebida; en tanto que las demás posesiones, amasadas con tanto cuidado y ansiedad, siempre prueban ser ruinosas para quienes las reúnen y solo causan pena y vejaciones, de las cuales ya están bastante cargados los pobres mortales. Por lo que a mí toca, me tiendo en las hojas del bosque, y no teniendo nada que guardar ni vigilar, cierro mis ojos en tranquilo sueño; si algo tuviera que vigilar, mi apacible sueño se desvanecería. La tierra todo me lo proporciona, lo mismo que la madre alimenta a su pequeño. Voy a donde quiero y carezco del cuidado de ver con quién voy a contraer compromisos y fastidios.

»De cortar Alejandro mi cabeza, no podría, empero, destruir mi alma. Mi cabeza, silenciosa para entonces, permanecerá, dejando el resto del cuerpo como un vestido roto sobre la tierra, de la cual, asimismo, fue tomado. Entonces, convertido en espíritu, ascenderé hacia mi Dios, quien a todos nos da esta envoltura de carne y nos coloca sobre el mundo para probar si, mientras aquí permanecemos, vivimos obedientes a sus órdenes, y quien, asimismo, requerirá de todos nosotros, una vez estemos en su presencia, un estado de cuentas sobre nuestra vida terrena, ya que él es juez de todo orgulloso error, pues los quejidos del oprimido se convertirán en el castigo del opresor.

»Así, pues, dejad que Alejandro aterrorice con sus amenazas a aquellos que ambicionan riquezas y que temen a la muerte, ya que para nosotros ambas armas son igualmente inofensivas; los *brahmanes* no aman el oro ni temen a la muerte. Id y decid esto a Alejandro: "Dandamis no tiene necesidad de nada que sea vuestro, y, por lo tanto, no vendrá a vuestro lado; y, si algo deseáis de Dandamis, entonces id a buscarle".

Alejandro recibió, por conducto de Onesikritos, el mensaje que escuchó con concentrada atención, y experimentó más deseos que nunca de ver a Dandamis, quien, aunque viejo y semidesnudo, representaba el único antagonista en quien él, conquistador de tantos pueblos, había encontrado la horma de sus zapatos.

Alejandro invitó a Taxila a un cierto número de ascetas *brahmanes*, famosos por su habilidad para contestar cuestiones filosóficas con sabiduría y profundidad. Una relación de las discusiones es ofrecida por Plutarco; el propio Alejandro formuló las preguntas:

—¿Quiénes son más numerosos: los vivos o los muertos?

—Los vivos, porque los muertos no lo están.

—¿Qué produce los animales más grandes: la tierra o el mar?

—La tierra, pues el mar no es más que una parte de la tierra.

—¿Cuál es, de las bestias, la más lista?

—Aquella que el hombre no conoce. (El hombre teme a lo desconocido).

—¿Qué existió primero: el día o la noche?

—El día, con la ventaja de un día. —Esta respuesta hizo que Alejandro no pudiera ocultar su sorpresa. El brahmán añadió—: Las preguntas imposibles exigen respuestas imposibles.

—¿De qué manera puede un hombre hacerse querer por todos?

—Un hombre será querido por todos si, poseyendo un gran poder, no se hace temer por nadie.

—¿Cómo puede un hombre llegar a ser un dios?

—Haciendo lo que es imposible que el hombre haga.

—¿Qué es más fuerte: la vida o la muerte?

—La vida, puesto que contiene en sí tantos malos.

Alejandro consiguió regresar de la India acompañado de un verdadero yogui, a quien nombró su maestro. Este hombre era el Swami Sphines, llamado «Kalanos» por los griegos, a causa de que el santo, devoto de Dios en la forma de Kali, saludaba a todo el mundo pronunciando su feliz nombre.

Kalanos acompañó a Alejandro a Persia. Cierto día, en Susa, Kalanos despojóse de su viejo cuerpo, subiendo a una pira funeraria en presencia de todo el ejército macedonio. Los historiadores han referido el asombro de los soldados cuando observaron que el yogui no mostraba miedo ni señales de dolor, y que no se movió de su posición hasta que las llamas lo hubieran consumido. Antes de sufrir la cremación, Kalanos abrazó a todos sus compañeros íntimos, pero se abstuvo de despedirse de Alejandro, a quien el sabio hindú dijera solamente:

—Te veré dentro de poco, en Babilonia.

Alejandro dejó Persia, y un año después moría en Babilonia. Las palabras de su gurú indio significaban que estaría con el conquistador en la vida y en la muerte.

Los historiadores griegos nos han dejado muchas y muy vívidas pinturas de la sociedad india. «La ley hindú —nos dice Arriano— protege al pueblo y ordena que ninguno de entre ellos, bajo ninguna circunstancia, sufra la esclavitud, sino que, disfrutando de la libertad, deben respetar el igual derecho a ella que todos poseen. Porque aquellos, piensan, que han aprendido a no dominar ni a ser dominados por los demás, conseguirán la forma de vida mejor y más indicada para todas las vicisitudes del conjunto».

«Los hindúes —dice otro texto— ni colocan dinero para medrar por medio de la usura, ni saben cómo pedirlo prestado. Es contrario a los usos establecidos que un hindú sufra o haga sufrir un engaño, de modo que desconocen los contratos y nadie requiere seguridades para las transacciones. Las curaciones se efectúan más por medio de la regulación de la dieta que por el empleo de medicinas. Los remedios más estimados son los ungüentos y los emplastos; todos los demás se consideran en extremo perjudiciales». Los compromisos de la guerra estaban a cargo exclusivamente de los *kishtriyas*, o casta guerrera. «Ningún enemigo hubiera sido capaz de dirigirse a un padre de familia encargado de sus labores en sus campos ni de hacerle ningún daño, pues los hombres de esta clase eran considerados como benefactores públicos y se les protegía contra todo daño. De este modo, la tierra permanecía sin sufrir devastación alguna y las cosechas se sucedían con la abundancia suficiente para hacer la vida cómoda y fácil».

El emperador Chandragupta, quien en 305 a. C. había derrotado al general Alejandro, Seleuco, decidió siete años después legar a su hijo los poderes para el gobierno de la India. Viajando hacia el sur de la India. Chandragupta pasó los doce últimos años de su vida como misérrimo asceta, buscando la realización espiritual en una caverna rocosa de Sravanabelagola, en la actualidad transformada en un sanatorio de Mysore. Cerca de allí se yergue la mayor estatua del mundo, tallada en un inmenso bloque de piedra por los jainas, en 983 d. C., y en honor del santo Comateswara.

Los numerosos santuarios de Mysore constituyen un recordatorio constante de los muchos grandes santos de la India meridional. Uno de estos maestros, Thayumanayar, nos ha legado el siguiente poema:

> *Puedes gobernar un elefante loco; puedes cerrar la boca del oso y del tigre; puedes cabalgar en un león;*
> *puedes jugar con la cobra;*
> *por medio de la alquimia, podrás aumentar tu longevidad; puedes vagar por el universo sin ser conocido;*
> *puedes hacer tus vasallos de los dioses; puedes conservarte siempre joven;*
> *puedes caminar en el agua y vivir en el fuego;*
> *pero gobernar la mente, y es mejor, y es más difícil.*

En el bello y fértil estado de Travancore, en el extremo sur de la India, donde el tráfico se realiza en ríos y canales, el *maharajá* asume todos los años una obligación hereditaria para expiar los pecados originados por las guerras y la anexión, en el remoto pasado, de varios estados pequeños a Travancore. Durante cincuenta y seis días, anualmente, el *maharajá* visita el templo tres veces al día para escuchar himnos védicos y recitaciones; la ceremonia de expiación termina con el lakshadipam o iluminación del templo por medio de 100 000 luces.

El gran legislador hindú, Manú, señalo los deberes de un rey:

Debe repartir bienes, como Indra (Señor de los Dioses); cobrar los impuestos cortés e imperceptiblemente, del mismo modo como el sol obtiene vapor de agua; penetrar en la vida de sus súbditos como el viento que a todas partes va; hacer a todos justicia, como Yama (dios de la Muerte); atar a los transgresores en un lazo, como Varuna (la deidad védica del cielo y el viento); agradar a todos como la luna, quemar a los enemigos viciosos como el dios del fuego; y soportarlo todo como la diosa de la Tierra.

En la guerra, el rey no debe pelear con armas fieras o ponzoñosas ni matar a hombres desprevenidos, débiles o desarmados, que tengan miedo, que pidan clemencia o que se hayan dado a la fuga. La guerra debe aceptarse solo como último recurso. En las guerras, los resultados son siempre dudosos.

La presencia de Madrás, en la costa sureste de la India, contiene la extendida y espaciosa ciudad de Madrás, a la orilla del mar, y Conjeeveram, la Ciudad Dorada, lugar principal de la dinastía Pallava, cuyos reyes gobernaron durante los primeros siglos de la era cristiana. En la moderna Presidencia de Madrás los ideales pacifistas del Mahatma Gandhi han cobrado fuerte arraigo. Los *Gandhi caps*, gorras distintivas de color blanco, se ven por todos partes. En todo el sur en general, el Mahatma ha efectuado muchas reformas importantes en materia de templo para los «intocables», así como otras relativas a los sistemas de castas.

El origen del sistema de casta, formulado por el gran legislador Manú, era admirable. Él pudo ver claramente que los hombres son distinguibles, por evolución natural, en cuatro grandes clases: aquellos capaces de ofrecer servicio a la sociedad por medio del trabajo físico (*śūdras*); aquellos que pueden servirla con su mentalidad, preparación, y en los oficios de agricultura, comercio, negocios en general (*vaisyas*); aquellos cuyos talentos son de índole administrativa, ejecutiva y protectiva; gobernantes y guerreros (*kshatriyas*); y, finalmente, aquellos de naturaleza contemplativa, espiritualmente inspirados y capaces de inspirar (*brahmanes*). Ni el nacimiento, ni los sacramentos, ni el estudio, pueden decidir si una persona ha de nacer dos veces, por ejemplo, brahmán. El *Mahābhārata* declara: «Solo la conducta y el carácter pueden decidir». Manú enseñó a la sociedad a demostrar respeto a sus miembros mientras ellos poseyeran sabiduría, virtud, edad, bondad o, por último, riquezas. En la India védica, los ricos eran despreciados si eran usureros o inútiles para propósitos de caridad. Los hombres ricos pero mezquinos eran clasificados en un bajo rango de la sociedad.

Serios males comenzaron a suscitarse cuando el sistema de castas se endureció, y a través de los siglos, en un estrangulamiento provocado por la herencia. Los reformadores sociales del tipo de Gandhi y los miembros de numerosas sociedades en la India, se encuentran en la actualidad llevando a cabo lentos pero seguros progresos para la restauración de los antiguos valores de casta, basados solamente en las aptitudes naturales y no en el nacimiento. Toda nación en la Tierra tiene su propio y personal karma, productor de desdichas, con el cual luchan y al que hay que desterrar. Asimismo, la India, con su versátil e invulnerable espíritu, se mostrará capaz de llevar a cabo la tarea de reformar el sistema de castas.

Tan agradable es la India meridional que el señor Wright y yo deseábamos prolongar en ella nuestro idilio por su belleza. Pero el tiempo, con su rudeza inmemorial, no nos obsequió con detalles de cortesía. Yo debía asistir pronto a la sesión final del Congreso Filosófico Indo, en la Universidad de Calcuta. Al finalizar la visita a Mysore, disfruté de una conversación con Sir C. V. Raman, presidente de la Academia India de Ciencias. Este brillante físico hindú mereció el Premio Nobel en 1930, por sus importantes descubrimientos en materia de la difusión de la luz: el «efecto Raman», conocido hoy de cualquier escolar.

Despidiéndonos desganadamente de una multitud de estudiantes y amigos, el señor Wright y yo nos dirigimos al norte. En el camino nos detuvimos en una pequeña capilla consagrada a la memoria de Sadasiva Brahman, cuya vida, desarrollada en el siglo XVIII, se encontrara repleta de milagros. Un santuario Sadasiva mucho mayor, erigido en Nerur por el Rajá de Pudukkottai, es un lugar muy concurrido de peregrinación; este sitio ha presenciado muchas curaciones maravillosas.

Muchas historias extrañas acerca de Sadasiva, un querido e iluminado santo, son hasta la fecha materia de plática entre los pobladores de la India meridional. Sumergido un día, en estado de *samadhi*, en los bancos del río Kaveri, se le vio arrastrado repentinamente por una corriente. Semanas más tarde fue desenterrado de debajo de una capa de lodo. Cuando las palas de los pobladores golpearon su cuerpo, el santo se puso de pies y se alejó rápidamente.

Sadasiva jamás habló una palabra ni usó ropa alguna. Una mañana, el yogui, habitualmente desnudo, entró en la tienda de un jefe mahometano. Sus mujeres gritaron, alarmadas; el guerrero, empleando una gran espada, cortó un brazo a Sadasiva, quien se marchó como si nada hubiera sucedido. Lleno de remordimientos, el mahometano recogió el brazo del suelo y siguió a Sadasiva. Silenciosamente, el yogui insertó el brazo en el sangrante muñón. Cuando el guerrero le pidió humildemente que le instruyera en las cosas del espíritu, Sadasiva escribió con el dedo en la arena: «Absteneos de hacer lo que queréis, y luego podréis hacer lo que deseáis».

El mahometano se vio elevado a un exaltado estado de la mente y comprendió el consejo paradójico del santo para llegar a la liberación del alma por medio del dominio del yo.

Los niños de la aldea expresaron cierta vez, en presencia de Sadasiva, el deseo de presenciar los festivales de Madura, fiestas religiosas que se celebran a 150 millas de allí. El yogui indicó a los pequeños que debían tocar su cuerpo. Instantáneamente, el grupo fue transportado a Madura. Los niños anduvieron alegremente por entre los miles de peregrinos. Después de algunas horas, el yogui devolvió a sus hogares a los niños, empleando el mismo sencillo medio de transporte. Los atónitos padres escucharon de labios de sus niños el relato de las procesiones de imágenes y notaron que varios de los pequeños llevaban bolsas con dulces de Madura.

Un joven incrédulo negó la historia, y al día siguiente se dirigió al santo:

—Maestro —le dijo con aire irónico—, ¿por qué no me lleváis al festival como hicisteis ayer con los demás niños?

Sadasiva accedió, y el jovencito se encontró en seguida en la ciudad distante. Pero, ¡ay!, cuando quiso regresar, ¿dónde estaba el santo? El fatigado muchacho tuvo que regresar al hogar empleando el antiguo y prosaico método de caminar.

Capítulo 42
Últimos días con mi gurú

—Guruji, me alegra encontrarle esta mañana. Yo acababa de llegar a la ermita de Serampore, llevando conmigo un fragante cargamento de rosas y frutas. Sri Yukteswar me miró humildemente.

—¿Qué te ocurre? —Mi maestro recorrió la habitación con la vista, como si buscara por dónde escapar.

—Guruji, cuando vine por primera vez con usted, era yo un mozalbete de escuela secundaria; ahora soy un hombre, y ya con una o dos canas. Aun cuando, desde el primer instante hasta ahora, usted me ha envuelto en su silencioso afecto, ha de recordar que solamente una vez, en el día de nuestro primer encuentro, me dijo: «Yo te amo». —Le dije esto con mirada suplicante.

Mi maestro bajó los ojos.

—Yogananda, ¿es necesario que traiga al frío reino de las palabras los cálidos sentimientos, mejor guardados en las mudas expresiones del corazón?

—Guruji, yo sé que usted me ama, pero mis oídos mortales están ansiosos de oírselo decir.

—Sé como tú quieres. Durante mi vida de casado, deseé con frecuencia tener un hijo para educarlo en el sendero yoguístico. Pero cuando tú llegaste, quedé satisfecho; en ti he encontrado al hijo que tanto añoraba. —Dos límpidas lágrimas centelleaban en los ojos de Sri Yukteswar—. Yogananda, yo siempre te he amado.

—Su respuesta es un pasaporte para el Cielo. —Sentí que me quitaban un peso del corazón, disuelto para siempre con sus palabras. Con frecuencia me había sorprendido su silencio; dándome cuenta de que no era emocional, y que él controlaba perfectamente sus sentimientos, yo había temido que mi adelanto no fuera del todo satisfactorio para él. Era de una naturaleza extraña, nunca conocida del todo; una naturaleza profunda y silenciosa, insondable para el mundo externo, cuyos valores hacía mucho tiempo había trascendido.

Días después, cuando hablé ante una audiencia en el Albert Hall de Calcuta, Sri Yukteswar consintió en sentarse a mi lado en el foro junto con el *maharajá* de Santosh y el alcalde de Calcuta. Aun cuando el maestro no se dirigió a mí para nada, de vez en cuando, durante mi peroración, pude descubrir satisfacción en el brillo de sus ojos.

Poco después tuve que dirigir la palabra a los alumnos del colegio de Serampore; según miraba a mis antiguos compañeros de clase, y cuando ellos veían a su antiguo «Monje enajenado», como cariñosamente me llamaban antes, las lágrimas llenaron mis ojos, sin ninguna vergüenza. Mi antiguo profesor de filosofía, de dorada palabra, el doctor Ghoshal, vino a felicitarme calurosamente, y todos nuestros antiguos malos entendimientos habíanse desvanecido por medio del Tiempo, el gran alquimista.

La fiesta del solsticio de invierno se celebró a finales de diciembre en la ermita de Serampore. Como siempre, los discípulos de Sri Yukteswar se congregaban para estas festividades, viniendo algunos de ellos desde muy lejos. Se cantaban *sankirtans* devocionales, sones que interpretaba la dulce y melodiosa voz de Kristeda; ¡una fiesta atendida por discípulos jóvenes, el bello y profundo discurso de mi maestro, bajo la techumbre de las estrellas y el engalanado patio de la ermita! ¡Oh, felices recuerdos y los hermosos festivales de los días ya idos! Pero en el festival de esta noche había algo nuevo.

—Yogananda, por favor, dirígete a la asamblea en inglés. —Los ojos de mi maestro centelleaban cuando me hizo esta doble y rara súplica; ¿pensaría, acaso, en el grave compromiso en que me vi a bordo del barco en el que me dirigía a América, antes de pronunciar mi primera conferencia en inglés? Yo le conté a la audiencia, compuesta de hermanos discípulos, lo que me había sucedido en el barco, terminando mi peroración con un férvido y sincero homenaje a nuestro gurú.

—Su omnipresente guía ha estado conmigo y no únicamente en el barco —concluí—, sino también durante mis quince años en el vasto y hospitalario territorio de América.

Después de que los huéspedes partieran, Sri Yukteswar me llamó a su antigua recámara, donde una sola vez, después de una fiesta en mis años mozos, me había permitido que durmiera en su cama de madera. Esta noche, mi maestro estaba tranquilamente sentado en medio de un semicírculo formado por discípulos a sus pies. Tan pronto como entré en la habitación, me sonrió.

—Yogananda, ¿vas a marcharte de Calcuta? Por favor, regresa mañana; tengo algo que decirte.

A la tarde siguiente, con unas sencillas palabras de bendición, Sri Yukteswar me confirió el título monástico de *paramahansa*.

—Este título sucede ahora al anterior de «swami» —me dijo, conforme yo me arrodillaba ante él.

Silenciosamente, sonreía pensando en el esfuerzo que tendrían que hacer mis estudiantes americanos para pronunciar *paramahansaji*.

—Mi tarea en la Tierra ha terminado; a ti te toca continuarla —me dijo mi maestro hablando suavemente, con sus ojos tranquilos y cariñosos. Mi corazón palpitaba rápidamente y sentí cierto temor.

»Hazme el favor de mandar a alguien para que se haga cargo de la ermita de Puri —continuó diciendo Sri Yukteswar—; dejo todo en tus manos. Tú podrás fácilmente dirigir el barco de tu vida, así como el de la asociación, a las playas tranquilas de la Divinidad.

Llorando, abracé sus pies; él se levantó y me bendijo tiernamente.

Al día siguiente llamé de Ranchi a un discípulo, el Swami Sevananda, y le envié a Puri a hacerse cargo de los deberes de la ermita.

Después, mi gurú discutió conmigo los detalles para dejar arreglados sus bienes, ya que él quería evitar todo trance que surgiera dificultades de carácter jurídico después de su muerte, provocadas por algunos parientes, con objeto de quedarse con las dos ermitas y otras propiedades, que él quería dedicar exclusivamente a fines caritativos y benéficos.

«Hace poco, el maestro hizo preparativos para visitar a Kidderpore, pero no ha ido». Un hermano discípulo, llamado Amulava Babu, me hizo esta observación una tarde. Sentí como un presentimiento. A mis insistentes preguntas, Sri Yukteswar únicamente contestó:

—Ya no volveré más a Kidderpore. —Por un momento mi maestro se estremeció como un niño asustado (ciertos apegos a la residencia corpórea, que brotan de su propia naturaleza; por ejemplo, experiencias de pasadas muertes de arraigo inmemorial. Pantanjali escribió: «Está siempre presente en grado leve, aun en los mismos santos». En algunos de sus discursos sobre la muerte, mi maestro había agregado: «Así como el pájaro largamente enjaulado vacila en abandonar su acostumbrada morada cuando se le abre la puerta»).

—*Guruji* —le supliqué en medio de un sollozo—, no diga eso, nunca pronuncie esas palabras ante mí.

El rostro de Sri Yukteswar se tranquilizó, iluminándose con una sonrisa apacible. Aun cuando él llegaba ya a los ochenta y un años, todavía se encontraba sano y fuerte.

Criado día a día bajo el sol de amor de mi gurú, mudo pero siempre sentido, deseché de mi mente consciente los varios indicios que me había dado de su próximo fin.

—Señor, la Kumbhamela se reúne este mes en Allahabad. —Le mostré a mi maestro las fechas de la *mela*, tal como aparecían en un almanaque bengalí.

—¿Realmente tienes ganas de ir?

Sin darme cuenta de que Sri Yukteswar no tenía muchas ganas de que yo fuera, seguí diciendo:

—En una ocasión, usted obtuvo la santa bendición de Babaji, y lo vio en la *kumbha* en Allahabad. Probablemente pueda yo tener la fortuna de verlo.

—No creo que lo encuentres allí. —Mi gurú guardó luego silencio, no queriendo contravenir mis planes.

Cuando, a la siguiente mañana, salí para Allahabad con un pequeño grupo, mi maestro me bendijo dulce y quietamente, en su forma acostumbrada. Aparentemente, yo no tenía conciencia de las indicaciones y actitudes de Sri Yukteswar, porque, sin duda, el Señor quería evitarme la triste experiencia de ser testigo, sin poder ayudar en nada, del trance de despedida de mi gurú.

Siempre ha ocurrido en mi vida que a la muerte de mis seres queridos, Dios, compasivamente, ha arreglado las cosas para que yo esté distante del lugar de los hechos.

Nuestra comitiva llegó a la Kumbhamela el 23 de enero de 1936. El oleaje de una muchedumbre de cerca de dos millones de personas constituía una vista imponente, aterradora. El genio peculiar en la gente de la india es de innata reverencia, aun en el más humilde campesino, por el valor del Espíritu y por los monjes y *sadhus* que han abandonado ligas terrenas para anclar en la Divinidad. También, por supuesto, hay impostores e hipócritas, pero en la India se respeta a todos por el bien de los pocos que iluminan toda la Tierra con sus supremas bendiciones. Los occidentales que contemplaran este grandioso e imponente espectáculo tendrían la oportunidad única de sentir el pulso de la tierra india, el ardor espiritual al cual la India le debe su inacabable vitalidad ante los golpes tremendos del tiempo.

El primer día lo pasó nuestra comitiva en curiosear. Había innumerables bañistas que se sumergían en las aguas del río sagrado para limpiarse de sus pecados. En otra parte vimos rituales solemnes de adoración. Más allá había ofrendas devocionales colocadas a los pies polvorientos de los santos; volviendo la cabeza, veíamos una hilera de elefantes enjaezados, caballos engualdrapados y de paso lento, camellos de Rajputana, o desfiles religiosos de desnudos *sadhus*, ondeando cetros de oro y plata, o banderas y banderines de aterciopelada seda.

Anacoretas, usando únicamente su acostumbrado taparrabos, sentados tranquilamente en pequeños grupos, sus cuerpos embadurnados con las cenizas que los protegen del calor y del frío. El ojo espiritual estaba vívidamente representado sobre sus frentes con una mancha de untura de madera de sándalo. Swamis con sus cabezas afeitadas se veían por millares, con sus túnicas anaranjadas, sus cayados de bambú y su cuenco para limosnas. Sus caras resplandecían con la paz de aquellos que han renunciado a lo mundano, y conforme caminaban, sostenían filosóficas pláticas o discusiones con sus discípulos y oyentes.

Aquí y allá, debajo de los árboles, ardían grandes hogueras alrededor de las cuales estaban grupos de pintorescos *sadhus* de cabello trenzado y enrollado encima.

Algunos usan barbas que tienen varios pies de largo, rizadas o anudadas.

Meditan quietamente o extienden sus manos en señal de bendición a los transeúntes que por allí pasan; se ven limosneros y *maharajás* sobre sus elefantes; mujeres vestidas en multicolores *saris*, con brazaletes y anillos tintineando en sus tobillos; *fakires* de flacos brazos grotescamente levantados; *brahmacharis* llevando los soportes para los codos, que se emplean durante la meditación; humildes sabios cuya solemnidad está oculta en su interna santidad y bienaventuranza. En lo alto, por sobre toda aquella ola humana, se escuchan las campanas de los templos.

El segundo día de nuestra permanencia en la *mela*, mis acompañantes y yo entramos a varias ermitas y chozas provisionales, ofrendando *pronams* a los personajes santos. Recibimos la bendición del jefe de la Orden de los Swamis, de la rama Giri, un monje delgado ascético, de ojos sonrientes y brillantes como dos brasas. Nuestra siguiente visita fue a una ermita cuyo gurú ha observado durante los últimos nueve años el voto del silencio y está sujeto a una dieta absoluta de frutas. En la plataforma central de la ermita estaba sentado un *sadhu* ciego, de nombre Pragla Chakshu, profundamente docto en los *shastras* y altamente reverenciado por todas las sectas.

Después de que ofrecí un breve discurso en hindi sobre Vedanta, nuestro grupo dejó aquel tranquilo recinto para saludar a un swami que estaba cerca, Krishnananda, un hermoso monje con mejillas sonrosadas y unos hombros muy imponentes. Echada cerca de él, estaba una leona doméstica. Habiendo sucumbido al magnetismo espiritual del monje —¡y no, estoy seguro, a su fuerza herculea!—, el animal de la jungla rehusaba toda clase de carnes, prefiriendo el arroz y la leche. El swami había enseñado al hermoso animal a pronunciar el «AUM» en un profundo y atractivo gruñido. ¡Una leona devota!

Nuestro siguiente encuentro, una entrevista con un joven sabio *sadhu*, está muy bien descrita en el diario de viaje del señor Wright.

Marchamos en el Ford a través del bajo río Ganges, en una balsa. Agachándonos y doblándonos entre el gentío, y en medio de unas callejuelas estrechísimas, Yoganandaji me mostró, a las orillas del río, el lugar en que había tenido lugar el encuentro entre Babaji y Sri Yukteswar. Descendiendo del auto, pocos momentos después, caminamos un corto trecho entre las densas humaredas producidas por las hogueras de los *sadhus*, y pisando a través de las resbaladizas arenas, llegamos a un abigarrado y modesto conjunto de chozas de lodo paja. Nos detuvimos ante la pequeña puerta de una de estas viviendas; la habitación de Kara Patri, un joven y errabundo *sadhu*, notable por su excepcional inteligencia. Lo hallamos sentado con las piernas cruzadas, sobre un montón de paja, su única ropa —e incidentalmente su única posesión—, una tela ocre sobre sus hombros.

Era verdaderamente un rostro Divino el que nos sonrió, después de que tuvimos que gatear para penetrar a la choza y hacer el ademán de *pronam* a los pies de esta alma iluminada, en tanto que la linterna de petróleo, colocada en la entrada, proyectaba danzarinas sombras en los muros. Su rostro, especialmente sus ojos y sus dientes perfectos, brillaban. Aun cuando yo estaba perplejo con el hindi, que él hablaba, sus expresiones eran reveladoras; estaba lleno de entusiasmo, de amor, de gloria espiritual. Nadie podría equivocarse respecto de su grandeza.

Imagínese la dichosa vida de un ser que no tiene apego a la vida material; libre del problema del vestido; liberado del deseo de comer, nunca pidiendo limosna, nunca tomando alimentos cocidos salvo día por medio, nunca elevando la cuenca de mendigo; libre de toda complicación monetaria, jamás tocando dinero, sin preocuparse de guardar cosas y siempre confiado en Dios; libre de los problemas o dificultades del transporte y sin montar jamás en vehículos, pero siempre caminando por las márgenes de los ríos sagrados; no permaneciendo nunca en el mismo lugar más de una semana, con el objeto de evitar el desarrollo de un apego.

¡Así era esta alma modesta! Excepcionalmente instruida en los Vedas y poseyendo el grado de M. A. (maestro en Artes) y el título de *shastri* (maestro de las Escrituras) de la Universidad de Benarés. Un sentimiento sublime me envolvió en cuanto me senté a sus pies; parecía una respuesta a mis deseos de ver a la real, la verdadera y antigua India, porque él era un representante genuino de esta tierra de gigantes espirituales.

Interrogué a Kara Patri acerca de su vida errabunda:

—¿No tiene usted ropa para el invierno?

—No, está es suficiente.

—¿Lleva usted consigo algunos libros?

—No, enseño de memoria a aquellas personas que desean escucharme.

—¿Qué más hace usted?

—Paseo a lo largo del Ganges.

Ante estas tranquilas palabras, me maravillé de la simplicidad de su vida. Recordé América, y todas las responsabilidades que pesaban sobre mis hombros.

«No, Yogananda —pensé, con tristeza, por un instante—; en esta vida, vagar por el Ganges no es para ti».

Cuando el *sadhu* me contó algunas realizaciones espirituales, le lancé esta pregunta:

—¿Ofrece usted estas descripciones basándose en el estudio de las Escrituras o gracias a la experiencia interna?

—En parte, por el aprendizaje de los libros —respondió con una franca sonrisa—, y en parte, por la experiencia.

Durante un rato, permanecimos sentados en meditativo silencio. Después de que abandonamos su sagrada presencia, dije al señor Wright:

—Es un rey sentado en un tronco de paja dorada.

Esa noche cenamos en los terrenos de la *mela*, bajo el cielo estrellado, comiendo en hojas de plátano, que hacían las funciones de platos, y ayudados por los palitos que las envolvían. ¡El lavado de platos en la India está reducido al mínimo!

Dos días más de la fascinante Kumbha; luego, hacia el noroeste, a lo largo de las orillas del Jumna, hacia Agra. Una vez más contemplé el Taj Mahal; en mi memoria, Jitendra estaba a mi lado, abrumado por aquel ensueño en mármol. Luego, hacia la ermita de Brindaban, manejada por el Swami Keshavananda.

Mi objeto al buscar a Keshavananda estaba relacionado con este libro. Nunca había olvidado la súplica de Sri Yukteswar acerca de escribir la vida de Lahiri Mahasaya. Durante mi permanencia en la India, aprovechaba todas las oportunidades para establecer contactos directos con los discípulos y parientes del Yogavatar. Asentando sus conversaciones en voluminosas notas, verificaba fechas y hechos y recogía fotografías, cartas antiguas y documentos. El portafolio que tenía destinado a la información de Lahiri Mahasaya empezó a verse abultado. Me daba cuenta de que ante mí tenía una labor ardua y difícil, y oraba pidiendo que mi labor de biógrafo fuera digna de la figura del colosal gurú. Algunos de sus discípulos temían que en una narración escrita su maestro fuera mal interpretado o mal comprendido.

«Difícilmente puede uno hacer justicia, con frías palabras, a la vida de una encarnación Divina», me dijo Panchanan Bhattacharya en cierta ocasión.

Otros adeptos discípulos estaban igualmente satisfechos de conservar al Yogavatar oculto en sus corazones como el inmortal instructor. No obstante, y a pesar de las predicciones de Lahiri

Mahasaya acerca de su biografía, no escatimé ningún esfuerzo y corroboré todos los hechos de su vida externa.

El Swami Keshavananda recibió cariñosamente a nuestra comitiva, en Brindaban, en su ermita de Katayani Peith, un edificio grande, de ladrillos, con macizos pilares negros y rodeado de un precioso jardín. Él nos condujo luego a la sala donde nos mostró una fotografía ampliada de Lahiri Mahasaya. El swami alcanzaba ya la edad de noventa años, pero su musculoso cuerpo irradiaba salud y vigor. Tenía los cabellos largos y una barba blanca como la nieve. Los ojos le brillaban de alegría; era la personificación de un verdadero patriarca. Yo dije que quería mencionar su nombre en mi libro sobre los maestros de la India.

—Por favor, dígame usted algo sobre sus primeros años. —Sonreí suplicantemente; los grandes yoguis no suelen ser comunicativos.

Keshavananda hizo un ademán de humildad.

—Hay muy poco que contar de mi parte externa. Prácticamente, la mayor parte de mi vida la he pasado en la soledad de los Himalayas, caminando a pie de una cueva tranquila a otra. Durante una corta temporada sostuve una ermita en Hardwar, circundada por todos lados con altos y añosos árboles. Era un lugar muy tranquilo, rara vez visible por los viajeros, debido a la constante presencia de las cobras. —Keshavananda sonreía silenciosamente—. Más tarde, una inundación se llevó la ermita y a las cobras también. Luego, mis discípulos me ayudaron a construir esta ermita en Brindaban.

Uno de los miembros de la comitiva le preguntó a Keshavananda cómo se protegía de los tigres en los Himalayas.

Keshavananda movió la cabeza.

—En esas altas y frías alturas —dijo—, las fieras salvajes raramente molestan a los yoguis. Una vez me hallé en el bosque cara a cara con un tigre; ante mi rápido mandato, el animal se transfiguró, como si hubiera sido convertido en piedra. —Una vez más, el swami rio al repasar sus recuerdos.

»De vez en cuando abandonaba mi retiro para ir a visitar a mi maestro en Benarés; él solía mofarse de mis frecuentes viajes a lo abrupto de los Himalayas. "Tienes en los pies la marca del anhelo de vagar", me dijo en cierta ocasión. "Me alegro de que los Himalayas sean lo bastante extensos para que te entretengas".

»Muchas veces —decía Keshavananda—, tanto antes como después de su partida, Lahiri Mahasaya se me apareció corporalmente. ¡Para él, ninguna altura de los Himalayas era inaccesible!

Dos horas después, nuestro anfitrión nos condujo a un patio que tenía un comedor; yo suspiré con silenciosa congoja. Otra comida con quince platillos. En menos de un año de hospitalidad, la India me había proporcionado una ganancia de 50 libras de peso. Sin embargo, se hubiera considerado la cúspide de la rudeza el rehusar cualquiera de los platillos, cuidadosamente preparados por aquellos banquetes sin fin que se organizaban en mi honor.

En la India, como en ninguna otra parte, un swami acojinado por su gordura es considerado un espectáculo delicioso.

—Tu llegada no es inesperada —dijo—. Tengo un mensaje que darte.

Mucho me sorprendió esto, porque nadie sabía de mis planes para visitar a Keshavananda. El swami me dijo:

Mientras yo caminaba el año pasado por el norte de los Himalayas, cerca de Badrinarayan, perdí mi camino. Una espaciosa cueva, que estaba vacía, me ofrecía albergue, y los restos de un fuego ardían en un hoyo del suelo rocoso de la montaña. Pensando quién sería el ocupante de aquel solitario retiro, me senté cerca del fuego, con la mirada fija en el sol que entraba por la abertura de la cueva.

—Keshavananda, me alegro de que estés aquí.

Estas palabras brotaron detrás de mí. Me volví para ver quién hablaba y quedé sorprendido al contemplar a Babaji. El Gran Gurú se había materializado en un recodo de la cueva. Lleno de gozo, al volverlo a ver después de tantos años, me postré a sus santos pies.

—Yo te llamé —me dijo Babaji—. Es por eso que has perdido tu camino; yo te conduje a mi morada temporal en esta cueva. Ya hace mucho tiempo de nuestro último encuentro y tengo mucho gusto en volver a saludarte.

El inmortal maestro me bendijo con unas palabras de ayuda espiritual y, luego, me dijo:

—Te doy un mensaje para Yogananda, él te hará una visita en su viaje de regreso a la India. Muchos asuntos relacionados con su gurú y con los discípulos supervivientes de Lahiri Mahasaya tendrán a Yogananda sumamente ocupado. Dile que, por ahora, no lo veré, como él está ansioso de que así sea; pero lo veré en otra ocasión.

Me enterneció mucho el recibir de los labios de Keshavananda esta consoladora promesa de Babaji. La duda desapareció de mi corazón. Ya no sufría, porque, como ya Sri Yukteswar había dicho, no vería a Babaji en la Kumbhamela.

Pasamos allí una noche como huéspedes de la ermita y a la tarde siguiente nuestra comitiva salió para Calcuta. Cuando pasábamos por el río Jumna, gozamos del magnífico espectáculo del crepúsculo, en dirección de Brindaban; era como si el sol estuviera poniendo fuego a todo el cielo; una variedad de la fragua de Vulcano que se reflejaba sobre las tranquilas aguas del río.

La playa de Jumna está santificada por los recuerdos de la niñez de Sri Krishna. Allí se entretenía él en sus inocentes y dulces juegos (*lilas*), con las *gopis* ('doncellas'), ejemplificando el amor supremo que existe entre una encarnación Divina y sus devotos. La vida de Sri Krishna ha sido mal interpretada por muchos comentaristas occidentales. Las alegorías de las Escrituras son desconcertantes cuando su interpretación se hace literalmente. El chusco error de un traductor ilustrará mejor este punto: la historia se refiere a un inspirado santo medieval, el zapatero remendón Ravidas, quien cantó en los sencillos términos de sus oficios la gloria espiritual oculta en toda la humanidad.

Bajo la inmensa bóveda azul
Vive la Divinidad, envuelta en su escondite.

Apenas puede uno ocultar una sonrisa al oír la pedante interpretación del poeta de Ravidas, por un escritor occidental:

Después construyó una choza, puso en ella un ídolo de cuero hecho por él, y se puso a adorarlo.

Ravidas era un hermano discípulo del gran Kabir. Uno de los *chelas* más exaltados de Ravidas fue Rani, de Chitor. Ella invitó un gran número de *brahmines* a una fiesta en honor de su instructor, pero ellos rehusaron comer con un zapatero remendón. Cuando se sentaron con toda la dignidad de su alcurnia para comer los alimentos no contaminados, ¡oh, sorpresa!, cada *brahmin* encontró a su lado la forma de Ravidas. Esta visión en grupo acabó por difundir un gran interés en Chitor.

En pocos días nuestro pequeño grupo llegó a Calcuta. Ansioso de ver a Sri Yukteswar, me descorazoné al oír que él había abandonado Serampore y que, actualmente, estaba en Puri, a trescientas millas al sur.

«Ven inmediatamente a la ermita de Puri». Este telegrama fue enviado el día 8 de marzo, por un hermano discípulo de Atul Chandra Roy Chowdhry, uno de los *chelas* de mi maestro en Calcuta. Noticias relativas al telegrama alcanzaron mis oídos y, angustiado por su significado, caí de rodillas implorando a Dios que la vida de mi gurú fuera salvada. Cuando estaba listo para abandonar la casa de mi padre y tomar el tren, una Divina voz habló dentro de mí: «No vayas a Puri esta noche. Tu oración no puede ser concedida».

—¡Señor! —grité, anonadado por el dolor—. No querrás que tú y yo entremos en antagonismo en Puri. ¿Negarás mis súplicas por salvar la vida de mi maestro? ¿Debe él partir para cumplir mandatos más elevados?

En obediencia al mando interno, no salí esa noche para Puri. La siguiente noche salí para tomar el tren; en el camino, a las siete, una negra nube astral cubrió repentinamente el cielo. Más tarde, mientras el tren rugía rumbo a Puri, Sri Yukteswar apareció ante mí. Aparecía sentado, con grave semblante, y con dos luces a su lado.

«Todo ha terminado». Elevé mis brazos con desesperación. Entonces él asintió, moviendo la cabeza. Después desapareció lentamente. Cuando me hallaba en el vestíbulo del tren, a la mañana siguiente, en Puri, y todavía esperando contra toda esperanza, un desconocido se me acercó.

—¿Ya sabe que su maestro se ha marchado? —Luego me dejó sin darme ninguna explicación; nunca llegué a saber quién fue aquel hombre ni cómo llegó él a saber la muerte de mi gurú.

Atolondrado, me apoyé sobre las paredes del vagón, dándome cuenta después de que mi maestro estaba tratando de comunicarme la noticia por medios diferentes. Saturada de un ímpetu de rebeldía, mi alma era como un volcán en erupción. Cuando llegué a la ermita de Puri, estaba prácticamente desmayado. La voz interna me repetía cariñosamente: «Tranquilízate, ten calma».

Entré al cuarto de la ermita donde estaba el cuerpo del maestro; como si conservara la vida, estaba sentado en la postura de loto; la personificación de la salud y la amabilidad. Un poco antes del trance final, mi maestro había estado ligeramente indispuesto y tuvo algo de fiebre, pero, un día antes de su ascensión a lo Infinito, su cuerpo estaba perfectamente bien. No importaba cuántas veces lo vería en su adorada forma; no podía darme cuenta de que su vida ya hubiera partido. Su piel era tersa y suave; en su rostro existía una beatífica expresión de tranquilidad. Conscientemente, había abandonado su cuerpo a la hora del llamado místico.

«El León de Bengala ha partido», lloraba yo, anonadado.

Yo dirigí los ritos solemnes el 10 de marzo. Sri Yukteswar fue enterrado con el antiguo ritual de los swamis, en el jardín de la ermita de Puri. Después sus discípulos llegaron de lejos y de cerca para honrar a su gurú con servicios conmemorativos en el equinoccio de verano. El *Amrita Patrika*, principal periódico de Calcuta, engalanaba sus páginas con el retrato de Sri Yukteswar, bajo el cual se veía el siguiente comentario:

La ceremonia fúnebre de Bhandara para Srimat Swami Yukteswar Giri Maharaj, de ochenta y un años, tuvo verificación en Puri el 21 de marzo. Muchos discípulos vinieron a Puri para la celebración de los ritos.

Uno de los más grandes comentaristas del *Bhagavad-gītā*, el Swami Maharaj, fue asimismo discípulo de Yoguiraj Sri Shyama Charan Lahiri Mahasaya de Benarés. El Swami Maharaj fue el fundador de varios centros de Yogoda Satsanga (Asociaciones de Autorrealización) en la India, y fue la gran inspiración detrás del movimiento que fue llevado a Occidente por el Swami Yogananda, su principal discípulo. Fueron los padres proféticos de Sri Yukteswar y la profunda realización los que inspiraron al Swami Yogananda a cruzar el océano y difundir en América el mensaje de los maestros de la India.

Su interpretación del *Bhagavad-gītā* y otras Escrituras dan testimonio del profundo conocimiento que sobre la filosofía, tanto oriental como occidental, tenía Sri Yukteswar. Permaneció siempre vigilando la unión entre Oriente y Occidente, ya que él creía en la unidad de todas las religiones y en la posibilidad de inculcar un espíritu científico a la religión. A la hora de su partida, nombró al Swami Yogananda su sucesor, como presidente de la Sadhu Sabha.

La India se ha empobrecido con la desaparición de este gran hombre. Ojalá que todos los que tuvieron la fortuna de estar cerca de él, se inculquen el verdadero espíritu de la cultura india y del sadhana, personificados en él.

Regresé a Calcuta, no considerándome aún con fuerzas para ir a la ermita de Serampore, donde tendría que estar en contacto con sus vivos y gratos recuerdos. Llamé a Prafulla, el pequeño discípulo de Sri Yukteswar en Serampore, e hice los arreglos para que él entrara a la escuela de Ranchi.

—La mañana en que usted partió para la *mela* de Allahabad —dijo Prafulla—, Sri Yukteswar se dejó caer pesadamente en el sofá.

—¡Ya se fue Yogananda! —gritó—, ¡ya se fue Yoganada! Tendré que decírselo en otra forma —agregó nerviosamente—. Luego se sentó en silencio durante horas enteras.

Los días siguientes estuvieron ocupados por conferencias, clases, entrevistas y reuniones con antiguos amigos. Bajo una sonrisa forzada, y en medio de una vida de enorme actividad, un hilo de crespón negro cruzaba el río interior de la serenidad que durante tantos años había serpenteado sobre las arenas de todas mis preocupaciones.

«¿A dónde se ha ido el sabio Divino?», lloraba yo silenciosamente en las profundidades de mi atormentado espíritu.

Ninguna contestación venía.

«Es mejor que mi maestro haya completado su unión con el Amado Cósmico —me aseguraba mi mente—. Él está iluminado para siempre en el dominio de los inmortales».

«Nunca más lo verás en la antigua mansión de Serampore —se lamentaba mi corazón—. Y no volverás a traer a tus amigos para que lo conozcan, para decir con satisfacción: "¡Contemplad, allí se sienta un *jnanavatar*!"».

El señor Wright hizo los preparativos para que nuestra comitiva se embarcara para el Occidente en el puerto de Bombay, en los primeros días de junio. Después de la quincena de mayo, banquetes de despedida y discursos en Calcuta. La señorita Bletch, el señor Wright y yo salimos en nuestro Ford rumbo a Bombay. A nuestra llegada, las autoridades del barco nos pidieron que canceláramos nuestros pasajes, ya que no era posible conseguir acomodo para el Ford, el cual necesitaríamos otra vez en Europa.

—No importa —dije con tristeza al señor Wright—, quiero ir una vez más a Puri. —Y silenciosamente, agregué—: Dejad que mis lágrimas rieguen una vez más la tumba de mi maestro.

Capítulo 43

La resurrección de Sri Yukteswar

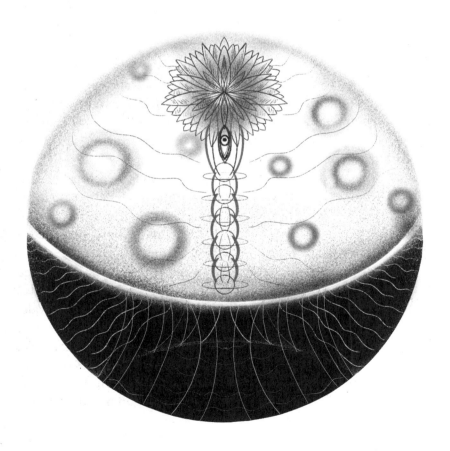

—¡Señor Krishna!

La gloriosa forma del avatar se me apareció en medio de una luz centellante, hermosísima, una tarde, cuando estaba apaciblemente sentado en mi habitación del hotel Regent, en Bombay. Brillando en el techo de un elevado edificio, al otro lado de la calle, la inefable visión había aparecido ante mis ojos cuando ojeaba el paisaje desde mi ventana de un tercer piso.

La Divina figura me hacía señas, me sonreía e inclinaba la cabeza en señal de saludo. No pudiendo yo comprender el exacto mensaje del señor Krishna, él partió, no sin antes despedirse con un ademán de bendición. Estimulado de modo maravilloso, sentí que el evento presagiaba un acontecimiento espiritual.

Mi viaje a Occidente estaba, de momento, cancelado. Y esto me permitió cumplir con ciertos compromisos anteriores, entre ellos pronunciar conferencias en Bombay, antes de mi partida a Bengala, a la cual intentaba hacer una nueva visita.

Sentado en mi cama del hotel de Bombay, a las tres de la tarde del 19 de junio de 1936 —una semana después de la visión de Krishna—, se vio interrumpida mi meditación por una luz beatífica. Ante mis asombrados ojos, la habitación se transformó en un mundo extraño, y la luz del sol, en su esplendor sobrenatural. El gozo me envolvió cuando vi ante mí la figura de Sri Yukteswar, en carne y hueso.

—¡Hijo mío! —díjome tiernamente el maestro, mostrando una angelical sonrisa.

Por primera vez en mi vida no me arrodillaba ante él para saludarlo, como de costumbre, sino que, por el contrario, corrí hasta él, precipitándome en sus brazos. ¡El momento más feliz de mi existencia! La angustia de los meses anteriores se desvaneció ante el gozo inefable que en aquel instante experimentaba.

—Maestro, amado de mi corazón, ¿por qué me abandonaste? —decía yo, de modo incoherente, en un arrebato de gozo—. ¿Por qué permitiste que fuera a Kumbhamela. ¡Qué dura y amargamente me he censurado por haberte dejado entonces!

—No quería interponerme a tu anticipada y feliz visita al lugar de la peregrinación donde tuve mi primer encuentro con Babaji. Únicamente te he dejado por un momento, ¿no estoy ahora otra vez contigo?

—Pero ¿eres tú, maestro, el mismo León de Dios? ¿Estas utilizando un cuerpo como el que enterré bajo las crudas arenas de Puri?

—Sí, hijo mío; soy el mismo. Este es un cuerpo de carne y hueso; aun cuando yo lo veo como etéreo, para tu vista es físico. De los átomos cósmicos, he creado un cuerpo enteramente nuevo, exacto al cuerpo físico (sueño cósmico) que tú depositaste bajo las ilusorias arenas de Puri, en tu mundo de ensoñación. De hecho, yo he resucitado en un planeta astral, pero no en la Tierra. Los habitantes de ese planeta están más capacitados que los de la Tierra para comprender mejor mis elevados planes de vida. Allí, tanto tú como tus seres queridos por ti exaltados vendrán algún día conmigo.

—¡Gurú inmortal, dime más!

Mi maestro rio brevemente y me dijo:

—Querido mío, ¿no quieres aflojar un poco tu abrazó?

Yo lo tenía abrazado como un pulpo aprisiona a su presa. Luego me di cuenta de la leve fragancia natural que despedía su cuerpo. Todavía ahora experimento el gozo que me proporcionó el contacto de su fina piel, y en mis brazos y manos experimento su suavidad.

—Así como los profetas son enviados a la Tierra para ayudar a los hombres a pagar su deuda kármica física, así he sido enviado por Dios a un planeta como salvador —me explicaba Sri Yukteswar—; a este planeta se le llama Hiranyaloka o «Planeta Astral Iluminado». Allí estoy ayudando a seres adelantados a deshacerse de su karma astral y, de esta manera, obtener su liberación de futuros nacimientos astrales. Los habitantes de Hiranyaloka son muy desarrollados espiritualmente; todos ellos, en su última encarnación terrena, alcanzaron el poder meditativo para abandonar conscientemente sus cuerpos a la hora de la muerte. Nadie puede entrar a Hiranyaloka si antes no ha pasado, en la Tierra, más allá del éxtasis conocido como *sarvikalpa samadhi*, al más alto estado de éxtasis conocido como *nirvikalpa samadhi*. Los habitantes de Hiranyaloka pasaron ya a través de las esferas astrales ordinarias, donde se trasladan al morir todos los seres procedentes de la Tierra; ahí purgan los efectos de sus acciones pasadas en los planos astrales. Solo los seres muy evolucionados pueden efectuar este trabajo de redención efectivamente en los mundos astrales. Más tarde, con el objeto de liberar sus almas, en forma más completa, del capullo de vestigios kármicos albergados en sus cuerpos, estos seres superiores compulsados por la ley cósmica vuelven a nacer en cuerpos nuevos sobre el sol o el cielo astral de Hiranyaloka, lugar donde yo he resucitado para ayudarlos. También hay en Hiranyaloka seres altamente avanzados que llegaron procedentes de un mundo superior, más sutil, del Mundo Causal.

Para entonces, mi mente se había armonizado con la de mi maestro espiritual, quien me transmitía sus palabras (imágenes parcialmente en forma oral y en parte por transmisión del pensamiento). En estas condiciones captaba rápidamente la esencia de sus ideas.

—Tú has leído en las sagradas Escrituras —continuó el maestro— que Dios dotó el alma humana con tres cuerpos de condición evolutiva como sigue: el cuerpo de idea o causal, el sutil cuerpo astral (asiento de las naturalezas mental y emocional del hombre) y el tosco cuerpo físico. Sobre la Tierra, el hombre está dotado de sus sentidos físicos. Un ser astral opera mediante la conciencia y las sensaciones en un cuerpo estructurado de vitatrones. El ser del cuerpo causal reside en el reino de goce infinito de las ideas. Mi labor consiste en preparar seres astrales que próximamente ingresarán en el mundo causal.

—Adorable maestro, por favor, cuéntame más acerca del cosmos astral.
—Aunque yo había aflojado ligeramente mi brazo, a petición de Sri Yukteswar, aún permanecía estrechándolo. ¡Tesoro más valioso que todos los tesoros, mi maestro espiritual que burló a la muerte por llegar a mí!

—Hay ahí muchos planetas rebosantes de seres astrales —continuó el maestro—; los habitantes se valen de vehículos astrales o masas de luz, para transportarse de un planeta a otro, más veloces que la electricidad y que las energías radiactivas. El universo astral, hecho de varias vibraciones sutiles de luz y calor, es ciento de veces más grande que el cosmos material. Toda la creación física está suspendida como una canastita sólida bajo el enorme globo luminoso de la esfera astral. Tal como en el espacio vaga una diversidad de soles y estrellas físicas, así hay también innumerables sistemas astrales de soles y estrellas. Sus planetas tienen soles y lunas mucho más bellos y numerosos que los físicos. Las luminarias astrales parecen auroras boreales, la aurora astral del sol es más deslumbrante que la aurora lunar de rayos tenues. El día y la noche astrales son más prolongados que los terrenos.

»El mundo astral es infinitamente bello, limpio, puro y ordenado. No hay ahí planetas que fallezcan ni regiones estériles. Los defectos terrestres, tales como malas hierbas, bacterias, insectos, serpientes, no existen allí. Tampoco los climas y las estaciones variables de la Tierra; los planetas astrales conservan una temperatura uniforme de primavera eterna con ocasionales nevadas blancas y lluvias de luces de varios colores. Los planetas astrales son abundantes en lagos opalinos, mares brillantes y río de arcoíris.

»El universo astral ordinario —no el sutil cielo de Hiranyaloka— está poblado con millones de seres astrales, quienes llegaron, más o menos recientemente, procedente de la Tierra y también acompañados de miríadas de sirenas, ninfas, pescados, animales (terrestres), duendes, gnomos, semidioses y espíritus hermosos; todos residen sobre diferentes planetas astrales, de acuerdo con las calificaciones (grados de condición) kármicas. Varias mansiones esféricas o regiones vibratorias están acondicionadas para buenos y malos espíritus. Los buenos pueden viajar libremente, pero los espíritus malos están confinados a zonas limitadas. De la misma manera que los seres humanos viven sobre la superficie de la tierra, los gusanos dentro de ella, los peces en el agua y los pájaros en el aire, así los seres astrales de diferentes grados están colocados en cuarteles vibratorios adecuados.

»Entre los oscuros ángeles caídos, expulsados de otros mundos, surgen refriegas y guerras con bombas vitatrónicas o con rayo mántricos vibratorios de la mente.

»Estos seres habitan en regiones cargadas de tinieblas del cosmos astral más bajo, saldando el mal contenido en su karma.

»Encima de la oscura prisión astral brilla la belleza de vastos reinos. El cosmos astral está más armonizado, por naturaleza, que la Tierra con la voluntad Divina y con el proyecto de perfección. Cada objeto astral está primariamente manifestado por la voluntad de Dios y, parcialmente, por la voluntad proclamada de los seres astrales. Ellos poseen el poder de modificar o realizar la gracia y la forma de cualquier cosa creada por el Señor. Él ha dado a sus hijos astrales el privilegio y libertad de cambiar o mejorar a voluntad el cosmos astral. Sobre la Tierra, un sólido debe transformarse en líquido u otra forma solo a través de procesos naturales o químicos; en cambio, los sólidos astrales se convierten, al instante, en líquidos, gases o energías astrales, únicamente por la voluntad de sus habitantes y sin procesos más o menos largos.

»La Tierra está entenebrecida por guerras y asesinatos en el mar, tierra y aire —continuó mi gurú—; en cambio, en los reinos astrales superiores se observa una igualdad y armonía felices.

»Los seres astrales toman forma o la dejan de tomar a voluntad. Las flores, pescados o animales pueden metamorfosearse a sí mismos por un tiempo en hombres astrales. Todos los seres astrales son libres de asumir cualquier forma y pueden fácilmente comunicarse entre sí. No hay una ley natural fija, definida, que los impulse a su acatamiento. A cualquier árbol astral, por ejemplo, se le puede pedir satisfactoriamente que produzca un mango astral o cualquier otra fruta que se desee, o flores, o ciertamente cualquier objeto.

»Ciertas restricciones kármicas están presentes, pero en el mundo astral no hay prácticamente limitaciones para desear y obtener múltiples formas radiadas. Todo es vibrante con la luz creativa de Dios. Nadie nace de mujer; las proles de seres astrales toman forma por la ayuda que imparte su voluntad cósmica en peculiares condensaciones modeladas.

»El ser que recientemente abandonó su cuerpo físico va a integrarse a una familia astral invitado por atracción de tendencias mentales y espirituales similares. Al cuerpo astral no le afectan ni el frío ni el calor ni otras condiciones naturales físicas. Su anatomía incluye un cerebro astral, o el loto de mil pétalos de luz y seis centros perceptores activos en el eje cerebroespinal o *sushumna*. El corazón atrae tanto la energía cósmica como la luz del cerebro astral o vitatrones cerebrales y los bombea a los nervios astrales y a las células del cuerpo o vitatrones. Los seres astrales pueden afectar la forma de sus cuerpos con la fuerza vitatrónica o con vibraciones mántricas.

»El cuerpo astral es una contraparte exacta de la última forma física. Los seres astrales conservan la misma apariencia que poseyeron durante la juventud de su previa estancia terrena. Ocasionalmente, un ser astral elige, como en mi caso actual, conservar su estado de mayor edad.

El maestro, emanando una verdadera fragancia de juventud, sonrió alegremente.

—A diferencia del mundo físico tridimensional del espacio, que se conoce solo a través de los cinco sentidos, las esferas astrales se conocen por el sexto sentido, que incluye a los demás: la intuición. —Sri Yukteswar continuó—: Todos los seres astrales ven, oyen, huelen, gustan y palpan mediante la sensación absoluta de la intuición. Poseen tres ojos, dos de los cuales están cerrados parcialmente. El tercero y principal ojo, el astral, colocado verticalmente sobre la frente, está abierto. Los seres astrales tienen todos los órganos sensorios exteriores: oídos, ojo, nariz, lengua y piel, pero ellos emplean el sentido intuitivo para percibir las sensaciones por conducto de cualquier parte del cuerpo; pueden ver mediante los ojos, con la lengua, y pueden saborear mediante los oídos o la piel, y así sucesivamente. El cuerpo físico del hombre está expuesto a innumerables peligros, y se lesiona o mutila con facilidad; el cuerpo astral etéreo puede cortarse o magullarse ocasionalmente, pero recobra su normalidad al instante con solo utilizar su voluntad.

—*Gurudeva*, ¿son bellas todas las personas astrales?

—La belleza en el mundo astral reside en la calidad espiritual, y no en la conformación exterior —replicó Yukteswar—. Por lo tanto, los seres astrales dan poca importancia al semblante. Ellos tienen, sin embargo, el privilegio de ataviar su entidad con cuerpos nuevos, llenos de color, hechos astralmente.

»Precisamente como lo hacen los hombres mundanos que se revisten de indumentaria nueva en acontecimientos festivos, del mismo modo los seres astrales se dan ocasión para adornarse a sí mismos en figuras especialmente diseñadas. Las regocijantes festividades astrales en planetas astrales superiores, como Hiranyaloka, acontecen cuando un ser se libera del mundo astral debido a su adelanto espiritual y está, por lo tanto, en condición de ingresar al Cielo del mundo causal.

»En tales ocasiones, el Padre Celestial Invisible y los santos que están amalgamados con él dan forma a sus cuerpos a su propia elección y se asocian para la celebración astral. Con objeto de agradar a su amado devoto, el Señor adopta cualquier figura que desea. Si el devoto adoró por conducto de la devoción, él ve a Dios como a una Madre Divina.

»¡A Jesús, el aspecto Padre del Uno Infinito, se le reveló en forma mucho más allá de toda concepción! ¡La individualidad con que el Creador dotó a cada una de sus criaturas hace que cada demanda concebible e inconcebible muestre la gran versatilidad del Señor! —Mi gurú y yo reíamos felizmente.

»Los amigos de otras vidas fácilmente se reconocen uno a otro en el mundo astral —prosiguió Sri Yukteswar con su bella voz, semejante a un canto—. Regocijándose ante la inmortalidad de la amistad, ellos se dan cuenta de la indestructibilidad del amor, del que a menudo se duda en el triste momento de la engañosa separación de la vida terrenal.

»La intuición de los seres astrales perfora el velo de *maya* y observa las actividades humanas sobre la Tierra; en cambio, el hombre no puede mirar el mundo astral a menos que su sexto sentido se desarrolle de algún modo. Miles de habitantes terrenales han vislumbrado momentáneamente a un ser astral o a un mundo astral.

»Los seres aventajados de Hiranyaloka permanecen despiertos la mayor parte del tiempo y en éxtasis durante los prolongados días y noches astrales, ayudando a solucionar problemas intrincados del gobierno cósmico y a la redención de los hijos pródigos y a las almas vinculadas a la tierra. Cuando los seres de Hiranyaloka duermen, tienen visiones astrales semejantes a sueños. Sus mentes están ordinariamente absortas, conscientes del supremo goce del más íntimo y continuo contacto con Dios, o sea, el éxtasis *nirvikalpa*.

»Los habitantes de todas las partes de los mundos astrales están aún sujetos a las agonías mentales. Las mentes sensibles de los seres superiores sobre planetas como Hiranyaloka sienten un dolor agudo si se comete cualquier error en la conducta o en la percepción de la verdad. Estos seres eminentes se empeñan en armonizar cada uno de sus actos y pensamientos con la ye espiritual de la percepción.

»La comunicación entre los habitantes astrales se verifica totalmente por telepatía y televisión astrales; allí no existe la confusión ni la interpretación errónea de la palabra escrita o hablada, como inevitablemente tiene que sufrir una mayoría de los habitantes terrenales justamente como los personajes que aparecen sobre la pantalla cinematográfica en movimiento y actúan mediante imágenes luminosas, pero que, en realidad, no respiran, de igual modo los seres astrales andan y trabajan tan inteligentemente guiados y coordinados como las imágenes luminosas sin la necesidad de extraer la fuerza energética del oxígeno. Los hombres dependen de la substancias sólidas, líquidas, gaseosas y energéticas; los seres astrales se mantienen principalmente con la luz cósmica.

—Maestro mío, ¿comen alguna cosa los seres astrales?

Yo estaba bebiendo en sus maravillosas elucinaciones con la receptibilidad de todas mis facultades; de la mente, el corazón y el alma. Las percepciones superconscientes de la verdad son permanentemente reales e inmutables, mientras que las fugaces impresiones sensorias jamás son verdaderas, solo relativa y temporalmente, y pronto pierden su vivacidad en la memoria; las palabras de mi gurú se imprimieron tan penetrantemente en el fondo de mi ser que, en cualquier momento, transfiriendo mi mente al estado superconsciente, yo puedo revivir fácilmente la Divina experiencia.

—Hortalizas luminosas, semejantes a rayos abundan en las tierras astrales —contestó él—. Los seres astrales consumen verduras y beben el néctar que fluye de los manantiales de luz de los arroyos y ríos astrales.

»De la misma manera que sobre la Tierra las imágenes invisibles de personas pueden ser arrancadas del éter y hacerse visibles mediante un aparato de televisión, y más tarde difundidas al espacio, así los "campos" astrales creados por Dios, de hortalizas y plantas que flotan en el éter sin ser vistos, son precipitados sobre un plano astral por la voluntad de sus habitantes. Del mismo modo, de la caudalosa fantasía de estos seres, toman forma todos los jardines de flores fragantes, volviendo más tarde a su invisibilidad etérea. Si los moradores de los planetas celestiales, como Hiranyaloka, son exentos en absoluto y para siempre de la necesidad de comer, superior es aún la incondicionada existencia de las almas casi completamente liberadas: las del mundo causal que no comen nada, excepto el maná de la bienaventuranza.

»El ser astral liberado de la Tierra se encuentra allí con multitud de padres, madres, esposas, maridos y amigos, adquiridos durante las diferentes encarnaciones sobre la Tierra, a medida que aparecen de tiempo en tiempo en varias partes de los reinos astrales; por lo tanto, él no hace distinción para querer a alguien en particular; él aprende de este modo a dedicar un amor igual y Divino para todos, como hijos y expresiones personales de Dios. Si bien la apariencia exterior de los que son queridos puede ser cambiada, más o menos de acuerdo con el desarrollo de nuevas cualidades en la última vida de cualquier alma particular, el ser astral emplea su infalible intuición para reconocer a todos aquellos que una vez le fueron queridos en otros planos de existencia, y para darle la bienvenida a su nuevo hogar astral. Porque cada átomo en la creación está dotado inextinguiblemente de individualidad, un amigo astral será reconocido no importa de qué hábitos se revista; así como en la Tierra la identidad de un actor se descubre por una observación minuciosa, no obstante a que se oculte tras cualquier disfraz.

»El periodo de vida en el mundo astral es más prolongado que el de la Tierra. El promedio normal de vida en los seres astrales aventajados tiene una duración entre quinientos y mil años, medidos con el patrón de tiempo que se usa en la Tierra. Como ciertos pinos gigantes californianos sobrepasan en milenios a la mayoría de otros árboles, o como algunos yoguis viven algunos centenares de años, mientras que una mayor parte de los hombres muere antes de alcanzar la edad de sesenta años, así también algunos seres astrales viven más tiempo que el periodo ordinario de existencia astral. Los visitantes del mundo astral habitan allí por un término más o menos largo, de acuerdo con el peso de su karma físico, el cual los arrastra de nuevo a la Tierra dentro de un tiempo determinado.

»El ser astral tiene que combatir dolorosamente contra la muerte en el momento de mudar su cuerpo luminoso. Muchos de estos seres, sin embargo, se sienten ligeramente inquietos ante el pensamiento de abandonar su forma astral, cambiándola por la causal más sutil. El mundo astral está libre de la oposición a la muerte, enfermedad o a la edad avanzada. Estos tres temores son la maldición, donde el hombre permitió que su conciencia se identificara a sí misma casi enteramente con el frágil cuerpo físico que requiere una constante aportación de aire, alimento y sueño con objeto de subsistir.

»A la muerte física concurren la falta de respiración y la descomposición de las células orgánicas; la muerte astral consiste en la dispersión de vitatrones, esas unidades manifestadas de energía que constituyen la vida de los seres astrales.

»En la muerte física un ser pierde su conciencia carnal y se entera que ocupa un cuerpo sutil en el mundo astral. Experimentando la muerte astral, a su debido tiempo, un ser pasa, así, de la conciencia del nacimiento y muerte astrales a aquella de nacimiento y muerte físico. Estos ciclos periódicos de alojamiento en cuerpos astrales y físicos constituyen el destino ineluctable de todos los seres, aún no iluminados.

»Las definiciones de las Escrituras sobre el Cielo y el Infierno algunas veces agitan en forma subconsciente los recuerdos más recónditos del hombre en su larga serie de experiencias en el alegre mundo astral y en el desconcertante mundo terrestre.

—Amado maestro —pregunté yo—, ¿no quieres hacerme el favor de realizar una descripción más detallada sobre las diferencias que existen entre el renacimiento sobre la Tierra y el renacimiento en las esferas astral y causal?

—Apareciendo el hombre como un alma individualizada, es de cuerpo esencialmente causal —explicó mi gurú—. Ese cuerpo constituye la matriz de las treinta y cinco ideas requeridas por Dios como fuerzas de pensamiento básico o causal, de las cuales él forma más tarde el sutil cuerpo astral de diecinueve elementos y el pesado cuerpo físico de dieciséis elementos.

»Los diecinueve elementos del cuerpo astral son mentales, emocionales y vitatrónicos. Estos diecinueve componentes son integrados por la inteligencia; el yo o ego; la emoción; la mente (conciencia de los sentidos); cinco instrumentos del conocimiento, las contrapartes sutiles de los sentidos como la vista, el oído, el olfato, el gusto y el tacto; cinco instrumentos de acción (la correspondencia mental para las habilidades ejecutivas): procrear, excretar, hablar, caminar y la habilidad para trabajos manuales; y cinco instrumentos de fuerza vital, que dan poder para desempeñar: la cristalización, asimilación, eliminación, metabolización y las funciones circulatorias del cuerpo. Esta sutil incorporación astral de diecinueve elementos sobrevive a la muerte del cuerpo físico, que está integrado por dieciséis elementos burdos, metálicos y no metálicos. Dios elaboró diferentes ideas en su interior y las proyectó plasmadas en sueños. Maya, la Cósmica Señora, surgió decorada en toda su colosal relatividad de ornamentos sin fin.

»En las treinta y cinco categorías de pensamiento de cuerpo causal, Dios elaboró todas las complejidades de las contrapartes del hombre, diecinueve astrales y dieciséis físicas. Mediante la condensación de las fuerzas vibratorias, primero sutiles y densas después. Él produjo el cuerpo astral del hombre y finalmente su forma física. De acuerdo con la ley de relatividad, por la cual la Simplicidad Prístina llegó a ser la desconcertante Multiplicidad, el cosmos causal y el cuerpo causal son diferentes al cosmos astral y cuerpo astral; la misma variación característica se encuentra entre el cosmos físico y cuerpo físico y las otras formas de la creación.

»El cuerpo carnal está hecho por los sueños fijos y materializados del Creador. Las dualidades están siempre presentes sobre la Tierra: enfermedad y salud, dolor y placer, pérdida y ganancia. Los seres humanos encuentran limitación y resistencia en la materia tridimensional. Cuando el deseo del hombre de vivir es rudamente sacudido por la enfermedad y salud, dolor y placer, pérdida y ganancia. Los seres humanos encuentran limitación y resistencia en la materia tridimensional. Cuando el deseo del hombre de vivir es rudamente sacudido por la enfermedad o por otras causas, sobreviene la muerte; el pesado abrigo de la carne se cambia temporalmente. El alma, sin embargo, continúa enjaulada en sus cuerpos astral y causal. La fuerza adhesiva mediante la cual los tres cuerpos se mantienen unidos es el deseo. El poder de los deseos no satisfechos es la raíz de toda la esclavitud humana.

»Los deseos físicos tienen su base en el egoísmo y en los placeres de los sentidos. La coacción o tentación de la experiencia sensoria es más poderosa que la fuerza del deseo relativo al apego astral o al de las percepciones causales.

»Los deseos astrales se concentran alrededor del goce en términos de vibración. Los seres astrales disfrutan de la música etérea de las esferas a las que tienen acceso, por el conducto de la vista disfrutan de toda la creación como una expresión inexhausta de luz cambiante. Los seres astrales deleitan sus sentidos oliendo, gustando y tocando la luz. Los deseos se supeditan así al poder de los seres astrales para precipitar todos los objetos y experiencias con figuras luminosas, o como pensamientos condensados o con sueños. Los deseos causales se realizan solo por la percepción. Los seres que están próximos a ser libres y ocupan cuerpo causal ven todo el universo como realizaciones de las ideas-sueños de Dios. Ellos pueden materializar todas las cosas valiéndose de material mental puro. Por lo tanto, los seres causales consideran el goce de las sensaciones físicas o los deleites astrales, densos y sofocantes para la fina sensibilidad del alma. Los seres causales cumplen sus deseos materializándolos al instante. Aquellos que tienen cubierta su alma por un delicado velo como envoltura causal pueden representar los universos en manifestación, igualando el poder del Creador. Debido a que toda la creación está hecha de la contextura cósmica del sueño, el alma sutilmente revestida de la substancia finísima del mundo causal tiene un vasto poder de acción.

»Siendo invisible por naturaleza, un alma puede distinguirse solo por la presencia de su cuerpo o cuerpos. La mera presencia de un cuerpo significa que su existencia se hizo posible por deseos incumplidos.

»Tanto tiempo como el alma del hombre se encuentre encasillada en uno, dos o tres recipientes corpóreos, tapados apretadamente con los corchos de la ignorancia, de los deseos, no podrá fundirse en el mar del Espíritu. Cuando el burdo receptáculo físico se destruye por el martillo de la muerte, las otras dos envolturas, astral y causal, permanecen aún para evitar que el alma se una conscientemente a la vida omnipresente.

»Cuando se obtiene la abstención del deseo a través de la sabiduría, su poder desintegra las dos armaduras restantes.

»La diminuta alma humana emerge, libre al fin, se hace una con la Inconmensurable Amplitud.

Yo le pedí a mi Divino gurú que arrojara aún mayor luz acerca del misterioso mundo causal.

—El mundo causal es indescriptiblemente sutil —replicó él—; con objeto de comprenderlo, uno tendría que poseer un tremendo poder de concentración que pudiera, cerrando los ojos, visualizar el cosmos astral y el cosmos físico en todas sus vastedades, el globo luminoso con su sólido cesto, como existiendo solamente en ideas.

»Si mediante esta sobrehumana concentración, uno tiene éxito para convertir o reducir los dos cosmos con todas sus complejidades en ideas puras, se podría, con esos requisitos satisfechos, alcanzar el mundo causal y detenerse en la línea divisoria de fusión entre la mente y la materia.

»Allí percibe uno todas las cosas creadas: sólidos, líquidos, gases, electricidad, energía, y todos los seres, dioses, hombres, animales, plantas, bacterias como formas de conciencia, precisamente como un hombre cuando cierra sus ojos y se da cuenta de que existe, a pesar de que su cuerpo es invisible para sus ojos físicos, pero está presente en su conciencia solo como idea.

»Cualquier cosa que el ser humano pueda urdir en la fantasía, el ser causal puede hacerlo en la realidad. La más colosal inteligencia imaginativa humana es capaz, solo en la mente, de tener alcance de un extremo de pensamiento a otro, de saltar mentalmente de un planeta a otro, o desplomarse interminablemente a un abismo eterno, o cernerse como un cohete en un dosel galáctico, o cintilar como un reflector eléctrico sobre la vía láctea y los espacios interestelares. Pero los seres en el mundo causal tienen una libertad mucho mayor y pueden manifestar sin esfuerzo sus pensamientos en instantánea objetividad, sin ninguna obstrucción material o astral o limitación kármica.

»Los seres causales dan cuenta de que el cosmos físico no fue construido, en su principio, de electrones, ni tampoco el cosmos astral, compuesto básicamente de biotrones; ambos fueron, en realidad, creados de las diminutas partículas de pensamientos de Dios, desintegradas y divididas por *maya*, la ley de relatividad, que interviene para separar aparentemente el número de sus fenómenos.

»Las almas, en el mundo causal, se reconocen una a otra como entes individualizadas del Espíritu gozoso; sus pensamientos-cosas son los únicos objetos que les rodean. Los seres causales ven la diferencia entre sus cuerpos y los pensamientos, que reducen a meras ideas. Como un hombre, cerrando sus ojos, puede visualizar una luz blanca deslumbrante o una bruma azul que se desvanece; también los seres causales, por el pensamiento solo, son capaces de ver, oír, sentir, gustar y tocar; ellos crean cualquier cosa, o la deshacen, por el poder cósmico de la mente.

»Tanto la muerte como el renacimiento en el mundo causal se verifican en pensamiento. Los seres del cuerpo causal gozan, se deleitan, se agasajan únicamente con la ambrosía del conocimiento eternamente nuevo. Ellos beben de los manantiales de paz, vagan sin necesidad de caminos sobre la extensión de las percepciones, nadan sobre el océano-infinidad de la gloria, pero ¡he aquí lo más sorprendente!: ¡ven, por retrogresión-anamnética, el brillante comienzo del entonces virgen poder inicial que desplegaron sus cuerpos-pensamientos durante el inconcebible proceso creador del Espíritu en la formación de trillones de planetas, burbujas recientes de universos, estrellas-sabiduría, sueños espectrales de nebulosas doradas, todo ese conjunto proyectado sobre el azul seno celestial del Infinito.

»Muchos seres permanecen durante miles de años en el cosmos causal. Profundizando más los éxtasis, el alma liberada sale entonces de su limitado cuerpo y se incorpora a la vastedad del cosmos causal. Todos los separados remolinos de ideas, las ondas particularizadas de poder, amor, voluntad, goce, paz, intuición, serenidad, autocontrol y la concentración, se difunden en el eternamente gozoso mar de la bienaventuranza. Ya no tiene un alma que experimentar su deleite como una ola individualizada de conciencia, sino se mezcla con el océano-cósmico-Uno, con todas sus olas —risa eterna, vibraciones, éxtasis.

»Cuando un alma rompe el capullo de los tres cuerpos, esta escapa para siempre de la ley de relatividad y se convierte en el inefable Siempre-Existente. ¡Observa la mariposa de la omnipresencia! ¡Tiene grabadas sus alas con estrellas, lunas y soles! El alma fundida en el Espíritu permanece sola en la región de luz sin luz, oscuridad sin oscuridad, pensamiento sin pensamiento, embelesada con el éxtasis de gozo en el sueño-Dios de la creación cósmica.

—¡Un alma libre! —exclamé, sorprendido.

—Cuando un alma logra finalmente desasirse de los tres recipientes corpóreos de la ilusión —prosiguió el maestro—, se hace una con el Infinito sin pérdida de su individualidad. Cristo había logrado esta libertad final aún antes de que él naciera como Jesús. En tres etapas de su pasado, simbolizadas en su vida terrenal con los tres días de experiencia de muerte y resurrección, él había obtenido el poder de elevarse completamente en Espíritu.

»El hombre no desarrollado debe someterse a incontables encarnaciones terrenales, astrales y causales con el fin de desprenderse de sus tres cuerpos. Un maestro que logra esta libertad final puede elegir si regresa a la Tierra como un profeta para hacer volver a Dios a los demás seres humanos, o como, en mi caso, él puede escoger residir en el cosmos astral. Allí un salvador asume algo del karma de ese mundo, ayudándoles así a terminar su ciclo de reencarnación en el cosmos astral y residir permanentemente en las esferas causales y proseguir él permanentemente hacia las esferas causales. Un alma libre puede entrar al mundo causal en auxilio de sus seres para abreviarles el lapso de permanencia en el cuerpo causal y obtener así su liberación absoluta.

—Maestro resurrecto, quiero saber más acerca del karma que impulsa a las almas a regresar a los tres mundos. —«Yo hubiera podido escuchar por toda la eternidad a mi maestro omnisciente», pensé. Nunca durante su vida terrenal fui capaz, en un momento dado, de asimilar tanto de sabiduría. Ahora, por primera vez, estaba yo experimentando una comprensión clara y definida sobre los interespacios enigmáticos encima del tablero de damas de la vida y la muerte.

—El karma físico, o deseos del hombre, deben llevarse a la realización antes de que su estancia permanente en los mundos astrales pueda ser posible —elucidó mi gurú con su emocionante voz—. Dos clases de seres viven en las esferas astrales: unos que aún tienen karma terrenal, quienes deben por ese motivo rehabilitar un tosco cuerpo físico, a fin de pagar sus deudas kármicas y se dispongan para ser clasificados después de la muerte física, más bien como visitantes temporales al mundo astral que como residentes definitivos.

»A los seres de karma terrenal no redimido no les está permitido, después de la muerte astral, ingresar a la alta esfera causal de ideas cósmicas, sino que, semejantes a una lanzadera, van de un sitio a otro: del mundo físico al mundo astral exclusivamente, conservando sucesivamente la conciencia de sus dieciséis elementos densos del cuerpo físico, y de sus diecinueve sutiles elementos del cuerpo astral. Sin embargo, después de cada desprendimiento del cuerpo físico, el ser no desarrollado procedente de la Tierra permanece la mayor parte del proceso en un estupor profundo del sueño-muerte y difícilmente es consciente de la bella esfera astral. Después del descanso astral, tal hombre regresa al plano material para recibir lecciones ulteriores, acostumbrándose a sí mismo, a través de repetidas jornadas, a los sutiles mundos de contextura astral.

»Los residentes normales, o los establecidos por mucho tiempo en el universo astral, por otra parte, son aquellos que, libres para siempre de toda ansiedad material, no necesitan regresar más a las lentas vibraciones de la Tierra.

»Tales seres tienen solamente karma astral y causal por redimir. A la muerte astral, estos seres pasan al infinitamente más fino y más delicado mundo causal. Mudando la forma-pensamiento del cuerpo causal al término de un espacio de tiempo determinado por la ley cósmica, estos seres adelantados regresan, entonces, a Hiranyaloka o a un planeta semejante astral, de altura, renacen en un nuevo cuerpo astral para llevar a efecto su no redimido karma astral.

»Hijo mío, tú debes ahora comprender en forma más completa que yo resucité por un decreto Divino —continuó Sri Yukteswar—, más como un redentor de almas que reencarnan astralmente y que vienen de regreso de la esfera casual, en particular, que de aquellos seres astrales que vienen ascendiendo procedentes de la Tierra. Estas almas, si aun retienen vestigios de karma material, no pueden ascender hasta los muy elevados planetas astrales como Hiranyaloka.

»La mayor parte de los habitantes de la Tierra no ha aprendido a experimentar la visión que se adquiere por la meditación para apreciar los goces superiores y las ventajas de la vida astral, y por esta razón, después de la muerte, desea volver a los limitados e imperfectos placeres de la Tierra, de igual manera muchos seres astrales, durante la desintegración normal de sus cuerpos astrales, fracasan para retener en la mente el estado de adelanto propio del goce espiritual en el mundo de las ideas o causas y, morando en los pensamientos de la ostentosa felicidad astral, de mayor peso, anhelan volver a visitar el paraíso astral.

»El pesado karma astral debe ser redimido por tales seres antes de que logren, después de la muerte astral, una estancia permanente en el mundo-pensamiento causal, tan finalmente seccionado del Creador.

»Solamente cuando un ser ya no tiene más deseos por satisfacer con experiencias agradables a la vista, del cosmos astral, y ya no puede ser tentado más para tener que volver allí, puede permanecer en el mundo causal. Completando así el trabajo de redención respectivo al karma causal, o simientes de los deseos pasados, el alma confinada arroja el último de los tres tapones de la ignorancia y, emergiendo del jarrón final del cuerpo causal, se identifica con el Eterno.

»¿Comprendes ahora? —¡El Maestro sonrió encantadoramente!

—Sí, por conducto de tu gracia; me mantengo callado por el júbilo y la gratitud. ¡Nunca de canción o relato alguno obtuve un conocimiento tan inspirador! Aunque las Escrituras hindúes hacen referencia a los mundos astral y causal y a los tres cuerpos del hombre, ¡qué remotas e insignificantes resultan esas páginas comparadas con la cálida autenticidad de la revelación hecha por mi maestro resucitado!, para quien, en verdad, no existe un solo «país por descubrir de cuyos linderos ningún viajero regresa».

—La interpretación de los tres cuerpos del hombre se expresa de varias maneras a través de su triple naturaleza —continuó mi gurú—. En estado de vigilia sobre la Tierra, un ser humano es más o menos consciente de sus tres vehículos. Cuando él ejerce sensoriamente las funciones del gusto, olfato, tacto, audición y vista, está actuando principalmente por conducto de su cuerpo físico. Visualizando o ejecutando la volición, está obrando principalmente por medio de su cuerpo astral. Su instrumento causal encuentra expresión cuando el hombre está pensando o sumiéndose profundamente en la introspección o en la meditación; los pensamientos cósmicos de los genios le vienen al hombre que habitualmente establece contacto con su cuerpo causal. En este sentido un individuo puede ser clasificado en general como «un hombre material», «un hombre energético» o «un hombre intelectual».

»Un hombre se identifica a sí mismo por espacio de dieciséis horas diarias con su vehículo físico. Después duerme; si él sueña, permanece en su cuerpo astral, creando sin esfuerzo cualquier objeto, igual como lo hacen los seres astrales. Si el dormir del hombre es profundo y sin sueños, por varias horas él se capacita para transferir su conciencia, o el sentido del yo, al cuerpo causal; tal dormir es vivificante. Uno que sueña cuando duerme hace contacto con su cuerpo astral y no con el causal; su dormir no es completamente restituyente.

Yo estuve observando cariñosamente a Sri Yukteswar mientras él me exponía su maravillosa comunicación.

—Gurú angélico —le dije—, tu cuerpo tiene la apariencia exacta que tuvo la última vez, cuando lloré ante él en la ermita de Puri.

—Así es; mi nuevo cuerpo es una copia perfecta del anterior. Yo materializo o desmaterializo esta figura en cualquier momento a voluntad, con mucha mayor frecuencia que lo hecho sobre la Tierra. Por la rápida desmaterialización, viajo ahora instantáneamente, valiéndome de un expreso de luz, de un planeta, o bien, del mundo astral al mundo causal o al físico.

Mi Divino gurú añadió sonriendo:

—A pesar de que estás cambiando de lugar con tanta frecuencia en estos días, no tuve dificultad para localizarte en Bombay.

—¡Oh, maestro, estuve tan profundamente afligido por tu muerte!

—¡Ah! ¿En dónde morí yo...? ¿No hay alguna contradicción? —Los ojos de Sri Yukteswar estaban parpadeando recreativamente, con amor—. Únicamente has estado soñando en la Tierra; en esa Tierra viste mi cuerpo-sueño, posteriormente tú sepultaste esa imagen-sueño. En el presente, mi cuerpo, más fino, que me observas, y que en este momento estás abrazando más estrechamente, está resucitado sobre otro planeta-sueño-de-Dios más fino. Algún día ese cuerpo-sueño y ese planeta-sueño más fino dejarán de ser; tampoco ellos están hechos para existir por siempre.

»Todas las burbujas-sueño deberán estallar en forma eventual al toque final del completo despertar.

»Diferencia, hijo mío, Yogananda, entre sueño y realidad.

Esta idea vedántica de resurrección me conmovió, dejándome maravillado.

Yo me avergoncé de haber compadecido a mi maestro cuando contemplé su cuerpo sin vida en Puri. Por fin, comprendí que mi gurú siempre estuvo completamente despierto en Dios, percibiendo que su propia vida, a medida que transcurría sobre la Tierra, y su presente resurrección, fueron solo relatividades de las ideas Divinas en el mundo cósmico.

—Te he dicho ahora, Yogananda, las verdades sobre mi vida, muerte y resurrección. ¡No te aflijas por mí; más bien difunde por todas partes la historia de mi resurrección de la tierra-sueño-de-Dios de los hombres a otro planeta-sueño-de-Dios de almas revestidas astralmente! ¡Nuestra esperanza se infundirá en los corazones de los soñadores-cegados por el «sueño *maya*» del mundo, temerosos de la muerte!

—¡Sí, maestro, con toda voluntad compartiré con los demás el goce de tu resurrección!

—Sobre la Tierra, mis métodos de vida fueron demasiado incómodos, desagradables a la naturaleza de la mayoría de los hombres. A menudo, yo te regañé más de lo que debía haberlo hecho. Tú pasaste mi prueba; tu amor brilló a través de todo el cúmulo de reprimendas —agregó él con ternura—. Vine también para decirte que nunca más usaré el rigor en la mirada para censurarte, no te regañaré más.

¡Cuánto he echado de menos los castigos de mi gran gurú! Y cada uno fue para mí como un ángel guardián de protección.

—Queridísimo maestro, repróchame un millón de veces, regáñame ahora.

—Ya no te reprenderé más. —Su Divina voz era severa, empero con una sonrisa condescendiente—. Tú y yo sonreiremos juntos, tanto tiempo como nuestras dos figuras aparezcan desiguales ante Dios en el sueño-*maya*.

»¡Finalmente, nos fundiremos, haciéndonos uno con el Amado Cósmico; nuestras sonrisas serán la suya, nuestro gozoso cantar unificado vibrando por toda la eternidad se esparcirá sobre las almas armonizadas con Dios!

Sri Yukteswar me dilucidó ciertas materias cuyo contenido no puedo revelar aquí. Durante las dos horas que pasó conmigo en el hotel de Bombay, me respondió todas las preguntas que le hice. Un cierto número de profecías que me confió ese día de junio de 1936 ha tenido ya exacto cumplimiento.

—¡Ahora tengo que dejarte, amado! —Con estas palabras, sentí que el maestro se desvanecía entre mis brazos.

»Hijo mío —su voz vibró en lo más profundo de mi alma—, cuando traspases los umbrales de *nirvikalpa samadhi* y me llames, vendré a ti en forma humana, tal como lo he hecho hoy...

Con esta celestial promesa, Sri Yukteswar se desvaneció ante mis ojos.

Una voz espectral repetía, con un sonido musical y majestuoso trueno:

—¡Dile a todos! Quienquiera que sepa, por medio de *nirvikalpa samadhi*, que vuestra Tierra es solo un sueño de Dios puede venir al más finamente creado planeta de Hiranyaloka y encontrarme allí resucitado, con un cuerpo exactamente igual al que tenía en la Tierra. ¡Dile a todos, Yogananda!

La tristeza de su partida se había desvanecido. La piedad y la pena que me habían producido su muerte y que tanto tiempo robaran mi paz se desvanecieron para convertirse en un sentimiento de vergüenza. Una sensación de bienaventuranza se derramó sobre mí y penetraba por los poros recién abiertos de mi alma. Como organismos largo tiempo en desuso, ahora experimentaba la bendición del éxtasis. Los sentimientos y emociones de pasadas encarnaciones perdieron al instante sus manchas kármicas, renovados por la visita Divina de Sri Yukteswar.

En este capítulo de mi autobiografía he obedecido los deseos de mi maestro y he esparcido la bendita nueva, aunque confunda a una generación escéptica por una vez más.

El hombre sabe muy bien cómo envilecerse, y la desesperación raramente constituye una ayuda; no obstante, estas son perversidades y no forman, en verdad, parte de la positiva naturaleza del hombre.

Cuando lo desee, el hombre pude entrar en el camino de la liberación. Ya ha oído demasiado a los pesimistas que proclaman que «polvo somos», sin tener en cuenta la índole inconquistable del alma.

Yo no fui el único privilegiado en recibir la visita del maestro resucitado.

Uno de los discípulos de Sri Yukteswar era una anciana mujer, conocida por el mote afectuoso de Ma ('madre'), cuya casa se encontraba cerca de la ermita de Puri. El maestro solía detenerse a charlar con la mujer durante su paseo matinal. En la tarde del 16 de marzo de 1936, Ma llegó a la ermita y solicitó ver al maestro.

—Vamos, si el maestro murió una semana... —El Swami Sevananda, ahora a cargo de la ermita de Puri, miró a la mujer con tristeza.

—¡Eso es imposible! —protestó la mujer, sonriendo ligeramente—. ¿No será que quiere usted proteger al maestro de los visitantes importunos...?

—No. —Sevananda relató a la mujer los pormenores de la ceremonia fúnebre.

»Venid —dijo a la mujer—, os conduciré al jardín para que veáis la tumba de Sri Yukteswar.

Ma movió la cabeza.

—Para él no hay tumba. Esta mañana, a las diez, pasó frente a mi puerta, en su recorrido usual. Yo hablé con él durante varios minutos, a plena luz del día...

—Venid esta tarde a la ermita —dijo el swami.

—¡Aquí estoy ya! ¡Las bendiciones han caído sobre mi pobre cabeza gris!

»¡El maestro inmortal quiso que yo comprendiera en qué forma trascendental me visitó esta mañana!

El asombrado Sevananda se arrodilló ante la mujer.

—¡Ma! —dijo—. ¡Qué peso me habéis quitado de encima! ¡El maestro se ha levantado!

Capítulo 44
Con Mahatma Gandhi en Wardha

—¡Bienvenido a Wardha! —Mahadev Desai, secretario de Mahatma Gandhi, saludó a la señorita Bletch, el señor Wright y a mí con estas cordiales palabras y un obsequio de vellones de *khaddar* ('algodón casero'). Nuestro pequeño grupo acababa de llegar a la estación de Wardha muy temprano, una mañana de agosto, contento de dejar el polvo y el calor del tren. Enviamos nuestro equipaje a una carreta, y nosotros ocupamos un carro motor con el señor Desai y sus compañeros, Babasaheb Deshmukh y el doctor Pingale. Después de un corto viaje por los caminos lodosos del país llegamos a Maganvadi, el *ashram* del santo político de la India.

El señor Desai nos condujo en seguida al cuarto que generalmente utiliza para escribir y donde, con las piernas cruzadas, se hallaba Mahatma Gandhi. Con la pluma en una mano y un cuaderno en la otra, en su rostro brillaba una vasta y cálida sonrisa.

«Bienvenido», escribió en hindi, pues era lunes, su turno semanal de silencio.

Aunque este era nuestro primer encuentro, nos miramos uno a otro afectuosamente. En 1925, Mahatma Gandhi honró a la escuela de Ranchi con una visita y escribió en el libro de visitantes un gracioso tributo.

El pequeño santo de cuarenta y cinco kilos radiaba salud física, mental y espiritual. Sus suaves ojos oscuros brillaban con inteligencia, sinceridad y discernimiento; este hombre de Estado se ha enfrentado victorioso ante miles de batallas sociales, legales y políticas. Ningún otro líder en el mundo ha logrado un lugar tan seguro en el corazón de su pueblo como el que Gandhi ha ocupado en millones de iletrados de la India. Su espontáneo tributo es su famoso título: Mahatma, 'gran alma'. Por ello, únicamente Gandhi limita su vestidura a un taparrabo almidonado, símbolo de su unidad con las pisoteadas masas que no pueden proveerse de otra cosa.

«Los residentes del *ashram* están enteramente a su disposición; tengan la bondad de llamarlos para lo que se les ofrezca». Con característica cortesía, el Mahatma me entregó esa nota escrita rápidamente, mientras el señor Desai nos conducía del despacho a la casa de los huéspedes.

Nuestro guía nos llevó a través de huertos y campos de flores al edificio embaldosado y ventanas de celosías. En el patio frontero había un pozo de unos veinticinco pies que se utilizaba, según el señor Desai, como reserva; y junto a él, una rueda giratoria de cemento para descascarar arroz. Cada uno de nuestros pequeños cuartos demostraba no tener más que el mínimo irreductible: una cama de cuerdas trenzadas a mano; la cocina, blanca y bien lavada, presumía de su grifo en un rincón y un hornillo para cocinar en el otro. Arcadianos ruidos llegaron a nuestros oídos, los gritos de los cuervos y de las golondrinas, los mugidos del ganado y el golpe de los cinceles con que labran piedras.

Observando el diario de viaje del señor Wright, Desai abrió una página y escribió en él una lista de los votos *satyagraha*, que han hecho todos los estrictos secuaces del Mahatma (*satyagrahis*): no violencia, verdad, no robar, celibato, no posesión, labor corporal, control del paladar, intrepidez, igual respeto para todas las religiones, *swadeshi* (el uso de las manufacturas del hogar), libertad de los Intocables. Estos once votos deben observarse como promesa en espíritu de humildad. (El mismo Gandhi firmó esta página al siguiente día, dando la fecha también: 27 de agosto de 1935).

Dos horas después de nuestra llegada, mis compañeros y yo fuimos citados para el *lunch*. El Mahatma estaba ya sentado bajo la bóveda del pórtico del *ashram*, en medio del patio y frente a su estudio. Como veinticinco *satyagrahis* descalzos estaban inclinados delante de platos y tazas de latón. Después de una oración en coro por todos, sirvieron la comida en grandes platos de latón, con *chapatis* (pan de trigo integral sin levadura), rociados con *ghee*, *talsari* (vegetales cocidos en cubitos) y mermelada de limón.

El Mahatma comió *chapatis*, remolacha cocida, algunos vegetales y naranjas. A un lado de su plato había un montón de hojas de *neem*, muy amargas, que son un notable purificador de la sangre. Con su cuchara separó una porción y la puso en mi plato. Yo lo engullí con agua, recordando mis días de la niñez, cuando mi madre me había obligado a tragar la desagradable dosis. Gandhi, sin embargo, comía poco a poco la pasta de *neem*, con tanto gusto como si fuera un postre delicioso.

En este frívolo incidente noté la habilidad del Mahatma para separar su mente de los sentidos a la voluntad. Recordé la famosa apendectomía realizada con él hace algunos años. Rehusando los anestésicos, el santo había charlado alegremente con sus discípulos durante la operación, revelando con su contagiosa sonrisa que no le daba importancia al dolor.

La tarde nos dio la oportunidad de una charla con una eminente discípula de Gandhi, la señorita Madeleine Slade, hija de un almirante inglés, ahora conocida como Mirabai. Su rostro firme y sereno lucía de entusiasmo mientras me hablaba en fluido hindi de sus actividades diarias.

—¡El trabajo de reconstrucción rural es remunerador! Un grupo de nosotros va todas las mañanas, a las cinco en punto, a servir. Ahora, jamás desearía regresar a mi antigua vida e intereses.

Discutimos por un rato de América.

—Yo estoy siempre contenta y sorprendida —dijo— de ver el profundo interés en los asuntos espirituales, mostrado por numerosos norteamericanos que visitan la India.

Las manos de Mirabai pronto se encontraron ocupadas en el *charka* (la rueda para hilar), omnipresente en todos los cuartos del *ashram*, y desde luego debido a Mahatma, también omnipresente en la India rural.

Gandhi tiene muy buenas razones económicas y culturales para fomentar el restablecimiento de las industrias caseras, pero no aconseja la repudiación fanática de todo el progreso moderno. La maquinaría, los trenes, los automóviles y el teléfono han jugado parte muy importante en su propia colosal vida. Cincuenta años de servicio público, en prisión o fuera de ella, luchando diariamente con detalles prácticos y duras realidades en el mundo político, solo han contribuido a aumentar su equilibrio, sus elevados pensamientos, su juicio sano y su apreciación humorística del conocido espectáculo humano.

Nuestro trío disfrutó de la cena de las seis de la tarde como huéspedes de Babasaheb Deshmukh. A las siete, hora de oración, nos halló de regreso en el *Maganvadi ashram*, subiendo a la azotea, donde treinta *satyagrahis* estaban agrupados en semicírculo alrededor de Gandhi. Este estaba sentado sobre una estera de paja, y frente a él tenía un antiguo reloj de bolsillo. El sol muriente alumbraba apenas las palmas y los bananos. El susurro de la noche y los grillos había comenzado. La atmósfera era como la serenidad misma; yo estaba extasiado.

El señor Desai dirigía un solemne canto, que era coreado por el grupo; luego siguió una lectura del Gita. El Mahatma propuso que yo hiciera la oración final. ¡Qué unión Divina de pensamiento y aspiración! Un recuerdo para siempre: ¡la meditación en la azotea de Wardha, bajo las tempranas estrellas!

Puntualmente a las ocho, Gandhi terminó su silencio. Las labores hercúleas de su vida lo obligan a emplear su tiempo al minuto.

—¡Bienvenido, *swamiji*!

El saludo del Mahatma no me llegó esta vez por escrito. Descendimos a su cuarto de escritura, amueblado simplemente con esteras cuadradas (no había sillas), un escritorio bajo con libros, papeles y algunas plumas ordinarias (no había plumas fuente) y un fantástico reloj en un rincón. Había en todo un aura penetrante de paz y devoción, y Gandhi mostraba una de sus cautivadoras sonrisas, cavernosa y poco menos que sin dientes.

—Hace algunos años —explicó—, comencé la observancia de un día de silencio a la semana, con el objeto de tener tiempo para ocuparme de mi correspondencia. Pero ahora esas veinticuatro horas se han convertido en una vital necesidad espiritual. Un decreto periódico de silencio no es una tortura, sino una bendición.

Estuve de acuerdo sinceramente. El Mahatma me preguntó sobre América y Europa; discutimos sobre la India y las condiciones del mundo.

—Mahadev —dijo Gandhi al entrar el señor Desai—, tenga la bondad de hacer los arreglos en el Salón de la Ciudad para que *swamiji* hable allí sobre el yoga mañana por la noche.

Al darle al Mahatma las buenas noches, él consideradamente me ofreció una botella de aceite de toronja.

—¡Los mosquitos de Wardha no saben nada de *ahimsa, swamiji!* —dijo riendo.

A la mañana siguiente, nuestro pequeño grupo desayunó muy temprano un sabroso potaje de trigo con dulces y leche. A las diez y media, fuimos llamados al pórtico del *ashram* para el *lunch* con Gandhi y sus *satyagrahis*. El menú de entonces incluía arroz moreno, una nueva selección de vegetales y semillas de cardamomo.

La tarde me halló recorriendo los alrededores del *ashram*, donde pastaban algunas imperturbables vacas. La protección de las vacas es una pasión de Gandhi.

—Para mí, la vaca significa todo el mundo subhumano, que extiende sus simpatías al hombre, más allá de su propia especie —explicó el Mahatma—. El hombre, a través de la vaca, se ve impelido a realizar su identidad con todo lo que vive. El por qué los antiguos *rishis* seleccionaron la vaca en apoteosis es obvio para mí. La vaca en la India fue la mejor comparación; ella fue la dadora de la abundancia. No solamente dio leche, sino que hizo posible la agricultura. La vaca es un poema de piedad; uno lee la piedad en tan dócil animal. Ella es como la segunda madre para millones de seres humanos. La protección a la vaca significa la protección a toda la creación muda de Dios. La llamada al orden inferior de la creación es la más poderosa, porque no tiene el don del habla.

»Los hindúes ortodoxos disfrutan de tres rituales diarios. Uno es Bhūtayajña, una ofrenda de alimento al reino animal. Esta ceremonia simboliza la realización de las obligaciones del hombre para las formas menos evolucionadas de la creación, instintivamente ligadas a la identificación corporal que también corroe la vida humana, pero carentes de esa cualidad racional liberadora que es peculiar en la humanidad. Bhūtayajña refuerza así la disposición favorable del hombre de ayudar al débil, mientras él, a su vez, es asistido por los innumerables cuidados de elevados seres invisibles. El hombre está también obligado a velar por la renovación de los presentes de la naturaleza, pródiga en la tierra, mar y cielo. Las barreras evolucionarias de incomunicabilidad entre la naturaleza, los animales, el hombre y los ángeles astrales son así vencidas por los oficios del callado amor.

»Los otros dos *yajnas* diarios son Pitri y Nri. Pitri Yajna es una ofrenda de oblación a los antepasados, como un símbolo del aprendizaje de sus deudas con el pasado, la esencia de cuya sabiduría ilumina la humanidad de hoy. Nri Yajna es una ofrenda de alimento a los extranjeros o al pobre, símbolo de la actual responsabilidad del hombre, de sus deberes para con sus contemporáneos.

Temprano por la tarde, cumplí lo ordenado en Nri Yajna con una visita al *ashram* de Gandhi para niñas. El señor Wright me acompañó durante el viaje de diez minutos. Las jóvenes y florales cabecitas surgían en lo alto de los *saris* de múltiples colores. Al final de una breve plática en hindi, que di al aire libre, los cielos desataron un repentino aguacero. Riendo, el señor Wright y yo abordamos el carro y regresamos al Maganvadi rápidamente. ¡Qué intensidad tropical y qué chapoteo!

Al entrar otra vez a la casa de huéspedes, me conmovió de nuevo la completa simplicidad y evidente sacrificio que se advierte en todas partes. La promesa de Gandhi de no posesión vino poco después de su vida de casado. Renunciando al vasto ejercicio de su profesión de abogado, que le proporcionaba una entrada anual de más de 20 000 dólares, el Mahatma distribuyó toda su riqueza entre los pobres.

Sri Yukteswar acostumbraba mofarse con gentil finura de los comunes e inadecuados conceptos de la renunciación.

—Un mendigo no puede renunciar a su riqueza —decía el maestro—. Si un hombre se lamenta: «Mi negocio ha fracasado; mi mujer me ha abandonado; renunciaré a todo y entraré a un monasterio», ¿a qué sacrificio mundano se está refiriendo? Él no ha renunciado a la riqueza y el amor; estos lo han renunciado a él.

Santos como Gandhi, por el contrario, no solamente han cumplido sacrificios materiales tangibles, sino la más difícil renunciación de motivos egoístas y metas privadas, fundiendo todo su ser en la corriente de la humanidad como un todo.

La extraordinaria esposa del Mahatma, Kasturabai, no objetó nada cuando él omitió reservar una parte de su riqueza para su uso particular y de sus hijos. Casados desde muy jóvenes, Gandhi y su esposa hicieron la promesa de celibato después del nacimiento de algunos hijos. Heroína tranquila en el intenso drama que ha sido su vida común, Kasturabai ha seguido a su esposo en la prisión, ha compartido sus tres semanas de ayuno y llevado su parte de responsabilidades sin fin. Ella le ha pagado a Gandhi el siguiente tributo:

¡Yo te doy las gracias por haber tenido el privilegio de ser tu compañera en la vida!

¡Yo te doy las gracias por el más perfecto matrimonio en el mundo, basado en *brahmacharya* ('control propio') y no en el sexo! ¡Yo te doy las gracias por haberme considerado tu igual en tu trabajo en favor de la India! ¡Yo te doy las gracias por no haber sido uno de esos miles de esposos que emplean la mayor parte de su tiempo jugando en las carreras de caballos, con mujeres, vinos y canciones o en las nimiedades de la vida, cansando a sus esposas e hijos como el niño se cansa pronto de sus juguetes! ¡Qué agradecida estoy de que no hayas sido uno de esos esposos que consagran su tiempo a hacerse ricos con la explotación del trabajo de otros!

¡Qué agradecida estoy de que hayas antepuesto a Dios y al país frente al soborno, de que tuvieras el valor de tus convicciones y una fe completa e implícita en Dios! ¡Qué agradecida estoy de un esposo que ha puesto a Dios y a su país ante mí! ¡Yo te estoy agradecida por tu tolerancia conmigo y por mis faltas de juventud, cuando refunfuñaba y me rebelaba contra el cambio hecho en nuestro modo de vivir, de tanto a tan poco!

Cuando era una niña pequeña, viví en la casa de tus padres; tu madre fue una buena y noble mujer; ella me entrenó, me enseñó cómo ser valiente, cómo llegar a ser una esposa intrépida y cómo conservar el amor y el respeto de su hijo, mi futuro marido. A medida que pasaron los años y te convertiste en el líder más amado de la India, yo no tuve ninguno de los temores que acosan a la esposa puesta a un lado cuando su marido ha subido las laderas del éxito, como tan a menudo ocurre en otros países. Yo sabía que la muerte nos encontraría como esposo y esposa.

Por varios años, Kasturabai ejecutó los deberes de tesorera de los fondos públicos, que el idolatrado Mahatma es capaz de levantar por millones. Existen muchas historias humorísticas en las casas de la India, entre ellas la de que los maridos se ponen nerviosos de pensar que sus esposas usen alguna joya en las reuniones de Gandhi; pues, debido a la mágica lengua del Mahatma, todas terminan poniendo sus encantadores brazaletes de oro y collares de brillantes en el cestillo de la colecta.

Un día, la tesorera pública, Kasturabai, no pudo explicar el desembolso de cuatro rupias. Gandhi publicó, entonces, un estado de cuentas que inexorablemente señalaba la diferencia de las cuatro rupias en las de su esposa.

Muy a menudo he contado esta historia en la clase de mis estudiantes americanos: una noche, una dama de la concurrencia se exaltó, exclamando: «¡Mahatma o no Mahatma, si hubiese sido mi marido, le habría puesto un ojo negro por ese innecesario insulto público!».

Después de un rato de un buen humor que pasamos sobre el tema de las esposas americanas e hindúes, hice una explicación más amplia: la señora de Gandhi no considera al Mahatma como su esposo, sino como su gurú, que tiene derecho a corregirla hasta por los errores más insignificantes, indiqué. Algún tiempo después de que Kasturabai había sido censurada públicamente, Gandhi fue sentenciado a prisión por un cargo político. Mientras con toda calma se despedía de su esposa, ella cayó a sus pies. «Maestro, si alguna vez te he ofendido, te suplico me perdones», dijo humildemente.

A las tres de la tarde, en Wardha, acudí, de acuerdo con una cita previa, al despacho del santo, que había sido capaz de hacer de su propia esposa una discípula resuelta, aparte de esposa. Raro milagro, Gandhi miró hacia arriba con su inolvidable sonrisa.

—Mahatmaji —le dije, mientras me inclinaba junto a él sobre la estera sin cojines—, le suplico me dé su definición de *ahimsa*.

—Renunciar a dañar a cualquier criatura viviente, en pensamiento o acción.

—Hermoso ideal. Pero el mundo siempre preguntará: ¿puede alguien no matar a una cobra para proteger a un niño o a sí mismo?

—No podría matar a una cobra sin violar dos de mis promesas: intrepidez y no matar. Así, trataría más bien de calmar a la víbora con vibraciones de amor. Yo no puedo rebajar mis normas por adaptarme a las circunstancias. —Con su asombroso candor, Gandhi agregó—: Debo confesar que no podría continuar sobre esta conversación si me está viendo una cobra.

Observé que encima de su escritorio había varios libros occidentales recientes sobre dieta.

—Sí, la dieta es importante para el movimiento *satyagraha* como para cualquier otro —dijo sonriéndose—. Como yo sostengo que se debe observar una completa temperancia entre los *satyagrahis*, siempre estoy tratando de encontrar la mejor dieta para el celibato. Uno debe conquistar el paladar antes de que pueda controlar el instinto procreativo. La semiinanición o las dietas sin equilibrio no son la respuesta. Después de vencer la gula por la alimentación, un *satyagrahi* debe continuar una dieta vegetariana racional, con todas las vitaminas necesarias, minerales, calorías, etcétera. Por medio de la regulación interna y externa con respecto a la comida, el fluido sexual del *satyagrahi* fácilmente se convierte en energía vital para todo el cuerpo.

El Mahatma y yo comparamos nuestro conocimiento de buenos substitutivos de la carne.

—El aguacate es excelente —le dije—. Hay muchos árboles de aguacate cerca de mi centro en California.

La cara de Gandhi se iluminó con interés.

—Me gustaría saber si pueden crecer en Wardha; los *satyagrahis* apreciarían un nuevo alimento.

—Puede tener la seguridad de que le enviaré algunas plantas de aguacate de Los Ángeles a Wardha —dije y, luego, agregué—: Los huevos son alimentos que contienen muchas proteínas; ¿están prohibidos a los *satyagrahis*?

—No los que no están fertilizados. —El Mahatma se rio de buena gana—. Por varios años no recomendé su uso; aún ahora personalmente no los como. Una vez mi nuera se estaba muriendo de mala nutrición; su doctor insistió en darle huevos, pero no di mi consentimiento, y le aconsejé que le dieran algún substituto del huevo. «Gandhiji —dijo el doctor—, los huevos que no están fertilizados no contienen la esperma vital; por lo tanto, no se viola el precepto del no matar». Entonces, gustosamente di el permiso a mi nuera para que comiera huevos; pronto recobró la salud.

En la noche anterior, Gandhi había expresado el deseo de recibir el *Kriyā yoga* de Lahiri Mahasaya. Me sentí conmovido por la amplitud mental del Mahatma y por su espíritu de investigación. Es semejante a un niño en su búsqueda Divina, revelando esa pura receptividad que Jesús alababa en los niños... «De ellos es el reino de los cielos».

La hora de mi prometida instrucción había llegado; varios *satyagrahis* entraron al cuarto: el señor Desai, el doctor Pingale y algunos otros que deseaban la técnica del *Kriyā*.

Primero les enseñé los ejercicios físicos de Yogoda. El cuerpo se visualiza como si estuviera dividido en veinte partes; la voluntad dirige la energía por turnos a cada sección. Pronto estuvieron todos vibrando ante mí como motores humanos. Fue fácil observar los efectos ondulatorios de las veinte partes del cuerpo de Gandhi, invariablemente expuestas a la vista. Aunque es muy delgado, no es desagradable; la piel de su cuerpo es suave y sin arrugas.

Luego inicié al grupo en la técnica liberadora del *Kriyā yoga*.

El Mahatma ha estudiado con reverencia todas las religiones del mundo. Las Escrituras jaínas, el Nuevo Testamento bíblico y los escritos sociológicos de Tolstói son las fuentes principales de las convicciones de no violencia de Gandhi. Él ha expuesto su credo como sigue:

> Yo creo que la Biblia, el Korán y el Zend-Avesta han sido divinamente inspirados, como los Vedas. Yo creo en la institución de los gurús; pero en esta época millones deben marchar sin un gurú, porque es muy raro encontrar una combinación de perfecta pureza y perfecta instrucción. Pero no se debe perder la esperanza de llegar a conocer la verdad de la propia religión, porque los fundamentos del hinduismo, como los de cualquier otra gran religión, son inmutables y fáciles de comprender.
>
> Yo creo, como todo hindú, en Dios y su unidad, en el renacimiento y la salvación... Yo no puedo ya describir mis sentimientos por el hinduismo de los que tengo por mi propia esposa. Ella me emociona como ninguna otra mujer en el mundo lo hubiese hecho. No es que no tenga faltas; osaría decir que tiene más de las que veo, pero el sentimiento de un lazo indisoluble está allí. Aun siendo así, mis sentimientos están con el hinduismo, con todas sus faltas y limitaciones. Nada me encanta más que la música del Gita, o del *Rāmāyana* de Tulsidas. Cuando me imaginaba que había llegado mi última hora, el Gita era mi solaz.
>
> El hinduismo no es una religión exclusiva. En ella hay campo para adorar a todos los profetas del mundo. No es una religión misionera en el sentido del término. Sin duda, ha absorbido muchas tribus en su seno, pero esta absorción ha sido de

un carácter evolucionario e imperceptible. El hinduismo le dice a cada hombre que adore a Dios de acuerdo con su propia fe o *dharma*, y así vive en paz con todas las religiones.

De Cristo, Gandhi ha escrito: «Estoy seguro de que, si él viviera ahora entre los hombres, bendeciría las vidas de muchos que quizás jamás han oído siquiera su nombre... tal como está escrito: "No todo aquel que me dice 'Señor, Señor...', sino aquel que hace la voluntad de mi Padre". En la lección de su propia vida, Jesús dio a la humanidad el magnífico propósito y el simple objetivo hacia el cual todos nosotros debemos aspirar. Yo creo que él no solamente pertenece al cristianismo, sino a todo el mundo, a todas las tierras y razas».

Durante mi última noche en Wardha, tomé la palabra en la reunión que había sido convocada por el señor Desai, en el Salón de la Ciudad. La sala estaba pletórica hasta el alféizar de las ventanas, con unas cuatrocientas personas reunidas para oír hablar sobre yoga. Primero les hablé en hindi, después en inglés. Nuestro pequeño grupo regresó al *ashram* a tiempo para echar un vistazo de despedida a Gandhi, quien estaba sumergido en la paz y en su correspondencia.

La noche reinaba todavía cuando me desperté a las cinco de la mañana. La vida de la aldea ya estaba en movimiento; primero, una carreta junto a las puertas del *ashram*, luego un campesino con su pesado fardo en la cabeza. Después del desayuno, nuestro trío buscó a Gandhi para los *pranams* de la despedida. El santo se levanta a las cuatro de la mañana para sus oraciones.

—¡Mahatmaji, adiós! —Me arrodillé para tocar sus pies—. ¡La India está segura bajo su custodia!

Años han pasado desde el idilio de Wardha; la tierra, los océanos y el firmamento se han oscurecido con un mundo en guerra.

Solo entre grandes líderes, Gandhi ha ofrecido su movimiento práctico de no violencia como alternativa al poder armado. Para deshacer agravios y remover injusticias, el Mahatma ha empleado el medio de no violencia, que una y otra vez ha probado su eficacia. Él declara su doctrina con estas palabras:

He encontrado que la vida persiste en medio de la destrucción. Por lo tanto, debe haber una ley superior que la de la destrucción. Únicamente bajo esa ley ordenada, la sociedad puede ser inteligible, y la vida, digna de vivirse.

Si esa es la ley de la vida, debemos ponerla en práctica en nuestra vida diaria. Dondequiera que haya guerra, dondequiera que nos enfrentemos a un oponente, debemos conquistarlo por el amor. He encontrado que esta ley del amor ha respondido en mi propia vida como no lo habría hecho la ley de la destrucción.

En la India hemos tenido una demostración ocular de la operación de esta ley en la más amplia escala posible. Yo no pretendo que la no violencia haya penetrado en los 370 millones de habitantes de la India, pero sí estoy seguro de que ha penetrado más profundamente que cualquiera otra doctrina en un tiempo increíblemente corto.

Se necesita un curso de verdadero entrenamiento para obtener un estado mental de no violencia. Es una vida disciplinada, como la vida de un soldado. El estado perfecto se alcanza únicamente cuando la mente, el cuerpo y la palabra están en propia coordinación.

Cada problema debe prestarse a su solución si determinamos que la ley de la verdad y la no violencia sean la ley de vida.

Así como un científico hace maravillas de las varias aplicaciones de las leyes de la naturaleza, un hombre que aplica las leyes del amor con precisión científica puede hacer mayores maravillas. La no violencia es infinitamente más maravillosa y sutil que las fuerzas de la naturaleza, por ejemplo, la electricidad. La ley del amor es una ciencia mucho más grande que cualquier otra ciencia moderna.

El ominoso desarrollo de los acontecimientos políticos mundiales destaca la inexorable verdad de que la creencia de visión espiritual conduce a los pueblos a la extinción. La ciencia ha llevado a la humanidad a comprender vagamente —si la religión no lo ha logrado aún— la inseguridad implícita en todas las cosas materiales, las cuales casi parecen estar desprovistas de sustancia. ¿A dónde puede el hombre en verdad volverse ahora, sino a su propia fuente y origen, al espíritu que mora en su interior?

Consultando la historia, puede uno razonablemente afirmar que los problemas de la humanidad no han sido resueltos por el uso de la fuerza bruta. La Primera Guerra Mundial produjo una bola de nieve que estremeció al mundo con karma de guerra que se convirtió en la Segunda Guerra Mundial. Solamente el calor de la fraternidad puede derretir la presente y colosal bola de nieve del karma de la guerra, que de otra manera se convertirá en una Tercera Guerra Mundial. Esta trinidad perversa liquidaría por siempre la posibilidad de una Cuarta Guerra Mundial por medio de bombas atómicas. Si para resolver las disputas se utiliza la lógica de la selva en vez de la razón humana, volveremos a convertir la Tierra en una selva. Si no somos hermanos en la vida, seremos hermanos en la muerte violenta.

¡La guerra y el crimen jamás pegan! Los billones de dólares que se convirtieron en el humo de una bagatela explosiva hubieran sido suficientes para hacer un mundo mejor, libre de enfermedades y, sobre todo, de pobreza. No una tierra de miedo, caos, hambre y pestilencia, la densa macabra, sino una tierra abierta de paz, de prosperidad y de conocimiento más amplio.

La voz de no violencia de Gandhi apela a la más elevada conciencia del hombre. Hace que las naciones no sean aliadas de la muerte, sino de la vida; no de la destrucción, sino de la construcción; no del aniquilador, sino del Creador.

«Uno debe perdonar, bajo cualquier injuria», dice el *Mahābhārata*. «Se ha dicho que la continuación de las especies es debido a que el hombre ha perdonado. El perdón es sagrado; por medio del perdón el universo se sostiene en conjunto. El perdón es la potencia del poderoso; perdón es sacrificio; perdón es quietud mental. El perdón y la gentileza son las cualidades del que se posee a sí mismo el gozo interno. Esto representa la virtud eterna».

La no violencia es el brote natural de la ley del perdón y del amor. «Si la pérdida de la vida se hace necesaria en una batalla justa —proclama Gandhi—, uno debe estar preparado, como Jesús, para derramar su propia sangre, y no la de otros. Y eventualmente se derramará menos sangre en el mundo».

Algunos días se escribirán poemas épicos sobre los *satyagrahis* de la India, que han resistido al odio con el amor, la violencia con la no violencia, y que han permitido graciosamente ser asesinados sin misericordia en vez de vengarse. El resultado en ciertas ocasiones históricas fue que los oponentes armados tiraron sus fusiles y corrieron avergonzados, profundamente conmovidos, a la vista de hombres que estiman la vida de otros por encima de la propia.

«Yo esperaría, así fuese por edades —dice Gandhi—, con tal de no buscar la libertad de mi país a través del derramamiento de sangre». Jamás olvida el Mahatma la majestuosa advertencia: «Todo aquel que tome la espada perecerá por la espada». Gandhi ha escrito:

> Yo me denomino nacionalista, pero mi nacionalismo es tan amplio como el universo. Incluye en su extensión a todas las naciones de la Tierra. Mi nacionalismo incluye el bienestar de todo el mundo. No quiero que mi India se levante sobre las cenizas de otras naciones. No quiero que mi India explote a un solo ser humano. Quiero que la India sea fuerte con el objeto de que pueda contagiar a las otras naciones con su fuerza. No es así en una sola nación de Europa hoy; estas no dan fuerzas a las otras.
>
> El presidente Wilson mencionó sus hermosos catorce puntos, pero dijo: «Después de todo, si este esfuerzo nuestro para obtener la paz fracasa, tenemos nuestro armamento para enfrentarnos». Yo deseo invertir esa posición y digo: «Nuestro armamento ya ha fracasado. Busquemos ahora algo nuevo; ensayemos la fuerza del amor y Dios, que es la verdad. Cuando tengamos eso, no necesitaremos más».

Por el entrenamiento de miles de verdaderos *satyagrahis* del Mahatma (aquellos que han tomado los once rigurosos votos mencionados en la primera parte de este capítulo), que a su vez diseminan el mensaje; educando pacientemente a las masas de la India para comprender los beneficios espirituales y eventualmente los materiales de la no violencia; armando a su pueblo con las armas de la no violencia; no cooperando con la injusticia, con buena voluntad para soportar el ultraje, la prisión y la muerte misma más bien que acudir a las armas; alistando la simpatía del mundo a través de los innumerables ejemplos de martirio heroico entre los *satyagrahis*, Gandhi ha descrito dramáticamente la naturaleza práctica de la no violencia, y su solemne poder de solucionar las disputas sin guerra.

Gandhi ha ganado ya, por los medios de la no violencia, mayor número de concesiones políticas para su tierra que las de cualquier otro líder de ningún país con el auxilio de las balas. Los métodos de la no violencia para borrar la injusticia y el mal ha sido estrictamente aplicados no solamente en la arena política, sino en el delicado y complicado campo de la reforma social de la India. Gandhi y sus seguidores han removido muchos feudos, entre hindúes y mahometanos; cientos de miles de musulmanes miran al Mahatma como su líder. Los intocables han encontrado en él su intrépido y triunfante campeón.

«Si hay un nuevo renacimiento para mí —escribió Gandhi—, desearía nacer paria entre los parias, porque de esta manera sería capaz de ofrecerles un servicio más efectivo». El Mahatma es verdaderamente una «gran alma», pero fueron millones de ignorantes los que tuvieron discernimiento para otorgarle el título. Este apacible profeta es reverenciado en su propia tierra. El campesino más humilde ha sido capaz de elevarse a la más alta prueba de Gandhi. El Mahatma cree de todo corazón en la inherente nobleza del hombre. Los fracasos inevitables jamás lo han desilusionado. «Aun cuando su oponente le juegue en falso veinte veces —escribe—, el *satyagrahi* está dispuesto a confiarse en él la vigésimo primera vez, pues la confianza implícita en la naturaleza humana es la misma esencia del credo».

—Mahatmaji, usted es un hombre excepcional. Usted no debe esperar que el mundo actúe como usted. —Cierto crítico le hizo alguna vez esta observación.

—Es curioso cómo nos ilusionamos a nosotros mismos, imaginándonos que el cuerpo puede mejorarse, pero que es imposible evocar los poderes ocultos del alma —replicó Gandhi—. Yo estoy empeñado en demostrar que, si tengo alguno de esos poderes, soy un mortal tan frágil como cualquiera de nosotros y que jamás he pensado nada extraordinario de mí, ni ahora tampoco. Soy un simple individuo capaz de errar como cualquier otro ser mortal. Yo poseo, sin embargo, la suficiente humildad para confesar mis errores y desandar mis pasos. Tengo una fe inquebrantable en Dios y en su bondad, y una pasión inconsumible por la verdad y el amor. ¿Pero no es eso lo que toda persona tiene latente? Si debemos progresar, no debemos repetir la historia, sino hacer nueva historia. Debemos agregar algo a la herencia que nos han dejado nuestros antepasados. ¿Si podemos hacer nuevos descubrimientos e invenciones en el mundo fenomenal, deberemos declararnos en bancarrota en el dominio espiritual? ¿Es imposible multiplicar las excepciones para hacer de ellas la regla? ¿Debe el hombre ser bruto primero y hombres después, si queda algo?

Los americanos pueden recordar con orgullo el éxito del experimento de no violencia de Willian Penn, al fundar su colonia en el siglo XVII, en Pennsylvania. Allí no había «fortalezas, ni soldados, ni milicia, ni armamentos». Entre las guerras salvajes de la frontera y las carnicerías que sobrevinieron entre los nuevos fundadores y los indios rojos, los cuáqueros de Pennsylvania permanecieron solos sin ser molestados. «Otros fueron asesinados; otros fueron arracimados, pero ellos permanecieron seguros. Ninguna mujer cuáquera sufrió asaltos, ningún niño cuáquero fue asesinado, ningún hombre cuáquero fue torturado. Cuando los cuáqueros fueron finalmente obligados a entregar el gobierno al Estado, la guerra estalló y algunos pensilvanos fueron asesinados. Pero únicamente tres cuáqueros murieron, tres de los que se sabe abandonaron su fe para tomar armas de defensas».

«El recurso para violentar la Primera Guerra Mundial fracasó al no traer la tranquilidad que se esperaba», hizo notar Franklin D. Roosevelt. «La victoria y la defensa fueron igualmente estériles. Esa lección debe haberla aprendido el mundo».

«Mientras más armas de violencia, más miseria en la humanidad», enseñó Lao-Tse. «El triunfo de la violencia termina en un festival de luto».

«Yo estoy luchando nada menos que por la paz del mundo», declaró Gandhi. «Si el movimiento de la India tiene éxito bajo las bases de la no violencia *satyagraha*, dará un nuevo significado al patriotismo; y aun diría, con toda humildad, que a la vida misma».

Antes de que el Occidente rechace el programa de Gandhi como el de un soñador poco práctico, permítasenos reflexionar sobre una definición de *satyagraha* del maestro de Galilea:

«Habéis oído decir "Ojo por ojo y diente por diente", mas yo os digo: "No resistáis el mal, mas a cualquiera que te hiriere en tu mejilla derecha vuélvele también la otra"».

La época de Gandhi se ha extendido, con la hermosa precisión de la edad cósmica, en un siglo ya desolado y arruinado por dos guerras mundiales. Un manuscrito Divino aparece en la pared de un granito de su vida: una advertencia contra más derramamiento de sangre entre hermanos.

Mahatma Gandhi visitó en la ciudad de Ranchi mi escuela, en la que se imparte entrenamiento yoga. Él, con toda amabilidad, escribió en el libro de visitantes de Ranchi.

La traducción dice:

Esta institución ha impresionado profundamente mi mente. Tengo grandes esperanzas de que esta escuela fomente el mayor uso práctico de la rueda de hilar.

17 de septiembre de 1925.
[Firmado]: Mohandas Gandhi

Una bandera nacional para la India fue diseñada, en 1921, por Gandhi. Las rayas son azafrán, blanco y verde; la *charka* ('rueda de hilar'), en el centro, es de azul oscuro.

«La *charka* simboliza energía, y nos recuerda que, durante las eras pasadas de prosperidad en la historia de la India, el hilar a mano y otros oficios domésticos eran prominentes», escribió.

Capítulo 45
La madre bengalí y su inefable gozo

—Por favor, señor, no deje usted la India sin conocer antes a Nirmala Devi. Su santidad es intensa; se la conoce en todas partes como Ananda Moyi Ma (Madre Saturada de Gozo). —Esto me decía mi sobrina Amiyo Bose, mientras me miraba con sincero aire de súplica.

—¡Por supuesto! Tengo mucho empeño en ver a esa santa mujer. —Y agregué—: He leído sobre su gran desenvolvimiento espiritual. Un pequeño artículo en donde se la menciona apareció hace años en la revista *East-West*.

Visitó mi pueblo, Jamshedpur. Ante las súplicas de un discípulo, Ananda Moyi Ma fue a la casa de un moribundo. Permaneció al lado de la cama del agonizante, y cuando tocó su frente, el estertor de la muerte cesó. La enfermedad desapareció inmediatamente; con gran sorpresa y regocijo, el hombre se encontró sano.

Pocos días después supe que la Bendita Madre estaba hospedada en la casa de un discípulo en la sección de Bhowanipur, en Calcuta. El señor Wright y yo dejamos inmediatamente la casa de mi padre en Calcuta. Según el Ford se acercaba a la casa de Bhowanipur, mi compañero y yo observamos una desusada escena callejera.

Ananda Moyi Ma se encontraba de pie en un automóvil abierto, bendiciendo a un grupo de unos cien discípulos. Evidentemente, estaba a punto de partir. El señor Wright estacionó el Ford a cierta distancia y se dirigió conmigo, a pie, hasta la silenciosa asamblea.

La santa dirigió la mirada hacia nosotros; salió del auto y vino a nuestro encuentro.

—Padre, has venido. —Con estas fervorosas palabras puso los brazos alrededor de mi cuello y su cabeza en mi hombro. El señor Wright, a quien yo acababa de decirle que no conocía a la santa, disfrutaba, asombrado, de esta extraordinaria demostración de bienvenida. Los ojos de los cien *chelas* también se fijaron, no sin sorpresa, en la afectuosa escena.

Instantáneamente me había dado cuenta de que la santa estaba en un profundo estado de *samadhi*. Completamente olvidada de su compostura externa como mujer, tenía solo conciencia de su alma inmutable; desde ese plano, ella saludaba gozosamente a otro devoto de Dios. Me condujo de la mano a su automóvil.

—Ananda Moyi Ma, estoy retardando tu partida —protesté.

—¡Padre, es nuestro primer encuentro en esta vida! —dijo—. Por favor, no se vaya todavía.

Nos acomodamos en el asiento trasero del automóvil. La Bienaventurada Madre entró pronto en un estado de inmóvil éxtasis. Sus hermosos ojos miraban el cielo, e inmóviles sondeaban el siempre lejano paraíso eterno. Los discípulos clamaron suavemente:

—¡Victoria a la Madre Divina!

Yo me había encontrado en la India con muchos hombres de realización espiritual, pero nunca con una mujer santa de tan alta y elevada exaltación. Su gentil rostro estaba iluminado con el gozo inefable que le había valido el nombre de Madre Bendita. Largas y negras trenzas colgaban sueltas tras su cabeza descubierta. Un punto rojo de pasta de sándalo, colocado en su frente, simbolizaba el ojo espiritual, siempre abierto en su interior. Rostro pequeño, manos pequeñas, pies pequeños, ¡qué contraste con su magnitud espiritual!

Hice algunas preguntas a una mujer *chela* que estaba cerca, mientras Ananda Moyi Ma seguía en su trance.

—La Bendita Madre viaja constantemente a través de la India. En muchas partes tiene cientos de discípulos —me dijo la mujer—. Sus valerosos esfuerzos han provocado reformas sociales muy deseables. Aunque es *brahmin*, la santa no reconoce ninguna distinción de castas. Un grupo de nosotros viaja siempre con ella, velando por su comodidad. Tenemos que cuidarla, pues ella casi no cuida de su cuerpo. Si no se le ofrece los alimentos, no come ni trata de hacerlo. Aun cuando los alimentos se le pongan enfrente, ni siquiera los toca. Para evitar su desaparición de este mundo, nosotros, sus discípulos, la alimentamos con nuestras propias manos. Durante días enteros permanece en éxtasis, respirando apenas y con la mirada fija. Uno de sus principales discípulos es su esposo. Hace muchos años, poco después del matrimonio, él hizo voto de silencio.

La discípula me señaló a un hombre de anchas espaldas, de muy buenas facciones, de cabello largo y de barba canosa. Se encontraba de pie en medio del grupo, silencioso, con las manos trenzadas en la actitud reverente de los discípulos.

Refrescada por su inmersión en el Infinito, Ananda Moyi Ma dirigía ahora su conciencia al mundo material.

—Padre, por favor, dígame, ¿dónde radica usted? —Su voz era clara y melodiosa.

—Por ahora, en Calcuta o Ranchi, pero pronto volveré a América.

—¿América?

—Sí, una mujer santa de la India sería sinceramente estimada allá por los buscadores de lo espiritual. ¿Le gustaría a usted ir?

—Si el padre me lleva, voy.

Esta contestación causó cierta alarma entre los discípulos que nos rodeaban.

—Veinte de nosotros o más viajamos con la bendecida Madre —me dijo uno de ellos—. No podemos vivir sin ella; a donde quiera que vaya iremos nosotros.

De mala gana tuve que abandonar el plan, en vista de lo impracticable que resultaba una resolución que implicaba el aumento de viajeros.

—Cuando menos, venga usted con sus discípulos a Ranchi —le dije a la santa al despedirme—. Como niña Divina que es usted, gozará intensamente con los pequeños de mi escuela.

—Cuando el padre me lleve, yo iré gustosa.

Poco tiempo después, la Vidyalaya de Ranchi estaba engalanada por la anunciada visita de la santa. ¡Los chiquillos, ansiosos, veían venir un día de asueto, sin lecciones, sin horas de música y, para colmo, una fiesta!

—¡Victoria! ¡Ananda Moyi Ma, *kijai*! —Este canto, repetido por las entusiastas y alegres gargantas de los niños, daba la bienvenida a la santa cuando ella y su comitiva llegaron a las puertas de la escuela. La Bendita Madre caminaba sonriente sobre los apacibles terrenos de la Vidyalaya, llevando siempre consigo su paraíso portátil. Pasó por entre lluvias de amapolas, retumbar de címbalos, el ronco sonido de los caracoles y el batir de los tambores, *mridanga*.

—¡Es esto hermoso, muy hermoso! —dijo graciosamente Ananda Moyi Ma, cuando la conduje al edificio principal. Tomó asiento a mi lado, con su dulce y graciosa sonrisa de niña. Lo hacía sentirse a uno como en presencia de la más antigua y buena amiga; sin embargo, un aura de lejanía y aislamiento flotaba siempre en torno de ella; ¡el paradójico aislamiento de la omnipresencia!

—Por favor, cuénteme algo acerca de su vida.

—El padre lo conoce todo, ¿para qué repetirla? —Evidentemente sentía que los hechos actuales y físicos de una encarnación no tenían ninguna importancia.

Yo sonreí ligeramente, volviendo a repetir nuevamente mi pregunta.

—Padre, hay poco que decir. —Extendió sus graciosos y pálidas manos en un gracioso ademán de desenfado—. Mi conciencia nunca se ha asociado o mezclado con mi cuerpo material, temporal. Antes de que yo viniera a este mundo, era la misma. Cuando era pequeña, era la misma. Llegué a la pubertad y seguí siendo la misma. Cuando la familia donde he nacido hizo arreglos para que este cuerpo se casara, seguí siendo la misma. Y cuando mi esposo, embriagado de pasión vino hacia mí con tiernas palabras y tocó mi cuerpo, recibió un violento choque, como si hubiera recibido una descarga eléctrica; pero hasta en ese caso yo seguí siendo la misma.

»Mi esposo se arrodilló ante mí, juntó las manos e imploró mi perdón. "Madre —me dijo—, a causa de haber profanado tu templo temporal, tocándolo con la idea lasciva, sin saber que dentro de él mora, no mi esposa, sino la Madre Divina, hago este juramento solemne: yo seré tu discípulo, seré tu feligrés célibe, velando por ti siempre, en silencio, como un sirviente; nunca volveré a hablar a nadie mientras viva, y que esto me reconcilie contigo y se lave el pecado que hoy he cometido contra ti, mi gurú".

»Aun cuando acepté tranquilamente este ofrecimiento de mi esposo, era la misma. Y, padre, ahora, frente a ti, soy la misma. Y de aquí en adelante, aun cuando la danza de la creación cambie mi alrededor en las salas de la eternidad, yo seguiré siendo la misma.

Ananda Moyi Ma se sumió en profundo éxtasis; su forma era la de una estatua. Había volado, obedeciendo el continuo llamado del Cielo. Los oscuros estanques de sus ojos aparecían sin vida y estaban vidriosos. Esta expresión se presenta con frecuencia, cuando los santos retiran la conciencia del cuerpo físico, que es entonces más parecido que nunca a una pieza de arcilla. Permanecimos juntos durante una hora, en ese trance extático. Ella volvió a este mundo con una graciosa sonrisa.

—Por favor, Ananda Moyi Ma —le dije—, venga conmigo al jardín, en donde el señor Wright tomará una fotografía.

—Por supuesto, padre. Su voluntad es la mía. —Sus preciosos ojos retenían aún su brillo Divino cuando posaba para que le tomasen algunas fotografías.

¡La hora de la fiesta! Ananda Moyi Ma se acomodó sobre la manta que le servía de asiento; un discípulo estaba a su lado para alimentarla como si se tratara de un niño; obedientemente, la santa tomaba el alimento, después de que su *chela* se lo ponía en los labios. Era evidente que la madre no distinguía entre los curries, los dulces, las frutas secas, etcétera.

Cuando cayó la tarde, la Divina Madre se marchó con su comitiva, en medio de una lluvia de pétalos de rosas, con las manos elevadas en signo de bendición para todos los pequeñuelos que la rodeaban y cuyos rostros estaban iluminados por el efecto que, sin esfuerzo, había la santa despertado en ellos.

«Amarás, pues, al Señor, tu Dios, de todo corazón, y de toda tu alma, y de toda tu mente, y de todas tus fuerzas. Cristo dijo: "Este es el principal mandamiento"».

Habiendo desechado todo apego inferior, Ananda Moyi Ma ofrecía su alianza única al Señor. No por las distinciones de los eruditos, sino por el seguro y largo sendero de la fe, la santa, pura como un niño, había resuelto el único problema de la vida, estableciendo su unidad con Dios. El hombre ha olvidado esta rígida simplicidad, ahora oscurecida por un millón de obstáculos. Rehusando el amor monoteísta a Dios, las naciones disfrazan su infidelidad con el acendrado respeto hacia los cultos externos de la caridad. Estos actos humanitarios son virtuosos, porque por un momento distraen la atención del hombre de sí mismo, pero no lo liberan de su única responsabilidad de la vida y a la cual se refiere Jesús como su primer mandamiento. La altísima obligación de amar a Dios es asumida por el hombre desde su primer aliento, concebido libre ampliamente por su único benefactor.

Después de la visita de la santa a Ranchi, tuve la oportunidad de ver de nuevo a Ananda Moyi Ma. Unos meses más tarde, en efecto, la hallé rodeada de sus discípulos, en el andén de la estación de Serampore, esperando la llegada del tren.

—Padre, me voy a los Himalayas —me dijo—. Discípulos generosos me han construido una ermita en Dehradun.

Cuando ella subió al tren, me maravillé de ver que, aún en medio de la multitud, en un tren, caminando, o sentada en silencio, sus ojos no se separaban jamás de Dios. Aun sigo oyendo su voz dentro de mí, con eco de inconmensurable dulzura:

—Contempla, ahora y siempre una con el Eterno. Soy siempre la misma.

Capítulo 46
La mujer yogui que nunca come

—Señor, ¿hacia dónde nos dirigimos esta mañana? —El señor Wright, que conducía el automóvil, desvió los ojos del camino el tiempo suficiente para lanzarme una mirada escrutadora. Día tras día, se encontraba ante la incógnita de saber qué parte de Bengala iba a descubrir a continuación.

—Si Dios lo desea —contesté devotamente—, este camino nos llevará a conocer una octava maravilla del mundo: ¡una santa mujer cuyo único alimento es el aire puro!

Las maravillas se repiten... ¡Y después de Teresa Neumann! Pero, de todos modos, el señor Wright rio de buena gana y hasta aceleró la marcha del automóvil. ¡Más datos para su diario de viaje! ¡Evidentemente, no se trataba de un turista ordinario!

Acabábamos de dejar atrás la escuela de Ranchi, pues nos habíamos levantado antes de la salida del sol. Aparte de mi secretario y yo, iban en el viaje tres amigos bengalíes. Todos bebimos en el aire regocijado el vino natural de la mañana. Nuestro conductor guiaba el auto cuidadosamente, por entre grupos de campesinos madrugadores, y las carretas de dos ruedas, movidas lentamente por bueyes de enormes jorobas, se inclinaban como disputando el camino a los intrusos.

—Señor, nos gustaría saber más acerca de la santa que ayuna de este modo...

—Su nombre es Giri Bala —informé a mis compañeros—. La primera vez que oí hablar de ella fue a un profesor, Sthili Lal Nundy, quien solía venir a la casa de Gurpar Road a instruir a mi hermano Bishnu: «Conozco bien a Giri Bala», me dijo Sthiti Babu. «Emplea cierta técnica del yoga que la capacita para vivir sin alimento alguno. Era su vecino más próximo en Nawabganj, cerca de Ichapur. Me propuso: enfrentemos a un oponente, debemos conquistarlo por el amor. He alguno, líquido o sólido. Mi interés subió a tal punto que, finalmente, me dirigí al *maharajá* de Burdwan, rogándole que realizase una investigación. Él, maravillado por la historia, invitó a la santa a su palacio. Allí aceptó ella una prueba que se le propuso, y duró dos meses encerrada en una pequeña sección de su propia casa. Más tarde volvió al palacio, donde efectuó una visita de veinte días, después de los cuales sufrió una tercera prueba de quince días. El propio *maharajá* me dijo que estos tres rigurosos escrutinios lo habían convencido más allá de toda duda del asombroso poder de la mujer y de su capacidad de no probar jamás alimento».

»Esta historia de Sthiti Babu ha permanecido grabada en mi memoria por un espacio de más de veinticinco años —concluí—. A veces, en América, yo pensaba que si el río del tiempo se llevaría en sus aguas eternas a la yoguini antes de que yo tuviera oportunidad de conocerla. A esta fecha, debe ser ya muy anciana. Ni siquiera sé si vive todavía o dónde. Pero dentro de algunas horas llegaremos a Purulia; el hermano de la santa tiene una casa allí.

Hacia las diez y media, en efecto, nuestro pequeño grupo conversaba con el hermano, Lambadar Ley, un abogado de Purulia.

—Sí, mi hermana vive. Algunas veces permanece aquí conmigo, pero en estos momentos se encuentra en nuestra casa familiar en Biur. —Lambadar Babu contempló nuestro automóvil con aire dubitativo—. Mucho me temo, *swamiji*, que jamás automóvil alguno haya penetrado en el interior hasta un lugar tan lejano como Biur. ¡Creo que sería mucho mejor que se resignaran ustedes al antiguo bamboleo de la carreta de bueyes!

Uniendo sus voces, todo el grupo se lanzó en defensa del orgullo de Detroit, protestando lealtad.

—El Ford viene de América —informé al abogado—. ¡Sería realmente vergonzoso privarle de la oportunidad de que conociera el corazón de Bengala!

—¡Que Ganesh os acompañe! —dijo Lambadar Babu riendo. Y luego añadió cortésmente—: Si llegan, estoy seguro de que Giri Bala se alegrará mucho de verlos a todos. Se aproxima ya a los setenta años, pero continúa disfrutando de excelente salud.

—Informadme, señor, por favor, si es realmente cierto que jamás come nada. —Le miré directamente a los ojos, esas reveladoras ventanas del alma.

—Es verdad. —Su mirada era abierta y honesta—. Por espacio de más de cinco décadas, no la he visto probar un solo bocado. ¡Si, repentinamente, el mundo se viniera abajo, yo no me asombraría tanto como lo haría en el caso de ver comer a mi hermana!

Todos nos reímos ante la improbabilidad de estos dos acontecimientos cósmicos.

—Giri Bala nunca ha buscado una soledad inaccesible para sus prácticas de yoga —siguió diciendo Lambadur Babu—. Ha vivido toda su vida rodeada por su familia y por sus amigos, y todos están más que acostumbrados a su extraño estado. ¡No existe uno de ellos que no se viera sumido en la más profunda estupefacción si Giri Bala decidiese repentinamente comer algo! Mi hermana vive, naturalmente, en retiro, como corresponde a una viuda hindú, pero nuestro pequeño círculo de Purulia y de Biur sabe perfectamente que es una mujer excepcional, en toda la extensión de la palabra.

La sinceridad del hermano era manifiesta. Nuestra pequeña partida le dio las más efusivas gracias y se dirigió de inmediato a Biur. Nos detuvimos en una tienda para comprar curry y *luchis*, atrayendo una multitud de *urchins*, que se reunieron en torno del señor Wright, para verlo comer con los dedos, según la sencilla usanza hindú. Un gran apetito nos obligó a fortalecernos para las vicisitudes de una tarde que, aunque desconocida de momento, prometía ser bastante laboriosa.

Nuestro camino se dirigía ahora, a través de campos de arroz quemados por el sol, hacia la sección Burdwan de Bengala. Marchábamos por caminos flanqueados por densa vegetación; las canciones de los *maynas* y de los *bulbuls* de adornado cuello brotaban de los árboles, que lucían grandes follajes y ramazones semejantes a una sombrilla. De vez en cuando, nos topábamos con una carreta de bueyes, y el *rini rini manju manju* que salía chillonamente de sus ejes o de los aros de hierro que guarnecían las ruedas.

—Cuántos mangos nacerán para pasar desapercibidos —parafraseé yo— y malograr su dulzura sobre la dura tierra.

—No existe nada semejante a esto en los Estados Unidos, ¿eh, *swamiji*? —rio Sailesh Mazumdar, uno de mis estudiantes bengalíes.

—No —admití, cubierto de jugo de mango y de felicidad—. ¡Cómo he extrañado este fruto en Occidente! ¡Un cielo hindú sin mangos es algo inconcebible!

Recogí una piedra y con ella hice descender a una orgullosa belleza que se escondía en una de las más altas ramas.

—Dick —pregunté entre bocado y bocado de ambrosía y bañado por el cálido sol tropical—, ¿están todas las cámaras fotográficas en el automóvil?

—Sí, señor, en el compartimiento del equipaje.

—Si Giri Bala es una verdadera santa, deseo escribir algo acerca de ella a mi retorno a Occidente. Una yoguini hindú de tales e inspiradores poderes no debe vivir y morir desconocida..., al igual que todos estos mangos.

Media hora más tarde, aún me encontraba yo vagando entre aquella maravillosa paz silvestre.

—Señor —hizo notar M. Wright—, debemos estar con Giri Bala antes de la puesta del sol, a fin de tener suficiente luz para impresionar las fotografías. —Y luego añadió, con una sonrisa—: Los occidentales son muy escépticos y no podemos esperar que crean en una dama tan importante de la que no existen fotografías.

Este trocito de sabiduría era indiscutible; volví la espalda a la tentación y entré de nuevo en el automóvil.

—Tiene usted razón, Dick —suspiré, mientras marchábamos—, me veo obligado a sacrificar el paraíso de los mangos en pro del realismo occidental. ¡Debemos obtener fotografías!

El camino se volvía cada vez más difícil. Troncos de árboles, agujeros, montones de barro endurecido, ¡las tristes arrugas de la vejez! Ocasionalmente, el grupo descendía del automóvil para facilitar al señor Wright el manejo del mismo, y los cuatro empujamos al vehículo por la parte trasera.

—Lambadar Babu dijo la verdad —reconoció Sailesh—. El auto no nos lleva a nosotros; nosotros llevamos al auto.

El tedio de nuestros ascensos y descensos era de vez en cuando interrumpido por la aparición de una aldea, cada una de las cuales constituía una escena de anticuada simplicidad.

El señor Wright, en su diario de viaje y bajo la fecha del 5 de mayo de 1936, ha anotado lo siguiente:

> Nuestro camino se revolvía entre el bosque de palmas, entre antiguos e ingenuos pueblecillos anidados en la sombra de la selva. Las chozas de barro y los techos de paja son en extremo fascinadoras, todas con el nombre de dios en las puertas; numerosos niños de corta edad, desnudos, que jugaban inocentemente, acudían a vernos pasar, o bien huían locamente al ver el ruidoso y atronador monstruo negro que atravesaba la paz de su poblado, el cual, a mayor abundamiento, no tenía frente a sí un par de bueyes. Las mujeres se conformaban con espiarnos desde la sombra, en tanto que los hombres perezosamente tendidos bajo los árboles nos miraban vagamente curiosos dentro de su indiferencia. En cierto lugar, todos los pobladores se bañaban alegremente en el gran tanque (con sus vestiduras, cambiando las mojadas por otras secas). Las mujeres acarreaban agua para sus casas en grandes recipientes de bronce.
>
> El camino nos condujo por montes y riscos, como en alegre cacería; brincamos y nos balanceamos; nos hundíamos en pequeños arroyos; nos veíamos obligados a los rodeos, a causa de trechos de camino sin terminar; nos deslizamos por cauces de río secos y arenosos; y, finalmente, alrededor de las cinco de la tarde, nos encontramos cerca de nuestro destino, Biur. Este diminuto pueblo, en el interior del distrito de Bankura, escondido en la protección del denso follaje, es inasequible a los viajeros durante la estación de las lluvias, cuando los riachuelos se convierten en torrentes iracundos y los caminos, como serpientes, parecen escupir montañas de barro.

Solicitando un guía entre un grupo de fieles que regresaban a su hogar después de sus oraciones en el templo (situado en el campo solitario), nos vimos acosados por una docena de muchachos escasamente vestidos, que se treparon a ambos lados del auto, ansiosos de conducirnos a la casa de Giri Bala.

El camino nos llevó hacia una arboleda de palmas de dátiles que ocultaban un grupo de chozas de barro, pero, antes de que hubiéramos llegado a ellas, el Ford se ladeó momentáneamente, en un ángulo peligroso, y quedamos inclinados. La angosta vereda atravesaba charcos, surcos profundos, agujeros, y siempre por entre frondosos árboles. El auto quedó anclado en un grupo de arbustos; luego, sobre un montoncillo de tierra, lo que requirió que despejáramos ese obstáculo; continuamos, cuidadosamente, pero, de pronto, nos vimos obligados a parar, impedidos en el avance por un macizo de matorrales en medio del camino. Una y otra vez, el camino era hostil a los viajeros, pero estos debían seguir adelante y, entre otras cosas, obligaban a los muchachos a que despejaran la ruta (¡sombras de Ganesh!), mientras cientos de hijos, con sus padres, nos contemplaban con asombro.

Muy pronto, conseguimos abrirnos camino sobre aquellos senderos de la antigüedad, mientras las mujeres nos contemplaban desde las puertas de sus chozas con los ojos muy abiertos, los hombres nos seguían a los lados del auto y delante de nosotros, y los niños acudían de todas partes para aumentar la procesión. ¡Quizás nuestro Ford era el primero en recorrer esos parajes, donde la Unión de Transportes de Carretas de Bueyes debía ser omnipotente! ¡Qué sensación la que creamos! ¡Un norteamericano conduciendo un grupo de viajeros, y todos a bordo de un automóvil gruñón, invadiendo la inmemorial paz y santidad de las aldeas!

Deteniéndonos en un estrecho camino, nos encontramos a unos cien pies de distancia de la casa ancestral de Giri Bala. Todos sentimos la emoción del éxito, después de la áspera lucha con el camino y de un viaje que coronábamos con tan ingrato final en el último tramo, repleto de dificultades. Nos aproximamos a un edificio grande, de dos pisos, construido de ladrillos y revocado con argamasa. La construcción dominaba las chozas de los alrededores y, según testimoniaban los característicos andamios y marcos de bambú, se encontraba en reparación.

Llenos de una impaciente y febril emoción y de oculto regocijo, nos detuvimos ante las abiertas puertas de aquella mujer que, por un don del Señor, no necesitaba alimentarse. Los pobladores permanecían con la boca abierta. Jóvenes y viejos, desnudos y vestidos, mujeres cautelosas, pero también inquisitivas, y hombres y niños sin rubor alguno, permanecían firmes tras nosotros, empeñados en pisarnos los talones y no perder nada del espectáculo sin precedentes.

Muy pronto, una pequeña figura apareció en el umbral de la puerta: ¡Giri Bala! Estaba envuelta en una tela de seda de color de oro opaco. Según la usanza de la India, se acercó con modestia y con un ademán vacilante, mirándonos tímidamente por debajo del pliegue superior de la tela de su *swadeshi*. Sus ojos brillaban como rescoldos en la sombra que producía en su rostro la prenda de su cabeza. Todos nos vimos arrebatados por un rostro lleno de bondad y benevolencia extraordinarias, un rostro de positiva realización, de absoluta comprensión, libre de las manchas del apego por las cosas terrestres.

Tímidamente, se acercó y asintió que le tomáramos fotografías fijas y de cinematógrafo. Con actitud paciente y humilde, esperó que pusiéramos en práctica todas nuestras técnicas fotográficas de ajuste y cambio de luces. Finalmente, obtuvimos, para la posteridad, muchas fotografías de la única mujer en el mundo que se sepa haya podido vivir más de cincuenta años sin comer ni beber. (Teresa Neumann, por supuesto, ha ayunado desde 1923 solamente). La expresión de Giri Bala era, sobre todo, maternal, mientras estaba ante nosotros, completamente cubierta por la suelta y ondeante vestidura, sin que se viera de su cuerpo nada, excepto los ojos modestos, su rostro bondadoso, sus manos y sus pequeños pies. Un rostro de extraña paz y de inocente serenidad; los labios anchos y temblorosos, como los de una niña; una nariz femenina; los ojos angostos y brillantes, y una sonrisa pensativa.

La impresión que el señor Wright tuvo de Giri Bala fue compartida por mí; la espiritualidad la envolvía como el velo delicado que la cubría. Ella me saludó en la forma acostumbrada por la dueña de la casa cuando se encuentra en presencia de un monje. Su sencillo encanto y su sonrisa tranquila nos proporcionaron una bienvenida más dulce que la mejor pieza oratoria; nuestro viaje, polvoriento y lleno de dificultades, quedaba olvidado.

La pequeña santa sentóse en el pórtico con las piernas cruzadas. Aunque demostraba las naturales señales de su avanzada edad, no se veía extenuada; su piel aceitunada había permanecido limpia y saludable, y su tono era nítido.

—Madre —dije en bengalí—, durante más de veinticinco años he pensado con ansiedad en el momento de esta peregrinación. Oí hablar por primera vez de vuestra sagrada vida a Sthiti Lal Nundy Babu.

Ella asintió, en señal de reconocimiento.

—Sí. Mi buen vecino en Nawabganj.

—Durante estos años he cruzado los mares, pero nunca he olvidado mi primitivo plan de que algún día podría veros. El drama sublime que, de modo tan modesto, estáis viviendo aquí debe ser conocido y proclamado ante un mundo que ha olvidado el Divino alimento interior.

Durante un minuto, la santa levantó los ojos, sonriendo con sereno interés.

—*Baba* ('reverendo padre') sabe lo que es mejor —contestó humildemente.

Yo era feliz de que ella no se hubiese considerado ofendida; uno nunca sabe cómo van a reaccionar los yoguis o yoguinis ante la idea de la publicidad. Por lo general, la evitan, deseando continuar en silencio la meditación profunda del alma. Cuando llega la hora, una autorización interna les hace ofrecer sus vidas abiertamente, para beneficio de las almas que buscan la verdad.

—Madre —continué—, perdonadme entonces que os abrume con tantas preguntas. Os suplico que respondáis solamente aquellas que deseéis; sabré comprender vuestro silencio cuando lo haya.

Ella extendió las manos en un gesto lleno de gracia.

—Responderé gustosa, por más que me considero demasiado insignificante para ofrecer respuestas satisfactorias.

—¡Oh, no; insignificante, no! —protesté sinceramente—. ¡Sois una grande alma!

—Soy una humilde sirvienta para todos —agregó de un modo singular—. Me gusta en extremo cocinar y alimentar a los demás.

«¡Extraño pasatiempo —pensé yo— para una santa que jamás come!».

—Decidme, madre, quiero oírlo de vuestros propios labios, ¿vivís sin probar jamás alimento alguno?

—Sí, es verdad. —Permaneció en silencio durante algunos momentos: su siguiente comentario reveló que había estado haciendo cálculos durante ese lapso—. Desde la edad de doce años y cuatro meses hasta mi presente edad de sesenta y ocho, o sea, durante un periodo de más de cincuenta y seis años, no he probado alimento ni bebido ningún líquido.

—¿No sentís jamás la tentación de probar los alimentos?

—Si experimentara algún deseo de comer, me vería, sin duda, obligada a hacerlo. —Con sencillez y, no obstante, de un modo regio, expresó esta verdad axiomática, ¡bien conocida, por cierto, en un mundo que gira en torno de tres comidas al día!

—Pero usted debe comer algo. —Mi tono era de súplica.

—¡Desde luego! —Sonrió, en rápida comprensión.

—Vuestra nutrición se deriva de las más finas energías del aire y de la luz solar, y del poder cósmico que recarga de energía vuestro cuerpo por medio de la médula oblongada.

—*Baba* lo sabe. —Una vez más había expresado su conformidad, con su manera suave y enfática.

—Madre, por favor, relatadme algo acerca de los primeros años de vuestra vida. Hay en ello un gran interés para toda la India y aun para todos nuestros hermanos y hermanas de allende los mares.

Giri Bala hizo a un lado su reserva habitual y se dispuso a hablar animada. Su voz era baja y firme:

Así sea. Yo nací en estas selváticas regiones. Mi niñez nada tiene de excepcional, aparte de que durante mis primeros años me dominaba un insaciable apetito. Fui desposada siendo muy joven. «Niña —solía decirme mi madre—, trata de gobernar tu gula». Cuando llegue el momento en que te veas obligada a vivir entre extraños, con la familia de tu marido, ¿qué van a pensar de ti si ven que tus días están solo ocupados por la preocupación de la comida?».

La calamidad que ella había previsto se realizó. Contaba solamente doce años cuando me reuní con la familia de mi marido en Nawabganj. Mi suegra solía avergonzarme de mañana, tarde y noche por mis hábitos de glotonería. En realidad, sus regaños eran bendiciones disfrazadas, puesto que supieron despertar mis tendencias espirituales adormecidas. Cierta mañana, el escarnio de que solía hacerme objeto no reconoció misericordia.

—Voy a probarte muy pronto —díjele yo entonces, movida a rápida decisión— que no volveré a tomar alimento alguno mientras viva.

Mi suegra se rio de lo absurdo de la decisión.

—¡Vaya! —dijo—. ¿Y cómo puedes vivir sin comer nada, cuando ni siquiera puedes vivir sin comer demasiado?

¡Esta observación era incontestable! No obstante, una resolución de hierro se había apoderado de mi espíritu. Buscando un lugar apartado, me dirigí a mi Padre Celestial.

—Señor —rezaba incesantemente—, enviadme un gurú, un maestro que me enseñe a vivir de tu luz y no de los alimentos de la tierra.

Un Divino éxtasis se apoderó de mí. Guiada por un beatífico embrujo, me dirigí al *ghat* de Nawabganj en el Ganges. En el camino hallé al sacerdote de la familia de mi esposo.

—Venerable señor —le dije confiadamente—, ¿podríais indicarme cómo puedo vivir sin comer?

Él se me quedó mirando sin pronunciar palabra. Finalmente, me habló de un modo consolador:

—Niña —dijo—, ven al templo esta tarde; dirigiré una ceremonia védica especial para ti.

Esta ambigua respuesta no era lo que yo buscaba; continué mi camino hacia el *ghat*. El sol de la mañana penetraba las aguas; me purifiqué en el Ganges, como si estuviera ante la perspectiva de alguna iniciación sagrada.

¡Al salir del río, envuelta en mis empapadas ropas, mi maestro, en la plena luz del día, se materializó ante mí!

—Pequeña querida mía —dijo con una voz de amante compasión—, soy el gurú enviado por Dios para satisfacer tus ardientes plegarias. ¡Él se vio profundamente conmovido por su desusado carácter! Desde hoy, vivirás exclusivamente de la luz astral y todos los átomos de tu cuerpo se verán alimentados por la infinita corriente.

Giri Bala guardó silencio. Yo tomé el lápiz y el cuaderno de notas del señor Wright y escribí, en inglés, algunos datos que le informarían de las palabras de la santa.

Ella reanudó su relato con voz apenas audible:

El *ghat* estaba desierto, pero mi gurú dispuso en torno nuestro una nube o aura de luz protectora, a fin de que no nos viéramos molestados por otros probables bañistas. Me inició en una técnica de *Kriyā* que libera al cuerpo de la dependencia de los alimentos groseros de los mortales. La técnica incluye el empleo de cierto mantra y un ejercicio respiratorio más difícil del que cualquier persona normal podría practicar. No hay de por medio ninguna magia ni medicina; nada más que la *Kriyā*.

A la manera de un periodista norteamericano que, sin saberlo, me había enseñado sus procedimientos, pregunté a Giri Bala sobre muchos asuntos que pensé serían de interés para el mundo. Me dio, frase por frase, la siguiente información:

—Nunca he tenido hijos; hace ya muchos años que me convertí en viuda. Duermo muy poco, ya que dormir y velar son para mí la misma cosa. Medito por la noche y durante el día atiendo a mis deberes domésticos. Apenas si siento el cambio de clima de estación a estación. Jamás he estado enferma ni experimentado ninguna dolencia. Cuando me hago daño accidentalmente, experimento muy poco dolor. No tengo excreciones corporales. Puedo gobernar mi corazón y mi respiración. A menudo, veo, en forma de visiones, a mi gurú y a otros grandes espíritus.

—Madre —pregunté—, ¿por qué no impartís a otros el método de vivir sin necesidad de comer?

Mis ambiciosas esperanzas para los millones de hambrientos en el mundo fueron cortadas apenas nacieron.

—No. —Ella sacudió la cabeza—. Mi gurú me encomendó de modo muy estricto que no divulgara el secreto. No es su deseo intervenir en el drama de la creación de Dios. ¡Los agricultores no me agradecerían el que yo enseñara a muchas personas a vivir sin comer! Los ricos y delicados frutos yacerían en el suelo, sin utilidad alguna. Parece que la miseria, el hambre y la enfermedad son latigazos de nuestro karma que finalmente nos conducen a buscar el verdadero sentido de la existencia.

—Madre —dije lentamente—, ¿qué significado tiene el que hayáis sido elegida solamente vos como el ser que puede vivir sin comer?

—Para probar que el hombre es espíritu. —Su rostro se iluminó con la luz de la sabiduría—. Para demostrar que por medio del progreso Divino puede gradualmente aprender a vivir en la Luz Eterna sin otro alimento que ella misma.

La santa se sumió en un estado de profunda meditación. Su mirada se había vuelto introspectiva; las gentiles profundidades de sus ojos perdieron toda expresión. Exhaló un suspiro, el preludio del trance extático que carece de respiración. Por un momento, había volado al reino donde no existen las preguntas, el cielo de la felicidad interior.

Las sombras tropicales habían caído ya. La luz de una pequeña lámpara de petróleo temblaba sobre los rostros de algunos aldeanos que reposaban silenciosamente en las sombras. Las fugitivas luciérnagas y las distantes lámparas de aceite tejían caprichosos dibujos en la oscuridad aterciopelada de la noche. Era la dolorosa hora de la partida; un lento y tedioso viaje esperaba al pequeño grupo.

—Giri Bala —dije, cuando la santa abrió los ojos—, por favor, obsequiadme con un recuerdo, un simple trozo de vuestro *sari*.

La santa regresó muy pronto con un trozo de seda de Benarés, extendiéndola en su mano, mientras repentinamente se postraba en el suelo.

—Madre —dije con reverencia—, mejor permitidme que toque vuestros benditos pies.

Capítulo 47
Regreso a Occidente

He dado muchas lecciones de yoga en la India y en América, pero debo confesar que, como hindú, me siento realmente feliz dando clases a los estudiantes de habla inglesa.

Mis estudiantes, miembros de las clases de Londres, se reían comprensivamente; ninguna agitación política distraía la paz de nuestro yoga.

La India era ya por entonces solo un sagrado recuerdo. Estamos en el mes de septiembre de 1936; me encuentro en Inglaterra para cumplir compromisos, contraídos dieciséis meses antes, para volver a dar conferencias en Londres.

Inglaterra también es receptiva para el imperecedero mensaje del yoga. Los redactores de los periódicos y los fotógrafos inundaron mi alojamiento en Grosvenor House. El Consejo Nacional Británico, de la Asociación Mundial de Credos (World Fellowship of Faith), organizó una junta el 29 de septiembre en la Iglesia Congregacional de Whitefield, en donde ofrecí a la audiencia una disertación sobre el extenso tema «Cómo la fe puede, en el compañerismo, salvar la civilización». Las conferencias pronunciadas a las ocho de la noche en el Caxton Hall atraían tal cantidad de personas que, por dos noches, la concurrencia excedente esperó, en el auditorio de la casa Windsor, mi segunda conferencia a las nueve y media. Las clases de yoga crecieron de tal modo durante las siguientes semanas, que el señor Wright se vio obligado a hacer arreglos para trasladarnos a un local más amplio.

La tenacidad inglesa tiene una admirable expresión en las relaciones espirituales. Los estudiantes londinenses de yoga se organizaron lealmente y por sí mismos en Centros de la Asociación de Autorrealización, después de mi salida, manteniendo sus juntas regulares de meditación cada semana, a través de los años aciagos de la guerra.

Semanas inolvidables en Inglaterra; días de paseos en Londres. Luego en sus hermosas campiñas. El señor Wright y yo hicimos que nuestro Ford nos trasladara al lugar de nacimiento y las tumbas de los grandes poetas y héroes de la historia británica.

Nuestra pequeña comitiva se embarcó en Southampton, con rumbo a América, a fines de octubre, en el Bremen. La vista de la majestuosa Estatua de la Libertad, en el puerto de Nueva York, hizo un nudo en la garganta, no solamente en la de la señorita Bletch y el señor Wright, sino en la mía también.

El Ford, un poco averiado por las luchas que sostuviera con los suelos antiguos, seguía siendo poderoso; ahora nos permitió realizar el viaje transcontinental hasta California. A fines de 1936, ¡oh, Gloria!, Mount Washington.

Las fiestas de fin de año son celebradas invariablemente en Mount Washington con una meditación colectiva de ocho horas el 24 de diciembre (Navidad espiritual), y, al día siguiente, con un banquete (Navidad social). Las festividades de este año fueron aumentadas por la presencia de muy queridos amigos y estudiantes que vinieron de ciudades distantes para dar la bienvenida a los tres viajeros.

Las festividades de Navidad incluían el obsequio de golosinas traídas desde 15 000 millas de distancia para este evento especial; hongos gucchi de Cachemira; latas de rasgulla y pulpa de mango; bizcochos de papar y un aceite de la flor india kewra, que daba un sabor delicioso a nuestros helados.

La noche nos sorprendió agrupados alrededor de un enorme y resplandeciente árbol de Navidad, cerca del fuego de la chimenea, donde chisporroteaban las llamas, brotando de trozos de aromático ciprés.

¡La hora de los regalos!, presentes traídos de los más distantes rincones de la Tierra: Palestina, Egipto, India, Inglaterra, Francia, Italia. ¡Con cuánta minuciosidad había contado el señor Wright nuestro equipaje en cada aduana y punto de embarque, para que las raterías no fueran a disponer de aquellos presentes, que ya venían destinados a nuestras personas queridas de América! Plaquitas del sagrado olivo de Tierra Santa; hermosos y delicados encajes y bordados de Bélgica y Holanda; alfombras de Persia; chalinas hermosamente tejidas y tápalos de Cachemira; fragantes bandejas de sándalo de Mysore; «Ojos de Shiva», piedras de las provincias centrales; antiguas monedas de indias y de dinastías ya desaparecidas; vasos y copas con incrustaciones; miniaturas, *bibelots*, incienso y perfumes *swadeshi* de algodón estampado; trabajados de laca; marfiles grabados de Mysore; pantuflas de Persia con su curiosa prolongación en la punta; antiguos e iluminados manuscritos raros; brocados, terciopelos; gorras «Gandhi»; alfarería, tejas, trabajos en bronce; alfombras para la oración. ¡Un verdadero botín de los tres continentes!

Uno a uno distribuí los paquetes, vistosamente envueltos, que se amontonaban junto al árbol, en inmenso cúmulo.

—¡Hermana Gyanamata! —La santa americana de dulce mirada y de profunda realización espiritual, quien durante mi ausencia había estado encargada de Mount Washington, se acercó a mí y yo le entregué una caja; de entre las envolturas sacó un *sari* de seda dorada de Benarés.

—Gracias, señor, esto trae la expresión viva de la India a mis ojos.

—Señor Dickinson. —El siguiente paquete contenía un regalo que yo había adquirido en un bazar de Calcuta. «Esto le gustar.a al señor Dickinson», pensé en los momentos de comprarlo. Un muy querido discípulo, el señor Dickinson había estado presente en cada fiesta de Navidad desde 1925, fecha de la fundación de la Sociedad de Mount Washington. En este undécimo aniversario estaba de pie ante mí, desatando los listones de su pequeño paquete cuadrado.

—¡La copa de plata! —Luchando con la emoción contempló el regalo, una alta copa. Sentóse un poco retirado de donde estábamos, contemplando ensimismado el objeto. Le sonreí con cariño antes de reasumir mi papel de Santa Claus.

La noche cerróse en una oración al dador de todos los regalos; luego, un grupo cantó villancicos.

Poco después, el señor Dickinson y yo charlábamos.

—Señor —me dijo—, permítame que le dé las gracias por su regalo, la copa de plata. En la noche de Navidad no pude encontrar palabras para expresárselo.

—Traje ese regalo especialmente para usted.

—¡Durante cuarenta y tres años he estado esperando la copa de plata! Es una historia larga de contar, y me la he reservado durante largo tiempo. —El señor Dickinson me miró tímidamente—. El principio de la historia es dramático. Yo me estaba ahogando. Mi hermano mayor me lanzó, por jugar, a un estanque de quince pies de profundidad, en un pueblo pequeño del estado de Nebraska; por entonces yo tenía solamente cinco años. Cuando estaba a punto de hundirme por segunda vez, apareció una luz multicolor llenando el espacio. En medio se encontraba la figura de un hombre de ojos tranquilos y sonrisa consoladora. Mi cuerpo se hundía por tercera vez, cuando uno de los compañeros de mi hermano dobló un arbolillo en tal forma que pude agarrarlo con un desesperado esfuerzo de mis dedos. Los muchachos pudieron sacarme a la orilla y darme los primeros auxilios.

»Doce años después, siendo un joven de diecisiete años, visité Chicago con mi madre. Era en 1893, el Gran Parlamento Mundial de Religiones se hallaba en sesión. Mi madre y yo caminábamos por la calle, cuando una vez más vi la gran luz resplandeciente. A pocos pasos de nosotros, caminaba descansadamente el mismo hombre que años antes había visto yo en la visión. Se acercó a un gran auditorio y entró en él, desapareciendo. "¡Madre —grité—, ese es el hombre que apareció ante mí cuando me estaba ahogando!".

»Mi madre y yo nos dimos prisa para entrar en el edificio. El hombre estaba allí; había tomado asiento en el estrado de la sala de conferencias. Pronto supimos que aquel hombre era el Swami Vivekananda, de la India. Después de que él hubo pronunciado una maravillosa conferencia, me adelanté para conocerlo. Él me sonrió cariñosamente, como si fuéramos viejos amigos. Yo era tan joven que no sabía cómo dar expresión a mis sentimientos, pero en mi corazón esperaba que él se ofreciera a ser mi maestro. Él leyó mi pensamiento: "No, hijo mío, yo no soy tu gurú". Vivekananda clavó sus hermosos ojos en los míos. "Tu instructor vendrá después. Él te dará una copa de plata". Después de una ligera pausa, agregó sonriente: "Él vaciará sobre ti más bendiciones de las que ahora puedes recibir".

»Dejé Chicago unos días después —seguía diciéndome el señor Dickinson—, y nunca más volví a ver al gran Vivekananda. Pero cada palabra que pronunció estaba indeleblemente grabada en lo más íntimo de mi conciencia. Pasaron los años, el instructor no aparecía. Una noche, en 1925, oré fervientemente para que el Señor me enviara un gurú. Unas horas después, fui despertado del sueño por la música suave de una melodía incomparable. Una banda de seres celestiales tocaba flautas y otros instrumentos y se aproximaba a mí. Después de llenar el aire con su música gloriosa, los ángeles, quieta y suavemente, desaparecieron.

»La noche siguiente, estuve por primera vez en una de sus conferencias aquí, en Los Ángeles, y entonces supe que mis oraciones habían sido contestadas y concedidas.

»Durante once años, hasta la fecha, yo he sido su discípulo de *Kriyā yoga* —continuó diciendo el señor Dickinson—. Algunas veces me sorprendía lo de la copa de plata; estaba casi convencido de que las palabras de Vivekananda eran una expresión metafórica. Pero la noche de Navidad, cuando usted me entregó el paquete cuadrado, cerca del árbol de Navidad, vi, por tercera vez en mi vida, la misma refulgente y cegadora luz. Un instante después, estaba contemplando extasiado el presente de mi gurú, el mismo que Vivekananda había señalado cuarenta y tres años antes: una copa de plata.

Capítulo 48
En Encinitas, California

—Señor, una sorpresa para usted. Durante su permanencia en el extranjero, hemos construido esta ermita como un regalo de bienvenida. —La hermana Gyanamata me condujo, sonriente, a través de un portal, por un sendero bordeado de árboles.

Desde él veía un edificio que sobresalía como un barco blanco sobre el azul del océano. Primero, mudo de asombro; luego, lanzando interjecciones, como «¡Oh!» y «¡Ah!»; y, finalmente, sin encontrar las palabras con qué expresar el gozo y la inmensa gratitud que me embargaba, examiné el *ashram*, que constaba de dieciséis habitaciones de excepcional amplitud, y cada una de ellas hermosamente decorada.

Una majestuosa estancia central, con inmensas ventanas que llegan hasta el techo y dan al exterior, revelando un inmenso altar de césped, océano y cielo; una sinfonía de esmeraldas, ópalos y zafiros. Un enorme cortinaje sobre la amplia chimenea sirve de fondo y de marco a un retrato de Lahiri Mahasaya, que sonríe y bendice al inmenso cielo del Pacífico. Debajo de la estancia, construidas en la misma roca del barranco, dos solitarias cavernas para meditar confrontan los dos infinitos de cielo y mar. Corredores, refugios para tomar baños de sol, acres de terreno de toda clase de árboles frutales y de adorno, eucaliptos, veredas enlosadas que adornan hermosos pastos verdes y conducen por entre rosas y lirios a los tranquilos cenadores o emparrados, y largos tramos de escaleras que conducen desde los jardines de la casa a una playa aislada, bañada por las profundas aguas. ¿Cuándo hubo un sueño más concreto? «Que las buenas, heroicas y hermosas almas de los santos vengan aquí —dice la plegaria—, para un hogar —tomada del Zenda-Avesta, enclavada en una de las puertas de la ermita—, y que de la mano, con nosotros, nos proporcionen las virtudes curativas de sus dones benditos, amplios como la tierra, largos como los ríos, de tan altos alcances como el sol, para el mejoramiento del hombre, para su mayor abundancia y gloria.

«Que la obediencia conquiste a la desobediencia en esta casa, que la paz triunfe siempre sobre la discordia; dando con el corazón libre de avaricia, impere el lenguaje sincero sobre el engañoso, la reverencia sobre el desprecio. Que nuestras mentes se deleiten y nuestras almas se eleven, permitiendo que nuestros cuerpos también sean glorificados; y ¡oh, Divina Luz!, que nosotros te contemplemos y que, aproximándonos, nos reunamos en torno tuyo; y podamos alcanzar tu completa compañía».

Esta ermita de la Asociación de Autorrealización se hizo posible merced a la generosidad de algunos de los discípulos americanos, hombres de negocios con tremendas responsabilidades que, no obstante, se dan tiempo para sus prácticas de *Kriyā yoga*. Ni una sola palabra respecto de la construcción de la ermita se permitió que llegara a mis oídos durante mi estancia en la India y Europa. ¡Acontecimiento extraordinario y delicioso!

Durante mis primeros años en América, había recorrido toda la costa de California en busca de un sitio aislado para una ermita junto al mar; y siempre que hallé algún lugar aparente, algún obstáculo se interpuso para decepcionarme. Mirando ahora sobre los extensos acres de terreno de Encinitas, humildemente confirmé la realización de la profecía de Sri Yukteswar, hecha sin esfuerzo hacía ya mucho tiempo: «Una ermita junto al mar».

Pocos meses después, en 1937, celebré en los mismos prados de Encinitas el primero de mis servicios religiosos a la salida del sol.

Como ante el mago antiguo, algunos cientos de estudiantes, asombrados, contemplaban devotamente el milagro diario del rito del primer fuego solar bajo el cielo del este. Al oeste yace el inmenso océano Pacífico, que susurra su solemne plegaria; y a lo lejos, en aquellos momentos, un pequeño y blanco barco de vela y el vuelo solitario de una gaviota. «Cristo, has resucitado», no solo el sol vernal, sino en la eterna aurora del Espíritu.

Felices meses volaron luego; en la paz de belleza perfecta, fui capaz de completar en la ermita un trabajo largamente planeado: los «Cantos cósmicos». Adapté al inglés y a la música occidental unas cuarenta canciones, algunas originales y otras adaptadas de antiguas melodías. Entre ellas está incluido el canto de Shankara, «Ni nacimiento ni muerte». Dos favoritas de Sri Yukteswar, «Despierta, despierta, oh, mi Santo» y «Deseo, mi gran enemigo»; el antiguo himno sánscrito «A Brahma»; viejas canciones bengalíes, «Oh, relámpago raudo» y «Ellos han oído tu nombre»; «¿Quién anda en mi templo?», de Tagore; y algunas composiciones mías, como «Yo siempre seré tuyo», «En la tierra de más allá de mis sueños», «Sal fuera del cielo silencioso», «Escucha la llamada de mi alma», «En el templo del silencio» y «Tú eres mi vida».

En el prefacio del cancionero volví a relatar mis primeras notables experiencias sobre la receptividad de los occidentales para los conocidos aires devocionales del Este. Tuve tal oportunidad en una conferencia pública que dicté el 18 de abril de 1926 en el Carnegie Hall, de Nueva York.

—Señor Hunsicker —dije confidencialmente a un estudiante americano—, estoy pensando pedirle al auditorio que cante un antiguo canto hindú, «¡Oh, Dios hermoso!».

Hunsicker protestó:

—Estas canciones orientales son extrañas para el entendimiento norteamericano. ¡Qué vergüenza sería que el éxito de la conferencia fuera anulado por una lluvia de tomates podridos!

Riéndome, yo no pensaba como él.

—La música es un idioma universal. Los americanos no dejarán de sentir la inspiración de este bello canto.

Durante la conferencia, el señor Hunsicker se había sentado detrás de mí, en el estrado, probablemente temiendo por mi seguridad. Sus dudas eran infundadas. No solamente no habían hecho su aparición las nada deseables verduras, sino que, durante una hora y veinticinco minutos, las notas de «Oh, Dios hermoso» habían resonado ininterrumpidamente en las gargantas de 3000 personas.

¡Basta, mis queridos neoyorquinos!

Sus corazones se habían elevado con un simple plan de regocijo.

Esa misma noche, numerosas curaciones Divinas se efectuaron entre los asistentes y devotos, que cantaban con amor el bendito nombre del Señor.

Durante mi visita al centro de Self-Realization Fellowship, en Boston, en 1941, el Dr. M. W. Lewis, director de dicho centro, me hospedó en las habitaciones artísticamente decoradas de un hotel de categoría. «Cuando vivió usted en esta ciudad durante sus primeros años en América, se alojó en una habitación que ni siquiera tenía baño —me dijo sonriendo—. ¡Es mi deseo demostrarle ahora que Boston hace alarde de poseer también algunos apartamentos lujosos!».

Veloces, felices y llenos de actividad transcurrieron los años en California. En 1937, se estableció en Encinitas una colonia de Self-Realization Fellowship, cuyas numerosas actividades brindan a los discípulos un entrenamiento multifacético, conforme a los ideales de SRF (Self-Realization Fellowship). En esta colonia se cultivan frutas y hortalizas, destinas al consumo de los residentes de los centros de Self-Realization Fellowship en Encinitas y Los Ángeles.

«Dios ha hecho a todas las naciones de la misma sangre». El concepto de la «fraternidad universal» es, en verdad, muy amplio; no obstante, mediante la expansión de su capacidad de amar, cada ser humano debe llegar a considerarse un ciudadano del mundo. Quien verdaderamente puede decir «Mi América, mi India, mis Islas Filipinas, mi Europa, mi África» y así sucesivamente, comprendiendo que todos los pueblos le pertenecen, nunca carecerá de oportunidades para llevar una vida fructífera y feliz. «Mi patria es el mundo entero»: esta fue una verdad vivida por Sri Yukteswar, buen conocedor del concepto de la fraternidad universal, aun cuando nunca residió él físicamente en otro suelo que el de la India.

Capítulo 49
Los años 1940-1951

«Hemos comprendido realmente el valor de la meditación, y sabemos ya que nada puede perturbar nuestra paz interior. En las últimas semanas, hemos escuchado durante nuestras reuniones las llamadas de alerta de las sirenas, anunciando las incursiones aéreas del enemigo, y la explosión de bombas de acción retardada; pero nuestros estudiantes continúan reuniéndose y disfrutando plenamente de nuestros hermosos oficios».

Estas líneas llenas de valor, provenientes del coordinador del Centro de Self-Realization Fellowship en Londres, aparecen en una de las numerosas cartas que recibí durante los años que precedieron a la participación de los Estados Unidos en la Segunda Guerra Mundial, desde una Inglaterra y Europa devastadas por la conflagración.

El doctor L. Cranmer-Byng de Londres, conocido editor de la serie *The Wisdom of the East*, me escribió lo siguiente en 1942:

Al leer la revista *East-West*, tomé conciencia de la enorme distancia que parece separarnos; es como si moráramos en dos mundos diferentes. Cual un navío que, arribando al puerto, trae consigo las bendiciones y el consuelo del Santo Grial para una ciudad sitiada, llegan a mí desde Los Ángeles la belleza, el orden, la calma y la paz.

Veo, como en un sueño, vuestro bosquecillo de palmeras y el templo en Encinitas, con su vista al océano y las colinas. Y, por, sobre todo, evoco esa fraternidad de hombres y mujeres que persiguen una vida espiritual: esa comunidad basada en la unidad, dedicada al trabajo creativo, y nutrida por la contemplación...

¡Saludos a todos los miembros de la hermandad, de un simple soldado que escribe desde su atalaya, esperando el amanecer!

En el estado de California, varios nuevos templos de Self-Realization Fellowship iniciaron sus actividades en la década de 1940: la Iglesia de Todas las Religiones, en Hollywood, construida por los miembros de SRF y consagrada en 1942; un templo en San Diego, en 1943; y otro en Long Beach, en 1947. Dos años más tarde, en 1949, una de las propiedades más hermosas del mundo —un verdadero paraíso de flores, situado en el distrito de Pacific Palisades, en Los Ángeles— fue donado a Self-Realization Fellowship. El terreno (aproximadamente de cuatro hectáreas) forma un anfiteatro natural, rodeado de verdes colinas. Una extensa laguna de vertiente, cual joya azul engastada en la diadema de los cerros, le ha dado al lugar el nombre de «Santuario del Lago». La propiedad cuenta con un pintoresco molino de viento holandés, cuyo interior alberga una apacible capilla. Y en las cercanías de un jardín situado bajo el nivel del suelo, el salpicar del agua de una gran rueda hidráulica emite una música mesurada. Dos estatuas de mármol, traídas de la China, adornan el lugar: una representa a Buda; y la otra, a Kwan Yin (la personificación china de la Madre Divina). En la cúspide de una de las colinas, desde la cual desciende una cascada, puede verse una estatua de Cristo, de tamaño natural; en la noche, su rostro sereno y su túnica ondulante iluminados por reflectores atraen las miradas.

Con ocasión del trigésimo aniversario de la fundación de Self-Realization Fellowship en América en 1950, se construyó en el Santuario del Lago un monumento a la paz mundial dedicado a la memoria de Mahatma Gandhi. Una porción de las cenizas de Mahatma, enviada desde la India, fue depositada como reliquia en un milenario sarcófago de piedra instalado en el lugar.

El centro de Self-Realization Fellowship denominado India Center fue fundado en Hollywood en 1951, con la celebración de una ceremonia de inauguración en la cual participaron el vicegobernador de California, Goodwin J. Knight, y el cónsul general de la India, M. R. Ahuja. Este centro cuenta con un auditorio denominado India Hall, con capacidad para doscientas cincuenta personas.

Quienes acuden por primera vez a los diversos centros de Self-Realization Fellowship, a menudo solicitan mayor información acerca del yoga. Una pregunta que escucho, en ocasiones, es la siguiente: «¿Es verdad que, como lo afirman ciertas organizaciones, el yoga es una disciplina que no puede estudiarse con éxito a través de material impreso, sino que requiere, en cambio, de la guía personal de un instructor?».

Mi respuesta es que, en la era atómica, el yoga debe enseñarse por medio de métodos de instrucción, tales como las lecciones de Self-Realization Fellowship. De lo contrario, el conocimiento de esta ciencia redentora se verá nuevamente restringido a unos pocos elegidos. Constituiría, en verdad, una bendición inapreciable el que cada estudiante pudiera tener siempre a su lado a un gurú que ha alcanzado la sabiduría perfecta. El mundo, sin embargo, cuenta con muchos «pecadores» y muy pocos santos. ¿Cómo podrían, pues, las multitudes recibir los beneficios del yoga, sino a través del estudio individual de las instrucciones escritas por verdaderos yoguis? La única alternativa sería el no tomar en consideración al «hombre común»; no es el plan de Dios para la nueva era, sin embargo, el privar de las enseñanzas del yoga a la mayor parte de la humanidad. En efecto, Babaji ha prometido proteger y guiar en la senda hacia la meta Divina a todo *kriyā yogui* sincero. Para poner de manifiesto la paz y prosperidad que aguardan a los hombres, una vez que hayan hecho ellos el esfuerzo necesario para restablecer su condición de hijos del Padre Divino, se necesitan en verdad miles de *kriyā yoguis*, no tan solo docenas.

La tarea de fundar la organización de Self-Realization Fellowship en el Occidente —«una colmena para la miel del espíritu»— me fue encomendada por Sri Yukteswar y Mahavatar Babaji. El cumplimiento de esta sagrada misión no ha estado exento de dificultades. «Dígame sinceramente, Paramahansaji, ¿ha valido realmente la pena?». Esta lacónica pregunta me fue planteada una noche por el doctor Lloyd Kennell, uno de los coordinadores de las actividades del templo de Self-Realization en San Diego. Comprendí las interrogantes implícitas: «¿Ha sido usted feliz en América? ¿Qué me dice de los falsos rumores esparcidos por personas malintencionadas, ansiosas de impedir la difusión del yoga? ¿Y qué de los desengaños, de las angustias, de los dirigentes de centros incapaces de dirigir, y de los estudiantes incapaces de aprender?».

«¡Bendito es el hombre a quien el Señor pone a prueba! —respondí—. Es cierto que Dios se ha acordado, en ocasiones, de asignarme algún fardo». Evocando, no obstante, a todas las almas fieles que he encontrado —y el amor, la devoción y la comprensión que iluminan el corazón de América—, proseguí, enfáticamente: «¡Pero mi respuesta es sí, mil veces sí! ¡Ciertamente que ha valido la pena, más de lo que jamás imaginé, el ser testigo del acercamiento entre Oriente y Occidente, por medio de los lazos espirituales: los únicos lazos perdurables!».

Aquellos grandes maestros de la India que han manifestado un vivo interés en el mundo occidental han comprendido plenamente las condiciones de la vida moderna en este hemisferio. Ellos saben que la situación mundial no podrá mejorar, a menos que cada país llegue a asimilar profundamente las principales virtudes tanto del Oriente como del Occidente; cada hemisferio necesita de lo mejor que el otro puede ofrecerle.

En el transcurso de mis viajes a través del mundo, he observado con tristeza el gran sufrimiento de los pueblos. En el Oriente, el sufrimiento se manifiesta principalmente en el plano material; mientras que, en el Occidente, es más aparente en los planos mental o espiritual. Pero es un hecho el que todas las naciones padecen de los dolorosos efectos de una civilización desequilibrada. La India y muchos otros países del Oriente obtendrían grandes beneficios si emulasen la eficiencia y el enfoque práctico de las naciones occidentales, como los Estados Unidos de América, por ejemplo. Los pueblos occidentales, por su parte, requieren de una comprensión más profunda de los principios espirituales en los que se basa la vida humana. Y necesitan familiarizarse, en especial, con las antiguas técnicas científicas de la India, cuya práctica conduce a la comunión consciente con Dios.

El concepto de una civilización idealmente equilibrada no es una quimera. A través de milenios, la India fue un país en el cual reinaron, simultáneamente, la luz espiritual y la prosperidad general. En la larga historia de ese país, la pobreza prevalente en los últimos doscientos años no es sino una fase kármica pasajera. Efectivamente, la frase «Las riquezas de la India» ha sido una expresión proverbial en todo el mundo, a través de los siglos. Tanto la abundancia material como espiritual son manifestaciones estructurales de *Ritá*, la ley cósmica de la justicia natural.

El Espíritu mismo no conoce frugalidad alguna, así como tampoco la conoce su diosa del mundo fenoménico, la exuberante Naturaleza.

Las Escrituras hindúes enseñan que el hombre viene a esta esfera terrenal en particular con el único fin de aprender —de modo cada vez más pleno a través de cada una de sus vidas sucesivas— las infinitas formas en que puede el Espíritu expresarse a través de las condiciones materiales y dominarlas. El Oriente y el Occidente están aprendiendo esta gran verdad por vías diferentes; ambos deberían compartir de buen grado sus descubrimientos. Al Señor le complace, ciertamente, que sus hijos terrenales se esfuercen por establecer una civilización mundial desprovista de toda pobreza, enfermedad e ignorancia espiritual. El hecho de que el hombre ha olvidado sus recursos Divinos (como resultado del uso errado de su libre albedrío) es la causa primordial de todas las demás formas de sufrimiento.

Los males que son atribuidos a una abstracción antropomórfica llamada «sociedad» pueden ser desentrañados, más pragmáticamente, del interior de cada individuo. El ideal de una sociedad perfecta debe germinar primero en el seno de la vida privada, y solo entonces florecerá la virtud en la vida cívica; las reformas internas conducen de manera natural a las externas. En efecto, un hombre que se ha reformado a sí mismo, reformará a miles.

La esencia de todas las Escrituras del mundo que han perdurado a través del tiempo e inspirado al hombre en su camino ascendente es la misma. Uno de los periodos más felices de mi vida transcurrió mientras dictaba, para su publicación en *Self-Realization Magazine*, mi interpretación de una porción del Nuevo Testamento. Durante aquel periodo, imploré fervientemente a Cristo que me revelara el verdadero significado de sus palabras, muchas de las cuales han recibido interpretaciones tan erradas por veinte siglos. Una noche, mientras oraba en silencio, una luz opalescente inundó mi estudio en la ermita de Encinitas y Jesucristo apareció ante mí, en un cuerpo radiante. Tenía la apariencia de un hombre joven, de unos veinticinco años, con barba y bigotes ralos. Su larga cabellera negra, partida al medio, estaba circundada por un resplandeciente halo dorado. Una eterna maravilla lucía en sus ojos; los vi cambiar constantemente ante mi mirada. Y comprendí, intuitivamente, la sabiduría que emanaba de ellos con cada Divina transición de su expresión. Aquellos ojos gloriosos me hicieron sentir el poder que sustenta a los mundos incontables. Un Santo Grial apareció ante su boca y bajó hasta mis labios, para retornar luego a él. Al cabo de unos instantes, pronunció él algunas palabras, de un contenido tan hermoso y personal, que las he preservado en lo más profundo de mi corazón.

Entre los años 1950 y 1951, durante mis prolongadas estadías en un apacible retiro cerca del desierto de Mojave, en California, traduje el *Bhagavad-gītā* y escribí un comentario detallado acerca de los diversos senderos del yoga.

En dos pasajes del *Bhagavad-gītā* se hace referencia en forma explícita a una técnica del yoga (la única mencionada en este texto sagrado, y la misma que Babaji denominara, simplemente, *Kriyā yoga*). La escritura más importante de la India ofrece así una enseñanza de índole tanto práctica como moral.

En el océano de este mundo onírico, la respiración constituye una tormenta; y es esta tormenta la que produce la engañosa ilusión de la existencia de olas individuales: los cuerpos humanos y demás objetos materiales. Consciente de que el mero conocimiento filosófico y ético es insuficiente para arrancar al hombre del doloroso engaño de percibirse como separado del todo, Krishna enseñó la sagrada ciencia mediante la cual puede el yogui dominar su cuerpo y convertirlo a voluntad en energía pura. La factibilidad de esta proeza yóguica no está fuera del alcance de la comprensión teórica de los científicos modernos, pioneros de la era atómica, ya que, en efecto, ellos han demostrado que toda materia puede reducirse a energía.

Porque la ciencia del yoga puede ser aplicada por toda la humanidad, las Escrituras hindúes destacan el valor de esta ciencia. En verdad, el misterio de la respiración ha sido resuelto, ocasionalmente, prescindiendo de la práctica de las técnicas del yoga formal. Tal es el caso de algunos místicos que, no siendo hindúes, estaban dotados de una devoción a Dios de intensidad transcendental. Dichos santos cristianos, musulmanes y de otras religiones, han sido observados en un extático estado de suspensión del aliento e inmovilidad absoluta (*savikalpa samadhi*) en ausencia del cual es imposible experimentar las primeras etapas de la comunión Divina. (Tanto la respiración o la suspensión del aliento como la actividad o inmovilidad, pierden toda importancia, no obstante, una vez alcanzado el estado de nirvikalpa —el *samadhi* más elevado— en el cual la conciencia de un santo se encuentra irrevocablemente fija en el Señor).

El hermano Lorenzo, un místico cristiano del siglo XVII, relata que tuvo su primer atisbo de realización Divina al contemplar un árbol. Aunque la gran mayoría de los hombres ha visto algún árbol en su vida, ¡cuán pocos, al contemplarlo, han percibido también a quien lo creó! En verdad, la generalidad de los hombres carece totalmente de la capacidad de poner de manifiesto aquella devoción de intensidad irresistible que experimentan, de manera tan natural, solo unos pocos *ekantins* —santos de «corazón singular»— que han existido tanto en Oriente como en Occidente, en todo sendero religioso. Esto no significa, sin embargo, que al hombre corriente le esté vetada la posibilidad de experimentar la comunión Divina. Para desentrañar el dormido potencial de su alma, necesita él de muy poco: la técnica de *Kriyā yoga*, la observación diaria de los principios morales, y la capacidad de orar sinceramente: «¡Quiero conocerte, Señor!». En contraste con aquel supremo fervor espiritual que conduce a la comunión Divina y que se encuentra más allá de la capacidad afectiva de la mayoría, el yoga ofrece un método científico, que puede aplicarse a diario, para acercarse a Dios: de allí su atractivo universal.

A algunos grandes maestros del jainismo hindú se les ha apodado *tirthakaras* o «constructores de puentes», porque han revelado a la desorientada humanidad el puente que le permitirá cruzar más allá de los tormentosos mares del *Saṃsāra* (la rueda kármica, la interminable sucesión de vidas y muertes). *Saṃsara* (cuyo significado literal es «fluir con» el devenir fenoménico) induce al hombre a elegir siempre la vía más fácil. «Quienquiera que cultive la amistad con el mundo, es pues enemigo de Dios». Para trabar amistad con el Señor, el hombre debe conquistar a los demonios o males de su propio karma o acciones que le incitan a aceptar siempre sumisamente las engañosas ilusiones de este mundo. Al familiarizarse con las férreas cadenas de la ley del karma, quienes buscan sinceramente a Dios se sienten motivados a hallar la forma de liberarse definitivamente de ellas. Puesto que los seres humanos se convierten en víctimas de la esclavitud del karma debido a sus deseos —el producto de sus mentes nubladas por *maya*—, el yogui cultiva el control mental. Es al rasgar los diversos velos de la ignorancia nacida del karma, que el hombre puede finalmente percibir la innata esencia de su ser.

El misterio de la vida y de la muerte, cuya solución constituye el único propósito de la existencia humana en la Tierra, está íntimamente ligado a la respiración. Conquistar la respiración significa conquistar la muerte. Comprendiendo esta verdad, los antiguos *rishis* de la India enfocaron sus esfuerzos en descifrar esta única clave, la de la respiración, desarrollando así una ciencia racional y precisa para alcanzar el estado de suspensión del aliento. Si la India no dispusiese de obsequio alguno que ofrecer al mundo, a excepción del *Kriyā yoga*, esta constituiría, por sí sola, un presente digno de reyes.

Como lo demuestran ciertos pasajes bíblicos, también los profetas hebreos sabían que fue el designio Divino el que permitió que el aliento sirviese como vínculo sutil entre el cuerpo y el alma. El Génesis, por ejemplo, declara: «El Señor Dios hizo al hombre con polvo de la tierra e, insuflando sus pulmones con el aliento de la vida, le convirtió en ser viviente». El cuerpo humano, en efecto, se compone de metales y otras sustancias químicas que pueden encontrarse también en el «polvo de la tierra». Y es un hecho el que ninguna actividad física, así como tampoco la manifestación de vitalidad o movimiento, le serían posibles al hombre si se viese privado de las corrientes vitales transmitidas por el alma al cuerpo por conducto —en el caso de los seres no iluminados— de la respiración (o energía proveniente de los gases). Las corrientes vitales, las cuales operan en el cuerpo humano mediante cinco tipos de *prana* o energías vitales sutiles, son una expresión de la vibración de Om, emanada del alma omnipresente.

Es la vitalidad —aquella apariencia de vida, aquel reflejo del alma de la cual proviene— que, al brillar en las células corporales, se convierte en la causa única del apego del hombre al cuerpo. De no ser por su presencia, no rendiría él tal solícito homenaje a un simple terrón de arcilla. La razón por la cual el ser humano se identifica, erradamente, con su propio cuerpo yace en que las corrientes vitales, procedentes del alma, son transmitidas por medio del aliento a los tejidos corporales con una intensidad y poder tales, que el hombre, confundiendo el efecto con la causa, cual un idólatra, adjudica al cuerpo una vida propia.

El cuerpo y la respiración se registran en la mente humana en el estado consciente. En el estado subconsciente que se manifiesta más activamente durante el sueño, la mente se separa temporalmente del cuerpo y de la respiración. Pero en el estado supraconsciente, el ser humano se libera por completo del engaño de que su «existencia» depende del cuerpo y del aliento.

Dios vive sin aliento; el alma, hecha a su semejanza, adquiere por vez primera conciencia de sí misma solo durante el estado de suspensión del aliento.

Cuando el karma evolutivo troncha el eslabón que une el alma al cuerpo —el vínculo de la respiración— sobreviene la abrupta transición llamada «muerte»; las células corporales retornan entonces a su estado natural de impotencia. El *kriyā yogui*, no obstante, rompe voluntariamente el eslabón del aliento; este se corta, en su caso, mediante una sabiduría de orden científico, en lugar de ser cortado por la descomedida intromisión del destino kármico. Por experiencia personal, el yogui se ha familiarizado ya con la esencia incorpórea de su ser. Buen conocedor, pues, del absurdo error humano de depositar su confianza en un cuerpo físico, no requiere él de la burda confirmación de la muerte al respecto.

Cada ser humano progresa, vida tras vida, a su propio paso (no importa cuán errático sea), hacia la meta de su propia apoteosis. La muerte no interrumpe su avance, sino que le brinda, simplemente, una atmósfera más afín —la de un mundo astral— para continuar liberándose de sus impurezas. «[Que] no se turbe vuestro corazón... En la casa de mi padre hay muchas mansiones». Es en verdad sumamente improbable que la creación de este mundo nuestro haya consumido hasta tal punto el ingenio Divino que, en el más allá, no haya dispuesto Dios para nosotros nada más cautivante que el tañer de las arpas.

La muerte no consiste en la supresión de la existencia, ni provee la definitiva vía de escape de esta vida; ni es tampoco la puerta que conduce a la inmortalidad. Quien, al sumergirse en placeres terrenales, ha huido de su propio ser no habrá de recuperarlo entre los encantos sutiles de un mundo astral. En el más allá acumulará, simplemente, percepciones más refinadas y recogerá impresiones más exquisitas de todo cuanto es hermoso y bueno (ambas —hermosura y bondad— son en esencia una). Pero es en el yunque de esta burda tierra donde le corresponde al ser humano luchar por forjar el oro imperecedero de su identidad espiritual, y —portando en sus manos el áureo tesoro, tan duramente ganado, como la única ofrenda capaz de satisfacer la codicia de la muerte— alcanzar la liberación final de los ciclos de reencarnación física. Una noche, durante una de las clases sobre los *yoga sutras* de Patañjali y algunas otras obras maestras de la filosofía hindú —clases que dicté, a través de los años, en Encinitas y Los Ángeles—, un estudiante me preguntó: «¿Por qué hubo Dios de unir el alma al cuerpo? ¿Con qué objeto puso él en marcha este drama evolutivo de la creación?». Innumerables son los hombres que se han planteado estos interrogantes. Y vanamente han procurado los filósofos hallar una respuesta satisfactoria.

«Reserva algunos misterios para descifrarlos en la Eternidad —solía decir Sri Yukteswar con una sonrisa—. ¿Cómo puede el hombre, con su limitada capacidad de razonamiento, captar los inconcebibles propósitos del Absoluto-no-creado? Firmemente encadenada al principio de causa y efecto del mundo fenoménico, la facultad humana del raciocinio se desconcierta totalmente ante el enigma de Dios: aquel Ser sin-comienzo y sin-origen. No obstante, aun cuando la razón del hombre sea incapaz de sondear los dilemas de la creación, Dios mismo le revelará finalmente al devoto cada uno de sus misterios».

Quien anhela sinceramente conquistar la sabiduría se contenta humildemente con dar comienzo a su búsqueda procurando dominar solo unos pocos rudimentos del abecé del esquema Divino, en lugar de exigir prematuramente una explicación gráfica, matemática, de la teoría de Einstein de la vida.

«A Dios nadie lo ha visto jamás (ningún mortal, bajo la influencia del "tiempo" o las relatividades de maya, puede aprehender la Infinitud); el Hijo único, que está en el seno del Padre (la Conciencia del Cristo, el reflejo del Padre, o la Inteligencia Perfecta nacida del "seno" o las profundidades de la Divinidad increada, y proyectada hacia el exterior para expresar la variedad dentro de la Unidad y guiar todos los procesos estructurales del mundo fenoménico, mediante la vibración de (Om) le ha dado expresión (manifestado o dado forma)».

«En verdad, en verdad os digo —explicó Jesús— que nada puede el Hijo hacer por su cuenta, sino lo que ve hacer al Padre: lo que él hace, eso mismo lo hace también el Hijo».

En las Escrituras hindúes, los tres aspectos de la naturaleza divina manifestados en el mundo de los fenómenos, se representan simbólicamente bajo los nombres de Brahma, el Creador; Vishnu, el Preservador; y Shiva, el Destructor-Renovador. A través de toda la creación vibratoria, despliegan ellos incesantemente sus actividades de naturaleza triple. Puesto que el Absoluto trasciende todo concepto humano, el devoto hindú le adora en las augustas personificaciones de la trinidad.

Los aspectos de Dios como el creador, preservador y destructor universal no constituyen, sin embargo, parte de su naturaleza más profunda o esencial (pues la creación cósmica no es sino solo su *lila*, o juego creativo). Ni siquiera desentrañando todos los misterios de la trinidad, sería posible comprender la naturaleza intrínseca de Dios, ya que su naturaleza externa —la cual se manifiesta a través del ordenado flujo de los átomos y no es sino una expresión suya— no revela en verdad su ser. Solamente cuando «el Hijo asciende al Padre» se revela la naturaleza esencial del Señor. Al alcanzar la liberación, el hombre trasciende toda esfera vibratoria para penetrar en el reino de la Causa Original, donde no existe ya vibración alguna.

Ante los interrogantes con respecto a los misterios más profundos, todos los grandes profetas han guardado silencio. Cristo mismo evitó responder, cuando Pilatos le preguntó: «¿Qué es la verdad?». Las ostentosas preguntas de intelectuales como Pilatos raramente provienen de un ferviente deseo de conocer la verdad. Tales hombres se expresan, más bien, con la vana arrogancia de quienes consideran que el carecer de convicciones de tipo espiritual es una señal de «amplitud de criterio».

«Para esto he nacido, y para esta causa he venido yo al mundo: para dar testimonio de la verdad. Todo aquel que es de la verdad escucha mi voz». Las verdades expresadas por Cristo en estas pocas palabras podrían llenar muchos volúmenes. El «testimonio» de un hijo de Dios es su propia vida. Puesto que personifica él la verdad misma; si la expone, además, verbalmente, tal exposición no es sino una generosa redundancia suya.

La verdad no consiste en una determinada teoría, ni en un sistema de especulación filosófica, ni en una concepción intelectual. La verdad consiste en una perfecta concordancia con la realidad. En el caso del ser humano, la verdad consiste en el conocimiento inalterable de su propio ser, de su naturaleza real, el alma. A través de cada una de las palabras y acciones de su vida, Jesús demostró que conocía la verdad acerca de su ser: su origen Divino. Y puesto que estaba él totalmente identificado con la omnipresente conciencia del Cristo, le fue dado decir, de modo tan simple y concluyente: «Todo aquel que es de la verdad oye mi voz».

También Buda rehusó esclarecer las más elevadas verdades metafísicas, señalando en cambio, adustamente, que le es más provechoso al hombre dedicar al perfeccionamiento de su naturaleza moral el breve lapso de que dispone en esta tierra. Por su parte, el místico chino Lao-Tse enseñó, acertadamente: «Aquel que sabe, no lo dice; y quien lo dice, no sabe». Los supremos misterios de Dios no son temas que se prestan para la discusión. El descifrar el código secreto del Señor constituye un arte que ningún hombre puede comunicar a otro; Dios es el único Maestro en este terreno.

«Aquietaos y sabed que yo soy Dios». Puesto que jamás hace el Señor ostentación de su omnipresencia, solo puede escuchársele en los periodos del silencio más inmaculado. Para el devoto que se encuentra en sintonía con Dios, la vibración creativa de Om, el sonido primordial que reverbera a través del universo entero, se traduce instantáneamente en palabras inteligibles.

El Divino propósito de la creación se expone —en la medida en que la razón humana es capaz de comprenderlo— en los Vedas. Los *rishis* enseñaron que cada ser humano fue creado por Dios como un alma: un alma destinada a expresar en forma única algún atributo especial del Infinito, antes de reasumir su Identidad Absoluta. Puesto que todo hombre está dotado de alguna faceta de la individualidad Divina, el Señor ama por igual a cada uno.

La humanidad entera es la heredera de la sabiduría inmemorial de la India, la hermana mayor entre todas las naciones. Las verdades de los Vedas, como toda verdad, le pertenecen al Señor y no a la India en particular. Los *rishis* —cuyas mentes, cual receptáculos puros, recibieron las Divinas profundidades de los Vedas— fueron miembros de la raza humana, nacidos en esta tierra y no en algún otro planeta, para servir a la humanidad entera. Toda distinción basada en el origen racial o la nacionalidad carece de significado alguno en el reino de la verdad; en esta esfera, la única condición esencial es la receptividad espiritual.

Dios es amor; su plan para la creación, por lo tanto, no puede basarse sino en el amor. ¿No ofrece acaso solaz al corazón humano este simple razonamiento, más que cualquier especulación de los eruditos? Cada santo que ha tocado el núcleo mismo de la realidad ha confirmado que el universo está guiado por un plan Divino, pleno de gozo y de belleza.

Dios reveló sus intenciones al profeta Isaías en las siguientes palabras: «Así será mi palabra (el Om creativo) la que salga de mi boca, que no volverá a mí sin fruto, sino que efectuará lo que yo quiero, y cumplirá aquello a que yo la envié. Partiréis con regocijo y avanzaréis en paz. Los montes y las colinas romperán ante vosotros en gritos de júbilo, y todos los árboles del campo batirán las palmas» (Isaías 55:11-12).

«Partiréis con regocijo y avanzaréis en paz». Los hombres de este siglo veinte, tan lleno de dificultades, escuchan anhelantes esta maravillosa promesa. La verdad implícita en ella puede ser realizada en su plenitud por todo devoto de Dios que se esfuerce valerosamente por reconquistar su herencia divina.

El bendito papel de *Kriyā yoga* en Oriente y Occidente apenas si ha comenzado. ¡Puedan todos los hombres llegar a saber que existe una técnica científica definida para superar todos los sufrimientos humanos, por medio de la realización el ser!

Al enviar las vibraciones de mis pensamientos, emisarios de mi amor, a los miles de *kriyā yoguis* diseminados, cual relucientes joyas, a través del mundo entero, pienso a menudo con gratitud: «¡Cuán vasta es la familia que le has dado a este monje, Señor!».

Paramahansa Yogananda «La última sonrisa»

Paramahansa Yogananda entró en *mahasamadhi*
(el abandono definitivo del cuerpo físico, realizado en forma
voluntaria y conciente por un yogui) el 7 de marzo de 1952,
en Los Ángeles (California), luego de haber concluido su discurso
en un banquete ofrecido en honor al embajador de la India,
Binay R. Sen.

Fotografía tomada por Arthur Say en Biltmore
el 7 de marzo de 1952.

*«Sé tan simple como puedas ser;
te sorprenderá lo poco complicada y feliz
que puede ser tu vida».*

Paramahansa Yogananda